"十四五"职业教育国家规划教材

全国船舶工业职业教育教学指导委员会推荐教材

船舶强度计算与结构设计

主　编　徐得志

副主编　黄黎慧

主　审　徐宏勋

哈尔滨工程大学出版社

Harbin Engineering University Press

内容简介

本书为全国船舶工业职业教育教学指导委员会“十三五”重点规划教材，按照“船舶结构与强度”课程标准的要求编写。

全书分为9章，系统地阐述了船体总纵强度、船体结构局部强度、船体结构稳定性的计算原理及方法，同时以最新规范、标准为基本依据，全面地介绍了船体结构各组成部分的设计方法，最后简要介绍了有限元法及内河船舶计算系统的相关内容。

本书是针对三年制高等职业教育船舶工程技术专业编写的，二年制、五年制也可参考使用。同时，本书还适用于船员的考证培训和船厂职工的自学以及其他形式的职业教育。

图书在版编目(CIP)数据

船舶强度计算与结构设计/徐得志主编. —哈尔滨：哈尔滨工程大学出版社，2021.6(2024.1 重印)
ISBN 978-7-5661-2889-8

Ⅰ. ①船… Ⅱ. ①徐… Ⅲ. ①船体强度-计算②船体结构-结构设计 Ⅳ. ①U661.43②U663

中国版本图书馆 CIP 数据核字(2021)第 112356 号

船舶强度计算与结构设计
CHUANBO QIANGDU JISUAN YU JIEGOU SHEJI

选题策划 史大伟 薛 力
责任编辑 张 彦 马毓聪
封面设计 李海波

出版发行 哈尔滨工程大学出版社
社 址 哈尔滨市南岗区南通大街 145 号
邮政编码 150001
发行电话 0451-82519328
传 真 0451-82519699
经 销 新华书店
印 刷 哈尔滨午阳印刷有限公司
开 本 787 mm×1 092 mm 1/16
印 张 19
字 数 498 千字
版 次 2021 年 6 月第 1 版
印 次 2024 年 1 月第 2 次印刷
定 价 48.00 元
http://www.hrbeupress.com
E-mail:heupress@hrbeu.edu.cn

前　　言

为响应党史中央“发展海洋经济，保护海洋生态环境，加快建设海洋强国”号召，进一步规范高等职业教育船舶技术类专业的教学，积极推进课程改革与教材建设，提高教学质量，助力我国船舶与海洋工程装备制造产业高质量发展，全国船舶工业职业教育教学指导委员会和哈尔滨工程大学出版社组织全国涉船类专业的职业院校及其骨干教师，编写了高职船舶类“十三五”规划教材。

这些教材分别适用于船舶工程技术专业、轮机工程技术专业和船舶电气工程技术专业，以及船舶检验、船舶舾装、焊接技术及自动化、游艇设计与制造等船舶技术类专业。

高职船舶类“十三五”规划教材大部分是在多年多次组织编写成的高职船舶类规划教材的基础上修订而成的，注重以就业为导向，以职业能力培养为核心，面向行业企业，充分体现职业教育的特色，满足高素质实用型/技能型船舶技术类专业高等职业人才培养的需要。

《船舶强度计算与结构设计》为全国船舶工业职业教育教学指导委员会“十三五”重点规划教材，是在“十二五”职业教育国家规划教材《船舶结构与强度》的基础上，进一步落实国家“推进教育数字化，建设全民终身学习的学习型社会、学习型大国”的新要求，按照“船舶结构与强度”课程标准，结合编者多年来的教学实践进行编写的。其主要适用对象是已具有高等数学和工程力学的基础知识而未曾学习过船舶结构力学的船舶工程技术专业高职学生，其他形式的职业教育、职工培训、专业考证训练以及相关技术人员也可参考使用。

全书分为9章。第1章至第3章主要介绍和分析船体总纵强度、船体局部强度和船体结构稳定性，内容组织打破传统船舶力学学科体系，依照船体结构从总体到局部、由简单到复杂来组织教材内容。第4章至第8章则以内河船舶为主要对象，以《钢制内河船舶建造规范》(2016年)及《钢制内河船舶建造规范修改通报》(2019年)等最新规范、标准为基本依据，全面地介绍了船体结构各组成部分的设计方法。此部分介绍的结构设计方法原理也适用于所有船舶的船体结构设计。第9章简要介绍了有限元法及内河船舶计算系统的相关内容。本书各章节阐述的问题典型、有针对性，内容通俗易懂，例题、习题配套齐全，实用性强，对教育者来说便于实施项目教学或模块教学，能方便地对教材内容进行有针对性、选择性的讲授，有利于按需施教、因材施教；而对于受教育者则便于自查、自学，并方便查找相关解释、依据和解答，同时也有利于在中高职衔接时对相关内容进行取舍。

参加本书编写工作的有：主编，武汉交通职业学院徐得志(编写第2章)；副主编，武汉交通职业学院黄黎慧(编写第1章、第3章)；参编，江苏省无锡交通高等职业学校邓召庭

(编写第 8 章);参编,武汉船级社高工陈庆任(编写第 9 章);参编,武汉交通职业学院李春华(编写第 5 章、第 6 章);参编,武汉交通职业学院吴枫(编写第 4 章、第 7 章及附录)。

浙江增洲重工科技有限公司徐宏勋担任本书主审,对全书内容进行了认真审阅并提出了修改意见,在此表示感谢。

限于编者经历和水平,书中难免有疏漏与不足之处,恳请广大读者批评指正,以便修订时完善。

编者

目　　录

绪　论

船舶是一个复杂的水上工程建筑物，它航行于江河湖海，担负着水上运输、生产、战斗等各种任务。为了保证船舶能很好地完成上述任务，船舶应具有良好的航行性能、工作性能，并具有一定的强度。

船舶具有一定的强度，是指船体结构在正常的使用过程和一定的使用年限中具有不被破坏或不发生过大变形的能力，以保证船舶能正常地工作。由于船舶的经常工作状态是航行状态，因此设计人员应首先保证船舶在航行状态下有足够的强度。

结构物的强度校核，是指根据作用于结构物上的外力（包括主动力和约束反力），按照一定的计算方法和程序，确定结构物危险截面处的应力 σ，然后将此应力与许用应力 $[\sigma]$ 相比较（$[\sigma]$ 由多种因素确定，如外载荷的可靠性、计算方法的合理性、结构物的使用年限，以及结构材料的均匀性等）。若 $\sigma \leqslant [\sigma]$，我们就认为结构物的强度是足够的；反之，结构物将遭到破坏。

船舶在正常航行状态下受到各种外力的作用，如重力、水的浮力、水动压力、冲击力，以及船舶在运动中的惯性力等。显然，作用于船舶上的外力是十分复杂的，这给船舶强度计算带来了一定的困难。但是，人们通过长期的生产实践，分析了船体受力和变形的主要特征，认为在分析民用船舶的强度问题时，主要考虑的是船舶及其载荷、装备的重力以及水的静压力。对船舶所提取的力学模型称为船体梁，并将其静置于静水中或波浪上，计算纵向分布的重力与浮力，然后用材料力学中梁的弯曲基本理论求出其弯曲变形及应力。这种将船作为一个整体来研究的强度叫作船体的"总纵强度"，简称"总强度"。长期以来，总纵强度一直是强度校核的主要内容。

除了总纵强度以外，由于船体是由许多构件组合而成的，船体的横向构件（如横梁、肋骨、肋板等）或船体的局部构件（如船底板及船底纵桁等）也会因局部载荷而发生变形或受到破坏，因此亦需研究这些横向构件或局部构件的强度问题。这类问题通常称为横向强度问题或局部强度问题。

然而，把船舶静置于波浪上，用梁的弯曲理论来研究船舶总纵强度是初步的。例如，1874 年 10 月，内河船"玛丽"号在横渡大西洋时折断沉没。1877 年，威廉・约翰用上述方法对这条船进行了强度计算，按计算结果分析，该船不至于折断，而事实是船破坏了，原因何在？通过进一步分析研究，他首次提出了应对初步总纵强度计算方法进行修正的见解。考虑到某些船体板在船舶总纵弯曲时将会发生皱折（失稳），其有效截面积应该进行折减，这样，上述计算得到的总纵弯曲应力不能反映出船体构件中的真正应力，而必须在此基础上进行应力的重新分配。这种重新分配应力的过程也就是总纵弯曲应力计算逐步近似的过程。人们现在正是用这种方法来进行总纵强度计算的。因此，为了使船体强度的计算结果更接近于实际，还需讨论和研究以下与强度有关的问题。

其一,结构物的稳定性问题。随着船舶主尺度的增大,人们发现船在总弯曲时船体受压的构件(主要是中垂状态下的上层甲板)常常会在较小的应力下因为受压过度而丧失稳定性,这样就大大降低了船体抵抗总弯曲的能力。也就是说,我们在研究船体总强度的时候,必须考虑受压构件是否有失稳现象,并要分析构件失稳后的应力再分配问题,这样才能正确地反映船体总的承载能力。

其二,扭转强度问题。船在航行时,并不总是正对着波浪的运动方向,经常会有船与波浪斜交的情况。船在斜浪上航行,就会导致船体发生扭转,因此也就需要讨论船体的扭转强度问题。尤其是对那些抗扭刚度较低的船体(如大开口驳船、舱口特别大的集装箱船)来说,扭转强度的研究十分必要。

其三,应力集中等问题。应力集中是由船体结构不连续引起的,舱口角隅、船体上层建筑的端部、内河船舷侧的开口及其他结构不连续的地方都会发生应力集中。应力集中问题及上层建筑问题(又称间断构件问题)都是船体强度研究的内容。波浪外力、船体振动、造船材料强度及船体低周疲劳等问题也是船体强度研究的内容。因此,船体强度研究所包含的内容相当广泛。

综上所述,船体强度问题主要包括总纵强度、局部强度、稳定性、扭转强度和应力集中等问题。

一般情况下,船体强度计算应包括下述内容:

(1)确定作用在船体或各个结构上的载荷大小及性质,即所谓外力问题;

(2)确定结构剖面中的应力与变形,即所谓内力问题;

(3)确定合适的强度标准,并检验强度条件,即所谓许用应力问题。

这三部分内容是一个整体,但在校核某一船体结构强度时,常规的步骤是:预先选定某一强度标准,然后按标准的规定确定外载荷,并计算在此受力情况下结构的应力与变形,最后将结构剖面中的计算应力 σ 与许用应力 $[\sigma]$ 比较,来检验强度是否足够。该法的特点是将计算中的有关参数都取为单一的确定值。

本书的内容以常规的确定性方法为基础,即在考虑总强度问题时,将其静置于波浪上,把动力作为静力来处理,在进行局部强度计算时又按结构的受力变形特点将复杂的空间结构处理成各种典型结构(如连续梁、刚架、板架等)来计算,在进行强度衡准时按预先确定的许用应力值来比较。

随着造船实践经验的积累和对船体强度问题研究的日益深入,逐渐形成了专门研究船体强度的科学,即"船体强度计算"。为了保证船舶的强度,就必须根据作用于船体及各个构件上载荷的大小以及船舶建造规范的要求来确定船体构件的最佳尺寸,这又是"船体结构设计"的内容。"船舶强度计算与结构设计"就是专门研究船体强度与结构设计的学科。

学习本课程的目的是掌握船体总强度和局部强度的基本理论与计算方法,并初步掌握依据中国船级社 2016 年颁布的《钢质内河船舶建造规范》(以下简称《内规》)进行船体结构设计、计算的实用方法,为在今后工作中进一步分析和解决船体结构的实际问题打下基础。

学习本课程应达到下列基本要求：

(1)掌握船体总纵强度的计算和校核方法；

(2)基本掌握船体结构中常见的力学模型及分析方法；

(3)掌握船体型材的剖面要素计算方法和船体型材剖面设计方法；

(4)能根据规范对船中横剖面结构进行设计。

第1章　船体总纵强度

● 学习目标

知识目标

1. 掌握“船体梁”的基本概念；
2. 掌握载荷、剪力和弯矩之间的关系；
3. 掌握静水剪力、静水弯矩、波浪附加剪力、波浪附加弯矩的计算方法；
4. 了解船舶总纵弯曲的剪力、弯矩的近似计算方法。
5. 掌握船体结构的受力和传力过程；
6. 掌握等值梁的概念；
7. 掌握船体总纵弯曲应力的第一次近似计算方法；
8. 掌握船体总纵强度的校核方法。

能力目标

1. 具备利用表格进行静水剪力和静水弯矩计算的能力；
2. 具备利用表格进行船体等值梁剖面要素计算的能力；
3. 具备进行纵向构件局部弯曲应力及应力合成计算的能力；
4. 具备进行船体总纵强度校核的能力。

1.1　概　　述

船舶在从建造到报废的一生中，要经历建造、下水、航行、进坞、修理等许多工作状态，其中航行状态是经常性的工作状态，船体结构的形式及合理的结构尺寸均由这一工作状态决定。其他工作状态对船舶的一生来说是短暂的，其对总纵强度的特殊要求可以采取一些临时性的加强措施来满足。在航行时，船舶还可能发生意外的碰撞、搁浅事故等，但这毕竟是极少出现的特殊情况，不能以此作为衡量总纵强度的工作状态，只有正常的航行状态才是最经常、最一般的状态，应当选取为总纵强度计算的工作状态。

船舶在波浪上航行时，将受到各种外力的作用，如重力、浮力、推力、阻力、摇摆时的惯性力等，其中推力和阻力使船体受到的纵向压缩应力很小，在船体强度的研究中可忽略不计。摇摆时的惯性力只在研究动力影响时才予以考虑。船舶静置于波浪上时，船体受到的外力只有重力与浮力。

船体强度的研究是取船舶静置在波浪上，假想船舶以与波浪相同的速度在波浪的前进方向上航行,此时船舶与波浪的相对速度为零,这样便可以认为船体是在重力和浮力作用下平衡在波浪上的一根梁。由于重力和浮力沿船长的分布规律并不一致,故两者在各单位船长上的差额就构成作用在船体梁上的分布载荷。船体梁在这个载荷作用下将发生总纵弯曲变形,在船体梁断面上将产生剪力和弯矩。

正常航行的船舶往往也会处于多种不同的状态,应取可能出现的最危险的状态为计算状态,这样才能保证强度计算的可靠性。从这点出发,确定下列状态为计算状态。

船体静置于波浪上与静置于水中相比,浮力分布的不均匀性更为突出,与船舶重力分布规律相差更远,引起的总纵弯矩也更大,因此取船舶静置于波浪上为计算状态。

在波高一定的情况下,波长等于船长时对船体最为不利,因此取波长等于船长为计算状态。当波长等于船长时,船体与波浪的相对位置有两种:一种是波峰在船中,称为"中拱"状态;另一种是波谷在船中,称为"中垂"状态。必须分别考虑这两种状态。对于内河船舶,其可能达到的水域的最大波长往往小于船长,这时,船舶斜置在波浪上,艏、艉同时处在相邻的波峰或波谷上为最危险状态,取为计算状态。

装载情况对于静水弯矩的影响是主要的。原则上应选取最不利的装载情况作为计算状态,同时也要考虑实际的可能性。一般应考虑下述装载情况:

(1)满载:出港、到港。

(2)压载:出港、到港。

船体在波浪上的受力可以看成其静置在静水中的受力(即静水弯矩、剪力)加上由于波浪的存在引起浮力重新分布而产生的附加力。附加力使船体产生的弯矩、剪力称为"附加弯矩"和"附加剪力"。因此,船体总纵弯矩和剪力可由静水弯矩、静水剪力和波浪附加弯矩、剪力两部分构成。

在计算总纵弯曲应力时,将实际船体结构视作一根具有相当抗弯刚度的实心变截面直梁,该梁称作"等值梁"。此时,可以将船体剖面中所有参与抵抗总纵弯曲的构件,在保持其高度和面积不变的条件下,假想地平移到船体中纵剖面附近,对称地构成一梁的剖面,即等值梁的剖面,如图 1-1 所示。

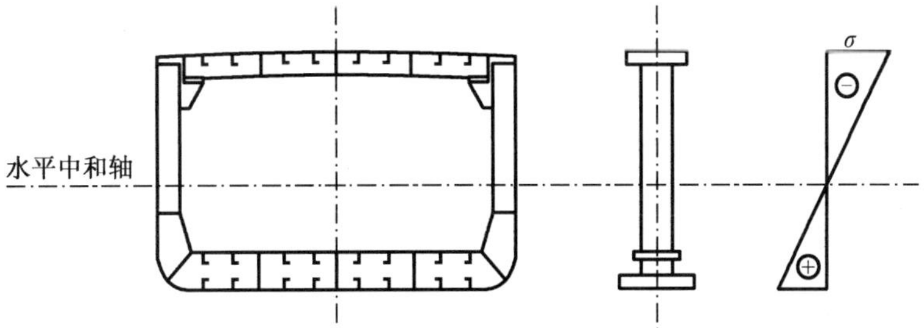

图 1-1　等值梁剖面

于是,船体的总纵弯曲应力 σ 就可以按照梁的弯曲理论来计算,即

$$\sigma = \frac{M}{I} Z \tag{1-1}$$

式中 M——计算剖面的总纵弯矩；

I——计算剖面对水平中和轴的惯性矩；

Z——所求某构件的应力点与水平中和轴的距离。

由式(1-1)可以看出，船体剖面上的总纵弯曲应力呈线性分布，距水平中和轴最远处——上甲板处弯曲应力最大。因此，在船体强度计算中通常将式(1-1)写成下面的形式：

$$\sigma=\frac{M}{W} \tag{1-2}$$

式中，$W=\dfrac{I}{Z}$，称为剖面模数，其中，Z 是截面上距中和轴最远处构件的纵坐标值，W 是船体结构抵抗弯曲变形能力的特征几何量，也是衡量船体强度的一个重要标志。显然，M 一定时，剖面模数越大，则总纵弯曲应力越小。

求出总纵弯矩和相应的总纵弯曲应力，并将它与许用应力进行比较以判定船体的强度是否满足要求，是目前船体总纵强度计算的常规方法。因此，一般按照下列步骤进行总纵强度校核：

(1)计算重力曲线 $w(x)$；

(2)计算静水浮力曲线 $b_s(x)$；

(3)计算静水中载荷曲线 $q_s(x)=w(x)-b_s(x)$；

(4)计算静水弯矩 M_s；

(5)计算波浪附加弯矩 M_w；

(6)计算总纵弯矩 $M=M_s+M_w$；

(7)计算最小剖面模数 $W_{\min}$；

(8)计算最大总纵弯曲应力 $\sigma_{\max}=\dfrac{M_{\max}}{W_{\min}}$，$M_{\max}$ 为最大总纵弯距；

(9)选取许用应力$[\sigma]$，进行总纵强度校核，若 $\sigma_{\max}\leqslant[\sigma]$，则总纵强度满足要求，否则总纵强度不满足要求。

1.2 静水剪力和静水弯矩的计算

船舶在静水中平衡的条件：重力等于浮力；重心和浮心在同一铅垂线上。

设 x 轴沿船长方向，画出船舶的重力与浮力沿船长分布的曲线，其中 $w(x)$ 为重力曲线，$b_s(x)$ 为浮力曲线(图 1-2)。船体的总重力为 W，船的单位长度重力(又称重力集度)为 $w(x)$，船长为 L，则有

$$W=\int_0^L w(x)\,\mathrm{d}x \tag{1-3}$$

船舶重心的纵向坐标：

$$x_g=\frac{1}{W}\int_0^L xw(x)\,\mathrm{d}x \tag{1-4}$$

同样，若作用在船单位长度上的浮力(又称浮力集度)为 $b_s(x)$，总浮力为 B，则有

$$B = \int_0^L b_s(x)\,dx \tag{1-5}$$

船舶浮心的纵向坐标：

$$x_b = \frac{1}{B}\int_0^L x b_s(x)\,dx \tag{1-6}$$

根据平衡条件得

$$\int_0^L w(x)\,dx = \int_0^L b_s(x)\,dx \tag{1-7}$$

$$\int_0^L x w(x)\,dx = \int_0^L x b_s(x)\,dx \tag{1-8}$$

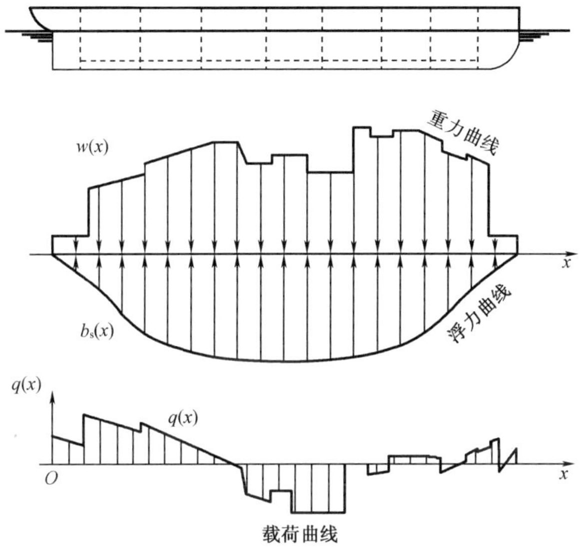

图 1-2　重力曲线、浮力曲线和载荷曲线

能够满足式(1-7)和式(1-8)的 $w(x)$ 和 $b_s(x)$ 可能有多种组合。一般情况下 $w(x)$ 和 $b_s(x)$ 是不同的，其差值 $q_s(x)$ 即为作用在船体梁单位长度上的载荷(又称载荷集度)：

$$q_s(x) = w(x) - b_s(x) \tag{1-9}$$

作用在船体梁剖面上的剪力和弯矩分别是：

$$N_s(x) = \int_0^x q_s(x)\,dx \tag{1-10}$$

$$M_s(x) = \int_0^x N_s(x)\,dx = \int_0^x\int_0^x q_s(x)\,dx\,dx \tag{1-11}$$

由此可见，为了计算静水剪力 $N_s(x)$ 和静水弯矩 $M_s(x)$，必须先计算出 $w(x)$ 和 $b_s(x)$，从而求得 $q_s(x)$，再运用近似积分(即数值积分)法进行积分。

1.2.1　重力曲线

1. 重力曲线的绘制

为了绘制出船舶在某一载荷情况下的重力曲线，必须具备表明船舶各部分重量及重心位置的重量表和可以确定各部分重量分布范围的船体纵剖面图。

为了计算方便，一般按 20 个理论站作船舶重量阶梯形重量曲线，如图 1-3 所示，近似认为每个站距内的重量在本站距内是均匀分布的。采用这种方法时必须注意，每项重量的重心在船长方向的位置必须保持不变，且其重量分布范围应大体与实际情况相对应，最后绘成的阶梯曲线与横轴围成图形的面积必须等于船体总重力，面积形心的纵坐标必须与船体重心的纵坐标相同。这种方法较简单明了，也能保证必要的计算精度。

重力曲线计算通常是利用重量、重心计算表（表 1-1）来进行的。

表 1-1 中的重量项目一般分类如下：

(1) 船体钢料重量；

(2) 设备、舾装重量；

(3) 机电设备重量；

(4) 粮食、船员及备品重量；

(5) 燃料及水等的重量。

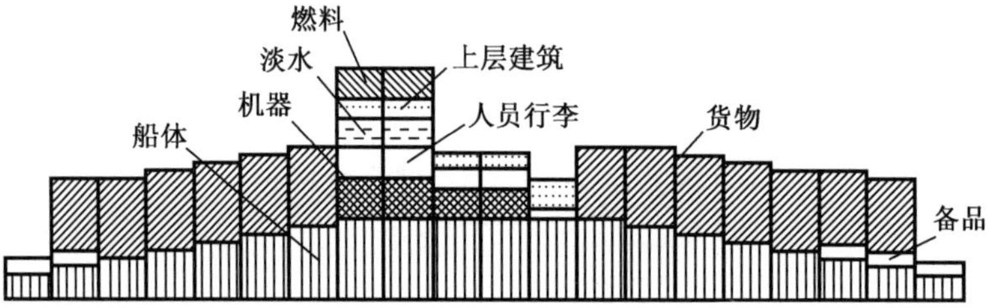

图 1-3 船舶重量阶梯形重量曲线

表 1-1 重量、重心计算表

序号	重量项目	站距											
		20 19	19 18	18 17	17 16	16 15	…	5 4	4 3	3 2	2 1	1 0	从左至 右加和
1	船体												
2	舾装设备												
3	轮机电气												
4	旅客船员												
⋮	⋮												
$n-2$	粮食及行李												
$n-1$	货物												
n	燃油及水												
从上至下和													$\sum w=$
对船中力臂 x		9.5	8.5	7.5	6.5	5.5	…	-5.5	-6.5	-7.5	-8.5	-9.5	
力矩 m													$\sum m=$

$$x_g = \frac{\sum m}{\sum w}\Delta L$$

式中　ΔL——理论站距；

x_g——重心与船中的距离，向艏为正，向艉为负。

上述的重力曲线计算方法具有足够的精度，但工作十分烦琐。另外，在设计的初始阶段，不可能有详细的重量资料供计算用，因此这种方法便无法采用。

在设计初始阶段，往往采用近似方法，分别绘制出主船体重力曲线和局部重力曲线，最后合成为重力曲线。

2. 主船体重力曲线的近似绘制方法

(1) 主船体重力曲线的围长法

假设主船体单位长度重力与该剖面围长成比例。设与艉垂线距离为 x 的剖面处的单位长度的重力为 $w(x)$，则有

$$w(x) = \frac{w_h l(x)}{A} \tag{1-12}$$

式中　w_h——主船体重力的总和；

$l(x)$——x 剖面处围长；

A——船体全表面积。

这种方法适用于主船体重力的分布。

(2) 主船体重力曲线的梯形法

一般船舶中间肥、两头瘦，且具有平行中体，因此可以用梯形曲线来近似表达其主船体及舾装的重量分布，如图 1-4 所示，图中 α、β、a、b、c 为系数，L 为船长，这里取垂线间长。由此绘出的梯形曲线与横轴围成图形的面积必须等于主船体及舾装的重量，其形心距船中的距离与重心距船中的距离相等。系数 α、β、a、b、c 之值可根据重量统计资料确定，或采用下式计算：

$$\left.\begin{aligned} &\alpha=\beta=\frac{1}{3} \\ &b=1.17\sim1.20 \\ &a=3-2b-\frac{54}{7}\frac{x_g}{L} \\ &c=3-2b+\frac{54}{7}\frac{x_g}{L} \end{aligned}\right\} \tag{1-13}$$

式中　x_g——主船体及舾装重量的重心距船中的距离；

b——根据方形系数 C_b 确定，当 $C_b>0.75$ 时取 $b=1.17$，当 $C_b<0.70$ 时取 $b=1.20$，当 $0.70\leqslant C_b\leqslant0.75$ 时 b 由插值法求得。

图 1-4 所示的主船体及舾装重量分布规律，并不一定对每条船都适合，但在没有其他重量统计资料时可作为参考。

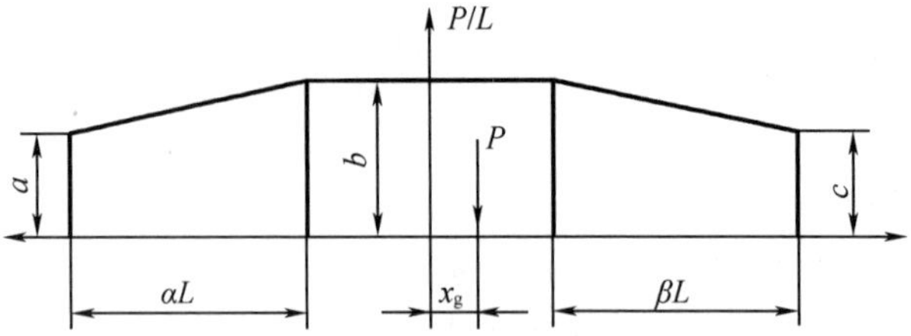

图 1-4　空船重量的三段分布

3. 局部重力的分布

对于主船体以外的项目，如机座、甲板室、舾装、轴隧、货物、燃料、水等，作为局部重力，可采用下面的方法将其分配在相应的理论站距上。

为了使船体总重力沿船长按阶梯形分布，并且每项重量的重心在船长方向坐标不变，从而保证与实际分配效果一致，需要介绍将单项重力按矩形分布的方法。

所谓单项重力按矩形分布即把集中载荷或一定长度上的分布载荷转化为等价的每一理论站距上的矩形分布载荷。转化时应遵循“静力等效”原则，即重量大小相等，重心位置不变。

我们分以下 4 种情况介绍。

(1) 集中载荷化分布载荷

如集中载荷 P 位于某一站号处，可将 P 均匀地分配到相邻的两个理论站距上，如图 1-5 所示；如 P 位于某一理论站距的中点，可将 P 均匀地分配到这个理论站距上，如图 1-6 所示。

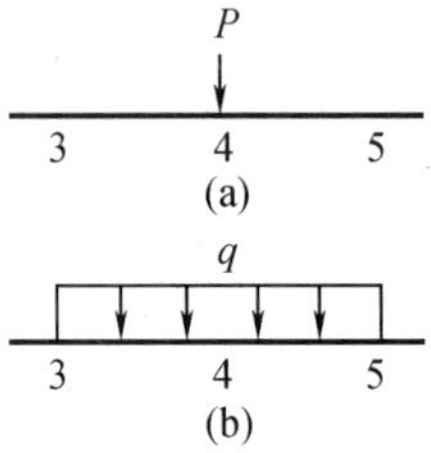

图 1-5　集中载荷位于站号处

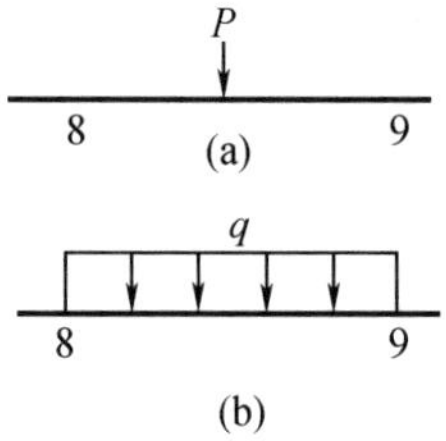

图 1-6　集中载荷位于站距中点

其分布载荷 q 大小为

$$q=\frac{P}{n\Delta L} \tag{1-14}$$

式中　n——分布站距数；

ΔL——站距。

(2) 分布在两个理论站距上的局部重力

如果局部重力为 P，其重心距 i 站距离为 a，则可按图 1-7 将其分布在 i 站的前后两理论站距上，成为一阶梯曲线。该曲线与横轴围成图形的面积应等于局部重力 P，其形心的纵向坐标值应等于局部重量重心的纵向坐标值。根据此原则可求出分布在这两个理论站距上的载荷 p_1 和 p_2 的大小。

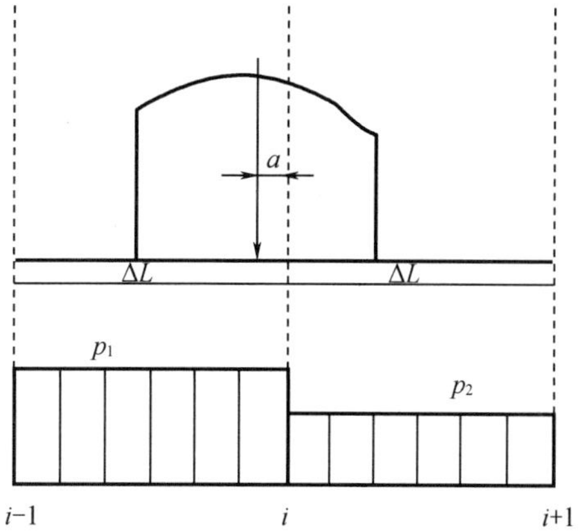

图 1-7 分布在两个理论站距上的局部重力

根据转化前后重量相等、重心位置不变的条件,可得如下方程组:

$$\left.\begin{aligned}&(p_1+p_2)\Delta L=P\\&p_1\Delta L\frac{\Delta L}{2}-p_2\Delta L\frac{\Delta L}{2}=Pa\end{aligned}\right\}\tag{1-15}$$

解之即得

$$\left.\begin{aligned}&p_1=\frac{P}{\Delta L}\left(0.5+\frac{a}{\Delta L}\right)\\&p_2=\frac{P}{\Delta L}\left(0.5-\frac{a}{\Delta L}\right)\end{aligned}\right\}\tag{1-16}$$

例 1-1 某杂货船的第一货舱载重为 $P=4\ 900$ kN,分布在 7 和 9 两个理论站间,重心在 7 和 8 理论站间,且距 8 站的距离为 $a=2$ m。理论站间距为 $\Delta L=7$ m。试求等价转化后每一理论站距上矩形分布载荷 p_1 和 p_2。

解 运用式(1-16)可得

$$p_1=\frac{P}{\Delta L}\left(0.5+\frac{a}{\Delta L}\right)=\frac{4\ 900}{7}\left(0.5+\frac{2}{7}\right)=550\ (\text{kN/m})$$

$$p_2=\frac{P}{\Delta L}\left(0.5-\frac{a}{\Delta L}\right)=\frac{4\ 900}{7}\left(0.5-\frac{2}{7}\right)=150\ (\text{kN/m})$$

(3)分布在三个理论站距上的重力载荷

这种情况因为只有两个平衡条件,所以一般会根据具体情况按图 1-8 所示的假定分布规律进行分布。其中,对于图 1-8(a)和图 1-8(b)的情况,可以比较简单地利用静力等效原则直接列出两个方程式,从而求得不同理论站距上的分布载荷。对于图 1-8(c)的情况,可以分步进行:第一步,以 $1.5\Delta L$ 代替 ΔL,用式(1-16)求 p_1 和 p_2;第二步,利用式(1-16)将 p_1 和 p_2 分别向其相邻的两个理论站距上分布。这样,中间理论站距的分配值为 p_1 和 p_2 的叠加,其他两个理论站距的分配值分别为 p_1 和 p_2。

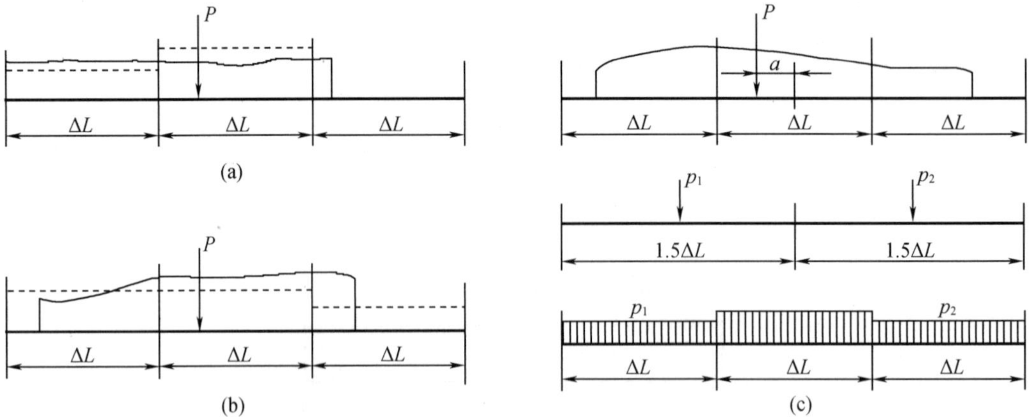

图 1-8　分布在三个理论站距上的重力载荷

对于在更大范围内分布的重力，仍可按上述方法处理，计算时只需将理论站距 ΔL 用分布范围内的等分长度代替。

(4) 艏、艉垂线外的延长部分载荷重力

有些船舶在艏、艉垂线之外，有相当长的延长部分，且这部分的重力可能超过空船重力的 1%。对于这一类的重力应按图 1-9 的方法进行分布。把艏、艉垂线之外的重量移到相邻的两个理论站距上，但不改变船舶重心坐标，故不致引起船中部弯矩的变化。根据平衡条件：

$$\left.\begin{aligned} p &= (p_1 - p_2)\Delta L \\ pa &= \left(\frac{3}{2}p_2 - \frac{1}{2}p_1\right)(\Delta L)^2 \end{aligned}\right\}$$

可得

$$\left.\begin{aligned} p_1 &= \frac{P}{\Delta L}\left(\frac{3}{2} + \frac{a}{\Delta L}\right) \\ p_2 &= \frac{P}{\Delta L}\left(\frac{1}{2} + \frac{a}{\Delta L}\right) \end{aligned}\right\} \tag{1-17}$$

式中　a——艏、艉垂线外的延长部分载荷重心距端点站的距离。

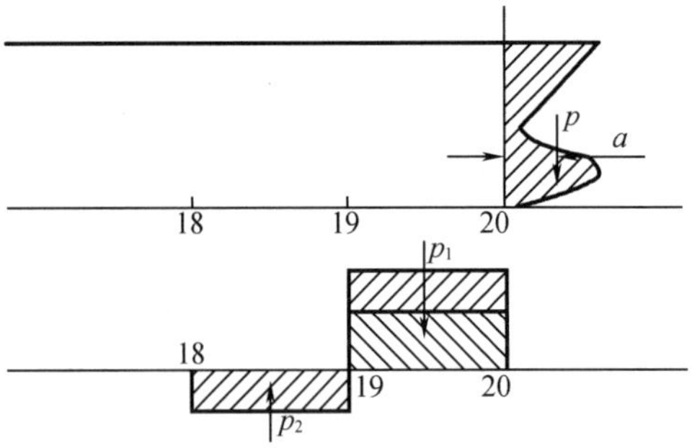

图 1-9　艏、艉垂线外的延长部分载荷重力

将各项重力按上述方法分配好之后，就可以把各个理论站距内的重力叠加，绘制出

图 1-3 所示的重力曲线。同时,由表 1-1 还可以算得船舶的重力 G、船舶高度方向的重心坐标 z_g 和船舶长度方向的重心坐标 x_g:

$$G = \sum G_i$$

$$z_g = \frac{\sum G_i z_{gi}}{\sum G_i}$$

$$x_g = \frac{\sum G_i x_{gi}}{\sum G_i}$$

1.2.2　浮力曲线

浮力曲线是船舶在一定的装载情况下,浮力沿船长分布的曲线。绘制浮力曲线需要利用船舶静水力曲线和邦戎曲线。当船舶的浮态确定后,便能在邦戎曲线上得到各理论站在确定浮态下的横剖面面积,从而绘出沿船长分布的横剖面面积曲线,该曲线的纵坐标值乘以水的相对密度便得到了浮力曲线。由此可见,绘制浮力曲线的关键是确定浮态。

1. 船舶处于正浮状态

如果在相当于船舶重力的排水量下,在静水力曲线上求出船舶浮心纵坐标与已知的船舶重心纵坐标一致,则该船处于正浮状态,这时其艏、艉吃水即平均吃水,可在静水力曲线上直接查取。然后,将相应的吃水线画在邦戎曲线上,如图 1-10(a)所示,便可求出各理论站横剖面在该吃水下的面积,最后画出横剖面面积曲线和浮力曲线。

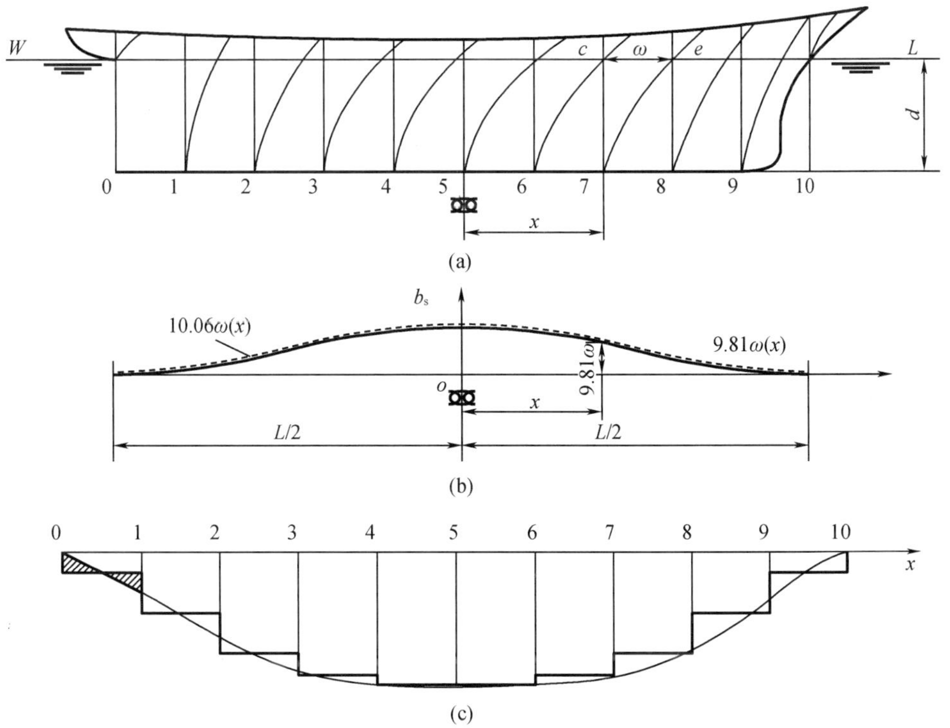

图 1-10　浮力曲线

如果重力曲线是阶梯曲线,那么所绘的浮力曲线也可用图 1-10(b)所示的方法改画成阶梯曲线,如图 1-10(c)所示。

2. 船舶处于纵倾状态

大部分船舶在正常航行中都有一定的纵倾。对于这种情况必须先进行纵倾调整,确定其在一定装载状态下的实际吃水线,也就是要确定其艏、艉吃水。从计算角度来看,如果在等于船舶重量的排水量下,在静水力曲线上求得的相应的船舶浮心纵坐标与已知的船舶重心纵坐标不一致时,船舶处于纵倾状态。下面介绍纵倾调整的方法和浮力曲线的表达。

进行纵倾调整时,应具备船舶静水力曲线、邦戎曲线、船舶重心资料。

可先假设船舶是正浮的,这时可由静水力曲线求出相应排水量下的吃水 d_m,该吃水是平均吃水,正浮状态下也是艏、艉吃水。再求出相应的浮心纵坐标值 x_b。对于纵倾的船舶,由此求出的浮心纵坐标值 x_b 与已知的船舶重心纵坐标值 x_g 必然不一致,船舶的纵倾浮态便可看成由 x_b 与 x_g 不重合而产生的力矩$(x_g-x_b)\Delta$(Δ 为船舶的排水量)所致。这样,就可以由静力学的公式算出船舶纵倾后的艏、艉吃水:

$$\left.\begin{aligned}d_{f1}&=d_m+\left(\frac{L}{2}-x_f\right)\tan\varphi\\d_{a1}&=d_m-\left(\frac{L}{2}+x_f\right)\tan\varphi\end{aligned}\right\}\tag{1-18}$$

式中 d_m——平均吃水;

d_{f1}——艏吃水;

d_{a1}——艉吃水;

x_f——水线面漂心坐标值;

$\tan\varphi=\dfrac{x_g-x_b}{R}$,$R$ 是纵稳心半径。

求出艏、艉吃水,通过邦戎曲线可求出其总排水体积 V_1 及浮心纵坐标值 x_{b1}。以上的计算过程称为浮力曲线的第一次近似计算。

如果第一次近似计算得出的 V_1 和 x_{b1} 与船舶给定重量下的排水体积 V_0 和重心纵向坐标值 x_g 相差较大时,则必须进行第二次近似计算,其艏、艉吃水由下面的式子求出:

$$\left.\begin{aligned}d_{f2}&=d_{f1}+\frac{V_0-V_1}{A}+\left(\frac{L}{2}-x_f\right)\frac{x_g-x_{b1}}{R}\\d_{a2}&=d_{a1}+\frac{V_0-V_1}{A}-\left(\frac{L}{2}+x_f\right)\frac{x_g-x_{b1}}{R}\end{aligned}\right\}\tag{1-19}$$

式中 d_{f1}、d_{a1}——第一次近似计算时的艏、艉吃水;

d_{f2}、d_{a2}——第二次近似计算时的艏、艉吃水;

$\dfrac{V_0-V_1}{A}$——船舶将上浮或下沉的值;

A——水线面面积。

式(1-19)对第一次近似计算得到的船舶位置做了进一步的修正。由于排水体积不等,故第二次近似计算时,船舶将上浮或下沉$\frac{V_0-V_1}{A}$;此外,由于浮心与重心纵向坐标值不一致,船舶也将产生某种程度的纵倾。

一般说来,若浮心与重心纵向坐标值之差的绝对值不超过船长 L 的 0.1%,排水量与给定的船舶重量之差的绝对值不超过排水量 Δ 的 0.5%,则认为调整好了,可不必再往下计算。一般情况下,进行二次近似计算就能达到要求。

确定了吃水线后,就可以按前述的方法绘出浮力曲线。

实际计算过程都是利用表 1-2 来进行的。

表 1-2　船舶平衡位置计算表

1	2	3	4	5	6
理论站号	力臂系数 x	第一次近似计算		第二次近似计算	
		横剖面浸水面积 ω /m^2	力矩函数 $x\cdot\omega=(2)\times(3)$	横剖面浸水面积 ω /m^2	力矩函数 $x\cdot\omega=(2)\times(5)$
0	-10	$\omega_0/2$			
1	-9	ω_1			
<	<	<			
⋮	⋮	⋮			
19	9	ω_{19}			
20	10	$\omega_{20}/2$			
$\sum$		$\sum 3$	$\sum 4$	$\sum 5$	$\sum 6$
$V_1=\Delta L\sum 3, x_{b1}=\Delta L\frac{\sum 4}{\sum 3}, V_2=\Delta L\sum 5, x_{b2}=\Delta L\frac{\sum 6}{\sum 5}$					

1.2.3　载荷曲线

以重力曲线 $w(x)$ 的值为正,浮力曲线 $b(x)$ 的值为负,叠加即得载荷曲线,正值画在坐标轴的上方,负值画在坐标轴的下方。载荷曲线有如下两种性质:

(1)载荷曲线与轴所形成图形被横轴分割成两部分,其面积相等;

(2)载荷曲线与纵轴所形成图形面积对纵轴上任一点的静力矩等于零。

这两种性质实际上体现了船舶在水中的两个平衡条件,即浮力与重力相等,浮心与重心在同一铅垂线上。

1.2.4　剪力、弯矩曲线

置于静水中的船舶为两端自由的变断面梁,求得其载荷之后可按式(1-10)和式(1-11)计算其剪力和弯矩。由于船舶两端完全自由无约束,因此两端的剪力和弯矩应为零。但是在实际计算中由于存在误差,因此端点处的剪力 $N(L)$ 和弯矩 $M(L)$ 不一定为零,但只要满足下式我们就认为已经达到计算精度要求了。

$$\left.\begin{aligned}\left|\frac{N(L)}{N_{\max}}\right| \leqslant 0.05 \\ \left|\frac{M(L)}{M_{\max}}\right| \leqslant 0.05\end{aligned}\right\} \tag{1-20}$$

式中 $M_{\max}$——总纵弯矩的最大值;

$N_{\max}$——剪力的最大值(绝对值)。

这时,只要对不为 0 的 $M(L)$ 和 $N(L)$ 采用线性内插法进行修正就可以了。

线性内插法修正剪力、弯矩曲线如图 1-11 所示,线性内插法修正实际上就是利用相似三角形的原理来计算内插点的数据。可以依照图 1-11 中所示的方法,各用一条直线把剪力曲线和弯矩曲线封闭起来,以所作的直线作为 x 轴,则在右端点处分别有 $N(L)=0$,$M(L)=0$。这样,在 20 站处剪力的修正值应为"$-(7)_{20}$"(表 1-3 中第 7 项 20 站处的剪力值)。这样,就可对每个理论站的剪力和弯矩予以修正。

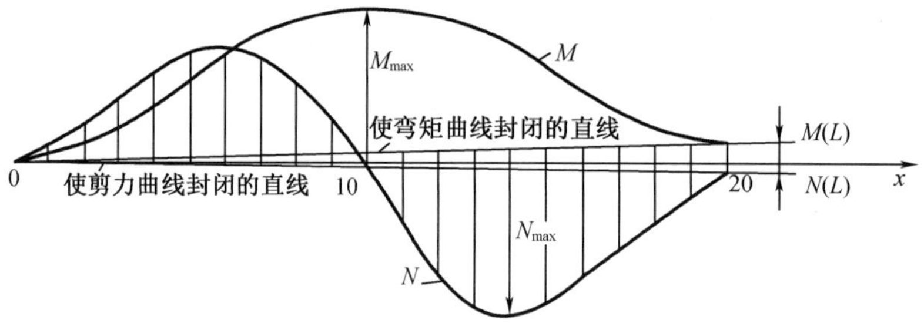

图 1-11　线性内插法修正剪力、弯矩曲线

如果不满足式(1-20)的条件,则一定是 $N(L)$ 和 $M(L)$ 计算中有错误,或是纵倾调整中有较大误差。这时,必须进行复查或重新计算。

另外,由剪力和弯矩间的微分关系可知:剪力为零处一定是弯矩最大的地方。利用这一点也可检验剪力和弯矩曲线。

实用上,载荷曲线的积分过程是在表 1-3 中进行的。表 1-3 中第 10 项为剪力修正值,第 13 项为弯矩修正值,它们都是按上述原则修正的。

表 1-3　船舶载荷、剪力、弯矩计算表

1	2	3	4	5	6	7	8	9
		载荷及其积分						
理论站号 i	横剖面浸水面积 /m^2	第(2)栏成对和 /m^2	站距内的浮力 $(3)\times\frac{\Delta L}{2}\gamma$ /kN	站距内的重量 /kN	站距内的载荷 (5)-(4) /kN	修正前剪力值第(6)栏自上至下和 /kN	第(7)栏成对和 /kN	第(8)栏自上至下和 /kN
0 1 ⋮ 19 20								

1	10	11	12	13	14
	剪力		弯矩		
理论站号 i	剪力修正值 $-(7)_{20}\times\frac{i}{20}$ /kN	剪力值 $N=$ (7)+(10) /kN	修正前弯矩值 $(9)\cdot\frac{\Delta L}{2}$ /(kN·m)	弯矩修正值 $-(12)_{20}\times\frac{i}{20}$ /(kN·m)	弯矩值 $M=$ (12)+(13) /(kN·m)
0 1 ⋮ 19 20					

1.3　波浪附加剪力和弯矩的计算

船舶静置于波浪上，浮力将重新分配，从而引起剪力和弯矩的改变，与船舶静置于静水中的剪力和弯矩相比较，改变的部分称为波浪附加剪力和波浪附加弯矩。从上节的介绍可以看出，我们利用船舶的邦戎曲线、静水力曲线、重心等资料以及一系列公式，通过几次纵倾调整，确定了船舶在静水中的平衡位置，最后求得了船舶在静水中的载荷、剪力和弯矩。同样，在船舶静置于波浪上时，也必须通过调整确定船舶的平衡位置，再求得船舶静置于波浪上的波浪附加剪力和波浪附加弯矩。波浪附加剪力和波浪附加弯矩仅与船型和波浪要素有关，所以对于既定船型，必须先确定船舶的计算波浪。在船舶强度计算中规定，计算波浪的形状用二维坦谷波曲线表示，计算波长等于船长，计算波高按有关规范规定和强度标准选取,并分别考虑中拱和中垂两种典型状态进行计算。由于在确定计算波高时带有很大的主观性,故传统的船舶总纵强度计算带有假定性。

1.3.1 绘制坦谷波的方法

以半径为 R 的圆盘,沿直线 AB 滚动时,圆盘面上与圆心距离为 r 的 P 点所描出的轨迹即为一坦谷波曲线,其波峰较陡峭,波谷较平坦,故称坦谷波。坦谷波的绘制方法如图 1-12 所示。通常把直线 AB(即波长)和圆盘周长分为 8 等份,分别以 $O_0, O_1, \cdots, O_8$ 为中心,半波高 r 为半径,顺次旋转 $360°/8=45°$,记下 $P_0, P_1, \cdots, P_8$ 各点位置,用光滑曲线连接各点即得到一坦谷波。

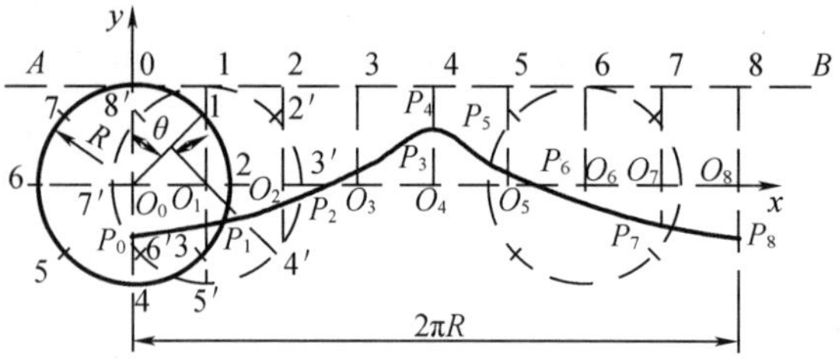

图 1-12 坦谷波的绘制方法

坦谷波

如果波长为 λ,波高为 h,则 R 与 r 为

$$R=\frac{\lambda}{2\pi}$$

$$r=O_0P_0=\frac{h}{2}$$

船体强度计算中,通常根据用坦谷波的波面方程求得的理论站号处的波高相对值来绘制坦谷波。如果取图 1-12 所示的坐标系统,则坦谷波的波面方程为

$$\left.\begin{aligned} x&=\frac{\lambda}{2\pi}\theta+r\sin\theta \\ y&=-r\cos\theta \end{aligned}\right\} \tag{1-21}$$

式中 θ——圆盘转动时的转角;

y——波面距波轴线的垂向坐标;

x——与 θ 或 y 对应的波轴方向坐标。

表 1-4 是根据式(1-21)求得的在 $\lambda/h=20$ 时,坦谷波面各理论站号处的垂向坐标的相对值 y/r。当 λ/h 值改变时,λ/h 值也将发生变化。实际计算中,应根据 λ/h 值确定对应的 y/r 值。

表 1-4 y/r 值($\lambda/h=20$)

理论站号	10	9,11	8,12	7,13	6,14	5,15	4,16	3,17	2,18	1,19	0,20
中拱	1.000	0.932	0.743	0.470	0.158	-0.155	-0.440	-0.677	-0.854	-0.963	-1.000
中垂	-1.000	-0.963	-0.854	-0.677	-0.441	-0.154	0.158	0.470	0.742	0.932	1.000

不同水域的坦谷波要素——波长及波高是不同的,在海洋中一般波长较大,当波长小于船长时,取波长等于船长,即 $\lambda=L$。波长确定后,波高可以用以下规则确定(λ、L、h 单位均为 m):

(1)当 $L \geqslant 120$ m 时,取 $h=\lambda/20$;

(2)当 60 m$<L<$120 m 时,取 $h=\lambda/30+2$;

(3)当 $L \leqslant 60$ m 时,取 $h=\lambda/20+1$。

我国内河各航区的波浪要素见表 1-5。

表 1-5　我国内河各航区的波浪要素

航区	A	B	C
$\lambda \times h$	30 m×2.5 m	15 m×1.5 m	h=0.5 m

1.3.2　波浪附加剪力和弯矩的计算原理和方法

船舶静置于波浪上的浮力曲线如图 1-13 所示,船舶静置于波浪上时波浪浮力 $b_w(x)$ 为静水浮力 $b_s(x)$ 和波浪附加浮力(即由波浪引起的浮力变化量 $\Delta b(x)$)之和,即

$$b_w(x)=b_s(x)+\Delta b(x) \tag{1-22}$$

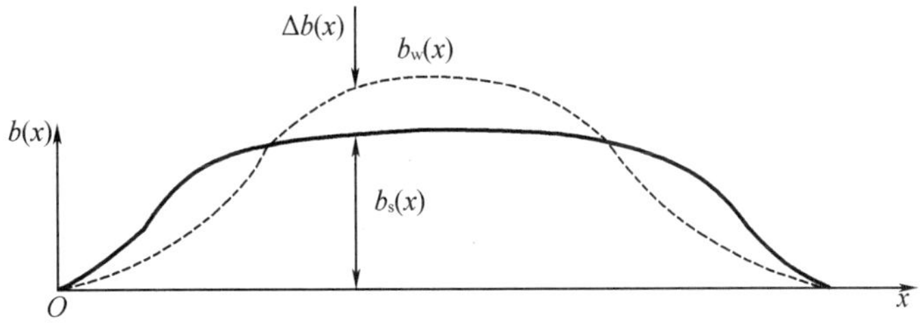

图 1-13　船舶静置于波浪上的浮力曲线

船舶静置于波浪上时,也应满足静力平衡条件,即重量与浮力相等,重心与浮心处于同一条铅垂线上。所以,由波浪引起的浮力变化量必须满足下列两式:

$$\left.\begin{aligned}\int_0^L \Delta b(x)\,\mathrm{d}x &= 0\\ \int_0^L x\Delta b(x)\,\mathrm{d}x &= 0\end{aligned}\right\} \tag{1-23}$$

由于在波浪中船舶的重量曲线没有变化,因此作用在船体上的附加剪力和附加弯矩仅仅是由 $\Delta b(x)$引起的,即

$$\left.\begin{aligned}N_w &= -\int_0^x \Delta b(x)\,\mathrm{d}x\\ M_w &= \int_0^x N_w(x)\,\mathrm{d}x = -\int_0^x\int_0^x \Delta b(x)\,\mathrm{d}x\mathrm{d}x\end{aligned}\right\} \tag{1-24}$$

由此可见,只要确定了船舶静置于波浪上的平衡位置(即确定了 $\Delta b(x)$),就可以求出

波浪附加剪力和波浪附加弯矩，下面就介绍 $\Delta b(x)$ 的确定方法。直接计算法也可称为Muckle 法，其主要思想是：如果以静水吃水线作为坦谷波轴线，当船中在波谷处时，由于坦谷波在轴线以上的面积比在轴线以下的面积小，同时船中较两端丰满，所以船在此位置时，浮力将比静水中小，而不能处于平衡状态。为了得到平衡，船舶将下沉 ζ 值；同理，当船中在波峰处时，船舶将上升 ζ 值。由于船舶首尾并不对称，还将发生纵倾变化。

假定船舶静置于波浪上时，艉垂线处下沉了 ζ_0，纵倾角变化量为 ψ，则在距艉垂线 x 处剖面移动的距离为

$$\zeta_x=\zeta_0+x\psi \tag{1-25}$$

ζ_0 下沉为正，ψ 艏下沉为正。

以静吃水线为坦谷波轴线，分别绘出波峰在船中和波谷在船中的波形线 $A—A$，如图 1-14(a)所示。在船舶各理论站上利用给出的邦戎曲线，量出各理论站与波形线 $A—A$ 的交点 A_i 处的剖面积 ω_{Ai}。设 i 理论站在实际平衡位置时波面 $C—C$ 与其交点为 C_i，中垂状态 C_i 在 A_i 以上，中拱状态 C_i 在 A_i 以下，如图 1-14(b)所示。

如果在该理论站上任取一点 B_i，中垂状态取在 A_i 以上，中拱状态取在 A_i 以下，点 B_i 与点 A_i 的距离为 ε（一般可取 1~2 m，各理论站均取同一值），并利用邦戎曲线求出 B_i 处的剖面积 ω_{Bi}。假设船侧为直壁（一般钢质船舶都适用，即邦戎曲线是直线变化趋势），则有

$$\omega_{Ci}=\omega_{Ai}+\Delta\omega_i=\omega_{Ai}+\frac{\omega_{Bi}-\omega_{Ai}}{\varepsilon}\zeta_i \tag{1-26}$$

式中　ω_{Ci}——C_i 处的剖面积；

ζ_i——距艉垂线 x_i 处剖面移动的距离。

将式(1-25)代入式(1-26)后得

$$\omega_{Ci}=\omega_{Ai}+\frac{\omega_{Bi}-\omega_{Ai}}{\varepsilon}(\zeta_0+x_i\psi) \tag{1-27}$$

利用排水量和重心位置与静水中相同的条件，可得

$$\left.\begin{aligned}&\int_0^L\omega_A(x)\,\mathrm{d}x+\int_0^L\frac{\omega_B(x)-\omega_A(x)}{\varepsilon}(\zeta_0+x\psi)\,\mathrm{d}x=V\\&\int_0^L\omega_A(x)\,\frac{x}{L}\mathrm{d}x+\int_0^L\frac{\omega_B(x)-\omega_A(x)}{\varepsilon}(\zeta_0+x\psi)\,\frac{x}{L}\mathrm{d}x=V\frac{x_\mathrm{b}}{L}\end{aligned}\right\} \tag{1-28}$$

式中　ω_A、ω_B——A 处、B 处的横剖面浸水面积；

x_b——浮心至艉垂线的距离；

V——船舶在静水中的排水体积。

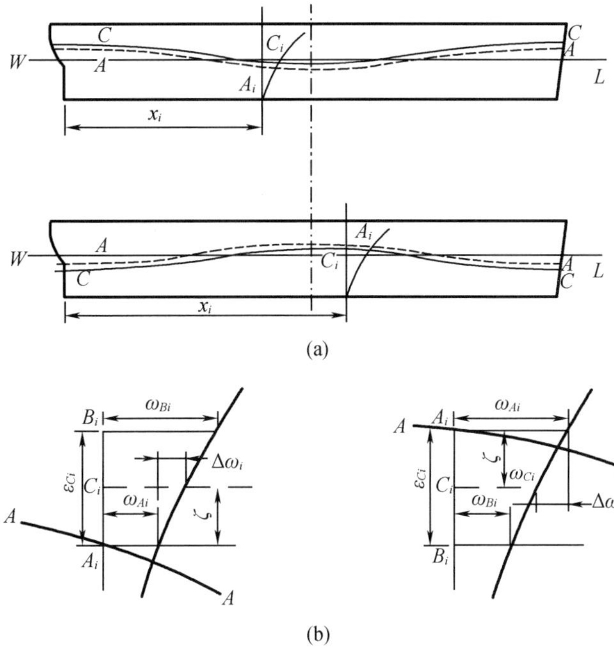

图 1-14　船舶置于波浪上浸水面积的量取法

由式(1-28)可以看出,在决定方程组的系数时,需要计算五个积分公式:

$$\sum{}'2 = \int_0^L \omega_A(x)\,\mathrm{d}x$$

$$\sum{}'4 = \int_0^L \omega_A(x)\,\frac{x}{L}\mathrm{d}x$$

$$\sum{}'6 = \int_0^L [\omega_B(x) - \omega_A(x)]\,\mathrm{d}x$$

$$\sum{}'7 = \int_0^L [\omega_B(x) - \omega_A(x)]\,\frac{x}{L}\mathrm{d}x$$

$$\sum{}'8 = \int_0^L [\omega_B(x) - \omega_A(x)]\,\frac{x^2}{L^2}\mathrm{d}x$$

把以上符号代入式(1-28),可得

$$\left.\begin{aligned} \sum{}'2 + \frac{\zeta_0}{\varepsilon}\sum{}'6 + \psi\frac{L}{\varepsilon}\sum{}'7 = V \\ \sum{}'4 + \frac{\zeta_0}{\varepsilon}\sum{}'7 + \psi\frac{L}{\varepsilon}\sum{}'8 = V\frac{x_{\mathrm{b}}}{L} \end{aligned}\right\} \tag{1-29}$$

由式(1-29)可以解出 ζ_0 值和 ψ 值。在实际计算时,仍然采用表格进行计算。为了使表格计算更方便一些,可对式(1-29)继续做一些整理。令 $\Delta L=L/20$,$b=L\psi$,代入式(1-29),第一个方程两端同时除以 ΔL,第二个方程两端同时除以$(\Delta L)^2$ 并乘以 L,得

$$\left.\begin{aligned}\sum 2+\frac{\zeta_0}{\varepsilon}\sum 6+\frac{b}{\varepsilon}\frac{\sum 7}{20}=\frac{V}{\Delta L}\\ \sum 4+\frac{\zeta_0}{\varepsilon}\sum 7+\frac{b}{\varepsilon}\frac{\sum 8}{20}=\frac{Vx_{\mathrm{b}}}{(\Delta L)^2}\end{aligned}\right\}\tag{1-30}$$

式中，

$$\begin{aligned}\sum 2&=\sum \omega_{Ai}\\ \sum 6&=\sum(\omega_{Bi}-\omega_{Ai})\\ \sum 7&=\sum K_i(\omega_{Bi}-\omega_{Ai})\\ \sum 4&=\sum K_i\omega_{Ai}\\ \sum 8&=\sum K_i^2(\omega_{Bi}-\omega_{Ai})\end{aligned}\tag{1-31}$$

$$K_i=\frac{x_i}{\Delta L}$$

这些系数可利用表 1-6 进行数值积分求得。

表 1-6　数值积分表

1	2	3	4	5	6	7	8
理论站号	ω_{Ai}/m^2	力臂系数 k	$k\omega_{Ai}$ (2)×(3)	ω_{Bi}/m^2	$\omega_{Bi}-\omega_{Ai}$ (5)−(2)	$k(\omega_{Bi}-\omega_{Ai})$ (3)×(6)	$k^2(\omega_{Bi}-\omega_{Ai})$ (3)×(7)
0	$\omega_{A0}/2$	0		$\omega_{B0}/2$			
1	ω_{A1}	1		ω_{B1}			
⋮	⋮	⋮		⋮			
19	ω_{A19}	19		ω_{B19}			
20	$\omega_{A20}/2$	20		$\omega_{B20}/2$			
	$\sum 2$		$\sum 4$		$\sum 6$	$\sum 7$	$\sum 8$

再次整理式(1-30)，得

$$\left.\begin{aligned}\zeta_0\frac{\sum 6}{\varepsilon}+b\frac{\sum 7}{20\varepsilon}=\frac{V}{\Delta L}-\sum 2\\ \zeta_0\frac{\sum 7}{\varepsilon}+b\frac{\sum 8}{20\varepsilon}=\frac{Vx_{\mathrm{b}}}{(\Delta L)^2}-\sum 4\end{aligned}\right\}\tag{1-32}$$

用行列式解之，得

$$\zeta_0=\frac{\begin{vmatrix}\dfrac{V}{\Delta L} & \sum 2-\dfrac{\sum 7}{20\varepsilon}\\ \dfrac{Vx_b}{(\Delta L)^2}-\sum 4 & \dfrac{\sum 8}{20\varepsilon}\end{vmatrix}}{\begin{vmatrix}\dfrac{\sum 6}{\varepsilon} & \dfrac{\sum 7}{20\varepsilon}\\ \dfrac{\sum 7}{\varepsilon} & \dfrac{\sum 8}{20\varepsilon}\end{vmatrix}},\quad b=\frac{\begin{vmatrix}\dfrac{\sum 6}{\varepsilon} & \dfrac{V}{\Delta L}-\sum 2\\ \dfrac{\sum 7}{\varepsilon} & \dfrac{Vx_b}{(\Delta L)^2}-\sum 4\end{vmatrix}}{\begin{vmatrix}\dfrac{\sum 6}{\varepsilon} & \dfrac{\sum 7}{20\varepsilon}\\ \dfrac{\sum 7}{\varepsilon} & \dfrac{\sum 8}{20\varepsilon}\end{vmatrix}}\tag{1-33}$$

解得 ζ_0 和 ψ 后,可以利用表 1-7 求得船舶在波浪中的实际平衡位置。

表 1-7　波浪中船舶平衡位置计算

1	2	3	4	5	6	7	8	9	10	11
理论站号	乘数 k	ω_A /m²	ζ_0 /m	$\zeta'=\dfrac{b}{20}k$ /m	$\zeta=\zeta_0+\zeta'$ /m	$\omega_B-\omega_A$ /m²	$\dfrac{\omega_B-\omega_A}{\varepsilon}$ /m	$\Delta\omega=(8)\times(6)$ /m²	$\omega_c=(3)+(9)$ /m²	$\omega_c\cdot k$ /m²
									$\omega_0/2$	
0	0								ω_1	
1	1								ω_2	
2	2								⋮	
⋮	⋮									
19	19								ω_{19}	
20	20								$\omega_{20}/2$	
									$\sum 10$	$\sum 11$

由表 1-7 可知,船舶的排水量 $\Delta=\rho g\Delta L\sum 10$, ρ 为水的密度, g 为重力加速度;浮心至舭垂线的距离 $x_b=\dfrac{\sum 11}{\sum 10}\Delta L$。

根据式(1-26),用表 1-7 计算船舶在实际吃水位置时的横剖面浸水面积 ω_c。于是波浪中的附加剪力和弯矩可以按下式求出

$$N_w=-\rho g\int_0^x\Delta\omega(x)\,dx\tag{1-34}$$

$$M_w=\int_0^x N_w(x)\,dx=-\rho g\int_0^x\int_0^x x\Delta\omega(x)\,dx\,dx\tag{1-35}$$

式中　ω——静水中横剖面浸水面积, $\Delta\omega=\omega_c-\omega$。

船舶静置于波浪上时,附加剪力和附加弯矩一般分为中拱和中垂两种情况用表 1-8 计算。

表 1-8　船舶在波浪上的附加剪力和弯矩计算表

1	2	3	4	5	6	7	8
			载荷及其积分				
理论站号 i	波浪上横剖面浸水面积 ω_c /m²	静水中横剖面浸水面积 ω /m²	(2)-(3) $\Delta\omega$ /kN	第(4)栏成对和 /kN	第(5)栏自上至下和 /kN	第(6)栏成对和 /kN	第(7)栏自上至下和 /kN
0							
1							
⋮							
19							
20							

1	9	10	11	12	13	14
	剪力			弯矩		
理论站号 i	修正前剪力值 $(6)\times\frac{\Delta L}{2}\gamma$ /kN	剪力修正值 $-(9)_{20}\times\frac{i}{20}$ /kN	剪力值 $N=(9)+(10)$ /kN	修正前弯矩 $(8)\times\frac{\Delta L}{2}\gamma$ /(kN·m)	弯矩修正值 $-(12)_{20}\times\frac{i}{20}$ /(kN·m)	弯矩值 $M=(12)+(13)$ /(kN·m)
0						
1						
⋮						
19						
20						

1.3.3　总纵弯矩

总纵弯矩剪力算例

船舶在同一计算状态下，静水弯矩 M_s 与波浪附加弯矩 M_w 之和称为总纵弯矩，即

$$M=M_s+M_w$$

总纵弯矩的最大值可作为校核船体总纵强度的计算弯矩。

如前所述，在进行船舶总纵弯曲标准计算时，分中拱和中垂两种极端情况进行，此时，船中出现总纵弯矩最大值。但当波峰或波谷沿船长变化时，其他剖面也会出现比标准计算状态更大的弯矩值。因此，对于非船中的其他剖面，不能取中拱或中垂状态时的总纵弯矩作为计算弯矩。

如果有了船与波浪在各个位置时的弯矩曲线，自然可以作出这些曲线的包络线，从而按包络线获取计算剖面的弯矩。但这种做法的工作量太大了，应采用更加简单的计算方法。为此，在画出中拱及中垂状态弯矩曲线之后，将船中剖面曲线顶点分别向艏、艉方向移

动 5%的船长，然后，依次将其他各理论站弯矩曲线的顶点也向两端移动 5%船长，最后连接各点便得到实用的计算弯矩曲线，如图 1-15 所示。从图 1-15 中可看到，最大弯矩在 9~11 站距内。

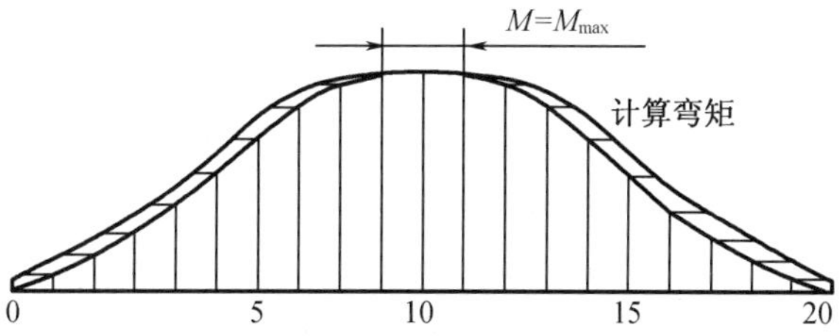

图 1-15　计算弯矩曲线的获取

1.4　船体总纵弯矩和剪力的近似估算

上面介绍的总纵弯矩和剪力的计算在船舶设计的初始阶段是无法进行的，因为在船舶设计的初始阶段还不具备各种详细的资料。在船舶设计后期有了足够的计算资料，在按上述方法计算弯矩和剪力之前，人们也有预知最大弯矩的愿望，即使是近似值也好，以便按此核对船中剖面的纵向构件尺度。

1.4.1　总纵弯矩的近似估算

船舶置于波浪上船中最大的弯矩可视为船舶满载排水量与船长 L 乘积的一部分，即按下式确定：

$$M_{max}=\frac{DL}{K} \tag{1-36}$$

式中　D——船舶满载排水量；

L——船长；

K——系数，其值可根据母型船的资料或统计资料确定。

对于不同类型的船舶，不同装载状况及相应航区，K 值是不同的，前人经统计分析制成表格供查用。表 1-9 给出了内河小船的 K 值。

表 1-9　内河小船的 K 值

航区级别	A 级	B 级	C 级
客轮	18	24	30
甲板驳船、油驳船	30	40	55
舱口驳船、货驳船	28	35	45

(1)式(1-36)适用于 L 小于 40 m 的小船；

(2)A、B、C 级航区按《内规》规定;

(3)式(1-36)考虑了船舶斜置于波浪上的情况,统计计算采用的实船波浪附加弯矩是按近似公式计算的。

1.4.2 静水中船中弯矩的近似估算

在手工计算船体总纵弯矩时,将总纵弯矩写成 $M=M_s+M_w$。静水中船中弯矩 M_s 的近似计算公式一般将其表达为由船舶重力因素构成的部分与由船舶浮力因素构成的部分之和。

如图 1-16 所示,将主船体重力假定为按梯形分布,而局部重力则简化为按矩形分布或集中力形式,假定浮力沿船长按抛物线形式分布。当船舶在水中处于平衡状态时,船舶重力曲线与横轴所围的面积等于浮力曲线与横轴所围的面积,且两个面积形心的坐标值相等。

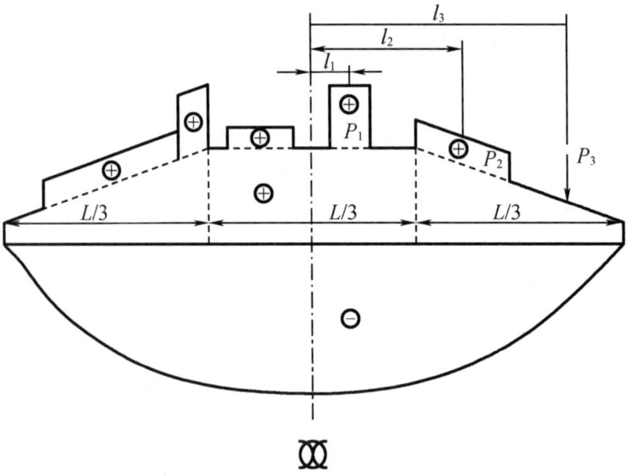

图 1-16 船舶重力分布

由按梯形分布的主船体重力 G 所引起的船中弯矩近似等于$\frac{GL}{8.7}$。由按抛物线形式分布的浮力所引起的船中弯矩近似等于$-\frac{DL}{8}\frac{1}{2-\varphi}$,其中 φ 为船体水下部分的纵向棱形系数。

由局部重力所引起的船中弯矩求取方法如下。

取位于中横剖面一侧的局部重力对船中之矩,对于如图 1-16 所示的情况,为 $P_1l_1+P_2l_2+P_3l_3+\cdots$。

由此可求出船中的静水弯矩近似值,对于图 1-16 所示的情况:

$$M_s=-\frac{DL}{8}\times\frac{1}{2-\varphi}+\frac{GL}{8.7}+P_1l_1+P_2l_2+P_3l_3+\cdots \tag{1-37}$$

式(1-37)中船舶满载排水量 D 等于主船体重力与局部重力之和,即

$$D=G+P_1+P_2+P_3+\cdots$$

用这种方法确定的船中静水弯矩约有 15%的误差,对于结构设计的初始阶段来说是完全可以采用的。

1.4.3 波浪附加弯矩的近似计算

可用下面两个公式近似计算波浪附加弯矩：

(1)当船中处于波峰时：

$$M_w = \frac{r\gamma BL^2}{20+75(1-\alpha)} \tag{1-38}$$

式中 γ——水的相对密度；

r——半波高；

L——船长；

B——船宽；

α——水线面系数。

(2)当船中处于波谷时：

$$M_w = -\frac{r\gamma BL^2}{20+52(1-\alpha)} \tag{1-39}$$

近似计算公式的形式颇多，一般均受船型、主尺度及航区等条件的限制，因此使用者在查阅有关手册、书籍与文献时应注意近似公式的适用范围。

1.5 船体总纵弯曲应力的近似计算

1.5.1 参与总纵强度的构件

在计算剖面惯性矩之前必须先确定等值梁剖面。在船舶发生总纵弯曲时，并不是所有的构件都参与总纵强度，不参与总纵强度的构件是不能计入等值梁剖面的。例如，肋板、肋骨、甲板横梁等横向构件均不参与总纵强度，因此不能计入等值梁剖面。

至于纵向构件，则是按照其长度、连续性、传递总纵弯曲应力的效能等来确定其是否参与总纵强度以及参与总纵强度的程度。下面给出确定纵向构件参与总纵强度程度的一般标准。

(1)船中部0.4~0.5倍船长区域内的纵向连续构件，均有效地参与总纵弯曲，应计入等值梁剖面，如甲板板、外板、内底板、龙骨、纵桁和纵骨等，称这些构件为纵向强力构件。

(2)船中部只占部分船长的纵向非连续构件(称为中间构件)，则要根据它们本身的长度和构造来确定其参与总纵强度的程度。对于上层建筑，其长度如果超过船长的0.15倍，且不小于本身高度的6倍，则认为其中部完全参与总纵弯曲；对于甲板室，如果它同时受到不少于3个横舱壁的支持，则也认为其中部完全参与总纵弯曲。但是，这些构件的端部由于抵抗总纵弯曲的能力较弱，必须进行适当的折减。甲板室端部折减如图1-17所示，阴影部分的面积应扣除。

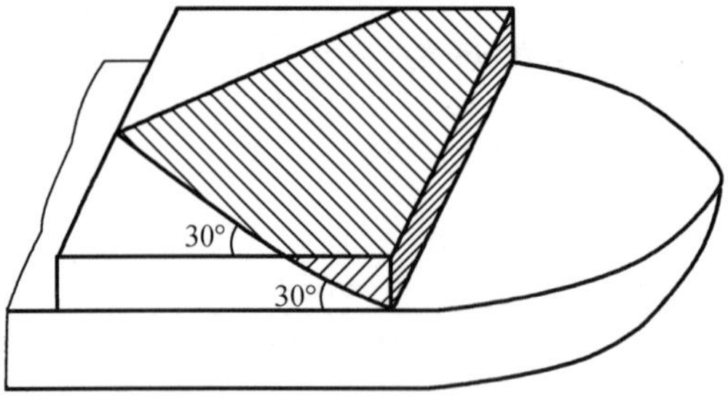

图 1-17　甲板室端部折减

(3)甲板开口的宽度如果超过甲板宽度的 20%,则应扣除其宽度,不能计入等值梁剖面。甲板上相邻舱口之间的甲板视作间断构件,因此其两端也要进行适当的折减。开口端部折减如图 1-18 所示,阴影部分的面积应扣除。

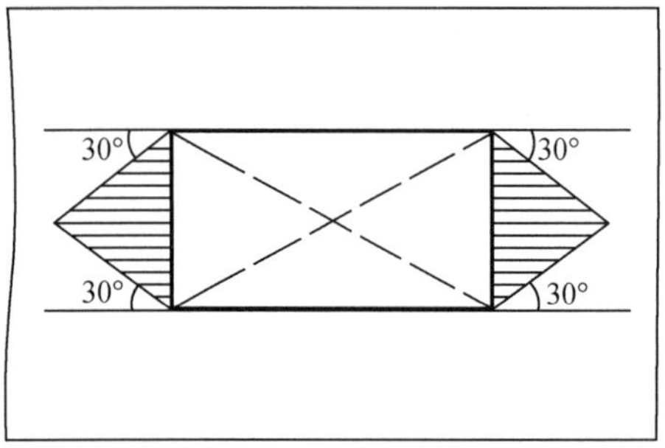

图 1-18　开口端部折减

(4)连续纵向构件的开孔,如人孔、舷窗等,在计算剖面惯性矩时不必扣除。纵桁腹板上的开口如大于腹板高度的 20%,则应扣除开口部分。

1.5.2　总纵弯曲应力的第一次近似计算

当确定了船体剖面中计入等值梁剖面的各构件的位置、尺寸后,便可计算等值梁剖面的几何要素——剖面积、静矩、惯性矩以及剖面模数。

在横剖面图上,画出所有参与总纵弯曲的构件,然后就可以计算剖面惯性矩了。由于船体结构左右对称,因此计算剖面惯性矩时只需考虑一半剖面。计算前必须对每个构件编号,便于列表计算。

参照图 1-19,取参考轴 $O'—O'$,该轴可选在船舶基线以上 0.45~0.5 倍型深处,分别求取各构件与参考轴的距离 Z_i'($Z'—O'$坐标系坐标值),各构件的剖面积 A_i,静矩 A_iZ_i'和惯性矩 $A_iZ_i'^2$。对于高度较大的垂向构件,如船侧板等,还需计算自身惯性矩 i_0,计算过程见表 1-10 中的 1~8 列。

表 1-10　船体剖面几何要素计算表

1	2	3	4	5	6	7	8	9	10	11	12
构件编号	构件名称	构件尺寸 /mm	剖面积 A_i /cm^2	至参考轴距离 Z'_i /m	静矩 $A_iZ'_i$ /($cm^2\cdot m$)	对参考轴惯性矩 $A_iZ'^2_i$ /($cm^2\cdot m^2$)	自身惯性矩 i_0 /($cm^2\cdot m^2$)	至中和轴的距离 Z_i /m	弯曲应力		欧拉应力 /($N\cdot mm^{-2}$)
									中拱 /($N\cdot mm^{-2}$)	中垂 /($N\cdot mm^{-2}$)	
1 2 3 ⋮											
$\sum$			A		B	C					

令

$$A=\sum A_i$$

$$B=\sum A_iZ'_i$$

$$C=\sum(A_iZ'^2_i+i_0)$$

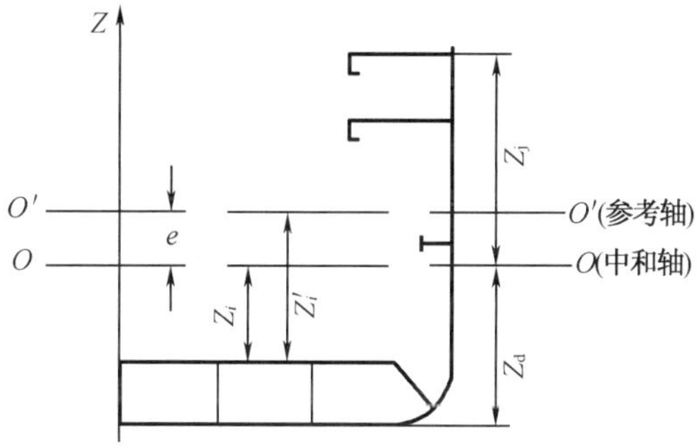

图 1-19

则剖面中和轴至参考轴的距离为

$$e=\frac{B}{A}=\frac{\sum A_iZ'_i}{A_i}\quad(m)\tag{1-40}$$

利用惯性矩的平行轴公式,可求得整个船体剖面对水平中和轴 $O—O$ 的惯性矩为

$$I=2(C-e^2A)=2\left(C-\frac{B^2}{A}\right)\quad(cm^2\cdot m)\tag{1-41}$$

任意构件至中和轴的距离为

$$Z_i=Z'_i-e\quad(m)$$

剖面中任意一构件的总纵弯曲应力为

$$\sigma_i = \frac{M}{I} Z_i \cdot 10^3 \quad (\text{kgf}^{①}/\text{cm}^2) \tag{1-42}$$

或

$$\sigma_i = \frac{M}{I} Z_i \cdot 10^2 \quad (\text{N/mm}^2) \tag{1-43}$$

式中,M 为校核剖面所在舱段内总纵弯矩的最大值,单位 N · m,中拱时为正,中垂时为负。用式(1-42)或式(1-43)求得的应力 σ_i 称为总纵弯曲应力第一次近似计算值。

若甲板和船底距中和轴最远距离分别为 Z_j 和 Z_d,则甲板和船底的剖面模数分别为

$$W_j = \frac{I}{Z_j}$$

$$W_d = \frac{I}{Z_d}$$

通常,甲板的剖面模数比船底的剖面模数小,所以有时也称甲板剖面模数为船体剖面的最小剖面模数。在我国内河及海船规范中一般都以该模数作为对船体结构总纵强度的要求。

1.5.3 船体总纵弯曲应力的逐次近似计算

在上面的第一次近似计算中,并没有判断等值梁剖面内是否丧失了稳定性。实际上,当船体受到的外载荷增大到一定程度时,参与抵抗总纵弯曲的构件并非都能全部有效地工作,特别是有些柔性构件(主要是板材),在受到压力作用时发生皱折现象,因而使构件中应力分布发生变化,使得与之相连接的刚性构件(主要是骨架)中的应力大大提高,有可能超过许用应力而导致结构的损坏。所以,无条件地运用梁的弯曲理论,求出计算应力,以此来衡量船体强度是不够完善的。因此,对船体结构的要求,既要保证必要的强度,又要保证必要的稳定性。第一次近似计算后必须对所有参与抵抗总纵弯曲的纵向构件进行稳定性校核,确定其折减系数,以便进行应力重新分配计算。

1. 船体构件的稳定性检验

如上所述,船体构件在总纵弯曲压应力作用下可能丧失其稳定性。所以,应该确定船体外板、甲板板、内底板和作为龙骨、纵桁及其他纵向构件腹板、翼板的所有板、纵向骨材,以及整个板架的临界应力 σ_{cr}。

2. 船体板折减系数的计算

当船体总纵弯曲时,纵向骨架梁在计算载荷下是不允许丧失稳定性的,因此在船体构件中只有板可能丧失稳定性。第一次近似计算求出总纵弯曲应力之后,若所得压应力大于相应构件的临界应力,表明该构件失稳。此时,为了仍能运用简单梁的公式计算总纵弯曲应力,一般采用折减系数 ψ 把船体剖面中的一部分失稳的板构件剖面积化为假想的不失稳的刚性构件剖面积(3.4 节将讲述板的稳定性)。

3. 总纵弯曲应力的逐次近似计算

计算了构件的折减系数之后,可以进行总纵弯曲应力第二次近似计算。如果第二次近

---

① 1 kgf=9.806 65J。

似计算的总纵弯曲应力与第一次近似计算的相差不大于 5%,则可用第二次近似计算值进行总纵强度校核,否则必须进行第三次近似计算。如果第三次近似计算结果仍然不能满足要求,则说明结构设计不甚合理,应考虑新的设计方案,如设法提高柔性构件的稳定性等。

1.6　某些纵向构件的局部弯曲应力及应力合成

船体结构由许多部件组成,这些部件各自承担着一定的作用。其中一些直接承受外力,另一些则承受别的构件传来的力。现以两种典型结构形式的船底板架为例,进行船体结构的受力和传力过程分析。船底骨架形式如图 1-20 所示。

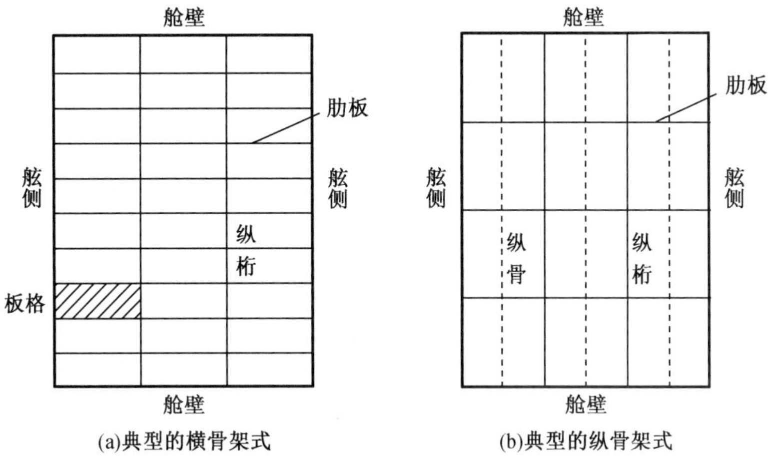

图 1-20　船底骨架形式

为了讨论方便,假定在船底板架上只作用着水压力。直接承受水压力的构件是船底板,它在其支持周界内发生变形,并以反力的形式将水压力传给支持周界。对图 1-20(a)所示结构,水压力主要传给肋板,部分传给内龙骨、舷侧、舱壁等,于是引起了船底板架的弯曲变形,然后又以反力的形式将力传给舷侧和舱壁,如图 1-21(a)所示。对图 1-20(b)所示结构,船底板将受到的水压力主要传给了纵骨,部分传给肋板、船底纵桁、舷侧及舱壁,纵骨受传来的力的作用而发生弯曲,并又以反力的形式将力传给肋板或舱壁,于是也引起了船底板架的弯曲变形,然后又以反力的形式将力传给板件的支持周界(舷侧及舱壁),如图 1-21(b)所示。

同样,甲板上的载荷也传给舱壁及舷侧。舱壁在这些力以及与舷侧相交处的剪力作用下取得平衡。在舷侧上作用的这些力以及与舱壁相交处的剪力构成舷侧板架所受的不平衡力,这个力以剪力的形式传给相邻的舷侧板架,它就是总纵弯曲时作用在船体剖面中的剪力。

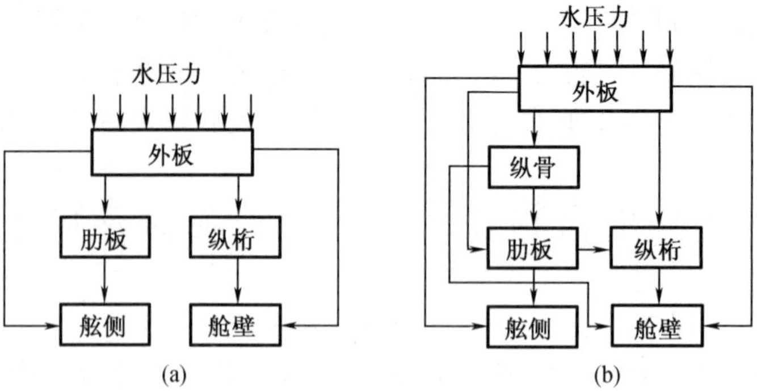

图 1-21　船底板架的传力过程

由上述分析可知,船体结构的受力情况是比较复杂的,要完全如实地反映出来比较困难。为分析方便起见,一般假定船舶在航行中某些构件同时起着几种作用,承受几种应力。例如,某些船底纵向构件同时承受着总纵弯曲应力和由船底板架在局部载荷作用下产生的局部弯曲应力,即板架弯曲应力。对于这样一些构件,除按照强度标准分别校验其强度条件外,尚有必要考虑外载荷的最不利的组合情况,按照强度条件判断所设计的构件是否能保证其强度要求。这一过程称为应力合成。

为区分不同工作状态的构件,按照纵向构件在传递载荷过程中所产生应力种类,将强力纵向构件分为四类:

(1)只承受总纵弯曲应力 σ_1 的纵向构件,称为第一类构件。如不计载荷的上甲板。

(2)同时承受总纵弯曲应力 σ_1 和板架弯曲应力 σ_2 的纵向构件,称为第二类构件。如船底纵桁。

(3)同时承受总纵弯曲应力 σ_1、板架弯曲应力 σ_2 和纵骨弯曲应力(或板的弯曲应力) σ_3 的纵向构件,称为第三类构件。如纵骨架式船底骨架中的纵骨或横骨架式船底骨架中的船底板。

(4)同时承受总纵弯曲应力 σ_1、板架弯曲应力 σ_2、纵骨弯曲应力 σ_3 和板的弯曲应力 σ_4 的纵向构件,称为第四类构件。如纵骨架式船底骨架中的船底外板。

以上各种弯曲,除总纵弯曲外均称局部弯曲,局部弯曲应力计算在下一章中介绍。

同时承受几种外力的构件,每种外力分别计算其应力。在计算某一种外力作用所产生的应力时,不考虑其他种类外力的作用。应力合成时,按单向应力考虑,即求各单独应力的代数和。

通常不必对所有纵向构件进行应力合成,而根据构件所处的部位和所承受载荷的情况来确定哪些构件须进行应力合成验算。须进行应力合成的构件,不必对构件每个剖面做校核,只需要根据受力情况来判断可能出现最大合成应力的剖面,并对其进行校核。在一般情况下,除上甲板装有货物的船舶外,只需对底部构件进行应力合成的验算。

1.7　许用应力

1.7.1　船体强度的衡量

在造船工程中,常采用"许用应力法"来衡量船舶强度是否足够。其表达式为

$$\sigma \leqslant [\sigma] \tag{1-44}$$

式中　σ——计算应力,即以计算载荷求出的船体构件中的应力;

$[\sigma]$——材料的许用应力,等于危险应力除以安全系数 K。

1.7.2　危险状态与危险应力

当船体发生破坏或产生较大的塑性变形时,船体就失去了工作能力,这时称其达到了危险状态,其构件内的应力称为危险应力。

当船体构件所受到的外载荷的形式不同时,其危险应力也是不同的。按载荷随时间变化而发生改变的程度,可将外载荷分为以下几类:

(1)不变载荷——在全部作用时间内不变的载荷。

(2)交变载荷——在作用时间内周期性地变化的载荷。当其变化周期超过结构的固有周期若干倍时,称为静变载荷;当其变化周期接近或等于结构的固有周期时,称为动变载荷。

(3)冲击载荷——在极短的时间内,突然作用在结构上的载荷。

在不变载荷作用下,当构件内的应力达到屈服极限时,材料开始产生塑性变形。因此,这种情况下,构件的危险应力就是材料的屈服极限。

在交变载荷作用下,构件的危险应力是材料疲劳极限。当材料上的交变应力超过了疲劳极限,则在交变应力做了有限次的循环后,构件就可能出现疲劳裂纹而导致破坏。

在冲击载荷作用下的构件,其危险应力可取材料的屈服极限,但安全系数应较在不变载荷作用下时取得大一点。

对于独立工作的构件来说,丧失稳定也是一种破坏形式,因此其危险应力应取其临界应力。

1.7.3　安全系数

在强度计算过程中,往往忽略了许多影响强度的次要因素,并在外力的确定及内力的计算方法上都做了一系列的简化。因此,计算的结果与实际情况之间是有差别的。对所有在计算中无法明显地加以考虑,但又会影响到计算精确度进而影响船体结构安全性的随机因素,都可以用安全系数的方法加以处理。

安全系数的确定取决于一系列的因素。例如:

(1)荷载作用的特点。

①经常性载荷——在所有时间内作用于结构上的载荷。例如重力、浮力等。

②偶然性载荷——只作用有限次数的载荷。例如密性试验时的压力、坞内载荷等。

(2)结构上应力分布的特点。

①总应力——分布于结构剖面的大部分中。如总纵弯曲应力。

②局部应力——分布于结构剖面的局部。例如甲板横梁的局部弯曲应力等。

局部应力作用范围小,即使最大应力超过了材料的屈服极限,也不至于导致严重的后果,因此对于一些仅承受局部应力的不重要构件,安全系数可适当地取得小一点。

(3)外力的精确度。

(4)应力计算方法的精确度。

(5)船舶营运条件、使用年限、磨损及锈蚀的情况。

(6)建造工艺的影响。如冷作硬化的影响,焊接变形及残余应力的影响。

(7)材料机械性能的稳定程度。

应考虑上述因素,结合船舶设计、建造、营运的经验,并在积累实船航行试验的基础上确定安全系数。可见,安全系数的确定是经验性的。

1.7.4 造船工程中的许用应力

目前,在造船工程中均以材料的屈服极限作为危险应力。船体结构中每一构件的许用应力都以占危险应力的份数来表达:

$$[\sigma]=K\sigma_y \tag{1-45}$$

式中 K——构件许用应力所占屈服极限的份数;

σ_y——屈服极限。

在实践中,可以这样来确定许用应力标准:选一批实船,这些船必须是经过长期航行考验,被证明具有足够强度的船,对这些船按照静置于波浪上条件下的计算方法,求出其总纵弯曲应力,称为计算应力。对这些船的计算应力加以分析整理,并求其统计平均值,这个统计平均值就可以作为许用应力的参考。

思考与练习

一、简答与计算

1. 何为船的重力曲线和浮力曲线?各举一个例子说明。

2. 把船当作一根梁,它在水中漂浮时,受到沿船长分布的重量集度 $w(x)$ 与浮力集度 $b_s(x)$ 作用而平衡。设该船总重量为 W,总浮力为 B_s,试建立:

(1)$w(x)$ 与 W 之间的关系式;

(2)$b_s(x)$ 与 B_s 之间的关系式。

3. 设集中载荷 P 作用于某船 2 号理论站与 4 号理论站之间的 2 个站距上,站距 $\Delta L=10$ m。其重心位置在 4 号理论站与 3 号理论站之间,且与 4 号理论站的距离为 2 m。试求等价分布在这 2 个站距上的矩形分布载荷集度。

4. 设集中载荷 P 作用于某船 2 号理论站与 5 号理论站之间的 3 个站距上,站距为 ΔL。其重心位置在 4 号理论站与 5 号理论站之间,且离 4 站号的距离为 b。试求等价分布在这 4 个站距号上的矩形分布载荷集度 q_1、q_2、q_3。

5. 简述坦谷波的特征。

6. 正浮态下,绘制一条坦谷波在船上的位置。

7. 何为浮力曲线?试证明船舶的浮力曲线 $b_s(x)$ 与沿船长的横剖面浸水面积曲线 $\omega(x)$ 呈线性关系。

8. 试写出用叠加法求船舶静置于波浪上的剪力 $N_w(x)$、弯矩 $M_w(x)$ 的表达式,并对每一项用积分式表达,再说明每一项的含义。

9. 用直接计算法求船舶静置于波浪上的剪力 $N_w(x)$、弯矩 $M_w(x)$ 的过程与求船舶在静水中的剪力 $N_s(x)$、弯矩 $M_s(x)$ 有什么不同?

10. 某箱型船,长 50 m,宽 10 m,型深 7 m,自重为 1 000 t,沿船长均布。若在中部 10 m 范围内堆放 1 000 t 均布货物,试计算作出箱型船在静水中的重力曲线、浮力曲线、载荷曲线、剪力曲线、弯矩曲线,并求出最大剪力与最大弯矩。

11. 设某长方形驳船长 40 m,正浮于静水中,若驳船自重沿船长均布,此时在驳船中央加 40 t 集中质量,试画出其重力、浮力、载荷、剪力和弯矩曲线,并求出最大剪力和最大弯矩。

12. 试以纵骨架式船底板架为例,用图表示当船底外板受到水压作用时船体构件之间力的传递。

13. 何为"等值梁"?等值梁成立的条件是什么?应用公式 $\sigma=\frac{M}{I}Z$ 时,为什么结果是近似的?

14. 举例说明船体结构中的构件哪些属于第一类,哪些属于第二类,哪些属于第三类。

15. 按照载荷随时间变化而发生改变的程度,可以将外载荷分为几类?确定安全系数要考虑哪些因素?

二、填空题

1. 船舶在波浪上航行时,将受到________等外力的作用。

2. 船体静置于波浪上与静置与水中相比________分布一样大。

3. 在波高一定的情况下,当________等于船长时,对船体最不利。

4. 船舶在波浪上受力情况可以看成其________在水中的受力再加上由于________的存在引起浮力重新分布而产生的附加力。

5. 船舶在静水中平衡条件是:________等于________;重心等于浮心并在________线上。

6. 分布在三个理论站距上的局部重力,都是按________处理的。

7. 剪力曲线与 X 轴的相交处,________曲线必为极值。

8. 船体弯矩与剪力的改变完全取决于________的要素以及船舶与________的相对位置。

9. 在船舶静置于波浪上时,也必须通过________调整,确定船舶的平衡位置。

10. 近似计算法确定的船中________约有 15%的误差,对于结构设计的初始阶段是完全可以采用的。

三、选择题

1. 船舶中拱的特征是________。

A. 船中部上拱,上甲板受压,船底受拉

B. 船中部上拱,上甲板受拉,船底受压

C. 船中部下垂,上甲板受压,船底受拉

D. 船中部下垂,上甲板受拉,船底受压

2. 船舶中垂的特征是________。

A. 船中部上拱,上甲板受压,船底受拉

B. 船中部上拱,上甲板受拉,船底受压

C. 船中部下垂,上甲板受压,船底受拉

D. 船中部下垂,上甲板受拉,船底受压

3. 重力与浮力之差在纵向上的分布称为________。

A. 重力曲线　B. 载荷曲线　C. 剪力曲线　D. 弯矩曲线

4. 船舶的载荷曲线的一次积分即为________。

A. 重力曲线　B. 载荷曲线　C. 剪力曲线　D. 弯矩曲线

5. 船舶的载荷曲线的二次积分即为________。

A. 重力曲线　B. 载荷曲线　C. 剪力曲线　D. 弯矩曲线

6. 船舶尾端所受的总弯矩________,所受的局部作用力________。

A. 较小,较小　B. 较大,较大　C. 较小,较大　D. 较大,较小

7. 船舶装载后呈中垂状态,若航行中波长近似等于船长,且________在船中,会减小中垂弯矩。

A. 波峰　B. 波谷　C. 波长的 1/3 处　D. 波谷与波峰之间

8. 一般货船,其剪力的最大值通常位于________。

A. 艏、艉处　B. 距艏、艉 $L_{bp}/2$ 处

C. 距艏、艉 $L_{bp}/4$ 处　D. 距船中 $L_{bp}/6$ 处

9. 一般货船,其弯矩的最大值通常位于________。

A. 艏、艉处　B. 距艏、艉 $L_{bp}/2$ 处

C. 距艏、艉 $L_{bp}/4$ 处　D. 距船中 $L_{bp}/6$ 处

10. 船舶的总纵弯矩沿船长方向的分布规律为________。

A. 向艏、艉两端逐渐增加　B. 向艏、艉两端逐渐减小

C. 向艏、艉两端保持不变　D. 向艏、艉两端变化无规律

11. 在下面关于等值梁的叙述中,不正确的是________。

A. 所谓等值梁,是指在抵抗总纵弯曲方面与船体具有相同抵抗能力的一种梁,也就是与船体等效的一种梁。

B. 等值梁的剖面可以把船体剖面中所有参与抵抗总纵弯曲的构件,在保持其高度和面积不变的条件下,假想地平移至船舶中纵剖面附近,并对称地构成一梁的剖面。

C. 实验表明,在一定条件(剖面内没有构件丧失稳性)下,用实心梁弯曲理论对船体梁进行强度计算所得的结果与实际测量结果基本相符或极近似。

D. 船体所有的构件都可以计入等值梁。

12. 船体剖面模数是表征船体结构抵抗弯曲变形能力的一种几何特性,也是衡量船体强度的一个重要标志,其单位是________。

A. m　　B. m^2　　C. m^3　　D. m^4

13. 同时承受总纵弯曲应力和板架弯曲应力的纵向构件称为第二类构件,如船底纵桁,其应力记为________。

A. σ_1　　B. $\sigma_1+\sigma_2$　　C. $\sigma_1+\sigma_2+\sigma_3$　　D. $\sigma_1+\sigma_2+\sigma_3+\sigma_4$

14. 在计算船体等值梁剖面几何要素时,以下说法正确的是________。

A. 对于高度较大的垂向构件,要计算其自身惯性矩,水平构件一律忽略不计

B. 对于高度较大的垂向构件,不必计算其自身惯性矩,水平构件一律忽略不计

C. 对于高度较大的垂向构件,要计算其自身惯性矩,水平构件也要计入

D. 对于高度较大的垂向构件,不必计算其自身惯性矩,水平构件应一律计入

第 2 章　船体结构局部强度

- **学习目标**

知识目标

1. 掌握船体结构局部强度计算的力学模型的建立方法；
2. 掌握单跨梁弯曲基本理论和基本公式；
3. 掌握“初参数法”“力法”“位移法”的基本原理和计算公式；
4. 掌握弯曲要素表的使用方法和弯矩、剪力图的绘制；
5. 了解船体板筒形弯曲、刚性板一般弯曲的强度计算方法；
6. 掌握船体局部强度的基本概念和计算内容。

能力目标

1. 具备建立船体结构局部强度计算的力学模型的能力；
2. 具备进行船体结构局部强度的计算与校核的能力；
3. 具备从船体结构中提取单跨梁、连续梁、刚架、板架的能力；
4. 具备计算船体骨架梁剖面几何要素的能力；
5. 具备用“初参数法”求解单跨梁挠曲线方程的能力；
6. 具备用“力法”求解刚性支座上多跨连续梁、不可动节点简单刚架的能力；
7. 具备弹性支座和弹性固定端模型提取和要素计算的能力；
8. 具备用“位移法”对复杂刚架结构进行力学分析的能力；
9. 具备分析节点数很少的板架以及具有多根主向梁与一根交叉构件的板架的弯曲问题的能力；
10. 具备区别板筒形弯曲的横向弯曲、复杂弯曲和大挠度弯曲的能力。

2.1　概　　述

2.1.1　船体结构局部强度计算的力学模型

船舶结构模型 App

船体在外力作用下除发生总纵弯曲外，各局部结构，如船底、甲板、舷侧舱壁板架及横向肋骨框架也会因为局部载荷作用而发生变形，它们的强度称为局部强度。由于船体结构是由板和骨架梁组成的复杂结构系统，因此进行船体结构局部强度计算时，需要对船体结构做适当简化。首先，应根据结构受力与变形特点，把实际复杂的结构抽象为可以用力学方法计算的简化模型(称为力学模型或计算模型)；然后，对力学模型进行内力和应力分析，并进行强度校核。船体结构基本计算模型有如下几种。

1. 压杆计算模型

压杆是指仅受轴向压力作用的杆件，压杆计算模型主要用于船体支柱结构和甲板纵骨稳定性计算。

2. 单跨梁计算模型

单跨梁是指受横向或横向与轴向载荷共同作用，且仅在梁的两端有支座的梁。单跨梁计算模型主要用于船体等跨距对称结构的纵骨和纵桁弯曲变形及稳定性的计算，以及肋骨、横梁等构件的简化计算。

3. 连续梁计算模型

连续梁是指受到横向或横向与轴向载荷共同作用，且两端及跨中都有支座的梁。连续梁计算模型分为中间刚性支座连续梁计算模型和中间弹性支座连续梁计算模型，主要用于船底、舷侧和甲板骨架的弯曲变形和稳定性计算。

4. 刚架计算模型

船体结构中由不同方向骨架坚固连接所组成的构件体系称为刚架。刚架计算模型主要用于船体横剖面内横梁、肋骨及肋板共同组成的平面框架结构在面内横向载荷作用下的弯曲变形计算。

5. 板架计算模型

船体结构中由板和骨架组成的平面结构称为板架，受到垂直于平面的载荷作用。板架在同一平面内有不同方向的梁相交，也称交叉梁系结构。板架计算模型主要用于船体甲板板架、舷侧板架、船底板架和舱壁板架在横向载荷作用下的弯曲变形计算。

6. 板计算模型

板是指由两个平行平面(称为表面)和垂直于表面的柱面所限制的物体，且表面间的距离小于表面本身的尺寸。当板的两个表面间的距离(即板厚，用 h 表示)远小于表面本身的尺寸 l(长度、宽度或直径)，并满足 $\frac{h}{l}<\frac{1}{5}$ 时，称为薄板；否则，称为中厚板或厚板。板计算模型分为板的弯曲变形计算模型和板的稳定性计算模型。板的弯曲变形计算模型主要用于各类船体板在垂直于板面的横向载荷作用下的弯曲变形计算；板的稳定性计算模型主要作用于各类船体板在板内的压缩载荷作用下的稳定性计算。

2.1.2　有关的材料力学知识和若干规定

在对建立的力学模型进行局部强度计算时，要用到梁的概念。如果一杆件主要承受弯曲，则这个杆件就叫作梁。例如前面提到的刚架和板架，梁就是其中的主要元件。

低碳钢拉伸试验

梁的计算通常采用材料力学中的实用弯曲理论，这个理论以几个假设为基础，同时对计算时使用的坐标系和弯曲要素做了相关规定。

1. 平断面假设

梁在弯曲过程中,梁弯曲前垂直于梁轴线的平断面在梁弯曲后仍为平面,且垂直于变形后的梁轴线。

2. 服从胡克定律假设

假设梁为均质材料,且在弯曲时纵向纤维之间不相互挤压,仅受轴向拉伸或压缩,于是每一纵向纤维都服从胡克定律:

$$\sigma = E\varepsilon$$

式中 σ——正应力;

E——材料的弹性模量;

ε——轴向应变。

3. 小变形假设

梁弯曲时产生的变形较小,梁的挠度远小于梁的剖面高度。

在研究梁变形后轴线形状(称为挠曲线)及挠度 ν 时(图 2-1),涉及其曲率半径 ρ,由高等数学知识可知

$$\frac{1}{\rho} = \frac{\dfrac{\mathrm{d}^2\nu}{\mathrm{d}x^2}}{\left[1+\left(\dfrac{\mathrm{d}\nu}{\mathrm{d}x}\right)^2\right]^{\frac{3}{2}}}$$

在小变形假设前提下,挠度 ν 很小,因此 $\left(\dfrac{\mathrm{d}\nu}{\mathrm{d}x}\right)^2 \ll 1$,曲率可表示为

$$\frac{1}{\rho} = \frac{\mathrm{d}^2\nu}{\mathrm{d}x^2}$$

这样会使弯曲问题研究大为简化。实践证明,小变形假设是基本符合船体结构实际情况的。

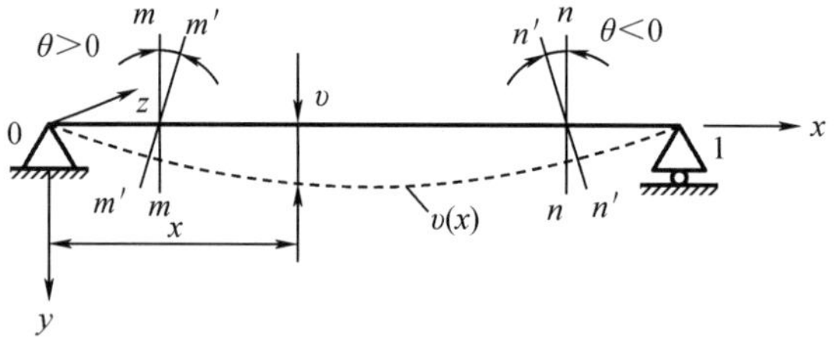

图 2-1　梁弯曲坐标系

4. 假定所研究的梁的剖面高度与跨度相比很小

实际的船体结构中,一般船体梁剖面高度与跨度相比均很小,均属于该假设情况。由材料力学(或工程力学)知识可知,只有纯弯曲梁才适用平断面假设;对于一般的梁,除了弯矩外还有剪力的存在,这时不仅弯矩使梁挠曲,剪力也会使梁产生一定程度的挠曲,平断面假设不再适用。如果梁的剖面高度远小于其跨度,则剪力的影响很小,可以忽略不计,这时仍可以利用平断面假设来进行研究,而船体梁即属于这种情况。

5. 坐标系统

在结构力学中，研究梁的弯曲时，取如下的坐标系统：x 轴取梁的轴线（亦是梁的纵向对称面与中性面交线），向右为正，y 轴向下为正，z 轴与 x 轴、y 轴组成右手坐标系统（图 2-1）。

6. 挠度

梁弯曲时，梁上任意点的垂向位移称为该点的挠度，用 ν 表示。规定挠度的方向与 y 轴正方向一致时为正，反之为负。图 2-1 中，梁上 x 点处的挠度 ν 为正，梁弯曲后其轴线弯成的曲线 $\nu(x)$ 称为梁的挠曲线。

7. 转角

梁上某横断面，在梁弯曲变形后仍为平断面，其转过的角度称为该断面的转角，用字母 θ 表示。对于转角的正、负做如下规定：

(1)梁弯曲时，断面做顺时针转动，则转角 θ 为正；

(2)梁弯曲时，断面做逆时针转动，则转角 θ 为负。

在图 2-1 中，梁左边断面 $m—m$ 顺时针转到 $m'—m'$ 位置，转角为正；右边断面 $n—n$ 逆时针转到 $n'—n'$ 位置，转角为负。

需要指出，在小变形假设下，$\tan\theta\approx\theta$，也就是说，梁上断面转角近似等于对应点处的斜率。

8. 弯矩

弯矩用 M 表示，对弯矩的正、负做如下规定：

(1)如断面弯矩使梁有上拱趋势，则弯矩为正；

(2)如断面弯矩使梁有下弯趋势，则弯矩为负。

按此规定，图 2-2(a)中弯矩为正，图 2-2(b)中弯矩为负。

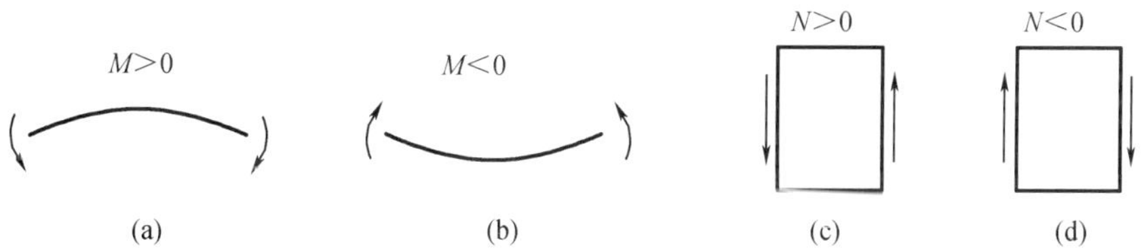

图 2-2　对弯矩、剪力的正、负的规定

9. 剪力

用 N 表示剪力，对剪力的正、负做如下规定：

(1)左端断面剪力向下为正，向上为负；

(2)右端断面剪力向上为正，向下为负。

按此规定，图 2-2(c)中剪力为正，图 2-2(d)中剪力为负。

由于 ν、θ、M、N 与构件强度、刚度息息相关，习惯上我们把这四个量称为梁的弯曲要素。

10. 梁的弯曲正应力公式

下面根据梁在外载荷作用下发生变形的几何关系、物理关系和平衡条件推导梁的弯曲正应力公式。设某梁在外载荷作用下发生弯曲变形，这里取梁上一微段来研究（图 2-3）。该微段由两个垂直于梁轴线的平面截得，假设该微段处于纯弯曲状态。图 2-3 中，中性轴

nn'为梁中性面的投影。

(1)几何关系

设与中性面距离为 y 处,有纤维 ll'。梁弯曲变形后,中性面的曲率半径为 ρ,纤维 ll'的曲率半径为 $\rho+y$,这时纤维 ll'的长度为 $(\rho+y)\mathrm{d}\varphi$。

显然,梁变形之前纤维 ll'的长度是 $\rho\mathrm{d}\varphi$,因此梁变形后纤维 ll'的伸长量为

$$(\rho+y)\mathrm{d}\varphi-\rho\mathrm{d}\varphi=y\mathrm{d}\varphi$$

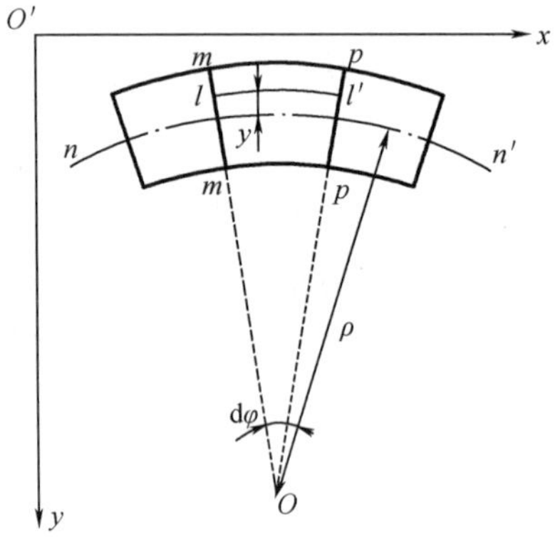

图 2-3　弯曲梁微段变形

其拉伸应变为

$$\varepsilon=\frac{y}{\rho} \tag{2-1}$$

图 2-3 中 $y<0$,挠曲线的二阶导数$\frac{\mathrm{d}^2\nu}{\mathrm{d}x^2}>0$(图 2-3 中挠曲线各点的斜率随着 x 值的增大而增大,即挠曲线的一阶导数是递增的,或者说一阶导数的变化率大于零,因此有$\frac{\mathrm{d}^2\nu}{\mathrm{d}x^2}>0$),由于$\frac{1}{\rho}=\frac{\mathrm{d}^2\nu}{\mathrm{d}x^2}$,所以 $\rho>0$,而纤维 ll'的应变为拉伸应变,$\varepsilon>0$,因此式(2-1)应改为

$$\varepsilon=-\frac{y}{\rho}$$

(2)物理关系

根据虎克定律 $\sigma=E\varepsilon$,E 为材料弹性模数,可求出弯曲正应力:

$$\sigma=-\frac{Ey}{\rho} \tag{2-3}$$

由式(2-3)可以看出,σ 与 y 呈线性关系,中性面处 $y=0$,$\sigma=0$,离中性面最远处弯曲正应力最大,其分布情况如图 2-4 所示。

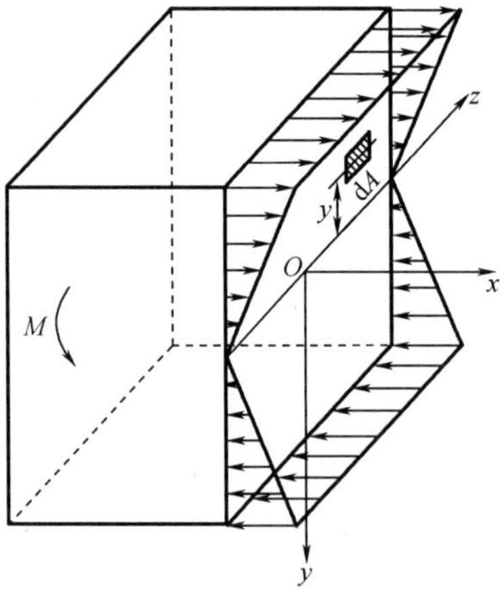

图 2-4　微段截面应力分布情况

在图 2-4 中梁的断面上取微面积 $\mathrm{d}A$,则其所受的轴

向力为 $\sigma\mathrm{d}A=-\frac{Ey}{\rho}\mathrm{d}A$，整个断面上的轴向内力为 $-\frac{E}{\rho}\int_A y\mathrm{d}A$。

(3)静力平衡

因该微段为纯弯曲，根据静力平衡条件有 $-\frac{E}{\rho}\int_A y\mathrm{d}A=0$，其中$\frac{E}{\rho}\neq 0$，因此必有 $\int_A y\mathrm{d}A=0$。$\int_A y\mathrm{d}A$ 表示断面对 z 轴的静矩，由此可知，中性轴一定通过截面的形心。

根据静力平衡条件还有 $\frac{E}{\rho}\int_A y^2\mathrm{d}A=M$，其中 $\int_A y^2\mathrm{d}A$ 称为断面对 z 轴的惯性矩，以 I 表示，故有

$$\frac{1}{\rho}=\frac{M}{EI} \tag{2-4}$$

或写成

$$EI\frac{\mathrm{d}^2\nu}{\mathrm{d}x^2}=M \tag{2-5}$$

式(2-5)中的 M 即梁断面上弯曲正应力的合力矩，亦即弯矩，此式表示了梁的挠度与弯矩之间的关系。由式(2-4)可知，弯曲梁的曲率与弯矩 M 成正比，与材料弹性模数和断面对 z 轴的惯性矩的乘积 EI 成反比，因此称 EI 为梁的抗弯刚度，将式(2-4)代入式(2-3)得梁弯曲正应力的计算公式：

$$\sigma=-\frac{My}{I} \tag{2-6}$$

将图 2-3 结合式(2-6)可看出，在弯矩 M 为正的情况下，y 为正时，σ 为压应力；y 为负时，σ 为拉应力。由式(2-6)还可看出，梁的弯曲正应力沿横断面高度呈线性分布，当弯矩 M 一定时，最大应力在 $y_{\max}$ 处，该处离中性轴最远，最大应力为

$$\sigma_{\max}=-\frac{My_{\max}}{I}$$

若令$\frac{I}{y_{\max}}=W$，并称 W 为梁的剖面模数，则有

$$\sigma_{\max}=-\frac{M}{W} \tag{2-7}$$

式(2-7)即为最大弯曲正应力计算公式，该式是进行结构强度计算与校核的核心公式。剖面惯性矩 I、剖面模数 W 是进行船舶结构规范设计时最常用到的几何要素。

2.1.3　船舶结构力学基本计算模型的建立

1. 结构计算模型的边界支撑条件

在船体结构中，通常有以下四种支座形式。

(1)结构自由支持在刚性支座上，简称自由支座，又称铰支端或简支端，如图 2-5 所示，支座处位移为零，转角自由，支座提供的弯矩为零。

(2)结构刚性固定在刚性支座上,简称刚性固定端,如图 2-6 所示,它不允许梁端产生转角和挠度,支座处位移为零,转角为零。

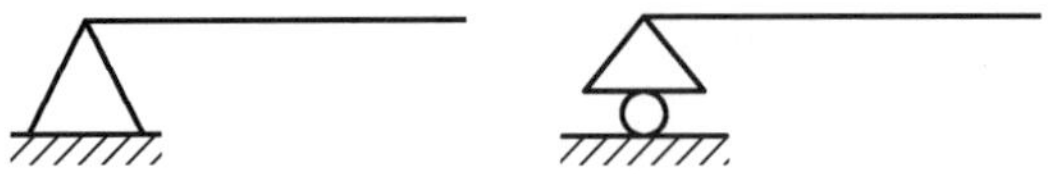

图 2-5　自由支座

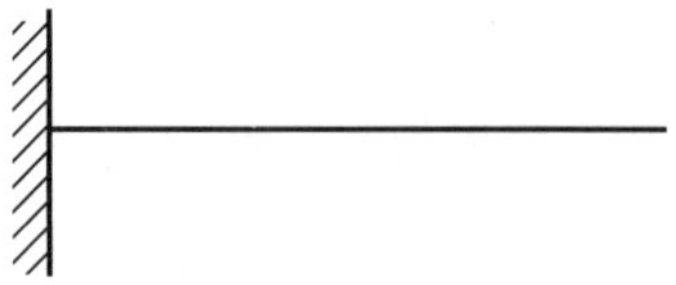

图 2-6　刚性固定端

(3)结构自由支持在弹性支座上,称为弹性支座,如图 2-7 所示,当梁上有外载荷时,支座处产生一个正比于支座反力的挠度。

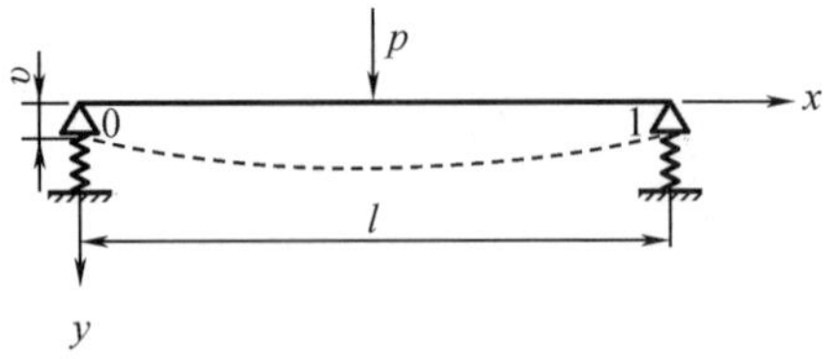

图 2-7　弹性支座

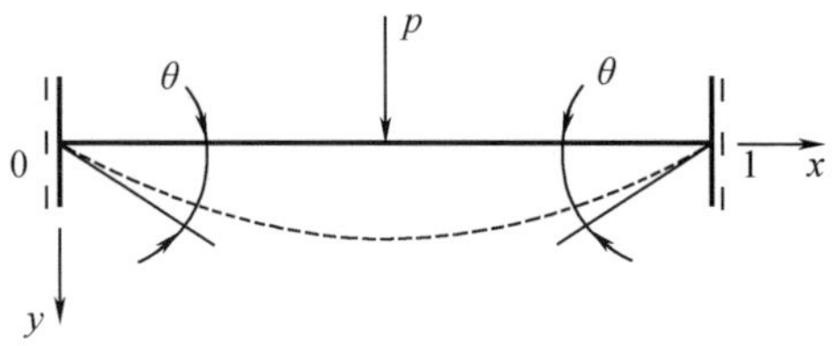

图 2-8　弹性固定端

设图 2-7 中梁受载荷作用后,支座反力为 R,支座处位移为 ν(即梁端的挠度),按弹性支座定义,有

$$\nu=AR$$

或

$$\nu=\frac{R}{K}$$

式中　A——比例常数,称为弹性支座的柔性系数;

K——弹性支座的刚性系数。

显然 A 与 K 互为倒数,即 $A=1/K$,K 也称为弹性支座的刚度系数。另外,支座处的弯矩为零。

(4)结构弹性固定在刚性支座上,称为弹性固定端,如图 2-8 所示。当梁受载荷作用后,如果梁端产生一个正比于弯矩的转角,但无挠度,设弹性固定端弯矩为 M,弹性固定端产生的转角为 θ,则 θ 与 M 间的正比关系可表示为

$$\theta=\alpha M$$

或

$$\theta=\frac{M}{K}$$

式中　α——弹性固定端的柔性系数;

K——弹性固定端的刚性系数。

显然,$\alpha=1/K$。

至于相邻结构的支持或约束简化成何种支座形式,应视相邻结构与计算结构的相对刚度及受力后的变形特点而定,正确分析结构变形特点才能做到力学上等价,这是结构模型

化的关键。

2. 骨架梁计算模型

(1)船体结构纵骨和纵桁弯曲变形计算模型

在水压及物体重力作用下船体结构的船底、舷侧和甲板的纵骨将产生弯曲变形，由于实肋板、肋骨和横梁的刚性远大于纵骨，因此船底、舷侧和甲板的纵骨可视为中间有刚性支座的连续梁，如图 2-9 所示。而由于船底、舷侧和甲板的纵桁的尺寸与实肋板、肋骨和横梁的尺寸相当，通常认为实肋板、肋骨和横梁对船底、舷侧和甲板的纵桁的支撑为弹性支撑，因此船底、舷侧和甲板的纵桁可视为中间有弹性支座的连续梁，如图 2-10 所示。

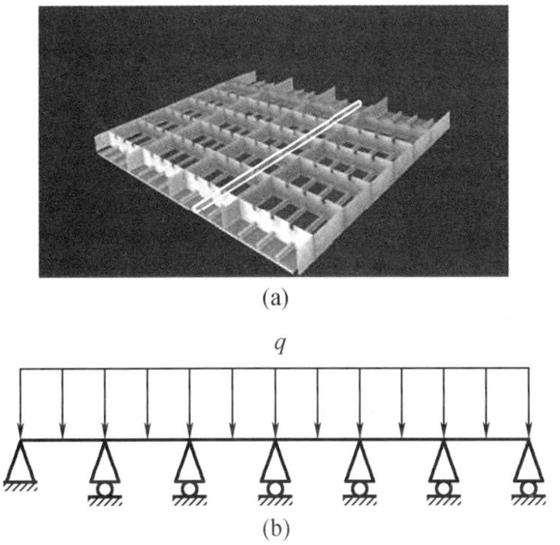

图 2-9　纵骨简化为中间有刚性支座的连续梁

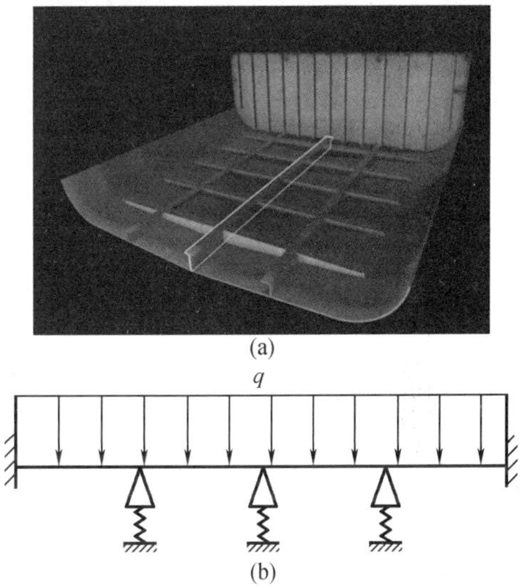

图 2-10　纵桁简化为中间有弹性支座的连续梁

当船底、舷侧或甲板的纵骨在舱段内跨距相等、断面尺寸相同时，船底、舷侧或甲板的纵骨的变形将在中间支座处左右对称，因此中间支座处挠度为零，转角亦为零，于是在计算船底、舷侧和甲板的纵骨的强度时可将其简化为两端刚性固定的单跨梁。船底纵骨单跨梁计算模型如图 2-11 所示。

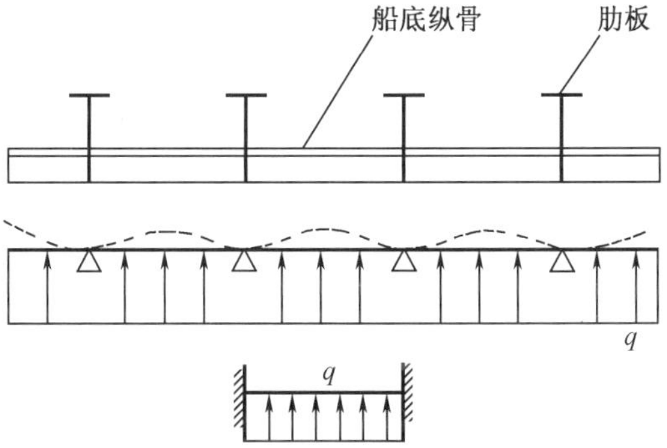

图 2-11　船底纵骨单跨梁计算模型

(2)甲板纵骨稳定性计算模型

甲板纵骨在船舶中垂弯曲时受轴向压力作用,在船舶结构总纵强度计算中,应当进行纵骨稳定性计算,以考虑纵骨失稳对总纵强度的影响。根据其变形特点,在结构对称时纵骨变形以横梁为支点左右反对称,支座处位移为零,所受弯矩为零,因此可将其简化为两端自由支持的单跨梁。甲板纵骨稳定性计算模型如图 2-12 所示。

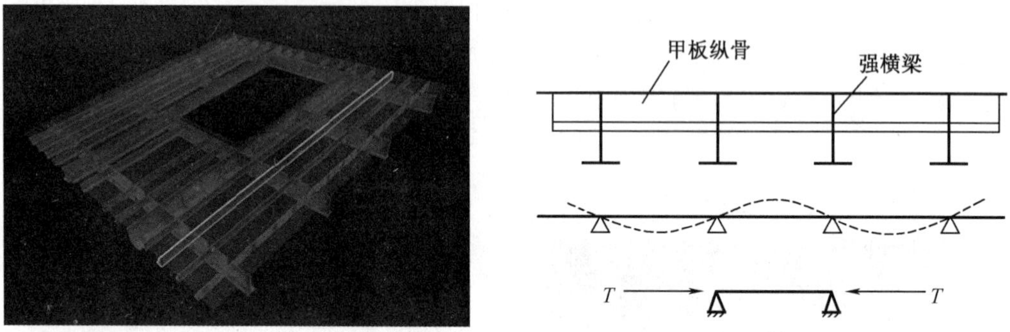

(a) (b)

图 2-12　甲板纵骨稳定性计算模型

(3)肋骨单跨梁计算模型

在肋骨框架中,如图 2-13(a)所示,由于肋板刚度远大于肋骨,因此肋骨下端可看作刚性固定端,如图 2-13(b)所示;若甲板上无载荷,且甲板的横梁与肋骨尺寸大体相当,横梁对肋骨的支持作用可视为弹性固定端,肋骨上端可看作弹性固定端。因此,肋骨可简化为下端刚性固定、上端弹性固定的单跨梁。肋骨单跨梁计算模型如图 2-13(c)所示。

(a) (b) (c)

图 2-13　肋骨单跨梁计算模型

3. 船舶结构的刚架计算模型

在船体横剖面内,横梁、肋骨及肋板共同组成一个平面框架结构,保证船体结构的横向强度如图 2-14(a)所示,因此常把它们当作一个整体来考虑,作为船体横向强度的研究对象,并将这种平面框架结构视为"刚架",如图 2-14(b)所示。图 2-14(b)中肋骨与横梁及肋板的相交点因相应位于船侧板与甲板及底板的交界处,一般情况下不会发生线位移,故在该处加上支座表示不可移动。横梁在舱口处的支座表示舱口纵梁的支持作用。考虑到实际船舶中肋板的尺寸远较肋骨的尺寸大,计算时亦可将肋骨下端当作刚性固定端,而把肋板放到船底骨架中研究，这样就得到了仅由横梁与肋骨组成的刚架，如图 2-14(c)所示。

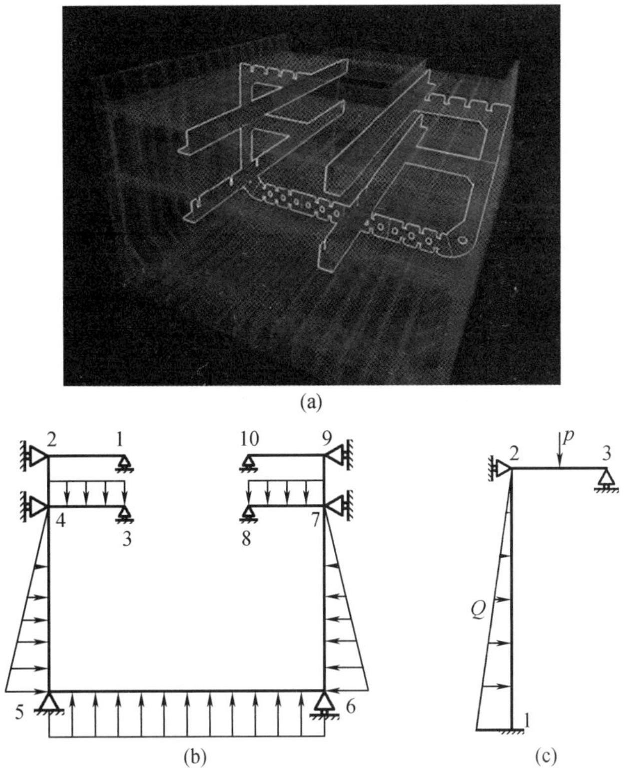

图 2-14　船舶结构的刚架计算模型

4. 船舶结构的板架计算模型

(1)甲板板架计算模型

在上甲板(或下甲板)的骨架中，如图 2-15(a)所示，甲板纵桁与舱口端横梁的尺寸最大，在计算时常可忽略其他骨架对它们的影响，于是在研究甲板纵桁与舱口端横梁时就得到了一个井字形的平面杆系，如图 2-15(b)所示。此种杆系因外载荷垂直于杆系平面而发生弯曲，称为“交叉梁系”或“板架”。从结构变形对称性考虑，甲板纵桁两端可视为刚性固定端，舱口端横梁两端可视为简支端。如果舱口端横梁中点有支柱或半纵舱壁，由对称性其又可简化为如图 2-

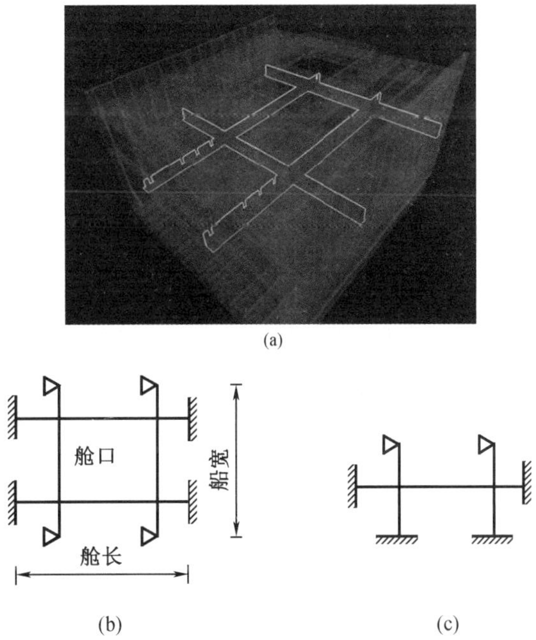

图 2-15　甲板板架计算模型

15(c)所示的板架。

(2)舷侧板架计算模型

舷侧板架计算模型如图2-16所示。通常舷侧板架由强肋骨和舷侧纵桁组成,舷侧纵桁两端支承在舱壁处,可视为刚性固定端。由于肋板刚度远大于肋骨,故肋骨下端可视为刚性固定端,而肋骨上端应视情况而定。图2-16中肋骨上端为下甲板,有下甲板横梁和上部肋骨共同作用,因此可视为刚性固定端。

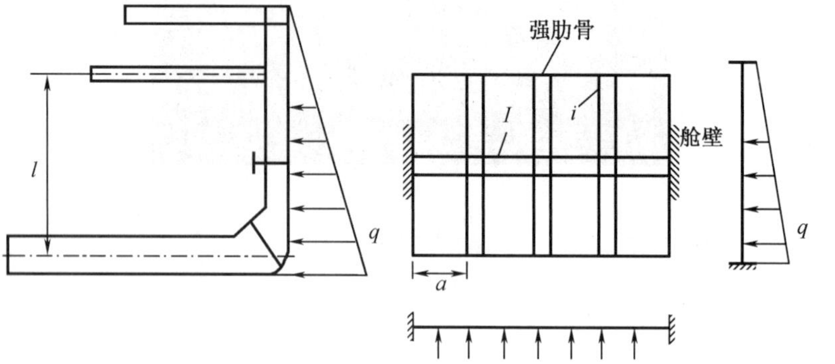

图2-16　舷侧板架计算模型

(3)船底板架计算模型

船底一般是两层底结构,称为双层底,如图2-17(a)所示。双层底是一个比较特殊的结构。整个双层底可以看作一个夹层板,常称为"组合正交异性板",亦可以看作交叉梁系结构。当把它当作交叉梁系结构时,即将双层底视为由船底纵桁和肋板组成的交叉梁系,即船底板架,这时内底板和外底板作为船底纵桁和肋板的带板。船底板架计算模型如图2-17(b)所示。内底纵骨和外底纵骨则和甲板纵骨相似,在计算时可看作支持在肋板上的连续梁。

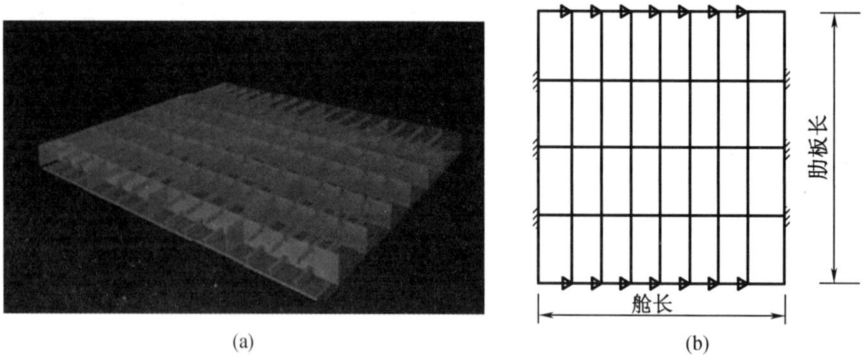

图2-17　船底板架计算模型

2.1.4　船体骨架梁的带板

船体结构中绝大多数骨架(型材或组合构件)都是焊接在船体板上的,当骨架梁受力发生变形时，与它连接的船体板也与其一起抵抗变形。因此，估算骨架梁的承载能力时，应当把一定宽度的板计算在骨架梁剖面中，作为它的组成部分来计算骨架梁的剖面面积、惯性矩和剖面模数等几何要素，这部分板称为骨架梁的带板或附连翼板。根据我国钢质船建造相关规范中的规定，骨架梁的带板宽度取骨架梁的间距和骨架梁跨距的1/5两者中的小者。另外，对于甲板纵桁、中底桁和旁底桁等大构件，骨架梁带板宽度范围内有纵骨时，骨架梁带板面积应包括带板上的纵骨面积。带板宽度一般用于骨架梁抗弯惯性矩的计算。

例 2-1 某船体分段上甲板厚12 mm，上甲板纵骨为10号球扁钢，纵骨间距 $S=500$ mm，强横梁间距3 000 mm，试画出上甲板纵骨的含带板剖面计算图形，并算出剖面惯性矩。

解 按工程力学截面惯性矩积分计算方法先求出计及带板的纵骨惯性矩 I 和剖面积 A。计算一般采用表格形式进行（表2-1），且习惯上将剖面的参考轴设在带板厚度的中线上进行计算。依照规则，带板宽取500 mm，10号球扁钢的断面要素可查附录B。

表 2-1 构件剖面几何要素计算表

构件号	剖面图	构件尺寸 /mm	剖面积 A /cm²	构件重心至参考轴距离 Z /cm	剖面积对参考轴的静矩 AZ /cm³	剖面积对参考轴的惯性矩 AZ^2 /cm⁴	剖面积自身惯性矩 i /cm⁴
1	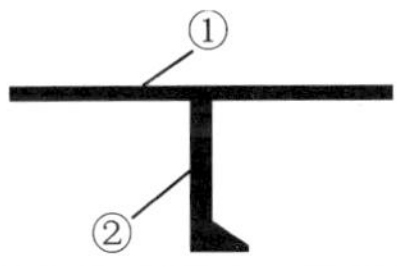	500×12	60.0	0	0	0	—
2		┏10	8.63	6.29	54.28	341.42	85.22
	总和	$\sum$	68.63		54.28	426.64	

算出剖面几何要素后，可求出剖面中和轴距参考轴的距离：

$$\Delta Z=\frac{\sum(AZ)}{\sum A}=\frac{54.28}{68.63}\approx 0.79\ (\text{cm})$$

并可求出剖面对中和轴惯性矩：

$$I=\sum(AZ^2+i)-\sum(AZ)\Delta Z=426.64-54.28\times 0.79\approx 383.76\ (\text{cm}^4)$$

2.2 单跨梁的计算

在船体结构中单独存在的杆件是不多的，大多数杆件或多或少地都和其他结构有些联系。不过，在计算时，有时可近似地把某些杆件当作单独的杆件来处理。有时在计算一些结构时，把相邻构件对计算构件的影响转化为弹性支座或弹性固定端，以此将计算构件化为单跨梁，加之在讨论杆系结构时总是将它分为一根根的杆件来进行讨论，因此单跨梁计算是船体各种复杂结构计算的基础。单跨梁就是仅在两端有支座支撑的梁，求单跨梁的弯曲就是在已知梁的尺寸、支撑情况、外载荷的前提下，求出梁弯曲时的应力与变形。

2.2.1 梁的弯曲微分方程及其解

1. 梁的弯曲微分方程

某一单跨直梁（图 2-18(a)）在横向外载荷的作用下将发生弯曲变形，由式(2-5)知，梁的挠度与弯矩间的关系为

$$EI\frac{d^2\nu}{dx^2}=M \tag{2-8}$$

为了建立梁上外载荷与挠度之间的关系，需进一步研究梁的平衡。先从梁上受分布外载荷作用的部分取出一长度为 dx 的微段（图 2-18(b)），微段上的分布外载荷 $q(x)$ 可视为均布载荷，微段的两个断面上分别作用有弯矩 M、$M+dM$ 和剪力 N、$N+dN$，图 2-18(b) 中弯矩和剪力的方向都是我们规定的正向。列出微段的静力平衡方程，有

$$N+q(x)dx-(N+dN)=0$$

$$M+Ndx+\frac{1}{2}q(x)(dx)^2-(M+dM)=0$$

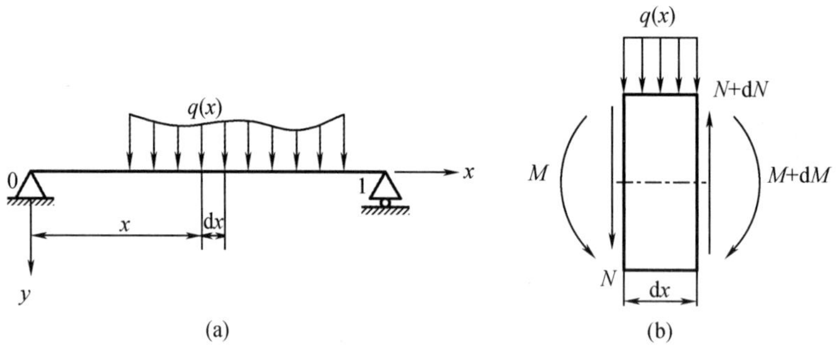

图 2-18 单跨梁弯曲内、外力

整理这两式，略去高阶微量后可得

$$\frac{dN}{dx}=q(x) \tag{2-9}$$

$$\frac{dM}{dx}=N \tag{2-10}$$

将式(2-8)代入式(2-10)，得

$$\frac{d}{dx}\left(EI\frac{d^2\nu}{dx^2}\right)=N \tag{2-11}$$

将式(2-11)代入式(2-9)，有

$$\frac{d^2}{dx^2}\left(EI\frac{d^2\nu}{dx^2}\right)=q(x) \tag{2-12}$$

式(2-12)就是梁的弯曲微分方程。

若梁材质均匀、等断面，则式(2-12)可写为

$$EI\frac{d^4\nu}{dx^4}=q(x)$$

式(2-12)是梁仅受到垂直于梁轴线载荷(即横向载荷作用的结果。如果梁除了受横向载荷 $q(x)$ 作用外,还同时受沿梁轴向作用的载荷(即纵向载荷)T 作用(图 2-19),这时梁的弯曲叫作“复杂弯曲”或“纵横弯曲”,与上面分析过程相似,列出静力平衡方程,重复上面推导过程,在梁材质均匀、等断面情况下,有下面的弯曲微分方程:

$$EI\frac{d^4\nu}{dx^4}+T\frac{d^2\nu}{dx^2}=q(x) \tag{2-13}$$

该方程叫作梁的复杂弯曲微分方程(若梁受到轴向拉力 T 作用,则 T 前面的符号为负号)。

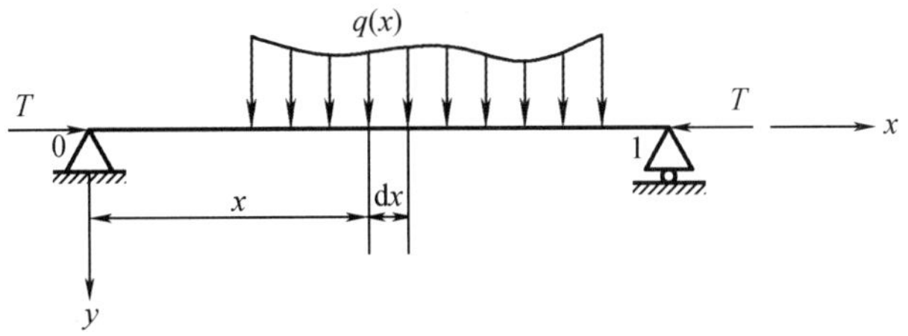

图 2-19　受压单跨梁弯曲

2. 梁的弯曲微分方程的解

如前所述,在梁材质均匀、等断面情况下,梁的弯曲微分方程即式(2-12)就可写为

$$EI\nu^{\mathrm{IV}}=q(x) \tag{2-14}$$

式(2-14)是一个简单的四阶常微分方程,通过逐次积分可得到梁的剪力、弯矩、转角和挠度这四个弯曲要素。现逐次积分如下:

$$EI\nu'''=\int_0^x q\,dx+A=N \tag{2-15}$$

$$EI\nu''=\int_0^x\int_0^x q\,dx^2+Ax+B=M \tag{2-16}$$

$$\nu'=\frac{1}{EI}\int_0^x\int_0^x\int_0^x q\,dx^3+\frac{Ax^2}{2EI}+\frac{Bx}{EI}+C=\theta \tag{2-17}$$

$$\nu=\frac{1}{EI}\int_0^x\int_0^x\int_0^x\int_0^x q\,dx^4+\frac{Ax^3}{6EI}+\frac{Bx^2}{2EI}+Cx+D \tag{2-18}$$

式中,A、B、C、D 为积分常数。

积分常数 A、B、C、D 与梁端的支承情况有关,并由边界条件决定。现假定边界条件为:当 $x=0$ 时,$\nu=\nu_0$,$\theta=\theta_0$,$M=M_0$,$N=N_0$,则由式(2-15)至式(2-18)可得

$$A=N_0,B=M_0,C=\theta_0,D=\nu_0$$

这样,可将式(2-18)写成如下形式:

$$\nu=\nu_0+\theta_0x+\frac{M_0x^2}{2EI}+\frac{N_0x^3}{6EI}+\frac{1}{EI}\int_0^x\int_0^x\int_0^x\int_0^x q(x)\,dx^4 \tag{2-19}$$

式(2-19)是梁在横向外载荷作用下变形形状的函数关系式,称为梁的挠曲线方程,若

已知外载荷及梁的边界条件,就可求出该梁的挠度及其他弯曲要素。因式(2-19)是用 $x=0$ 时的四个初始弯曲要素表示的梁的挠曲线方程,习惯上我们也称其为用初参数表示的梁的挠曲线方程。

但在具体应用式(2-19)解梁的弯曲问题之前,还需对所得到的梁的挠曲线方程式(2-19)做一些讨论。

式(2-19)是在梁受有分布载荷 $q(x)$ 的条件下导得的,因此在梁受其他类型的外力如集中力或弯矩而不是分布载荷作用时,情况会有所不同。

在没有分布载荷作用,即 $q=0$ 时,式(2-19)将变为

$$\nu=\nu_0+\theta_0 x+\frac{M_0 x^2}{2EI}+\frac{N_0 x^3}{6EI} \tag{2-20}$$

这表示梁的挠曲线由梁左端的四个初始弯曲要素 ν_0、θ_0、M_0 及 N_0 决定。也就是说,如果一根梁的左端有初参数 ν_0、θ_0、M_0 及 N_0 存在,那么这根梁的挠曲线就是与这四个量有关的四项之和。

现将这个概念应用到在跨中受集中力作用的梁(图 2-20(a))。把梁分为两段来考虑,第一段为 $0\leqslant x\leqslant a$,第二段为 $a\leqslant x\leqslant l$,并把集中力看作作用在第二段的初始点。于是第一段梁的挠曲线可写作

$$\nu=\nu_0+\theta_0 x+\frac{M_0 x^2}{2EI}+\frac{N_0 x^3}{6EI}$$

下面再考察第二段梁,显然,第二段梁也是无外载,从这点来说也可以用第一段梁的挠曲线方程来描述第二段梁的弯曲情况。但是梁从第一段过渡至第二段处存在着集中力 P,这就使得 P 作用点处的梁断面上产生了剪力的突变,也就是第二段梁的起始端较第一段梁的末端有剪力的突变,突变量为 P,且按符号规定是正的。因此,在用第一段梁的挠曲线方程来描述第二段梁的弯曲情况时必须考虑梁的挠度在从第一段过渡到第二段时将仅增加一项与 P 有关的项,其大小为 $\frac{P\bar{x}^3}{6EI}$,此处,$\bar{x}$ 为第二段开始算起的坐标,它与 x 的关系为 $\bar{x}=x-a$。以第一段梁的挠曲线方程为基础,当 $x>a$ 时增加一项 $\frac{P\bar{x}^3}{6EI}$,表示为 $\|_a \frac{P\bar{x}^3}{6EI}$,于是得图 2-20(a)中梁的挠曲线方程为

$$\nu=\nu_0+\theta_0 x+\frac{M_0 x^2}{2EI}+\frac{N_0 x^3}{6EI}+\|_a \frac{P(x-a)^3}{6EI}$$

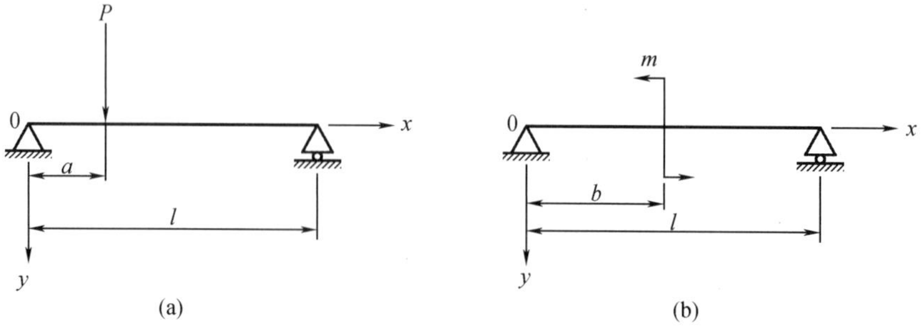

图 2-20　P、m 作用单跨梁

同理,如果梁在 $x=b$ 处受有一集中外力矩 m 作用,其方向如图 2-20(b)所示,则外力矩作用的结果将使梁的 $x>b$ 的部分的挠曲线方程后增加一项:

$$\Big\|_b \frac{m(x-b)^2}{2EI}$$

考察图 2-21 所示的单跨梁,该梁除受到集中力 P 和集中弯矩 m 的作用外,还在 c 和 d 之间受到分布载荷 $q(x)$ 的作用。$q(x)$ 对梁的挠曲线方程有何影响呢?分布载荷可视为无穷多个集中力之和,在图 2-21 中 ξ 处,取微段 $d\xi$,它上面的均布载荷为 $q(\xi)$,总载荷为 $q(\xi)d\xi$,这实际上就可看成在 ξ 处有一集中载荷作用。因此,在 $x>\xi$ 的部分,集中力 $q(\xi)d\xi$ 所引起的梁的挠曲线方程的修正项为

$$\frac{q(\xi)d\xi}{6EI}(x-\xi)^3$$

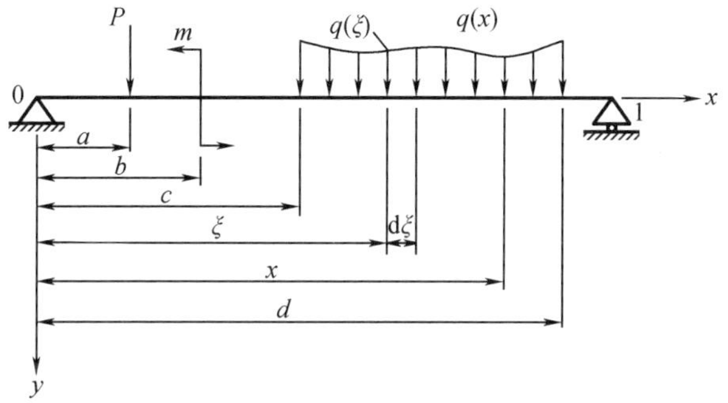

图 2-21　多种载荷作用单跨梁

那么 c 与 x 之间所有微集中力引起的梁的挠曲线方程的修正项应为上式在区间 $c\sim x$ 的积分:

$$\int_c^x \frac{q(\xi)}{6EI}(x-\xi)^3 d\xi$$

如果 $x>d$,则此式的积分上限应为 d。

综上所述,对于多种载荷作用的单跨梁(图 2-21),其挠曲线方程式可表示如下:

$$\nu = \nu_0 + \theta_0 x + \frac{M_0 x^2}{2EI} + \frac{N_0 x^3}{6EI} + \Big\|_b \frac{m}{2EI}(x-b)^2 + \Big\|_a \frac{P}{6EI}(x-a)^3 + \Big\|_c \int_c^x \frac{q(\xi)}{6EI}(x-\xi)^3 d\xi \tag{2-21}$$

此式为用初参数表示的梁的挠曲线通用方程,以上求解梁的挠曲线方程的方法由于在方程中引入了初始点的弯曲要素值,因此这种方法被称为"初参数法"。

3. 边界条件与弯曲要素的关系

在梁的挠曲线方程中,ν_0、θ_0、M_0、N_0 是梁起始端的四个弯曲要素,它们与梁端的支承情况密切相关,确定它们需要用到梁端边界条件。不同的支座对梁有不同的约束,因而会给出不同的边界条件,下面分别介绍四种支座约束下的边界条件。

(1)自由支座(图 2-5)

由于梁端能自由转动,故梁端断面的弯矩为零。这样,梁自由支持在刚性支座上的端点挠度和弯矩都等于零。它的边界条件为

$$\nu=0 \quad 及 \quad \nu''=0$$

(2)刚性固定端(图 2-6)

因梁在刚性固定端处挠度与转角均为零,故其边界条件为

$$\nu=0 \quad 及 \quad \nu'=0$$

(3)弹性支座(图 2-7)

对梁而言,支座的支座反力就是梁端的剪力,因此可以建立弹性支座处挠度与剪力之间的关系式,既 $\nu=AN=AEI\nu'''$。弹性支座处梁端无弯矩。按照符号规定,左支座处支座反力与剪力的关系是 $R=-N$,右支座处 $R=N$,因此其边界条件为

$$x=0:\nu''=0,\nu=-AEI\nu'''$$

$$x=l:\nu''=0,\ \nu=AEI\nu'''$$

(4)弹性固定端(图 2-8)

采用弹性固定端时,梁端挠度为零,梁端转角正比于梁端的弯矩。考虑到符号法则,左支座处转角为正,弯矩为正;右支座处转角为负,弯矩为正。因此,其边界条件为

$$x=0:\nu=0,\nu'=\alpha EI\nu''$$

$$x=l:\nu=0,\nu'=-\alpha EI\nu''$$

有了梁的挠曲线方程及边界条件,就可以计算梁的挠度及其他弯曲要素。所有单跨梁均可用梁的挠曲线方程求解弯曲要素。

例 2-2 求两端自由支持,受均布载荷 q 作用的梁(E、I 已知)的挠曲线方程,并求梁中点的挠度和右端的转角(图 2-22)。

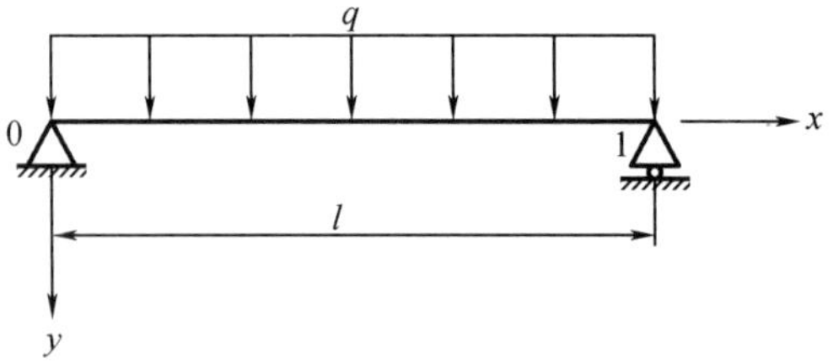

图 2-22 均布载荷作用单跨梁

解 图 2-22 中均布载荷 q 沿梁全长均布,故可利用梁的挠曲线方程式(2-19),有

$$\nu=\nu_0+\theta_0 x+\frac{M_0 x^2}{2EI}+\frac{N_0 x^3}{6EI}+\frac{1}{EI}\int_0^x\int_0^x\int_0^x\int_0^x q\mathrm{d}x^4$$

因 q 为常量,故上式中的四重积分为

$$\int_0^x\int_0^x\int_0^x\int_0^x q\mathrm{d}x^4=\frac{qx^4}{24}$$

所以

$$\nu=\nu_0+\theta_0 x+\frac{M_0x^2}{2EI}+\frac{N_0x^3}{6EI}+\frac{qx^4}{24EI}$$

$$\nu'=\theta_0+\frac{M_0x}{EI}+\frac{N_0x^2}{2EI}+\frac{qx^3}{6EI}$$

$$\nu''=\frac{M_0}{EI}+\frac{N_0x}{EI}+\frac{qx^2}{2EI}$$

由于梁两端自由支持在刚性支座上,其边界条件为

$$x=0: \nu=0, \nu''=0$$

$$x=l: \nu=0, \nu''=0$$

分别将边界条件代入方程,可建立方程组:

$$\left.\begin{aligned}&\nu_0=0\\&M_0=0\\&\theta_0 l+\frac{N_0l^3}{6EI}+\frac{ql^4}{24EI}=0\\&\frac{N_0l}{EI}+\frac{ql^2}{2EI}=0\end{aligned}\right\}$$

解方程组可得

$$\left.\begin{aligned}&\nu_0=0\\&\theta_0=\frac{ql^3}{24EI}\\&M_0=0\\&N_0=-\frac{ql}{2}\end{aligned}\right\}$$

于是梁的挠曲线方程为

$$\nu=\frac{ql^3x}{24EI}-\frac{qlx^3}{12EI}+\frac{qx^4}{24EI}$$

有了梁的挠曲线方程,不难求得梁右端转角,计算如下:

$$\nu'(l)=\frac{ql^3}{24EI}-\frac{ql^3}{4EI}+\frac{ql^3}{6EI}=-\frac{ql^3}{24EI}$$

对于梁的中点挠度,可将 $x=\dfrac{l}{2}$ 直接代入梁的挠曲线方程中,得

$$\nu\left(\frac{l}{2}\right)=\frac{ql^3}{24EI}\left(\frac{l}{2}\right)-\frac{ql}{12EI}\left(\frac{l}{2}\right)^3+\frac{q}{24EI}\left(\frac{l}{2}\right)^4=\frac{5ql^4}{384EI}$$

例 2-3 求两端自由支持在刚性支座上,受局部均布载荷作用的梁的挠曲线方程(图 2-23)。

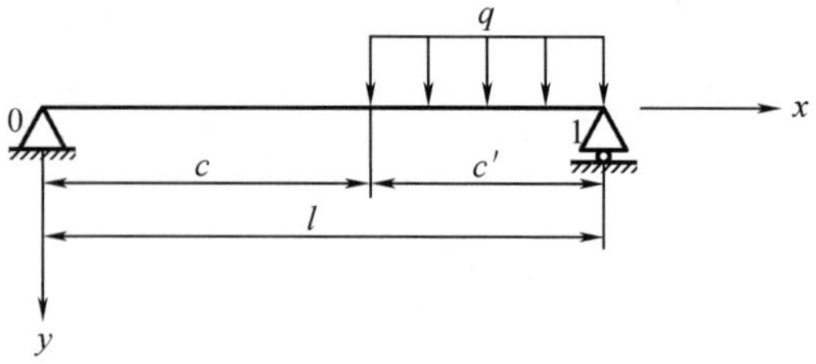

图 2-23 受局部均布载荷作用单跨梁

解 利用梁的挠曲线通用方程，写出该梁的挠曲线方程：

$$\nu=\nu_0+\theta_0 x+\frac{M_0x^2}{2EI}+\frac{N_0x^3}{6EI}+\Big\|_c\int_c^x\frac{q}{6EI}(x-\xi)^3\mathrm{d}\xi$$

本例中 q 为常量，因此上式中积分项为

$$\int_c^x\frac{q}{6EI}(x-\xi)^3\mathrm{d}\xi=-\frac{q}{6EI}\frac{1}{4}(x-\xi)^4\Big|_c^x=\frac{q}{24EI}(x-c)^4$$

又有边界条件：当 $x=0$ 时，$\nu_0=0$，$M_0=0$。左端支座反力 $R=\frac{qc'^2}{2l}$，则 $N_0=-\frac{qc'^2}{2l}$，代入梁的挠曲线方程，得

$$\nu=\theta_0x-\frac{qc'^2}{2l}\frac{x^3}{6EI}+\Big\|_c\frac{q}{24EI}(x-c)^4$$

根据边界条件，当 $x=l$ 时 $\nu=0$，代入上式有

$$0=\theta_0l-\frac{qc'^2l^2}{12EI}+\frac{qc'^4}{24EI}$$

解之得

$$\theta_0=\frac{qc'^2l^2}{12EIl}-\frac{qc'^4}{24EIl}=\frac{ql^2c'^2}{24EIl}\left(2-\frac{c'^2}{l^2}\right)=\frac{ql^2c'^2}{24EIl}\left[2-\frac{(l-c)^2}{l^2}\right]=\frac{ql^2c'^2}{24EIl}\left(1+\frac{2c}{l}-\frac{c^2}{l^2}\right)$$

由此知梁的挠曲线方程为

$$\nu=\frac{ql^2c'^2}{24EIl}\left(1+\frac{2c}{l}-\frac{c^2}{l^2}\right)x-\frac{qc'^2}{12EIl}x^3+\Big\|_c\frac{q}{24EI}(x-c)^4$$

整理得

$$\nu=\frac{ql^2c'^2}{24EI}\left[\frac{x}{l}\left(1+2\frac{c}{l}-\frac{c^2}{l^2}-2\frac{x^2}{l^2}\right)+\Big\|_c\frac{(x-c)^4}{l^2c'^2}\right]$$

2.3 梁的弯曲要素表及其应用

至此，我们已基本掌握了单跨梁挠曲线方程的求法，对于其他弯曲要素，如剪力、弯矩、转角等，在写出了梁的挠曲线方程后可由式(2-15)、式(2-16)、式(2-17)分别求得。为方便应用，一般的结构力学书籍及手册均将大部分单跨梁的主要弯曲要素用表格的形式给出，以备查用，这种表格称为弯曲要素表(见附录 A)。类似的弯曲要素表可在《船舶结构力学手册》中找到。

由弯曲要素表可以发现，各种梁的弯曲要素均与梁上的外载荷成正比，这是由于在梁

的弯曲问题研究过程中是在小变形假设和材料符合虎克定律的前提下导出的各公式。由此可推断,如果有多个载荷同时作用在梁上,且材料变形仍在弹性范围内,那么可以先分别计算各外力单独作用在梁上时的弯曲要素,然后求其代数和,就可得到梁同时受几个外力作用时的弯曲要素。这就是梁弯曲要素计算中的“叠加原理”。

2.3.1　剪力图和弯矩图

弯矩剪力图

载荷作用下梁截面的剪力和弯矩沿梁轴线的分布图形称为梁的剪力图和弯矩图。绘制剪力图和弯矩图主要有两个原因:一是剪力图和弯矩图能够最为直观地描述弯曲梁中的内力分布;二是剪力图和弯矩图可以帮助工程师预测和分析载荷作用下结构的基本变形特征。因此,绘制梁的剪力图和弯矩图具有重要的工程意义。

1. 两端自由支持单跨梁(即简支梁)在简单载荷作用下的剪力图和弯矩图

(1)简支梁在中点受到集中力 P 作用时的剪力图和弯矩图如图 2-24(a)所示;

(2)简支梁在左端受到集中弯矩 m 作用时的剪力图和弯矩图如图 2-24(b)所示;

(3)简支梁在全长受均布载荷 q 作用时的剪力图和弯矩图如图 2-25 所示;

(4)简支梁在全长受合力为 Q 的三角形分布载荷作用时的剪力图和弯矩图如图 2-26 所示。

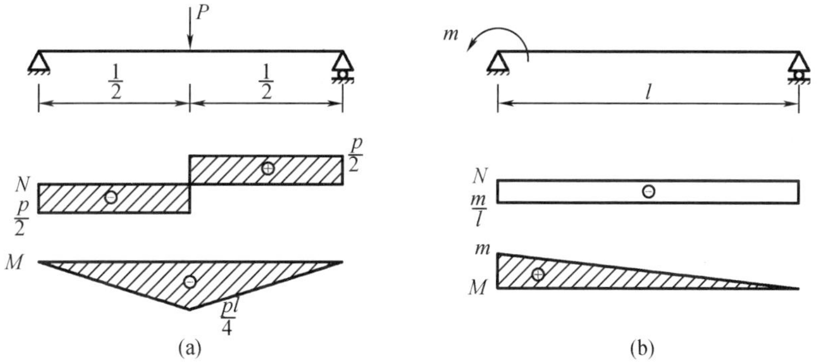

图 2-24　简支梁受集中力、集中弯矩作用时的剪力图和弯矩图

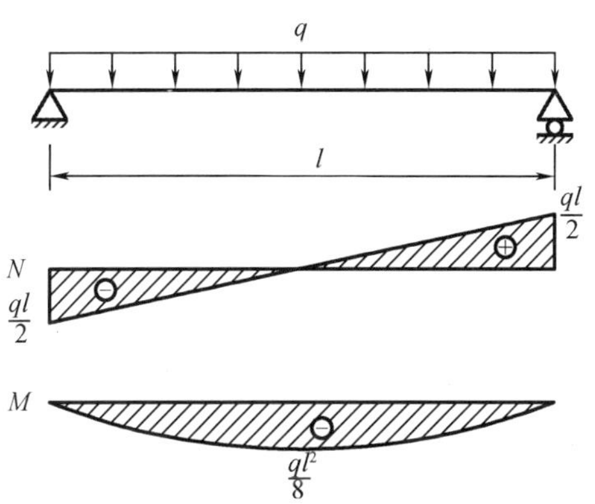

图 2-25　简支梁在全长受均布载荷作用时的剪力图和弯矩图

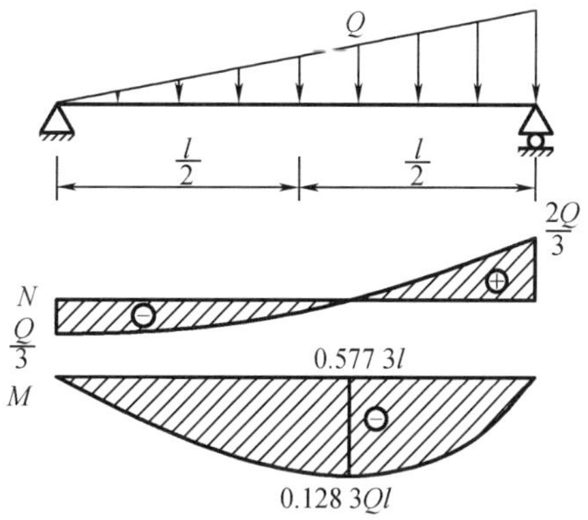

图 2-26　简支梁在全长受三角形分布载荷作用时的剪力图和弯矩图

2. 梁在几个载荷共同作用下的剪力图和弯矩图

由材料力学知识可知,在弹性范围内,梁受几个载荷共同作用时的剪力图与弯矩图通常用叠加法来完成,该方法后面还要介绍。叠加原理是基于杆件在线弹性范围内变形而建立起来的(所谓线弹性是指材料符合虎克定律,杆件发生小变形)。当梁在线弹性范围内变形时,梁的弯曲要素与梁上的载荷成正比,或说呈线性关系。这样,如果梁受几个外力共同作用,各个外力所引起的弯曲要素是各自独立、互不影响的。于是就可以用所谓的"叠加原理"来进行计算,即梁受有几个外力共同作用时,可以先分别计算各外力单独作用时的弯曲要素,然后求其代数和而得到几个外力共同作用时的弯曲要素。叠加法应用在剪力图与弯矩图的绘制上就是:先分别作出各外力单独作用时的剪力图与弯矩图,然后将它们叠加,同号图形相加,异号图形相减,便得到此梁在这几个外力共同作用下的剪力图与弯矩图。

例 2-4 一个两端自由支持的单跨梁,全长受到均布载荷 q 作用,中点受到集中力 $P=ql$ 作用,如图 2-27(a)所示,作此梁的剪力图与弯矩图。

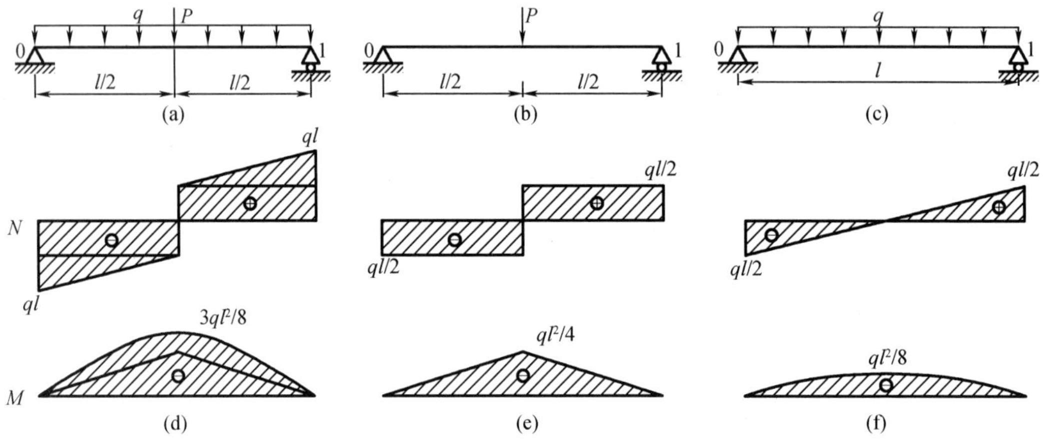

图 2-27 叠加法画剪力图和弯矩图(1)

解 本例中的梁所受的载荷为两种,一种是集中力 P,另一种是均布载荷 q。依据"叠加原理",先分别画出均布载荷 q 单独作用时(图 2-27(b))梁的剪力图和弯矩图(图 2-27(e)),以及集中力 P 单独作用时(图 2-27(c))梁的剪力图和弯矩图(图 2-27(f))。然后,将两个载荷单独作用时的剪力图和弯矩图叠加,得到两个载荷共同作用下的剪力图和弯矩图(图 2-27(d))。在画两个载荷共同作用时的剪力图时,可以先画好集中力 P 单独作用时的剪力图,然后把均布载荷 q 单独作用时的剪力图叠加上去;也可以先画好均布载荷 q 单独作用时的剪力图,然后把集中力 P 单独作用时的剪力图叠加上去。但是,在图形叠加时,我们通常是先画较简单的图形,然后将较复杂的图形叠加上去;另外,在画图时还要注意正负号,同一符号的图形应该相加,不同符号的图形应该相减。弯矩图的叠加方法与剪力图的叠加方法类似。

例 2-5 两端自由支持的单跨梁,中点受到集中力 P 作用,左端受到集中弯矩 $m=0.5Pl$ 作用,如图 2-28(a)所示。作此梁的剪力图与弯矩图。

解　作图过程同例 2-4。图 2-28(d)为该梁的剪力图和弯矩图。

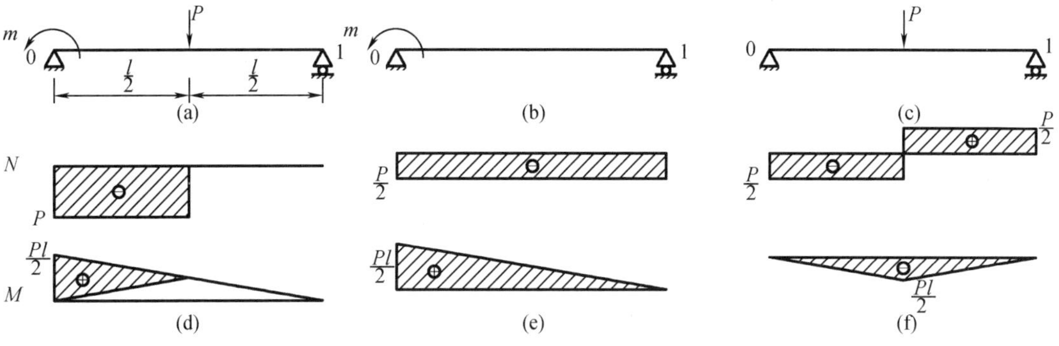

图 2-28　叠加法画剪力图和弯矩图(2)

2.3.2　静定单跨梁弯曲要素计算

静定单跨梁是最简单的杆系结构,在外载荷较简单时,其在外载荷作用下的弯曲要素一般均可通过查找弯曲要素表得到。

例 2-6　求图 2-29(a)中梁的中点挠度与两端断面转角(E、I 为常数),并画出此梁的弯矩图与剪力图。已知梁中点受到集中力 P 作用,梁左端受到集中弯矩 m 作用,$m=0.2Pl$。

解　因本例中的梁受到两个力(P 与 m)的作用,故按“叠加原理”将它分解为一个仅受到集中力 P 作用的梁(图 2-29(b))及一个仅受到集中弯矩 m 作用的梁(图 2-29(c))来考虑。查附录 A 表 A-2,可分别计算得到集中力 P 与集中弯矩 m 单独作用时梁的中点挠度与两端断面转角,计算过程如下。

集中力 P 单独作用时:

$$\nu_{中}=\frac{Pl^3}{48EI}$$

$$\theta_{左}=-\theta_{右}=\frac{Pl^2}{16EI}$$

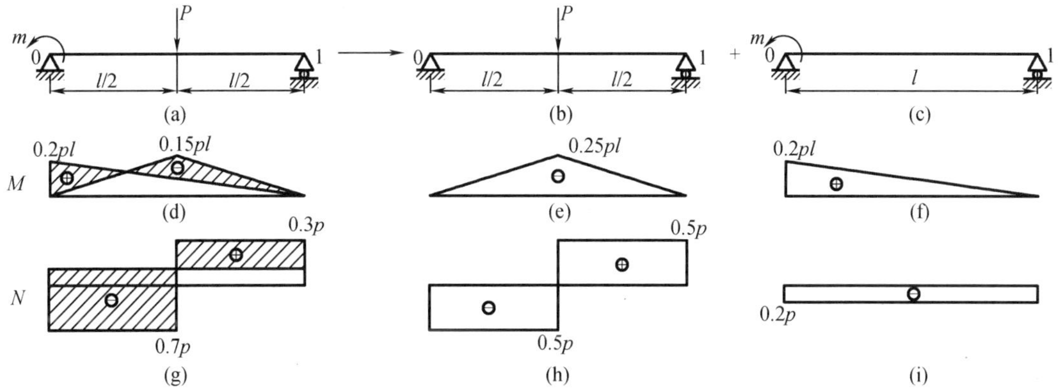

图 2-29　单跨梁“叠加原理”(1)

集中弯矩 m 单独作用时：

$$\nu_{中}=-\frac{ml^2}{16EI}=-\frac{0.2Pl^3}{16EI}$$

$$\theta_{左}=-\frac{ml}{3EI}=-\frac{0.2Pl^2}{3EI}$$

$$\theta_{右}=-\frac{ml}{6EI}=-\frac{0.2Pl^2}{6EI}$$

将以上结果分别相加便得到 P 与 m 同时作用时梁的中点挠度与两端断面的转角：

$$\nu_{中}=-\frac{Pl^3}{48EI}-\frac{0.2Pl^3}{16EI}=\frac{Pl^3}{120EI}$$

$$\theta_{左}=-\frac{Pl^2}{16EI}-\frac{0.2Pl^2}{3EI}=-\frac{Pl^2}{240EI}$$

$$\theta_{右}=-\frac{Pl^2}{16EI}-\frac{0.2Pl^2}{6EI}=-\frac{7Pl^3}{240EI}$$

在画梁的弯矩图与剪力图时亦采用叠加法，本例与例 2-5 类似，图 2-29(d)、图 2-29(g)分别为原结构的弯矩图、剪力图。

例 2-7 求解图 2-30(a)中两端自由支持的梁的中点挠度与两端断面的转角，并画出弯矩图与剪力图。已知梁全长受到均布载荷 q 的作用，梁的中点受到集中力 P 的作用，$P=ql$，EI 为常量。

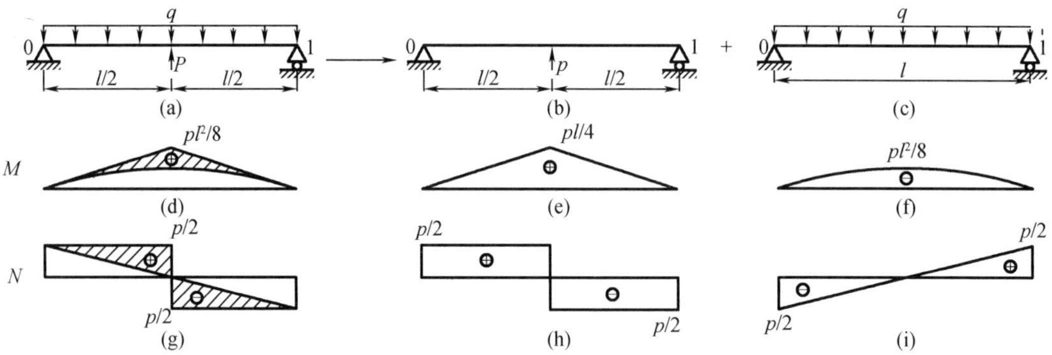

图 2-30 单跨梁“叠加原理”(2)

解 分析结构，有 P、q 两个力作用在梁上，分别查找附录 A 表 A-2 的弯曲要素表，然后利用“叠加原理”求得梁的中点挠度与两端断面的转角。

由附录 A 表 A-2，可得集中力 P 单独作用时梁的中点挠度与两端断面的转角：

$$\nu_{中}=-\frac{Pl^3}{48EI}$$

$$\theta_{左}=-\theta_{右}=-\frac{Pl^2}{16EI}$$

继续查附录 A 表 A-2，可得均布载荷 q 单独作用时梁的中点挠度与两端断面的转角：

$$\nu_{中}=-\frac{5ql^4}{384EI}$$

$$\theta_{左}=-\theta_{右}=\frac{ql^3}{24EI}$$

运用“叠加原理”可得到 q 与 P 同时作用时梁的中点挠度与两端断面的转角：

$$\nu_{中}=\frac{5ql^4}{384EI}-\frac{ql^4}{48EI}=-\frac{ql^4}{128EI}$$

$$\theta_{左}=-\theta_{右}=\frac{ql^3}{24EI}-\frac{ql^3}{16EI}=-\frac{ql^3}{48EI}$$

在画梁的弯矩图与剪力图时，可先画出集中力 P 单独作用时梁的弯矩图与剪力图，然后将均布载荷 q 单独作用时梁的弯矩图与剪力图叠加上去，图 2-30(d)、图 2-30(g)分别为原结构的弯矩图、剪力图。

2.3.3　单跨梁静不定弯曲

未知的支座反力数不超过独立静力平衡方程数的梁称为静定梁。未知支座反力数超过独立静力平衡方程数的梁称为静不定梁。研究静不定梁的弯曲有着十分重要的意义，实际的工程结构以及船舶结构中，绝大部分的梁都是静不定梁。

对于已知的静定梁，如果改变其支承情况(如增加支座数等)使其成为静不定梁，那么，该梁在静不定状态下的承载能力将大大超过在静定状态下的承载能力，或者在不变的载荷下能减小梁的剖面尺寸，减轻质量，节约材料。图 2-31 所示的梁共有两个支座反力，一是 0 端的支座反力，二是 0 端的支座反力矩，对于该梁存在两个独立的静力平衡方程，因此它是一个静定梁，查弯曲要素表可知在 0 处有最大弯矩 $\frac{ql^2}{2}$。如果在梁的 1 端加一铰支座，如图 2-32 所示，则又增加了一个 1 端的支座反力，梁成为静不定梁，由单跨梁静不定弯曲要素表查得 1 端的弯矩为 $\frac{ql^2}{8}$，显然远小于之前的弯矩。该例中，未知支座反力数为 3，而能列出的独立静力平衡方程数是 2，这种情况称为一次静不定。依此类推，未知支座反力数超过独立静力平衡方程数多少，便为静不定的次数，如二次静不定、三次静不定等。

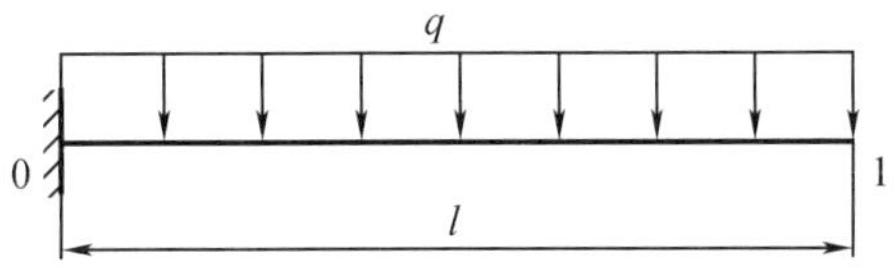

图 2-31　悬臂梁

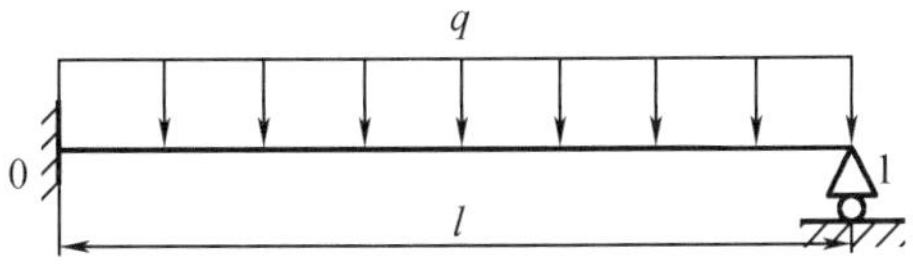

图 2-32　一端刚性固定、另一端自由支持单跨梁

在静不定问题中，由于未知支座反力数多于独立静力平衡方程数，因此要解决静不定问题必须辅以由变形协调条件列出的补充方程，补充方程的数目必须等于静不定的次数，该方法在此不再赘述。静不定单跨梁也可以用上节介绍的初参数法来求解，在此不再赘述。下面将介绍另一种求解静不定单跨梁的方法，即利用弯曲要素表。简单的静不定结构可直接查表得到弯曲要素，但很多静不定单跨梁不能直接查表得结果，必须通过所谓的变

形协调条件来求解静不定梁。下面举例说明静不定梁的解法。

例 2-8 图 2-33 中的梁(EI 为常量),一端刚性固定,另一端自由支持在刚性支座上,受均布载荷 q 的作用。求其支座反力。

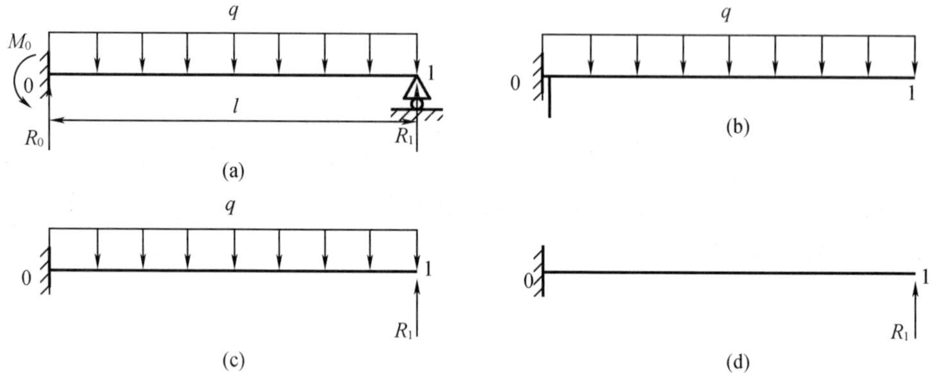

图 2-33　一端刚性固定单跨梁

解　分析题目,知道该梁在左端支座处有支座反力 R_0 及支座反力矩 M_0,在右端支座处有支座反力 R_1,共计三个未知支座反力,而只能列两个静力平衡方程,因此是一次静不定问题,必须设法建立一个补充方程。

如果去掉右端支座,则该梁成为静定梁,因此称右端支座为“多余约束”。为了使处理后的结构与原结构等效,必须用原右端支座的未知的支座反力 R_1 来替代该支座,如图 2-33(c)所示,另外,原结构在右端无挠度,即当 $x=l$ 时,$\nu=0$,显然,处理后的结构也应满足该条件。根据叠加原理,有

$$x=l:\nu=\nu(q)+\nu(R_1)=0$$

式中,$\nu(q)$是图 2-33(b)中因 q 作用而在右端产生的挠度;$\nu(R_1)$是由 R_1 引起的梁右端的挠度,如图 2-33(d)所示。该式便是根据变形协调条件所列的补充方程。由静定梁的弯曲要素表查得

$$\nu(q)=\frac{ql^4}{8EI}$$

$$\nu(R_1)=-\frac{R_1l^3}{3EI}$$

将其代入补充方程得

$$\frac{ql^4}{8EI}-\frac{R_1l^3}{3EI}=0 \tag{1}$$

同时,根据静力平衡条件有静力平衡方程:

$$R_0+R_1-ql=0 \tag{2}$$

$$M_0+R_1l-\frac{1}{2}ql^2=0 \tag{3}$$

解式(1)、式(2)、式(3)联立的方程组,得 $R_0=\frac{5}{8}ql, R_1=\frac{5}{8}ql, M_0=\frac{1}{8}ql$。

至此,原一次静不定结构分解为两个已知外载荷作用的静定单跨梁,原结构的所有弯曲问题就可用前面的知识来解决了。该题也可通过查找附录 A 表 A-3 求解。

例 2-9　如图 2-34(a)所示的梁,左端刚性固定,右端自由支持并受到集中弯矩 m 的作用。计算梁左端断面的弯矩,并作弯矩图与剪力图。

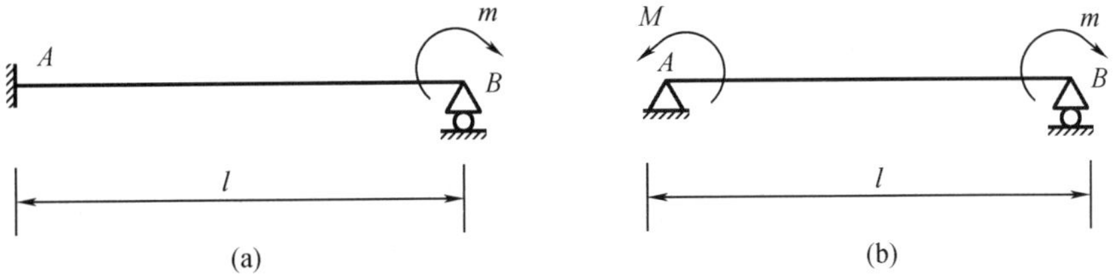

图 2-34　单载荷作用下的单跨梁

解　本例中的梁为静不定梁,在附录中查不到这样的计算图形,为此我们利用变形协调条件求解。去掉梁左端的转动约束,并加上多余约束力(弯矩)M,便得到如图 2-34(b)所示的静定梁。根据梁左端的变形条件,有

$$\theta_A=\theta_{\mathrm{m}}+\theta_M=0$$

查附录 A,可得

$$\theta_{\mathrm{m}}=-\frac{ml}{6EI}$$

$$\theta_M=-\frac{Ml}{3EI}$$

于是有

$$\theta_A=-\frac{ml}{6EI}-\frac{Ml}{3EI}=0$$

解上式,得 $M=-m/2$。式中负号表示梁左端断面弯矩的实际方向与图中假设的方向相反。图 2-35(a)和(b)分别为梁的弯矩图与剪力图。

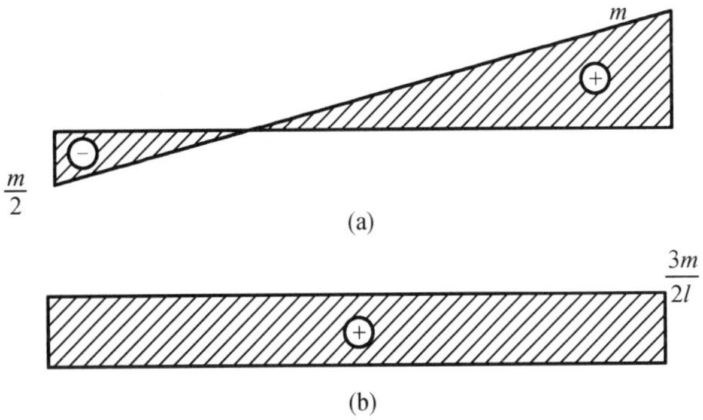

图 2-35　例 2-9 梁的弯矩图与剪力图

对于静不定单跨梁其主要解法有:

(1)查找弯曲要素表,前提条件是所要解决的问题在弯曲要素表中可查。

(2)将静不定结构化为静定结构,通过去支座、列补充方程来求解,该方法也称为“力法”(2.4 节详细介绍),应用较普遍。

(3)初参数法。该方法是解决弯曲问题最基础的方法,但计算量较大,一般不采用。

2.4 刚性支座上的连续梁计算

2.4.1 力法的原理

在船体结构中经常会遇到多跨度的连续梁。这种梁两端以一定的形式固定,中间有多个刚性支座。例如纵骨架式结构的甲板纵骨,两端刚性固定在横舱壁上,甲板强横梁作为其中间刚性支座。这种梁是一种多次静不定结构。解这种梁与解单跨度静不定梁的原理是一样的。

图 2-36(a)所示为一个中间有刚性支座的连续双跨梁,是一次静不定结构。解这种梁有下面两种方法。

方法一:去除多余约束,即将支座 1 去掉,代之以多余约束反力 R_1,这样原结构便成了一个单跨度的静定梁,如图 2-36(b)所示。然后,根据支座 1 处的变形条件,即挠度为零,列出补充方程(即变形协调方程):

$$\nu=\nu(q)+\nu(R_1)=0$$

由弯曲要素表知 $\nu(q)=\dfrac{5ql^4}{24EI}$, $\nu(R)=-\dfrac{R_1l^3}{6EI}$,代入补充方程有

$$\frac{5ql^4}{24EI}-\frac{R_1l^3}{6EI}=0$$

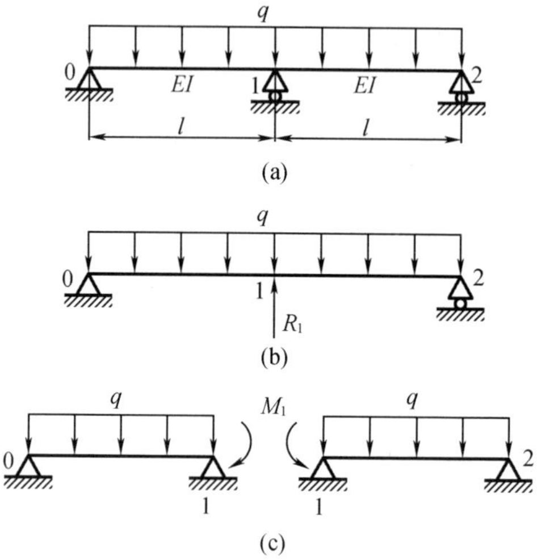

图 2-36　双跨梁

由此解得 $R_1=\dfrac{5}{4}ql$。求得 R_1 之后,原双跨梁就成为真正的静定单跨梁,于是问题得以解决。由于以上方法是通过去掉支座而进行求解的,因此这种方法叫作“去支座法”。

方法二:将梁分成两个跨度考虑,两跨梁在支座 1 的横剖面上都存在着相互作用的约束力矩,它们大小相等、方向相反,互为作用力与反作用力。去除多余约束——将支座 1 切开,代之以约束反力矩 M_1。这样便成了两个单跨度的静定梁,如图 2-36(c)所示。为了让计算不易出错,对于未知约束反力矩 M_1,按正方向给出。然后,根据支座 1 处的变形条件,即 0-1 跨梁与 1-2 跨梁在支座 1 处的断面转角应相等,列出补充方程(即变形协调方程):

$$\theta_{01}=\theta_{12}$$

式中　θ_{01}—— 0-1 跨梁 1 端处断面转角;

　　θ_{12}——1-2 跨梁 1 端处断面转角。

考察 0-1 跨梁与 1-2 跨梁，利用弯曲要素表和叠加原理，可得

$$\theta_{10}=\frac{M_1 l}{3EI}-\frac{ql^3}{24EI}$$

$$\theta_{12}=-\frac{M_1 l}{3EI}+\frac{ql^3}{24EI}$$

将它们代入补充方程，有

$$\frac{M_1 l}{3EI}-\frac{ql^3}{24EI}=-\frac{M_1 l}{3EI}+\frac{ql^3}{24EI}$$

由此解得 $M_1=\frac{ql^2}{8}$。有了 M_1 值后，切开后的两个单跨梁的弯曲要素就不难求得了。上述方法是通过切开梁的断面而进行求解的，因此把这种方法称为“剖支座法”或“断面法”。由于该方法对于多跨度刚性支座连续梁在列变形协调方程时，每个方程中最多可能出现三个未知约束反力矩，因此该方法也称为“三弯矩方程法”。

上面两种方法，本质上是一样的，均是去除多余约束，代之以多余约束反力，使静不定结构变为静定结构，仅仅是所确定的多余约束不同而已。一般解刚性支座上的多跨连续梁，都采用三弯矩方程法，它比去支座法更方便，这一点在静不定次数较多的问题中将充分地显现出来。

考察如图 2-37(a)所示的多跨梁，各跨 E、I 相等，考虑如何用三弯矩方程法来求解。对图 2-37(a)所示多跨梁去除多余约束，代之以多余约束反力，如图 2-37(b)所示。根据各支座断面处的变形协调条件，列出补充方程组并利用弯曲要素表查出各个支座处的断面转角，代入方程组有

$$\left.\begin{aligned}\theta_{10}&=\theta_{12}\\ \theta_{21}&=\theta_{23}\\ \theta_{32}&=\theta_{34}\\ \theta_{43}&=\theta_{45}\end{aligned}\right\}\longrightarrow\left.\begin{aligned}&\frac{M_1 l_{01}}{3EI}-\frac{ql_{01}^3}{24EI}=-\frac{M_1 l_{12}}{3EI}-\frac{M_2 l_{12}}{6EI}+\frac{ql_{12}^3}{24EI}\\ &\frac{M_1 l_{12}}{6EI}+\frac{M_2 l_{12}}{3EI}-\frac{ql_{12}^3}{24EI}=-\frac{M_2 l_{23}}{3EI}-\frac{M_3 l_{23}}{6EI}+\frac{ql_{23}^3}{24EI}\\ &\frac{M_2 l_{23}}{6EI}+\frac{M_3 l_{23}}{3EI}-\frac{ql_{23}^3}{24EI}=-\frac{M_3 l_{34}}{3EI}-\frac{M_4 l_{34}}{6EI}+\frac{ql_{34}^3}{24EI}\\ &\frac{M_3 l_{34}}{6EI}+\frac{M_4 l_{34}}{3EI}-\frac{ql_{34}^3}{24EI}=-\frac{M_4 l_{45}}{3EI}+\frac{ql_{45}^3}{24EI}\end{aligned}\right\}$$

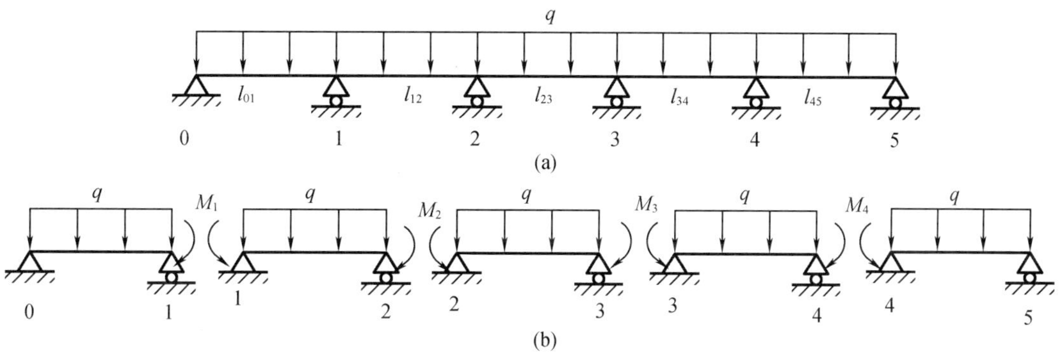

图 2-37　多跨梁

通常将这一方程组称为“三弯矩方程组”。整理方程组，得

$$
\left.\begin{aligned}
&\frac{l_{01}+l_{12}}{3EI}M_1+\frac{l_{12}}{6EI}M_2=\frac{l_{01}^3+l_{12}^3}{24EI}q\\
&\frac{l_{12}}{6EI}M_1+\frac{l_{12}+l_{23}}{3EI}M_2+\frac{l_{23}}{6EI}M_3=\frac{l_{12}^3+l_{23}^3}{24EI}q\\
&\frac{l_{23}}{6EI}M_2+\frac{l_{23}+l_{34}}{3EI}M_3+\frac{l_{34}}{6EI}M_4=\frac{l_{23}^3+l_{34}^3}{24EI}q\\
&\frac{l_{34}}{6EI}M_3+\frac{l_{34}+l_{45}}{3EI}M_4=\frac{l_{34}^3+l_{45}^3}{24EI}q
\end{aligned}\right\}
$$

可以看出，四个方程中共含有 M_1、M_2、M_3、M_4 四个未知力矩。解方程组求出未知力矩，则原结构就等价于图 2-37(b)所示的五个受已知外力作用的两端自由支持的单跨梁，原结构的弯曲问题也就解决了。

该方程组是根据梁在支座断面处转角连续这一条件列出的，所以各方程中每一项均表示一定的转角。结合图 2-37(b)可以看出，第一个方程等式左边第一项$\frac{l_{01}+l_{12}}{3EI}M_1$ 表示由弯矩 M_1 在支座 1 处引起的断面转角，等式左边第二项$\frac{l_{12}}{6EI}M_2$ 表示由弯矩 M_2 在支座 1 处引起的断面转角，等式右边一项$\frac{l_{01}^3+l_{12}^3}{24EI}q$ 表示由载荷 q 在支座 1 处引起的断面转角。

引入符号 α_{11}、α_{12} 分别表示第一个方程中 M_1 与 M_2 的系数，其下标第一个数字表示出现该系数的转角连续方程(变形协调方程)的序数或相应支座的编号，第二个数字为后面所跟的弯矩的编号。引入符号 θ_{1q}，代表第一个方程中等式右边项，其下标第一个数字表示出现该符号的转角连续方程的序数或相应支座的编号，第二个数字表示该项转角是由外载荷 q 所引起的。以此类推，在第二、三、四个方程中也引入类似符号，则上述方程组可以写成

$$
\left.\begin{aligned}
&\alpha_{11}M_1+\alpha_{12}M_2=\theta_{1q}\\
&\alpha_{21}M_1+\alpha_{22}M_2+\alpha_{23}M_3=\theta_{2q}\\
&\alpha_{32}M_2+\alpha_{33}M_3+\alpha_{34}M_4=\theta_{3q}\\
&\alpha_{43}M_3+\alpha_{44}M_4=\theta_{4q}
\end{aligned}\right\}
$$

以此类推，若该梁有 n 个中间支座，则其三弯矩方程组为

$$
\left.\begin{aligned}
&\alpha_{11}M_1+\alpha_{12}M_2=\theta_{1q}\\
&\alpha_{21}M_1+\alpha_{22}M_2+\alpha_{23}M_3=\theta_{2q}\\
&\alpha_{32}M_2+\alpha_{33}M_3+\alpha_{34}M_4=\theta_{3q}\\
&\vdots\\
&\alpha_{nn-1}M_{n-1}+\alpha_{nn}M_n=\theta_{nq}
\end{aligned}\right\}\tag{2-22}
$$

由式(2-22)可以看出，其中包含 n 个未知弯矩，并有 n 个方程，且方程式中系数亦等于 α_{ji}，因此这组方程也是正则方程。而每个方程中所含的未知弯矩最多不超过三个，“三弯矩方程”的名称由此而来。这个问题若不用三弯矩方程法解，而是去除中间支座，代之以各支

座未知反力,则虽然未知反力数与上述的未知弯矩数一样,但其变形条件是各支座处的挠度为零,由此列出 n 个补充方程,每个补充方程中都将出现 n 个未知反力,会使得解方程组非常麻烦。

例 2-10 求解图 2-38(a)所示双跨梁(E、I 为常量)的支座反力,并绘出弯矩图和剪力图。

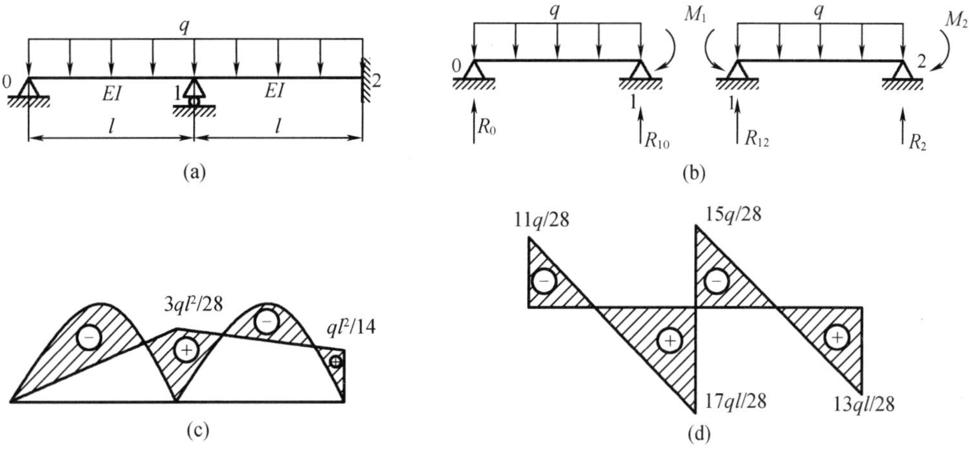

图 2-38 双跨梁弯曲

解 经分析知,这是一个二次静不定梁。用三弯矩方程法解本题时,除将中间支座 1 切开并加上约束反力矩 M_1 外,尚须将右端刚性固定端换成自由支持在刚性支座上,并加上约束反力矩 M_2,如图 2-38(b)所示。其变形协调条件为 $\theta_{10}=\theta_{12}$,$\theta_{21}=0$,由此列出三弯矩方程组:

$$\left.\begin{aligned}&\frac{M_1 l}{3EI}-\frac{ql^3}{24EI}=-\frac{M_1 l}{3EI}-\frac{M_2 l}{6EI}+\frac{ql^3}{24EI}\\&\frac{M_1 l}{6EI}+\frac{M_2 l}{3EI}-\frac{ql^3}{24EI}=0\end{aligned}\right\}$$

整理该方程组,并解之得

$$\left.\begin{aligned}4M_1+M_2&=\frac{ql^2}{2}\\2M_1+4M_2&=\frac{ql^2}{2}\end{aligned}\right\}\rightarrow\left.\begin{aligned}M_1&=\frac{3ql^2}{28}\\M_2&=\frac{ql^2}{14}\end{aligned}\right\}$$

以上结果为正值,这表示弯矩 M_1 与 M_2 的实际方向与假设的方向是一致的。如果解的结果是负值,则表示弯矩的实际方向与假设的方向相反。

求得 M_1 与 M_2 后,便可以分别对单跨梁 0-1 与 1-2 画弯矩图与剪力图,其中每一个单跨梁的弯矩图与剪力图都可以用叠加法来画。最后将各个单跨梁的弯矩图与剪力图合在一起,便得到整个连续梁的弯矩图与剪力图,如图 2-38(c)和(d)所示。下面将连续梁的支座反力的求法做一介绍。

对于 0-1 梁,有 $R_0 l+M_1=\dfrac{ql^2}{2}$,即 $R_0=R_0=\dfrac{11}{28}ql$;$R_{10}=ql-\dfrac{11}{28}ql=\dfrac{17}{28}ql$。

对于 1-2 梁，有 $R_{12}l+M_2=ql\dfrac{l}{2}+M_1$，即 $R_{12}=\dfrac{15}{28}ql$；$R_2=ql-\dfrac{15}{28}ql=\dfrac{13}{28}ql$。

对于原结构支座 1，可以看到它不同于支座 0 及 2，它分别支持着图 2-38(b) 中杆件 0-1 与 1-2，因此支座 1 的反力应该等于杆件 0-1 与 1-2 在支座 1 处的反力之和。于是有

$$R_1=R_{10}+R_{12}=\frac{17}{28}ql+\frac{15}{28}ql=\frac{8}{7}ql$$

这里要说明的是，R_{10}、R_{12} 分别表示的是图 2-38(b) 中杆件 0-1 与 1-2 在 1 端支座处的反力，要注意下标的顺序。

例 2-11 计算图 2-39(a) 中的等断面三跨连续梁。已知梁的跨长为 $l=8$ m，$P=40$ kN，$q=10$ kN/m，梁的断面惯性矩为 I。

解 为了计算方便，我们先将梁的跨长用 l 代替，并取 $P=\dfrac{ql}{2}$，这样便于简化解方程过程，量纲也清楚，便于校对，在得到未知力的表达式后，再将具体数值代入，这样处理可减少计算工作量，建议读者今后在计算给出梁长及外力具体数值的杆系问题时都采用这种方法。

本例中的三跨梁为三次静不定结构，因此有三个未知量。现将梁左端刚性固定的约束去掉，并在支座 1 和 2 处切开，再加上未知弯矩 M_0、M_1 和 M_2，得到图 2-39(b) 所示结构。

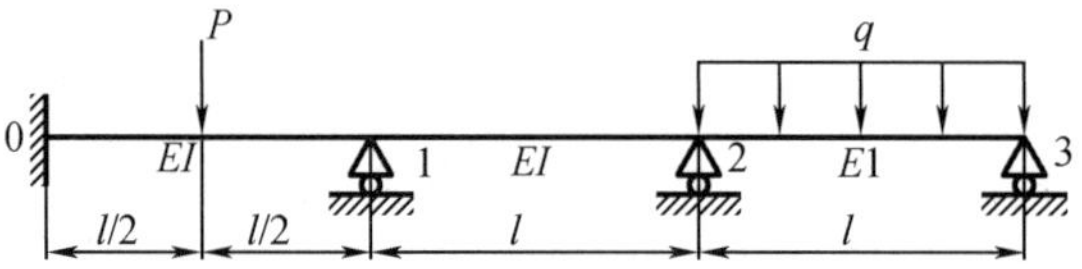

(a)

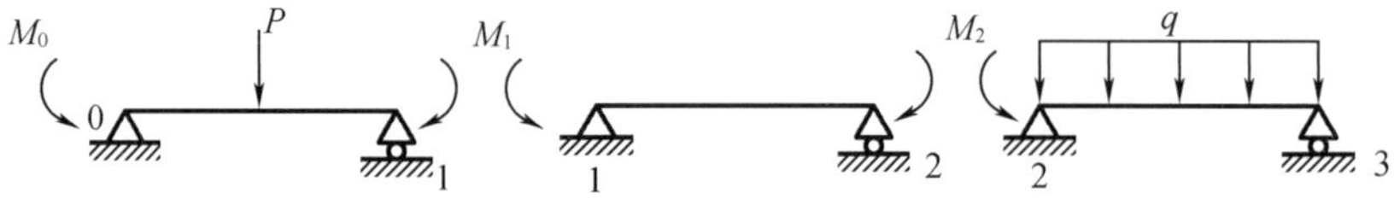

(b)

图 2-39 三跨梁弯曲

先列出支座 0 处转角连续方程，在计及 $P=\dfrac{ql}{2}$ 时，不难得到

$$-\frac{M_0 l}{3EI}-\frac{M_1 l}{6EI}+\frac{1}{16}\left(\frac{ql}{2}\right)\frac{l^2}{EI}=0$$

再列出支座 1 和支座 2 的转角连续方程：

$$\frac{M_0 l}{6EI}+\frac{M_1 l}{3EI}-\frac{1}{16}\left(\frac{ql}{2}\right)\frac{l^2}{EI}=-\frac{M_1 l}{3EI}-\frac{M_2 l}{6EI}$$

$$\frac{M_1 l}{6EI}+\frac{M_2 l}{3EI}=-\frac{M_2 l}{3EI}+\frac{ql^3}{24EI}$$

将以上三式乘以 $\dfrac{6EI}{l}$，经整理后得到方程组：

$$\left.\begin{aligned}2M_0+M_1&=0.1875ql^2\\M_0+4M_1+M_2&=0.1875ql^2\\M_1+4M_2&=0.25ql^2\end{aligned}\right\}$$

解之,即得

$$\left.\begin{aligned}M_0&=0.0889ql^2=56.90\ (\text{kN}\cdot\text{m})\\M_1&=0.0096ql^2=6.14\ (\text{kN}\cdot\text{m})\\M_2&=0.0601ql^2=38.46\ (\text{kN}\cdot\text{m})\end{aligned}\right\}$$

求得了 M_0、M_1 和 M_2 后,图 2-39(a)中的原结构就等价于图 2-39(b)中已知外力作用下的简单结构,用叠加原理可分别画出梁 0-1,1-2,2-3 的弯矩图与剪力图,进而合成整个连续梁的弯矩图与剪力图,这里不再赘述。

至此,我们已介绍了单跨度静不定梁和多跨度静不定梁的基本解法。从形式上看,有两种:一种是去除多余支座,代之以未知的多余支座反力,依据变形协调条件(例如支座处挠度为零等),列出补充方程,使问题得解;另一种是三弯矩方程法,将静不定结构转化为若干个两端自由支持在刚性支座上的单跨梁,并在梁的两端加上未知的约束反力矩,依据变形条件(例如同一支座处断面转角相等)列出补充方程,使问题得解。这两种方法都是将静不定结构转化为静定结构,在此过程中出现的基本未知量都是“力”(只是前者为集中力,后者为集中力矩而已),然后依据变形协调条件列出补充方程,求出这些未知的力。因此,两者在本质上是一样的,由于两方法均以“力”为基本未知量,通常称之为“力法”。

用力法解静不定梁的步骤如下。

①去除多余约束将静不定梁化为静定结构,该静定结构称为原结构的“基本结构”,也叫作原结构的静定基。在基本结构上作用的除了已知的外载荷,还有未知的约束反力,这些未知反力是力法中的基本未知量,其数目等于原结构的静不定次数。应当指出,在力法计算中,基本结构的选取不是唯一的,对于同一个静不定梁往往可以有几种不同的基本结构,应视具体情况确定。

②根据变形连续条件,在去掉约束加上约束反力的地方建立变形连续方程,以保持基本结构变形与原结构相同,列出的补充方程数与静不定次数相等。

③解方程,求出未知反力。未知反力求出后,原来的静不定梁便成了静定梁,采用静定梁的解法就可以求出梁的有关弯曲要素。

力法是解静不定结构的一种基本方法,而力法衍生出的“三弯矩方程法”是解多跨连续梁的常用方法。原则上讲,力法适用于解所有的静不定结构,但为了计算方便,在实际应用中仅用它来计算连续梁、简单刚架和简单板架等结构。

2.4.2　弹性支座与弹性固定端的实际概念

前面在讨论梁的边界条件时,我们提出了弹性支座与弹性固定端的概念,本节将讨论船体结构中弹性支座与弹性固定端是怎样形成的,以及它们的柔性系数 A 与 α 如何计算。

1. 弹性支座

在船体板架结构中，可以将主向梁当作交叉构件的弹性支座来处理（关于板架，将在2.6节中讨论），例如在板架中舱口端横梁对于甲板纵桁的支承就是这种情况。下面以两根梁交叉的简单板架为例说明弹性支座的形成与其柔性系数 A 的计算。

图2-40(a)所示的板架由两根杆件1-3与4-5交叉连接而组成，已知条件为：4-5杆两端刚性固定，受均布载荷 q 作用，跨长为 L，弹性模量为 E，断面惯性矩为 I。1-3杆两端自由支持在刚性支座上，跨长为 l，弹性模量为 E，断面惯性矩为 i。两梁在跨度中点处交叉且刚性连接。从支持的角度来看，1-3杆可以看作4-5杆的支持。现在的问题是这种支承相当于什么支座。为此，将两杆在相交节点处分开，并加上相互作用的节点反力 R_2（图2-40(b)和(c)）。对于1-3杆，由单跨梁的弯曲要素表查得节点2处的挠度为

$$\nu_2=\frac{l^3}{48Ei}R_2$$

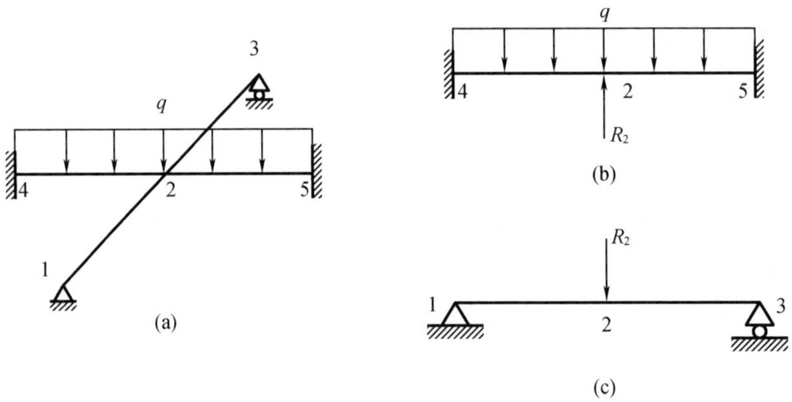

图2-40　一个交叉节点板架

显然，挠度 ν 与节点反力 R_2 成正比，从弹性支座的定义出发，1-3杆对4-5杆的支承可作为弹性支座，如图2-41所示。

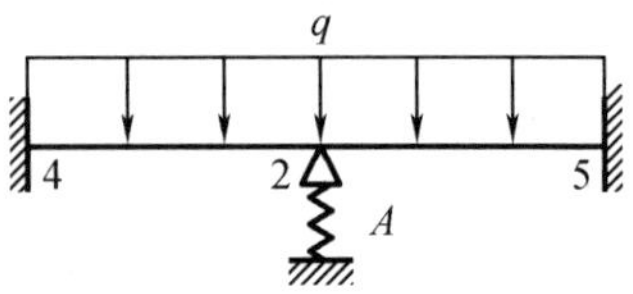

图2-41　转化后的连续梁

该弹性支座的柔性系数为

$$A=\frac{l^3}{48Ei}$$

由上式可见，该弹性支座的柔性系数 A 与1-3杆的断面惯性矩 i 成反比，与其跨度 l 的三次方成正比。显然，柔性系数还与1-3杆两端的支承情况有关，如将1-3杆两端改为刚性固定，则节点处挠度为

$$\nu_2=\frac{l^3}{192Ei}R_2$$

这时，柔性系数为

$$A=\frac{l^3}{192Ei}$$

应当指出，上述讨论是在1-3杆没有外载荷作用的情况下进行的，当1-3杆上有外载荷时，节点处挠度不再与节点反力成正比，上面的论述不再正确。

2. 弹性固定端

图2-42(a)中的结构，0-1梁与1-2梁在节点处刚性连接(这实际上是一个刚架结构，关于刚架的知识将在第2章中详细讨论)，这时0-1梁对于1-2梁的约束可以看成弹性固定端。已知0-1梁跨长为l_1，断面惯性矩为I_1。在实际船体结构中，该模型可看作双甲板船的上甲板横梁与甲板间的肋骨所组成的力学模型，甲板间肋骨的下端假定为自由支持。

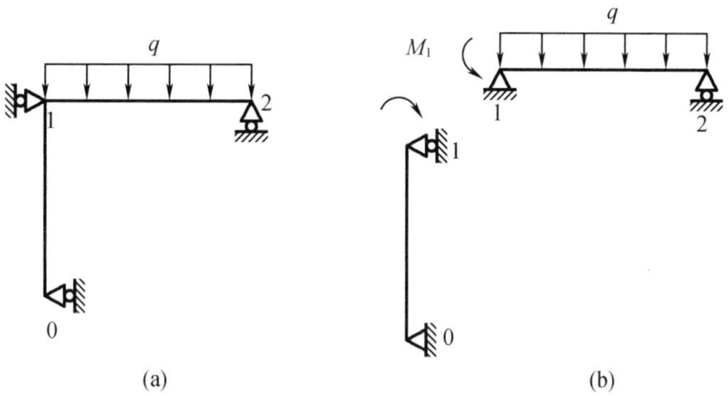

图2-42　简单刚架

图2-42(a)中1-2梁在外载荷作用下将发生弯曲变形，1端定有转角存在，由于0-1梁与1-2梁在节点1处刚性连接，因此0-1梁将给予1-2梁的1端以一个约束力矩M_1，假如1端的转角θ_1与该力矩成正比，那么从弹性固定端的定义出发可以认为0-1梁对1-2梁的作用相当于弹性固定端。现在用三弯矩方程法来分析这一问题。将支座1假想切开，并在断面上给出约束反力矩M_1，如图2-42(b)所示，分析0-1梁1端，由单跨梁的弯曲要素表知

$$\theta_1=\frac{l_1}{3EI_1}M_1$$

由此可见，θ_1与M_1成正比，这样就证明了0-1梁对1-2梁的作用相当于弹性固定端，如图2-43所示，其柔性系数为

$$\alpha=\frac{l_1}{3EI_1}$$

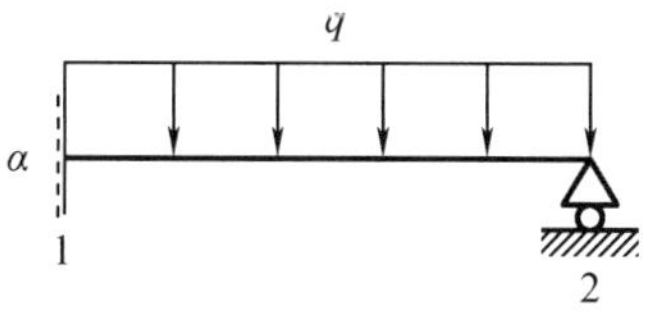

图2-43　转化后的结构

其刚性系数为

$$K=\frac{1}{\alpha}=\frac{3EI_1}{l_1}$$

由上式可以看出，弹性固定端的刚性系数与0-1梁的断面惯性矩成正比，与其跨度成反比。在该结构中，假如改变0-1梁0端的支承条件，则刚性系数也将有所变化。例如将0

端改为刚性固定端，则在 0-1 梁中，1 端的转角为

$$\theta_1 = \frac{l_1}{4EI_1} M_1$$

因此弹性固定端的柔性系数和刚性系数分别为

$$\alpha = \frac{l_1}{4EI_1}$$

$$K = \frac{4EI_1}{l_1}$$

由此可见，弹性固定端的刚性系数还与 0-1 梁 0 端的支承情况有关。

值得注意的是，我们讨论上述问题是在 0-1 梁无外载荷的情况下进行的，当 0-1 梁有外载荷作用时，上面的结论不再正确。但在造船工程计算中，当 0-1 梁有外载荷时，往往也可近似地用上述方法来处理。

以上我们讨论了刚性支座上多跨连续梁的弯曲问题，然而在船体结构中，常会遇到弹性支座上的多跨连续梁，当这种梁受到外载荷作用时，中间弹性支座处会发生线位移。对于这种梁，我们可以用类似解刚性支座上连续梁的方法来处理，但是由于存在中间弹性支座处的挠度，因此问题变得复杂一点，其所导出的方程为“五弯矩方程”。感兴趣的读者可参阅相关船舶结构力学文献。

2.5 船体刚架计算

2.5.1 概述

节点处彼此刚性连接（杆系变形时节点处彼此无相对转角）的杆系结构称为刚架，若组成刚架的杆件均在同一平面内，并且外载荷亦作用在此平面内，则称为平面刚架，由直杆构成的刚架称为直杆刚架，全部由曲杆构成的刚架称为曲杆刚架。刚架可分为简单刚架和复杂刚架。节点处相交的杆端数不超过 2 的为简单刚架（图 2-44），节点处有多于 2 个杆交汇的刚架称为复杂刚架（图 2-46）。根据刚架节点的可动与否，又可将刚架分为可动节点刚架（图 2-45）和不可动节点刚架（图 2-44（b）、图 2-46）。这里的可动节点，是指刚架在外载荷作用下，节点可能产生线位移。刚架中杆件的相交点叫作刚架的“节点”，图 2-44（b）中 1-2 杆与 2-4 杆的连接点 2 就是节点。在节点处各杆件变形时彼此无相对转角，即保持原连接处的角度不变。

刚架广泛存在于船体结构中，例如由甲板横梁、舷侧肋骨、船底肋板构成的肋骨框架（图 2-44（a）），便是典型的刚架结构。在计算时忽略甲板梁拱及舭部的弯曲，将其作为平面直杆来处理。图 2-44（b）、图 2-45 便是单甲板船肋骨刚架的计算图形。图 2-46 所示的模型为双甲板船在舱口处横剖面的肋骨框架计算图形。图 2-46 中肋骨与横梁的交点以及肋骨与肋板交点应分别位于船侧板与甲板的交界处，以及船侧板与船底的交界处。刚架受到外力作用会产生变形，组成刚架的各杆件在一般情况下都会产生弯矩、剪力和轴向力。

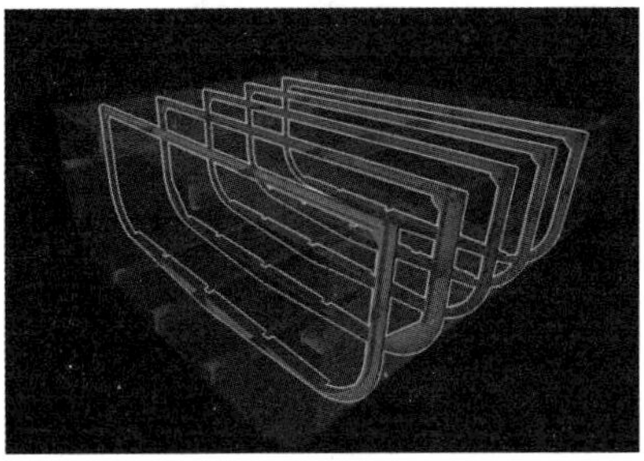

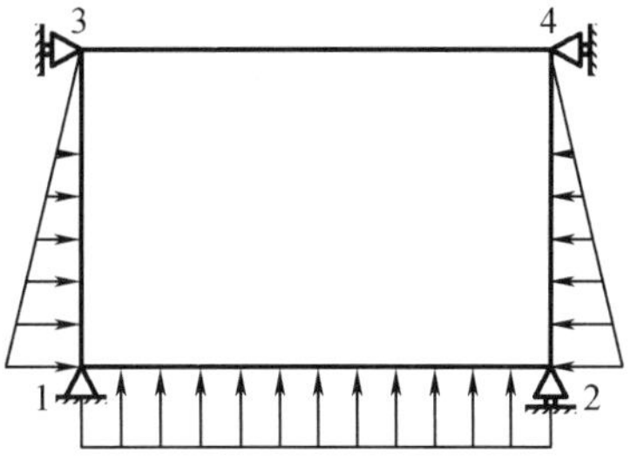

图 2-44 肋骨框架

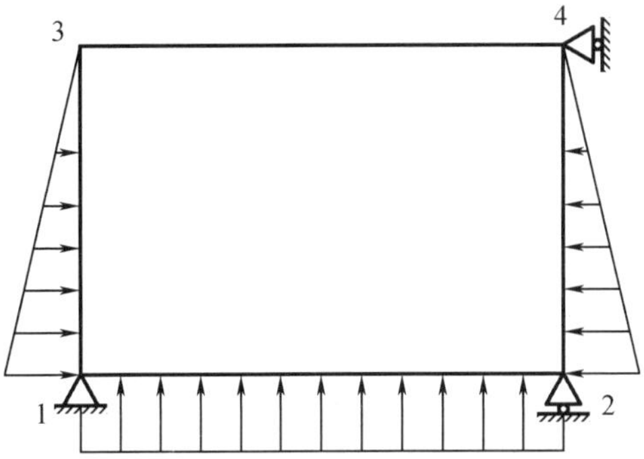

图 2-45 可动节点简单刚架

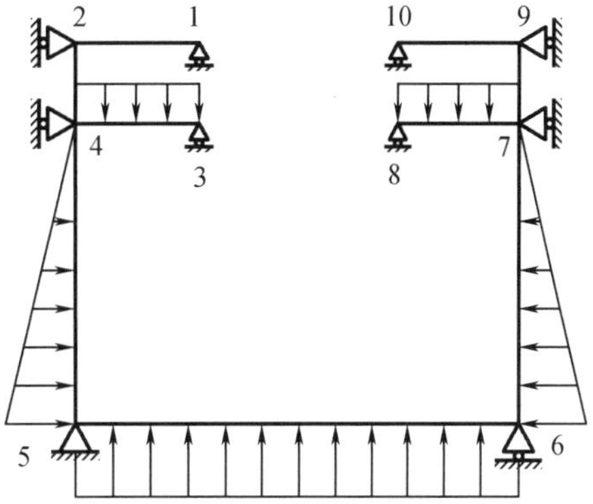

图 2-46 不可动节点复杂刚架

肋骨框架是船体结构中最典型的刚架结构。在船体结构中,要严格区分节点是否可动是困难的,实际上,船体刚架在外力作用下总会或多或少产生线位移,但是对于一般的船舶,这些位移是很小的,在计算时往往不予考虑,这就相当于在可能发生线位移的节点处加上了刚性铰链支座。但是对于少数船舶,必须考虑到节点的位移,例如内河长大舱口驳船,在远离横舱壁的肋骨刚架中,甲板半横梁在舱口处将会产生较大的线位移。

必须指出,船体刚架在变形时,各杆件的挠度通常不大,因此,轴向力对杆件的弯曲影响甚小,在计算时可忽略不计。本节主要研究不可动节点的刚架计算,对可动节点读者可参阅相关船舶结构力学文献。

2.5.2 不可动节点简单刚架计算

节点不可动的简单刚架可以看成刚性支座上连续梁"折合"的结果,这样刚架的节点相当于连续梁的支座,因此完全可用本章中介绍的三弯矩方程法来解决。

例 2-12 计算图 2-47(a)中的简单刚架。已知各杆的断面惯性矩均为 I,$l_{12}=1.5l$,$l_{23}=l$,1-2 杆受三角形分布的载荷(合力为 Q)的作用,2-3 杆的中点受到集中力 P 的作用,$P=\dfrac{Q}{2}$。

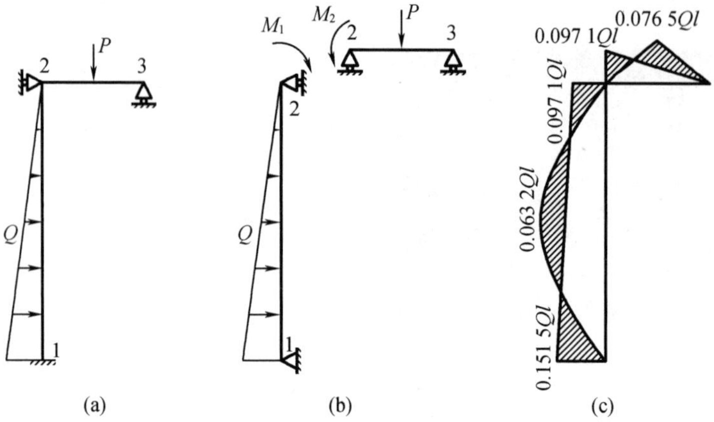

图 2-47　简单刚架

解　本例中的刚架为二次静不定结构,因此有两个未知弯矩。去掉支座 1 处的抗转约束,并切开节点 2 处的断面,再加上弯矩 M_1 与 M_2,这样便得到了图 2-47(b)所示的两个自由支持的单跨梁。

按节点 1,2 的变形条件,可建立两个变形连续方程:

$$\theta_{12}=0,-\frac{M_1(1.5l)}{3EI}-\frac{M_2(1.5l)}{6EI}+\frac{2Q(1.5l)^2}{45EI}=0$$

$$\theta_{21}=\theta_{23},\frac{M_1(1.5l)}{6EI}+\frac{M_2(1.5l)}{3EI}-\frac{7Q(1.5l)^2}{180EI}=-\frac{M_2 l}{3EI}+\frac{Pl^2}{16EI}$$

将 $P=\dfrac{Q}{2}$ 代入以上两个方程,并加以整理,得

$$6M_1+3M_2=1.2Ql$$

$$3M_1+10M_2=1.425Ql$$

解以上两个方程,得

$$M_1=0.151\ 5Ql$$

$$M_2=0.097\ 1Ql$$

图 2-47(c)是图 2-47(a)所示刚架的弯矩图,其中 1-2 杆中点处断面的弯矩值为 $0.063\ 2Ql$。

例 2-13　图 2-48(a)为某船肋骨刚架的计算图形,刚架中各杆跨长、断面惯性矩已知,试用三弯矩方程法解之。

解　分析该结构,将结构在节点处假想切开,并加上支座反力矩,如图 2-48(b)所示。由于该刚架结构及载荷均左右对称,因此必然有 $M_1=M_4$,$M_2=M_3$,因此只要列出两个转角连续方程即可。这里取节点 1 和节点 2 列方程如下:

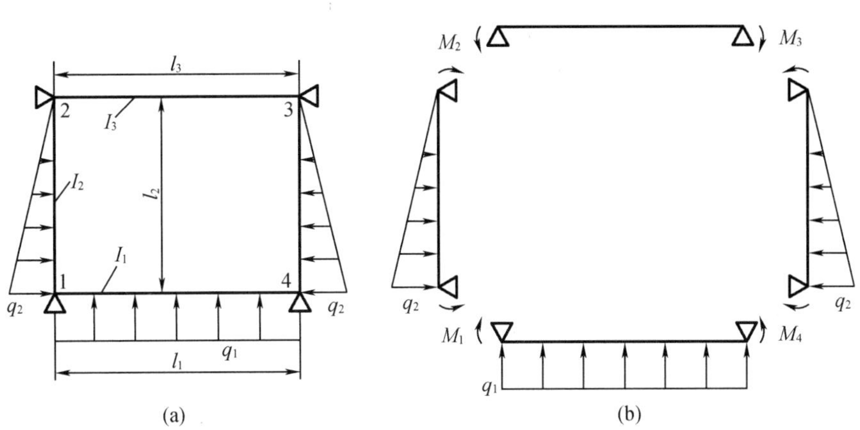

图 2-48　肋骨框架

$$\left.\begin{aligned}\theta_{23}=\theta_{21}\\ \theta_{12}=\theta_{14}\end{aligned}\right\}$$

$$\left.\begin{aligned}-\frac{3M_2}{6EI_3}l_3=\frac{M_1+3M_2}{6EI}l_2-\frac{7q_2l_2^3}{360EI_2}\\ \frac{q_2l_2^3}{45EI_2}-\frac{2M_1+M_2}{6EI_2}l_2=\frac{3M_1}{6EI_1}l_1-\frac{q_1l_1^3}{24EI_1}\end{aligned}\right\}$$

解上述方程组,得

$$\left.\begin{aligned}M_1=\frac{\alpha_1\left(\frac{1}{2}+\frac{3}{4}\alpha_2\right)q_1l_1^2+\left(\frac{2}{30}+\frac{2}{5}\alpha_2\right)q_2l_2^2}{(2+3\alpha_1)(2+3\alpha_2)-1}\\ M_2=\frac{-\frac{1}{4}\alpha_1q_1l_1^2+\left(\frac{1}{10}+\frac{7}{20}\alpha_1\right)q_2l_2^2}{(2+3\alpha_1)(2+3\alpha_2)-1}\end{aligned}\right\}$$

式中,$\alpha_1=\frac{I_2}{I_1}\frac{l_1}{l_2}$,$\alpha_2=\frac{I_2}{I_3}\frac{l_3}{l_2}$。

求得 M_1 和 M_2 之后,每根杆件的弯曲问题便可解决了。图 2-49(a)即是该刚架的弯矩图。

对于内河横骨架式船舶,肋板的刚性远大于肋骨的刚性,即 $I_1\gg I_2$,这时 α_1 很小,可近似认为 $\alpha_1\approx 0$。这样,上述结果变为

$$\left.\begin{aligned}M_1=\frac{\left(\frac{2}{30}+\frac{2}{5}\alpha_2\right)q_2l_2^2}{(2+3\alpha_2)-1}\\ M_2=\frac{\frac{1}{10}q_2l_2^2}{(2+3\alpha_2)-1}\end{aligned}\right\}$$

这时,该刚架就相当于肋骨下端为刚性固定,可将肋板视作两端自由支持在刚性支座上的单跨梁单独进行计算,如图 2-49(b)所示。

在上面的运算中,我们利用了该刚架的对称性,使问题得到了简化。计算时要注意利用结构变形的对称性,这不仅对于刚架是有价值的,对于其他结构同样是有价值的。同时,我们利用三弯矩方程法来解决简单刚架问题时,因涉及弯矩、转角正负号,一般假想把人置于刚架内部来进行判断。

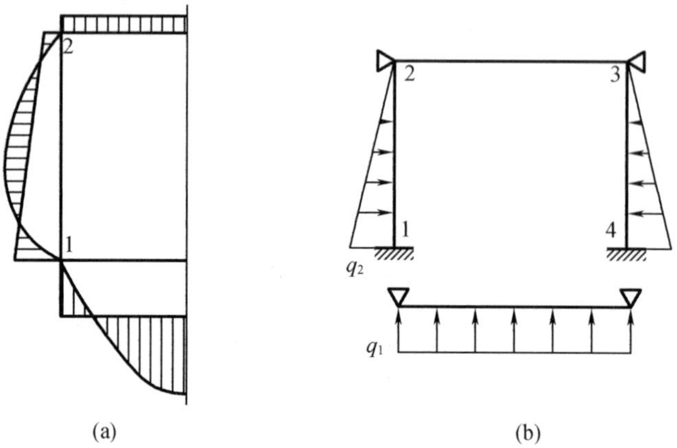

图 2-49　简单刚架

2.5.3　位移法解复杂刚架结构

1. 位移法的基本原理

2.4 节中介绍了结构计算中的"力法",前面的简单刚架也是用力法来求解的。从理论上讲,一切杆系都可以用力法来解。但实际上,在复杂刚架的计算中用力法就显得很不方便,对于节点数较多的刚架更是如此。这是因为,节点数越多,未知支座反力数也越多,根据变形协调条件列的补充方程(如三弯矩方程)也就越多,要解这些未知数相当多的线性方程是十分费力费时的。例如,图 2-50 所示的刚架是某内河船的肋骨框架,该刚架由 10 根杆件构成,存在着 16 个未知的支座反力矩(在节点 2,3,6,7 处各有 3 个互不相等的支座反力矩)。如考虑到结构的对称性,则未知量可减少一半,但还有 8 个未知反力矩,需要建立 8 个转角连续方程,问题仍是十分复杂。因此,有必要寻求其他的解决方法。位移法则是一个较合适的方法。

所谓"位移法",就是以杆系各节点处的位移(角位移 θ 或线位移 ν,因本书仅分析不可动节点刚架结构,因此节点无线位移)为基本未知量,列各节点处力矩平衡方程,解方程得到这些位移值,再求出各杆端弯矩的方法。分析图 2-50 所示的刚架,未知的节点转角有 8 个,考虑到对称性,实际只有 4 个,显然比用三弯矩方程法时未知量减少了一半,使计算得以简化,所以"位移法"是解这类复杂杆系的一种较好方法。

为使问题研究方便,在位移法中重新对弯曲要素做如下符号规定。

位移法中,直角坐标系 xOy 位于杆系平面中。令 x 方向为杆件的轴线方向,y 方向垂直于轴线。当杆件任意一点的挠度、剪力与 y 轴方向一致时为正,反之为负;杆件上任意一点的转角、弯矩顺时针时为正,反之为负。下面有关位移法及其衍生方法的弯曲要素均是基于此符号规定来判定符号的。

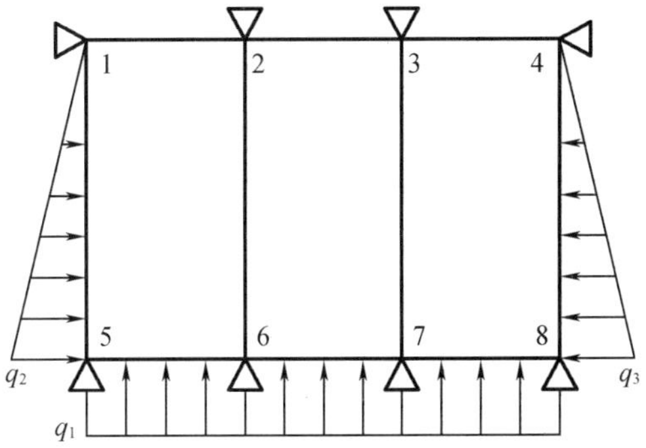

图 2-50 复杂刚架

这里,通过图 2-51(a)所示的连续梁的例子来说明位移法的基本原理。分析该结构,可知当梁受到外载荷作用后,支座 1 与 2 处可能产生转角。为此,假想将支座 1 与 2 变成刚性固定端,这一做法也叫作在支座 1 与 2 处加上"抗转约束"。这样,就得到了图 2-51(b)所示的两个两端刚性固定单跨梁,这个两端刚性固定的单跨梁就是位移法中的基本结构。

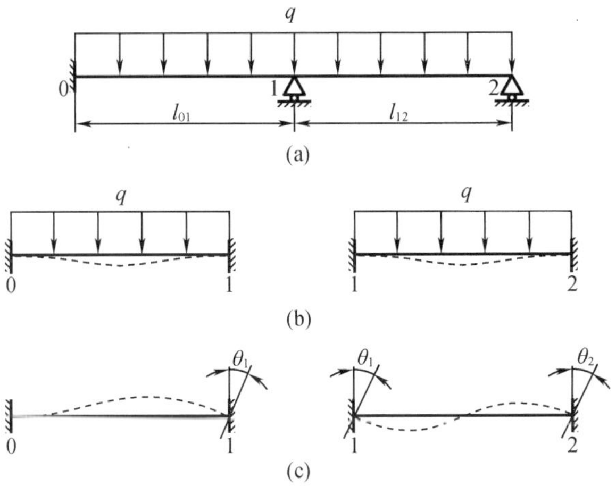

图 2-51 位移法原理图

显然此基本结构和原来的双跨梁相比,在支座处的变形与约束反力都有差别,即基本结构与原结构不等效,主要表现在:首先,原结构在支座 1 处的断面内,存在着两个大小相等、方向相反的弯矩,而在基本结构中,0-1 梁的 1 端与 1-2 梁的 1 端的弯矩不再相等;其次,原结构支座 2 处弯矩为零,而在基本结构中,1-2 梁的 2 端有弯矩存在;最后,原结构在支座 1 和 2 处均有转角产生,而在基本结构中却不存在转角。

为使基本结构与原结构等效,采取如下措施:强迫基本结构中支座 1 处的断面转过角度 θ_1,强迫基本结构中支座 2 处的断面转过角度 θ_2,如图 2-51(c)所示,使基本结构与原结构在节点处变形等效。

现在来分析基本结构端部弯矩。可以看出,基本结构端部的弯矩由两部分构成:一是由于外载荷的作用使基本结构端部产生的弯矩，这些弯矩称为“固端弯矩”，并用 $\overline{M}$ 来表示，例如 0-1 梁 1 端的固端弯矩记作 $\overline{M}_{10}$，1-2 梁 1 端的固端弯矩记作 $\overline{M}_{12}$ 等；二是由于强迫某些梁端转动一定的角度而使其端部产生的弯矩，这些弯矩称为“强迫弯矩”，并用 M' 来表示，例如 0-1 梁 1 端的强迫弯矩记作 M'_{10}，1-2 梁 1 端的强迫弯矩记作 M'_{12} 等。如以 M 表示杆端最终弯矩，则

$$M=\overline{M}+M' \tag{2-23}$$

对于本例，基本结构各杆端最终弯矩为

$$M_{01}=\overline{M}_{01}+M'_{01}$$

$$M_{10}=\overline{M}_{10}+M'_{10}$$

$$M_{12}=\overline{M}_{12}+M'_{12}$$

$$M_{21}=\overline{M}_{21}+M'_{21}$$

那么，要使基本结构与原结构等效，强迫转动的角度 θ_1 与 θ_2 应该为多大呢？条件是基本结构在转过了角度 θ_1 与 θ_2 后，基本结构端部产生的弯矩能满足原结构对应支座处力矩平衡的条件。换言之，M_{10} 与 M_{12} 必须大小相等、方向相反（位移法符合规定），而 M_{21} 必须为零，用方程表示为

$$\left.\begin{aligned}&M_{10}+M_{12}=0\\&M_{21}=0\end{aligned}\right\}$$

也就是

$$\left.\begin{aligned}&(\overline{M}_{10}+M'_{10})+(\overline{M}_{12}+M'_{12})=0\\&\overline{M}_{21}+M'_{21}=0\end{aligned}\right\} \tag{2-24}$$

在式（2-24）中，$\overline{M}$ 为基本结构的固端弯矩，与外力有关，可通过查找单跨梁的弯曲要素表得到，M' 为基本结构固定端因发生转角而产生的弯矩，可以用节点转角表示。可以从这两个方程中解出未知转角 θ_1 和 θ_2。求出这两个转角后，再将它们代入杆端最终弯矩的表达式，即式（2-23）中，便可求得杆端最终弯矩。

以上所述即为位移法的基本原理和解题过程。其与力法的不同是：力法是以力为基本求解未知量，根据变形协调条件建立方程，最后求解出力（或力矩）来，而位移法是以节点转角为基本求解未知量，根据杆件节点断面弯矩平衡条件建立方程式，解得位移值，然后代入杆端最终弯矩表达式得杆端最终弯矩。

2. 位移法的基本公式

下面通过分析图 2-51（a）所示结构，阐述位移法的计算过程，并推导任意节点弯矩平衡方程。

（1）固端弯矩

位移法中的固端弯矩就是两端刚性固定的单跨梁因外载荷作用在固定端产生的弯矩，它可以通过直接查单跨梁的弯曲要素表而得到，但应注意的是位移法中对弯曲要素正负号

有了新的规定,因此弯曲要素表中左端弯矩要加上一个负号。图 2-51(b) 中两个梁的固端弯矩可通过查弯曲要素表得到:

$$\left.\begin{aligned}\overline{M}_{01}&=-\frac{1}{12}ql_{01}^2\\\overline{M}_{10}&=\frac{1}{12}ql_{01}^2\end{aligned}\right\}$$

$$\left.\begin{aligned}\overline{M}_{12}&=-\frac{1}{12}ql_{12}^2\\\overline{M}_{21}&=\frac{1}{12}ql_{12}^2\end{aligned}\right\}$$

(2)强迫弯矩

为了求各杆端强迫弯矩,现设任一根杆件 i-j,杆长为 l_{ij},断面惯性矩为 I_{ij},假定强迫杆件的固定端分别顺时针转动角度 θ_i 与 θ_j,于是杆端断面将有与 θ_i 和 θ_j 同方向的弯矩 M'_{ij} 与 M'_{ji} 存在,如图 2-52 所示。

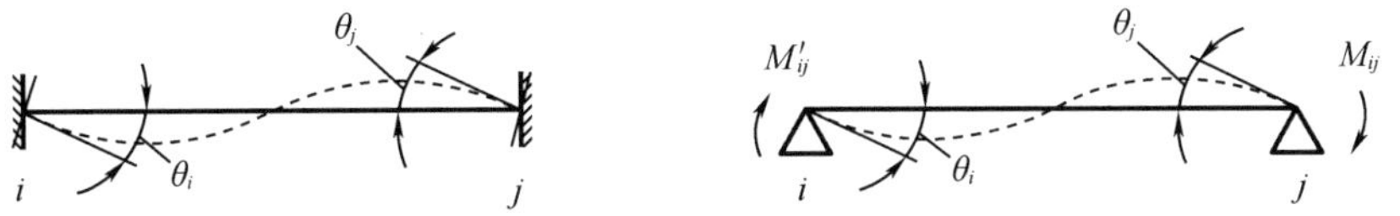

图 2-52　强迫弯矩计算图

查两端自由支持在刚性支座上的单跨梁弯曲要素表,求出 i-j 杆两端的转角与弯矩的关系式为

$$\left.\begin{aligned}\theta_i&=\frac{M'_{ij}l_{ij}}{3EI_{ij}}-\frac{M'_{ji}l_{ij}}{6EI_{ij}}\\\theta_j&=\frac{M'_{ji}l_{ij}}{3EI_{ij}}-\frac{M'_{ij}l_{ij}}{6EI_{ij}}\end{aligned}\right\}$$

由此解得

$$\left.\begin{aligned}M'_{ij}&=\frac{4EI_{ij}}{l_{ij}}\theta_i+\frac{2EI_{ij}}{l_{ij}}\theta_j\\M'_{ji}&=\frac{2EI_{ij}}{l_{ij}}\theta_i+\frac{4EI_{ij}}{l_{ij}}\theta_j\end{aligned}\right\}\tag{2-25}$$

这就是杆端因发生转角而引起的强迫弯矩的计算公式。同时,依据静力平衡不难写出因杆端发生转角而产生的杆端剪力。设 N'_{ij} 与 N'_{ji} 分别为 i-j 杆在 i 端与 j 端的剪力,它的方向向下,则杆端剪力与杆端弯矩之间的关系为

$$\left.\begin{aligned}N'_{ij}&=\frac{M'_{ij}+M'_{ji}}{l_{ij}}\\N'_{ji}&=-\frac{M'_{ij}+M'_{ji}}{l_{ij}}\end{aligned}\right\}$$

将式(2-25)中的 M'_{ij} 及 M'_{ji} 代入后得

$$\left.\begin{aligned}N'_{ij}&=\frac{6EI_{ij}}{l_{ij}^2}\theta_i+\frac{6EI_{ij}}{l_{ij}^2}\theta_j\\N'_{ji}&=-\frac{6EI_{ij}}{l_{ij}^2}\theta_i-\frac{6EI_{ij}}{l_{ij}^2}\theta_j\end{aligned}\right\}\tag{2-26}$$

将式(2-26)应用到图 2-51 中的结构(该结构 $\theta_0=0$),可得到各杆端强迫弯矩为

$$M'_{01}=\frac{2EI_{01}}{l_{01}}\theta_1$$

$$M'_{10}=\frac{4EI_{01}}{l_{01}}\theta_1$$

$$M'_{12}=\frac{4EI_{12}}{l_{12}}\theta_1+\frac{2EI_{12}}{l_{12}}\theta_2$$

$$M'_{21}=\frac{2EI_{12}}{l_{12}}\theta_1+\frac{4EI_{12}}{l_{12}}\theta_2$$

(3)节点平衡方程

节点弯矩平衡方程即为节点上作用的弯矩应满足节点弯矩平衡条件。由静力学知,这个平衡条件为作用于节点上的所有弯矩之和为零。对于杆系结构,多根杆汇交于某节点,则汇交于该节点的诸杆件作用于节点上的各杆杆端弯矩之和必为零。如图 2-51(a)所示的双跨梁,节点 1,2 处必定满足式(2-24)。式(2-24)叫作节点力矩平衡方程。将固端弯矩、强迫弯矩代入式(2-24)有

$$\left.\begin{aligned}&\frac{1}{12}ql_{01}^2+\frac{4EI_{01}}{l_{01}}\theta_1-\frac{1}{12}ql_{12}^2+\frac{4EI_{12}}{l_{12}}\theta_1+\frac{2EI_{12}}{l_{12}}\theta_2=0\\&\frac{1}{12}ql_{12}^2+\frac{2EI_{12}}{l_{12}}\theta_1+\frac{4EI_{12}}{l_{12}}\theta_2=0\end{aligned}\right\}$$

解此方程组,得 θ_1、θ_2。将 θ_1、θ_2 反代回强迫弯矩计算公式(2-25),可得 M'_{01}、M'_{10}、M'_{12}、M'_{21}。

对于复杂刚架结构,节点处相交的杆件数大于 2,也就是说,节点的力矩平衡方程中存在着 2 个以上的杆端弯矩。下面来导出节点处交汇有两个以上杆件情况下的节点力矩平衡方程。在一般情况下,设刚架中第 i 个节点汇交着 s 根杆件(图 2-53),则此节点的弯矩平衡方程为

$$M_{i1}+M_{i2}+M_{i3}+\cdots+M_{is}=0$$

即

$$\overline{M}_{i1}+M'_{i1}+\overline{M}_{i2}+M'_{i2}+\overline{M}_{i3}+M'_{i3}+\cdots+\overline{M}_{is}+M'_{is}=0\tag{2-27}$$

将式(2-25)代入式(2-27)有

$$\frac{2EI_{i1}}{l_{i1}}\theta_1+\frac{2EI_{i2}}{l_{i2}}\theta_2+\cdots+\frac{2EI_{is}}{l_{is}}\theta_s+4E\left(\frac{I_{i1}}{l_{i1}}+\frac{I_{i2}}{l_{i2}}+\cdots+\frac{I_{is}}{l_{is}}\right)\theta_i+(\overline{M}_{i1}+\overline{M}_{i2}+\cdots+\overline{M}_{is})=0\tag{2-28}$$

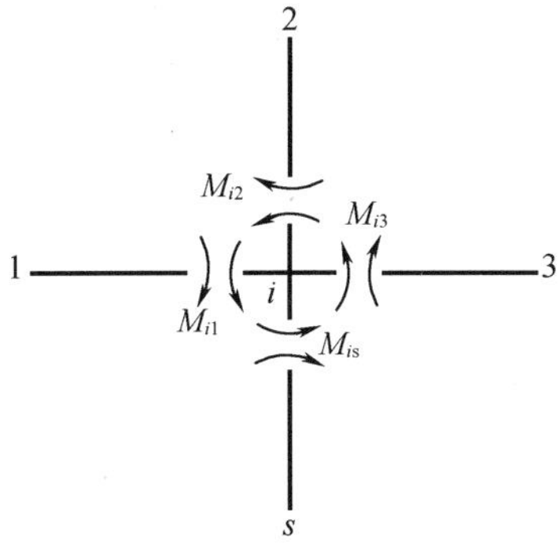

图 2-53 节点平衡方程计算图

若令

$$\left.\begin{aligned}&k_{ii}=4E\left(\frac{I_{i1}}{l_{i1}}+\frac{I_{i2}}{l_{i2}}+\cdots+\frac{I_{is}}{l_{is}}\right)\\&k_{i1}=\frac{2EI_{i1}}{l_{i1}},k_{i2}=\frac{2EI_{i2}}{l_{i2}},\cdots,k_{ij}=\frac{2EI_{ij}}{l_{ij}}\\&\overline{M}_i=-(\overline{M}_{i1}+\overline{M}_{i2}+\cdots+\overline{M}_{is})\end{aligned}\right\}\tag{2-29}$$

则该节点的平衡方程可写为

$$k_{i1}\theta_1+k_{i2}\theta_2+k_{i3}\theta_3+\cdots+k_{ii}\theta_i+\cdots+k_{is}\theta_s=\overline{M}_i\tag{2-30}$$

对于有 n 个可转动节点的结构，共可列出 n 个与式（2-30）相似的力矩平衡方程，并可建立如下“位移法方程组”：

$$\left.\begin{aligned}&k_{11}\theta_1+k_{12}\theta_2+k_{13}\theta_3+\cdots+k_{1n}\theta_n=\overline{M}_1\\&k_{21}\theta_1+k_{22}\theta_2+k_{23}\theta_3+\cdots+k_{2n}\theta_n=\overline{M}_2\\&k_{31}\theta_1+k_{32}\theta_2+k_{33}\theta_3+\cdots+k_{3n}\theta_n=\overline{M}_3\\&\qquad\vdots\\&k_{n1}\theta_1+k_{n2}\theta_2+k_{n3}\theta_3+\cdots+k_{nn}\theta_n=\overline{M}_n\end{aligned}\right\}\tag{2-31}$$

因式（2-31）中 $k_{ij}=k_{ji}$，故此方程为正则方程，解此方程便可求出各节点的转角，将计算出来的转角代入式（2-25），可得各节点杆端强迫弯矩。

（4）杆端最终弯矩

在位移法中，每一杆件的杆端最终弯矩为基本结构对应节点固端弯矩与强迫弯矩之和。对任一根杆 i-j 有

$$\left.\begin{aligned}&M_{ij}=\overline{M}_{ij}+M'_{ij}=\overline{M}_{ij}+\frac{4EI_{ij}}{l_{ij}}\theta_i+\frac{2EI_{ij}}{l_{ij}}\theta_j\\&M_{ji}=\overline{M}_{ji}+M'_{ji}=\overline{M}_{ji}+\frac{2EI_{ij}}{l_{ij}}\theta_i+\frac{4EI_{ij}}{l_{ij}}\theta_j\end{aligned}\right\}\tag{2-32}$$

对于图 2-51 中的结构，由式（2-32）可得

$$M_{01}=\overline{M}_{01}+M'_{01}=-\frac{1}{12}ql_{01}^2+\frac{2EI_{01}}{l_{01}}\theta_1$$

$$M_{10}=\overline{M}_{10}+M'_{10}=\frac{1}{12}ql_{01}^2+\frac{4EI_{01}}{l_{01}}\theta_1$$

$$M_{12}=\overline{M}_{12}+M'_{12}=-\frac{1}{12}ql_{12}^2+\frac{4EI_{12}}{l_{12}}\theta_1+\frac{2EI_{12}}{l_{12}}\theta_2$$

$$M_{21}=\overline{M}_{21}+M'_{21}=\frac{1}{12}ql_{12}^2+\frac{2EI_{12}}{l_{12}}\theta_1+\frac{4EI_{12}}{l_{12}}\theta_2$$

计算出杆端最终弯矩后，即可通过弯曲要素表求解其他弯曲要素。

3. 位移法的应用

综上所述，现将位移法解刚性支座上连续梁和不可动节点刚架结构的步骤归纳如下。

(1)分析结构，看结构有几个节点可能发生转动，从而确定未知数的个数。一般来说，在结构中除了本身就是刚性固定的节点以外，其余的节点都可能发生转动。

(2)在可能发生转动的节点处加上抗转约束，然后从弯曲要素表中查得杆件的固端弯矩。

(3)根据变形协调条件，强迫加固的节点转动，使之产生转角，按公式写出各杆因强迫转动而产生的杆端强迫弯矩。

(4)按公式写出各杆的杆端最终弯矩。

(5)对加固的各节点按公式建立节点力矩平衡方程，组成力矩平衡方程组，解方程组得各转动节点的转角，然后再计算出各杆的杆端最终弯矩，进而求出各杆的弯曲要素。

例 2-14 用位移法解图 2-54(a)所示的连续梁，已知 $l=8$ m，$P=39.2$ kN，$q=9.8$ kN/m，梁的剖面惯性矩为 I，材料的弹性模量为 E。

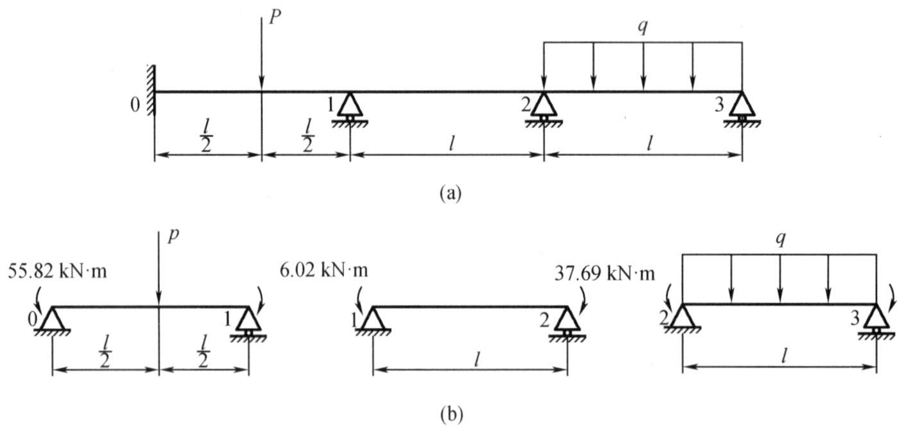

图 2-54 三跨连续梁

解 (1)分析结构知，支座 1,2,3 处的断面可能产生转角，因此，在位移法中，该梁有 3 个未知转角 θ_1、θ_2 和 θ_3。

(2)计算各杆固端弯矩。加固可动节点 1,2,3，使原来的三跨梁成为三个刚性固定的单跨梁。利用两端刚性固定的单跨梁的弯曲要素表(注意遵守位移法中的符号规定)，并考虑

到该例中 $ql=2P$，可以求得各杆固端弯矩为

$$\overline{M}_{01}=-\frac{1}{8}Pl$$

$$\overline{M}_{10}=\frac{1}{8}Pl$$

$$\overline{M}_{12}=\overline{M}_{21}=0$$

$$\overline{M}_{23}=-\frac{1}{12}ql^2=-\frac{1}{6}Pl$$

$$\overline{M}_{32}=\frac{1}{12}ql^2=\frac{1}{6}Pl$$

(3)计算各杆端因转角产生的强迫弯矩：

$$M'_{01}=\frac{2EI}{l}\theta_1$$

$$M'_{10}=\frac{4EI}{l}\theta_1$$

$$M'_{12}=\frac{4EI}{l}\theta_1+\frac{2EI}{l}\theta_2$$

$$M'_{21}=\frac{2EI}{l}\theta_1+\frac{4EI}{l}\theta_2$$

$$M'_{23}=\frac{4EI}{l}\theta_2+\frac{2EI}{l}\theta_3$$

$$M'_{32}=\frac{2EI}{l}\theta_2+\frac{4EI}{l}\theta_3$$

(4)建立支座 1,2,3 处的力矩平衡方程：

$$\left.\begin{aligned}&M_{10}+M_{12}=0\\&M_{21}+M_{23}=0\\&M_{32}=0\end{aligned}\right\}$$

即

$$\left.\begin{aligned}&(\overline{M}_{10}+M'_{10})+(\overline{M}_{12}+M'_{12})=0\\&(\overline{M}_{21}+M'_{21})+(\overline{M}_{23}+M'_{23})=0\\&\overline{M}_{32}+M'_{32}=0\end{aligned}\right\}$$

将求得的固端弯矩及强迫弯矩的计算式代入上式，得

$$\left.\begin{aligned}&\frac{1}{8}Pl+\frac{4EI}{l}\theta_1+\frac{4EI}{l}\theta_1+\frac{2EI}{l}\theta_2=0\\&\frac{2EI}{l}\theta_1+\frac{4EI}{l}\theta_2-\frac{1}{6}Pl+\frac{4EI}{l}\theta_2+\frac{2EI}{l}\theta_3=0\\&\frac{2EI}{l}\theta_2+\frac{4EI}{l}\theta_3+\frac{1}{6}Pl=0\end{aligned}\right\}$$

由此解得

$$\left.\begin{aligned}\theta_1&=-\frac{5.5}{208}\frac{Pl^2}{EI}\\\theta_2&=\frac{9}{208}\frac{Pl^2}{EI}\\\theta_3&=-\frac{13.17}{208}\frac{Pl^2}{EI}\end{aligned}\right\}$$

(5)将 θ_1、θ_2、θ_3 代回,求出各杆端强迫弯矩:

$$M'_{01}=-\frac{5.5}{104}Pl$$

$$M'_{10}=-\frac{11}{104}Pl$$

$$M'_{12}=-\frac{2}{104}Pl$$

$$M'_{21}=\frac{12.5}{104}Pl$$

$$M'_{23}=\frac{4.83}{104}Pl$$

$$M'_{32}=-\frac{17.34}{104}Pl$$

(6)将以上固端弯矩、强迫弯矩代入杆端最终弯矩表达式,求出各杆杆端最终弯矩:

$$M_{01}=\overline{M}_{01}+M'_{01}=-55.82\ (\text{kN}\cdot\text{m})$$

$$M_{10}=\overline{M}_{10}+M'_{10}=6.02\ (\text{kN}\cdot\text{m})$$

$$M_{12}=\overline{M}_{12}+M'_{12}=-6.02\ (\text{kN}\cdot\text{m})$$

$$M_{21}=\overline{M}_{21}+M'_{21}=37.69\ (\text{kN}\cdot\text{m})$$

$$M_{23}=\overline{M}_{23}+M'_{23}=-37.69\ (\text{kN}\cdot\text{m})$$

$$M_{32}=\overline{M}_{32}+M'_{32}=0$$

(7)画出各杆的计算图形。这一步非常重要。考虑到位移法有其单独的符号规定,而在一般的结构力学所用的梁的弯曲要素表中均是使用力法的符号规定,所以在用位移法计算出杆端最终弯矩后一定要将其实际方向标在计算图形上,以免出错。本例中的各杆计算图形如图 2-54(b)所示,即图 2-54(a)和(b)等效,如要进一步计算各弯曲要素,只要按照计算图形(图 2-54(b))查单跨梁的弯曲要素表就行了。

例 2-15 用位移法解图 2-55 中的简单刚架。已知:$l_{12}=l_{34}=l_0$,$l_{14}=l_{23}=1.2l_0$,$I_{14}=I_0$,$I_{12}=I_{34}=2I_0$,$I_{23}=4I_0$,受载如图 2-55 所示。

解 (1)分析结构,确定未知转角的数目。本例为对称刚架,故有 $\theta_1=-\theta_4$,$\theta_2=-\theta_3$;$M_{14}=-M_{41}$,$M_{23}=-M_{32}$。所以,只需求出 1 和 2 节点的转角。

(2)加固可转动的节点,使原来的结构变成刚性固定的单跨梁。查弯曲要素表得固端弯矩为

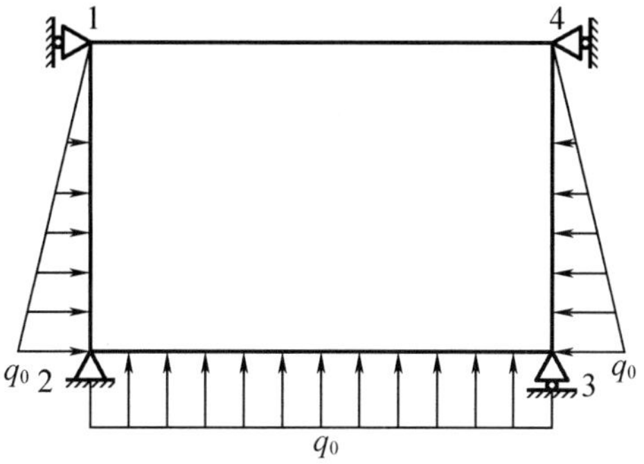

图 2-55 简单刚架

$$\overline{M}_{12}=\frac{q_0 l_{12}^2}{30}=0.033q_0 l_0^2$$

$$\overline{M}_{14}=0$$

$$\overline{M}_{21}=-\frac{q_0 l_{12}^2}{20}=-0.05q_0 l_0^2$$

$$\overline{M}_{23}=\frac{q_0 l_{23}^2}{12}=0.12q_0 l_0^2$$

(3)计算因转角引起的杆端强迫弯矩,有

$$M'_{12}=\frac{4EI_{12}}{l_{12}}\theta_1+\frac{2EI_{12}}{l_{12}}\theta_2$$

$$M'_{14}=\frac{4EI_{14}}{l_{14}}\theta_1+\frac{2EI_{14}}{l_{14}}\theta_4$$

$$M'_{21}=\frac{2EI_{12}}{l_{12}}\theta_1+\frac{4EI_{12}}{l_{12}}\theta_2$$

$$M'_{23}=\frac{4EI_{23}}{l_{23}}\theta_2+\frac{2EI_{23}}{l_{23}}\theta_3$$

(4)对节点 1,2 列节点弯矩平衡方程,有

$$\overline{M}_{14}+M'_{14}+\overline{M}_{12}+M'_{12}=0$$

$$\overline{M}_{21}+M'_{21}+\overline{M}_{23}+M'_{23}=0$$

将求得的固端弯矩和强迫弯矩代入上式,得

$$\frac{4EI_{14}}{l_{14}}\theta_1+\frac{2EI_{14}}{l_{14}}\theta_4+\frac{4EI_{12}}{l_{12}}\theta_1+\frac{2EI_{12}}{l_{12}}\theta_2+0.033q_0 l_0^2=0$$

$$\frac{4EI_{12}}{l_{12}}\theta_2+\frac{2EI_{12}}{l_{12}}\theta_1-0.05q_0l_0^2+\frac{4EI_{23}}{l_{23}}\theta_2+\frac{2EI_{23}}{l_{23}}\theta_3+0.12q_0l_0^2=0$$

将 $\theta_1=-\theta_4$，$\theta_2=-\theta_3$ 及已知条件代入上式，经整理可得

$$\left.\begin{aligned}29\theta_1+12\theta_2=-0.099\frac{q_0l_0^3}{EI_0}\\12\theta_1+44\theta_2=-0.21\frac{q_0l_0^3}{EI_0}\end{aligned}\right\}$$

解此方程组可得

$$\theta_1=-0.001\ 62\frac{q_0l_0^3}{EI_0}$$

$$\theta_2=-0.004\ 33\frac{q_0l_0^3}{EI_0}$$

(5)计算各杆杆端最终弯矩：

$$M_{14}=\overline{M}_{14}+M'_{14}=\frac{4EI_{14}}{l_{14}}\theta_1-\frac{2EI_{14}}{l_{14}}\theta_1=-0.002\ 7q_0l_0^2$$

$$M_{12}=\overline{M}_{12}+M'_{12}=0.033q_0l_0^2+\frac{4EI_{12}}{l_{12}}\theta_1+\frac{2EI_{12}}{l_{12}}\theta_2=0.002\ 7q_0l_0^2$$

$$M_{21}=\overline{M}_{21}+M'_{21}=-0.05q_0l_0^2+\frac{4EI_{21}}{l_{21}}\theta_2+\frac{2EI_{21}}{l_{21}}\theta_1=-0.091q_0l_0^2$$

$$M_{23}=\overline{M}_{23}+M'_{23}=0.12q_0l_0^2+\frac{4EI_{23}}{l_{23}}\theta_2-\frac{2EI_{23}}{l_{23}}\theta_2=0.091q_0l_0^2$$

(6)参照例2-14第(7)步方法，即可计算得到该刚架全部弯曲要素。

2.6 船体板架计算

2.6.1 概述

在节点处彼此刚性连接的交叉杆系称为板架，如果该交叉杆系在同一平面内，则称为平面板架。板架一般受到垂直于板架平面的外载荷作用。板架中梁的交叉点叫作板架的"节点"。

船体结构中的板架由纵、横向构件交叉而成。例如横骨架式船的龙骨与肋板交叉而成船底板架，这时船底板作为纵、横构件的带板(或翼板)，除此以外还有甲板板架、船侧板架等。船体结构中的纵、横向构件一般是正交的，其周界大都是矩形的，因此这里研究的板架的两个方向上的杆均是正交的。板架两个方向杆的数量往往是不相等的，数量多的方向上的梁称为主向梁，另一方向上的梁称为交叉构件。主向梁的方向称为板架的主方向。

板架承受垂直于板架平面的载荷作用，在载荷的作用下板架发生弯曲变形，构成板架的主向梁和交叉构件将发生变形。板架弯曲问题研究主向梁及交叉构件在板架受力以后

的应力与变形。

一般将板架分成以下几种来研究：

(1)节点数很少的板架；

(2)具有多根相同的主向梁与一根交叉构件的板架；

(3)主向梁和交叉构件数目都很多的板架。

相较连续梁和刚架而言，板架弯曲问题更加复杂，本节仅讨论前两种板架的计算，其他类型板架的计算可查找有关书籍和手册。

2.6.2 节点数很少的板架

节点数很少的板架一般是指节点数在5以下，且只有一根交叉构件的板架。这种板架在油船结构中常常会遇到。这一类板架比较简单，一般可用力法来解。下面通过一个例子来说明这类板架的计算方法。

例2-16 求解图2-56(a)所示的板架。它代表某油轮在纵、横舱壁之间的船底板架(力学模型)，该板架由三根肋板(主向梁)和一根中内龙骨(交叉构件)组成，支承情况如图2-56(a)所示，板架上受到均布载荷 q(此处 q 为单位面积的载荷)作用，肋板的长度与断面惯性矩分别为 l 及 i，中内龙骨的长度与断面惯性矩分别为 L 及 I。

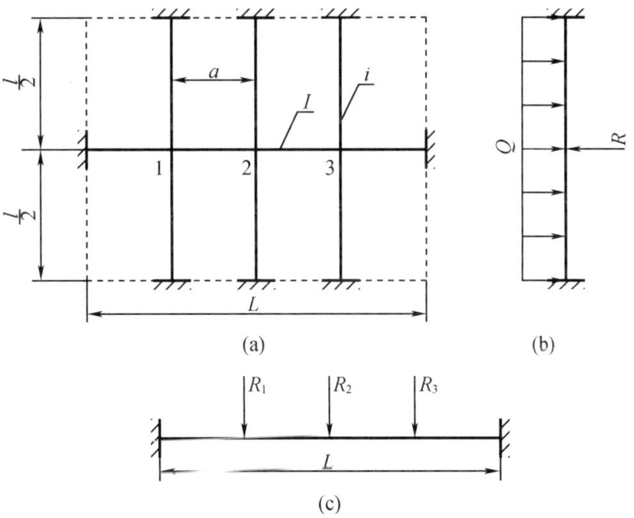

图2-56 有三个中间节点的板架

解 该板架受均布载荷 q，即板架平面单位面积上所受到的力为 q。板架上的载荷由板直接承受，然后通过板传递给交叉杆系(中内龙骨)，再由交叉杆系传至主向梁(肋板)，为计算方便，假设板架上的载荷全部由主向梁(肋板)承受，而交叉构件在节点处承受主向梁给予的作用力。这样，每根主向梁上部受到均布载荷作用，若以 Q 表示一根主向梁上的总载荷，则

$$Q=qal$$

由于板架的主向梁与交叉构件在节点处的相互作用是比较复杂的，为便于计算我们对

主向梁与交叉构件在节点处的相互作用仅考虑节点集中反力 R。

为此可将主向梁和交叉构件分开来研究,即将板架的主向梁与交叉构件在相交节点处拆开,并加以节点反力 R_1、R_2、R_3。于是主向梁将有图 2-56(b)所示的计算图形,交叉构件将有图 2-56(c)所示计算图形,对于本例,由于载荷及构件的对称性,因此有 $R_1=R_3$。

根据力法原理,主向梁与交叉构件在相应节点处挠度必须相等,以保证变形协调,为此可通过查找单跨梁的弯曲要素表建立变形协调方程。先写出边上一根主向梁与交叉构件在节点 1 处挠度相等方程:

$$\frac{1}{384}\frac{Ql^3}{Ei}-\frac{1}{192}\frac{R_1l^3}{Ei}=\frac{5}{1\,536}\frac{R_1L^3}{EI}+\frac{1}{384}\frac{R_2L^3}{EI}$$

同理可得中间主向梁与交叉构件在节点 2 处挠度相等方程:

$$\frac{1}{384}\frac{Ql^3}{Ei}-\frac{1}{192}\frac{R_2l^3}{Ei}=\frac{1}{192}\frac{R_1L^3}{EI}+\frac{1}{192}\frac{R_2L^3}{EI}$$

解以上两方程组成的方程组有

$$R_1=\frac{(4+2\mu)Q}{8+13\mu+\mu^2}$$

$$R_2=\frac{\left(4-\dfrac{3}{2}\mu\right)Q}{8+13\mu+\mu^2}$$

其中,

$$\mu=\frac{i}{I}\frac{L^3}{l^3}$$

求出节点处相互作用力与反作用力后,原图 2-56(a)所示板架问题就转化为求图 2-56(b)和(c)所示两端刚性固定单跨梁问题,即可分别通过查找弯曲要素表得到各自的弯曲要素。

2.6.3 具有多根相同的主向梁与一根交叉构件的板架

具有多根相同的主向梁与一根交叉构件的板架如图 2-57(a)所示。在船舶结构中,这类板架一般主向梁间距相等、跨度相等、断面尺寸相同、支承情况一样,内河横骨架式船舶的舷侧骨架就是典型的此类板架。

显然,原则上这类板架也可以用节点数很少的简单板架的解法来解,但由于节点数相对较多,交叉构件在节点处挠度表达式将十分复杂,且变形协调方程数较多,需解较复杂的联立方程组。因此,对于这类板架习惯上利用力法原理,利用弹性支座的理论来求解。下面通过图 2-57(a)所示的板架来简要说明这种方法。

设该板架受均布载荷 q 作用,主向梁两端自由支持在刚性支座上,交叉构件两端刚性固定。根据力法原理,将主向梁与交叉构件拆开研究,则在任意节点 x 处,在主向梁及交叉构件相交处有两构件间相互作用力 R_x。假定板架的载荷全部由主向梁承担,则可画出主向梁及交叉构件的计算图形,如图 2-57(b)和(c)所示。

因板架外载荷均布，则主向梁上所受的载荷为

$$Q=qal$$

查单跨梁的弯曲要素表，可得主向梁在节点处的挠度为

$$\nu_x=\frac{5}{384}\frac{Ql^3}{Ei}-\frac{1}{48}\frac{R_x l^3}{Ei}$$

将该式改写成下面的形式：

$$\nu_x=\frac{1}{48}\frac{l^3}{Ei}\left(\frac{48\times5}{384}Q-R_x\right)=\frac{1}{48}(\bar{P}-R_x)\frac{l^3}{Ei} \tag{2-32}$$

式中，$\bar{P}=\dfrac{48\times5}{384}Q$。

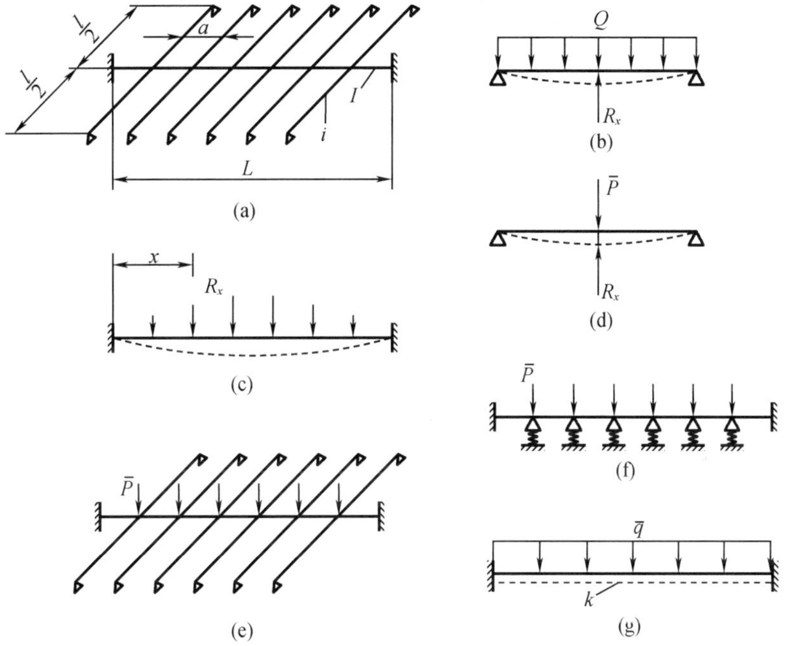

图 2-57　有六个中间节点的板架

经这样处理后，主向梁在节点处挠度的计算式就完全等于在节点处受集中力 P 与节点反力 R_x 作用的梁的挠度计算式，如图 2-57(d)所示。这样，在计算板架交叉构件挠度时完全可以将图 2-57(a)所示受均布载荷作用的板架化为图 2-57(e)所示仅在节点处受集中力 $\bar{P}$ 作用的板架。

分析图 2-57(e)所示的板架，假设板架上的集中力都是作用在交叉构件上的，即认为主向梁上无外力，按 2.1 节介绍的弹性支座的实际概念分析，可将主向梁作为交叉构件的弹性支座来处理，即有图 2-57(f)所示的计算图形，结合式(2-32)可以看出弹性支座的柔性系数为

$$A=\frac{l^3}{48Ei}$$

对应的刚度系数为

$$K=\frac{1}{A}=\frac{48Ei}{l^3}$$

进一步研究可知，当主向梁较多，即节点间距较小时，可以认为主向梁给予交叉构件的支座反力是分布在整个交叉构件上的。这样就将一个个的弹性支座化为了分布的“弹性基础”，交叉构件就成了弹性基础梁，如图 2-57(g)所示(有关弹性基础梁的弯曲，本书中没有阐述，但很多结构力学著作中都有论述，并配有专门的弯曲要素表，相关内容可查找相关著作或手册)。

按弹性基础梁理论，图 2-57(g)所示弹性基础梁的刚性系数为

$$k=\frac{K}{a}$$

将集中力 $\overline{P}$ 看成沿交叉构件长度分布的分布力，该分布力大小为

$$\overline{q}=\frac{\overline{P}}{a}$$

有了 k、$\overline{q}$ 以后，就可通过相关弹性基础梁弯曲要素表查出交叉构件各位置弯曲要素，即可知道 R_x，再通过图 2-57(b)可得各主向梁全部弯曲要素。实践证明，采用上述处理方法得到的结果是相当精确的。当板架的节点数大于 5 时，用以上方法得出的梁的弯曲要素的误差在 5%以内。

2.7 船体板的弯曲计算

2.7.1 概述

在研究船体板时，通常会将板视为四周支持在纵横骨架上的矩形平板，这是因为在船体结构中，骨架有足够的刚度，足以作为板的支座。在研究船体板时，通常不计相邻板间的相互作用，即不考虑连续板。因此，本节讨论的主要对象为承受各种垂直于板面载荷、具有不同边界条件的矩形平板弯曲时的应力与变形问题。其中，应力主要是弯曲正应力，变形主要是挠度。

船体结构中的板属于薄板的范畴。按照弹性理论中的分析，所谓薄板是指板的厚度 t 与板短边的比值满足以下条件：

$$\left(\frac{1}{100}\sim\frac{1}{80}\right)<\frac{t}{b}<\left(\frac{1}{8}\sim\frac{1}{5}\right)$$

对于通常的海船甲板与外板，$\frac{t}{b}$常为$\frac{1}{60}\sim\frac{1}{40}$；对于舱壁板，$\frac{t}{b}$还要更小些，约为$\frac{1}{100}$。

下面我们先对板弯曲时的应力状态做一简要的说明。

一般来说板在弯曲时有六个应力分量与六个应变分量(图 2-58)，即正应力 σ_x、σ_y、σ_z，切应力 τ_{xy}、τ_{yz}、τ_{zx} 及正应变 ε_x、ε_y、ε_z，切应变 γ_{xy}、γ_{yz}、γ_{zx}。对于薄板的弯曲，实际上因 σ_z 远

小于 σ_x、σ_y，而可不计 σ_z（例如承受 10 m 水头压力的板，$\sigma_z \approx 0.1$ N/mm^2，而 σ_x、σ_y 可达 100 N/mm^2 的量级），并不计应变 ε_z，即不计板厚方向的挤压变形。此外，和梁的实用弯曲理论相似，可认为板在 x、y 方向的微块断面满足平断面假定，从而认为 $\gamma_{zx}=\gamma_{yz}=0$。因此，在板弯曲问题中应力分量与应变分量为

$$\{\sigma\}=\begin{Bmatrix}\sigma_x\\ \sigma_y\\ \tau_{xy}\\ \tau_{xz}\\ \tau_{yz}\end{Bmatrix},\quad \{\varepsilon\}=\begin{Bmatrix}\varepsilon_x\\ \varepsilon_y\\ \gamma_{xy}\end{Bmatrix}$$

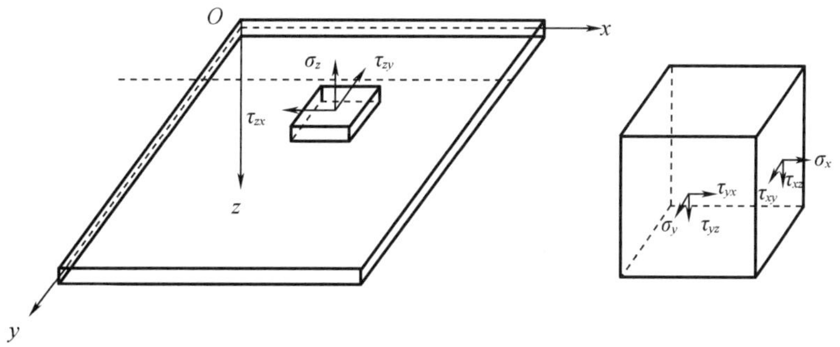

图 2-58　板弯曲时三坐标应力分量

它们都是坐标 x、y、z 的函数。而位移分量为三个，即 u、v、w，其中 u、v 为 x、y、z 的函数，w 因不计 z 方向挤压变形而仅为 x、y 的函数。

由此得到的应力-应变关系（物理方程式）为

$$\left.\begin{aligned}\varepsilon_x&=\frac{1}{E}(\sigma_x-\mu\sigma_y)\\ \varepsilon_y&=(\sigma_y-\mu\sigma_x)\\ \gamma_{xy}&=\frac{1}{G}\tau_{xy}\end{aligned}\right\}\tag{2-33}$$

该式与平面应力问题中的计算公式形式相同，其中 μ 是泊松比，G 为剪切弹性模量。

板在弯曲时，一般在 x 和 y 方向均有曲率，因此要比梁的弯曲复杂。但是，在最简单的情况下板只有一个方向有曲率，这时板的弯曲与梁的弯曲有许多类似的地方，并可应用梁的弯曲公式求解，这种情况叫作板发生筒形弯曲。本章我们先讨论板的筒形弯曲，再研究板的一般弯曲。

2.7.2　板的筒形弯曲

1. 筒形板的横弯曲

我们先研究板上仅承受横向载荷的情形，并首先阐明板发生筒形弯曲的条件是什么。

假定板的边长比相当大（大于或等于 2.5~3），并且外载荷沿板的长边不变化，在这种

情况下,理论分析和实验都表明板除了与短边支持边界相邻的一小部分以外,中间大部分的弯曲变形为筒形,即沿短边有曲率,沿长边无曲率,如图 2-59 所示,故名"筒形弯曲"。

板的筒形弯曲是单向弯曲,因此必然与梁的弯曲有基本共同之处。在研究板的筒形弯曲时通常的做法就是在板的筒形部分沿弯曲方向取一个单位宽度的狭条梁来考虑,并把此狭条梁称为"板条梁"。将板条梁与普通梁进行比较,不难导出板条梁的弯曲方程及解。

板条梁与普通梁的弯曲变形是一致的,差别仅在于板条梁两个侧面受到相邻板的约束不能自由变形,而普通梁的侧面是自由的。这种侧面约束的差别使得板条梁在变形后的截面仍为矩形,而普通梁弯曲后的截面不再保持矩形(受压部分扩大,受拉部分缩小,如图 2-60 所示)。

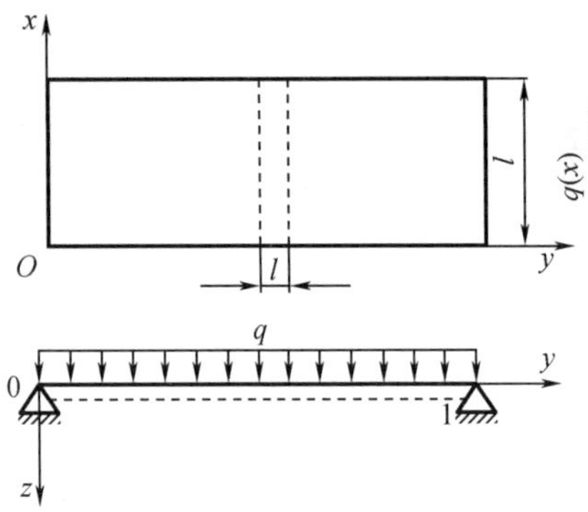

图 2-59　板的筒形弯曲

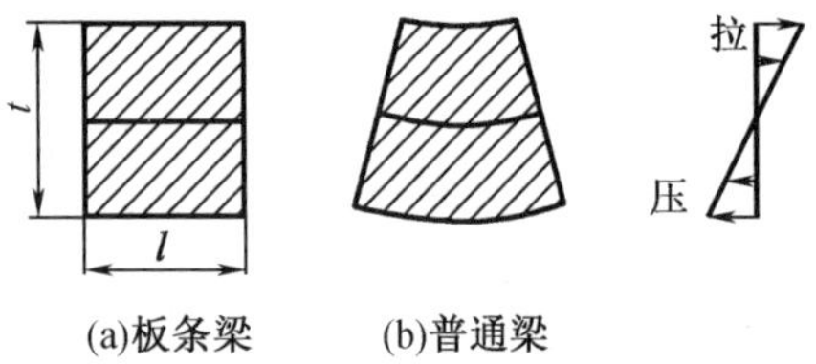

图 2-60　板条梁与普通梁弯曲截面形状

上述侧面变形的差别用式子表示出来就是:对板条梁 $\varepsilon_y=0$,对普通梁 $\varepsilon_y\neq 0$。将 $\varepsilon_y=0$ 代入式(2-33)中的第二式,得板条梁的 σ_x 与 σ_y 之间的关系为

$$\sigma_y=\mu\sigma_x \tag{2-34}$$

再代入式(2-33)中的第一式,得

$$\sigma=\frac{E}{1-\mu^2}\varepsilon_x=E_1\varepsilon_x \tag{2-35}$$

式中,

$$E_1=\frac{E}{1-\mu^2}$$

式(2-35)为板条梁的 σ_x 与 ε_x 间的关系,它与对应的普通梁的 σ_x 与 ε_x 间的关系 $\sigma_x=E\varepsilon_x$ 相比区别仅在于用 E_1 代替了 E。若认为板条梁弯曲时平断面假定成立,必然导得与普通梁同样的基本弯曲微分方程关系式:

$$E_1Iw^{\mathrm{IV}}=q,\quad E_1Iw'''=N,\quad E_1Iw''=M \tag{2-36}$$

式中　$I=t^3/12$——板条梁的断面惯性矩;

$w=w(x)$——板条梁的挠度;

M,N——板条梁断面的弯矩与剪力。

令

$$D=E_1I=\frac{Et^3}{12(1-\mu^2)} \tag{2-37}$$

D 称为板的“筒形刚度”或“弯曲刚度”(flexural rigidly),则式(2-36)将变为

$$Dw^{\mathrm{IV}}=q,\quad Dw'''=N,\quad Dw''=M \tag{2-38}$$

板条梁断面的弯曲正应力为 $\sigma_x=\dfrac{MZ}{I}$,当 $z=\pm\dfrac{t}{2}$时,得板表面的最大弯曲应力为

$$\sigma_{x\max}=\frac{6M_{\max}}{t^2} \tag{2-39}$$

由以上分析可知,板条梁的弯曲微分方程和基本关系式与普通梁的完全相同,因此板条梁的计算可直接套用普通梁的方法。具体地说,计算板条梁的弯曲要素时,我们可以把它当作一根普通的梁,只是要用 D 代替 EI。

尽管如此,板条梁在 y 方向仍有应力 σ_y,相应地在 y 方向的截面中还有弯矩 M_y。但由式(2-34)可知,σ_y 始终小于 σ_x,相应地 M_y 可始终小于 M。因此,在板的局部强度计算中只考虑 σ_x 就够了。

最后,有一点值得指出,在用梁的公式时 q 为单位长度的量(N/mm),M 的量纲为 N·mm,这时代入式(2-39)中求 $\sigma_{x\max}$ 时应在分母中乘以单位宽度(1 mm),才能得到应力的量纲 $\mathrm{N/mm^2}$。在计算中亦可以取 q 为单位面积的量($\mathrm{N/mm^2}$);M 的量纲为 N·mm/mm(单位宽度的弯矩),代入式(2-39)中得到的 $\sigma_{x\max}$ 的量纲仍为 $\mathrm{N/mm^2}$。后一种做法在板的计算中常被采用。

2. 筒形板的复杂弯曲

在船体结构中,横骨架式的甲板板与船底板的边长比足够大,并且除了横载荷外还在长边受到作用于板平面内均布的总弯曲应力(中面应力)。在这种情况下板仍将发生筒形弯曲,在板中取出的板条梁将处于图 2-61 所示的复杂弯曲状态,因此板条梁的求解就可以用复杂弯曲梁的计算公式(注:因梁的复杂弯曲问题的解涉及特殊函数,解题过程复杂,本章没做过多阐述,本书附有部分梁的复杂弯曲的弯曲要素表,供查值用,若教材查不到,读者可查找相关船舶结构力学书籍附录部分梁的复杂弯曲要素表和复杂弯曲的辅助函数表,查表时要注意坐标系选取)。

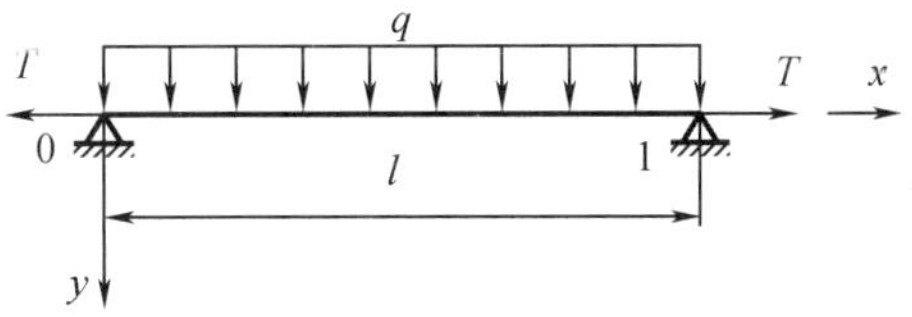

图 2-61　板条梁受纵横载荷作用

根据前面的分析,不难得到板条梁复杂弯曲的微分方程及基本关系式为

$$\left.\begin{aligned}&Dw^{\mathrm{IV}}\pm Tw''=q\\&Dw''=M,Dw'''\pm Tw'=N\end{aligned}\right\} \tag{2-40}$$

式中　D——筒形刚度;

T——板条梁所受的轴向力,若总弯曲应力为 σ_0,则 $T=\sigma_0 t$,轴向力为拉力时 T 前面为负号,轴向力为压力时 T 前面为正号。

如果板中面力为 σ_t(以拉伸为正)，由于板条梁为单位宽度，因此其中面力为

$$T=t\sigma_t \tag{2-41}$$

根据梁的复杂弯曲微分方程，可以写出板条梁的复杂弯曲微分方程：

$$Dw^{\mathrm{IV}}-Tw''=q \tag{2-42}$$

梁的复杂弯曲计算公式前面已经给出，如将其中抗弯刚度 EI 换成板的筒形刚度，就能直接用于板条梁复杂弯曲的计算。例如，受均布载荷作用、四周自由支持在刚性骨架上的板，按筒形弯曲，且在长边上作用着中面拉力，通过查复杂弯曲要素表(附表 A-7)，则其板条梁跨度中点的挠度和弯矩为

$$w\left(\frac{l}{2}\right)=\frac{5}{384}\frac{ql^4}{D}f_0(u) \tag{2-43}$$

$$M\left(\frac{l}{2}\right)=-\frac{ql^2}{8}\varphi_0(u) \tag{2-44}$$

若板受均布载荷作用，四周刚性固定，按筒形弯曲，且在长边上作用着中面拉力，则其板条梁跨度中点处的挠度、弯矩，及端点处的弯矩为

$$w\left(\frac{l}{2}\right)=\frac{1}{384}\frac{ql^4}{D}f_1(u) \tag{2-45}$$

$$M\left(\frac{l}{2}\right)=-\frac{ql^2}{24}\varphi_1(u) \tag{2-46}$$

$$M(0,l)=\frac{ql^2}{12}x(u) \tag{2-47}$$

式中，

$$u=\frac{l}{2}\sqrt{\frac{T}{D}} \tag{2-48}$$

u 为板条梁的复杂弯曲参数。$f_0(u)$、$\varphi_0(u)$、$f_1(u)$、$\varphi_1(u)$、$x(u)$ 是复杂弯曲辅助函数，可在附表 A-7 中查取。

如果将式(2-41)代入式(2-48)，并取钢材的泊松比 $\mu=0.3$，则有

$$u\approx 1.65\frac{l}{100t}\sqrt{\frac{\sigma_t\times 10^4}{E}} \tag{2-49}$$

由式(2-49)可以看出，板条梁的跨度与厚度之比 l/t(即筒形弯曲板的宽厚比)增大，则参数 u 也增大，而复杂弯曲辅助函数 $f_0(u)$、$\varphi_0(u)$ 等离 1 越远，就意味着中面力对板的弯曲要素的影响越大。当受到中面拉力时，板条梁弯曲要素随着中面力的增大而减小；当受到中面压力时，板条梁弯曲要素随着中面力的增大而增大。实际应用中认为复杂弯曲辅助函数距 1 超过 10%~15%时，必须考虑中面力对弯曲的影响，这类板属于柔性板。

板条梁的断面应力 σ 应为弯曲应力 σ_b 和中面应力 σ_t 叠加的结果：

$$\sigma=\sigma_t+\sigma_b \tag{2-50}$$

一般认为，中面应力在断面上是均匀分布的，而弯曲应力则呈线性分布，中面处的弯曲应力为零。与普通梁一样，其弯曲应力计算公式为

$$\sigma_b=-\frac{My}{I} \tag{2-51}$$

将板条梁的断面惯性矩 $I=\frac{t^3}{12}$代入上式，得

$$\sigma_b=-\frac{12My}{t^3} \tag{2-52}$$

板的上下表面距中面$\pm\frac{t}{2}$，该处的弯曲应力为

$$\sigma_b=\pm\frac{6M}{t^2}$$

因此板上下表面的总应力为

$$\sigma=\sigma_t\pm\frac{6M}{t^2} \tag{2-53}$$

板条梁横断面上的应力分布如图 2-62 所示。

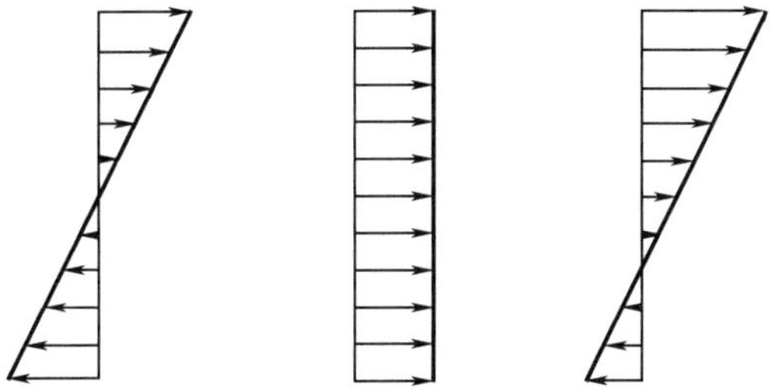

图 2-62　板条梁横断面上的应力分布

例如，两端自由支持的板条梁，受均布载荷及中面拉力时，梁的中点挠度与弯矩分别为

$$\nu\left(\frac{l}{2}\right)=\frac{5}{384}\frac{ql^4}{D}f_0(u)$$

$$M\left(\frac{l}{2}\right)=-\frac{ql^2}{8}\varphi_0(u) \tag{2-54}$$

式中

$$u=\frac{l}{2}\sqrt{\frac{T}{D}} \tag{2-55}$$

$f_0(u)$、$\varphi_0(u)$为 u 的函数，它们反映了中面力对弯曲要素的影响。如果中面力为压力，数值为 T'，则参数 u 应换为 u'，函数 $f_0(u)$、$\varphi_0(u)$应换为 $f_0'(u')$、$\varphi_0'(u')$。

一旦求得了板条梁的断面弯矩，即可求出弯曲应力 σ_b，板条梁的总应力为弯曲应力与中面应力之代数和，最大应力总是在板的表面(参见图 2-62)，其值为

$$\sigma_{max}=\sigma_t+\frac{6M_{max}}{t^2} \tag{2-56}$$

在梁的复杂弯曲中，船体中的梁因为抗弯刚度 EI 较大，所以参数 u 的值很小(一般小于或等于 0.5)，因而辅助函数接近 1，因此在实际计算中可以不计轴向力对弯曲要素的影响。对于船体板，因板的厚度不大，板条梁的筒形刚度 D 较小，使得板条梁在复杂弯曲时参

数 u 相当大(一般大于或等于 0.5,对于一般的船,数字计算表明,板条梁的 u 值比梁的 u 值大 10 倍左右),复杂弯曲辅助函数与 1 相差很大,因此中面力对板的弯曲要素影响很大,不可不计。这一现象说明板对中面力的作用十分敏感。

因此,若板受到中面拉力,它将减少板的弯曲应力,是有利的;反之是不利的。

例 2-17 已知一矩形板,四周自由支持在刚性周界上,宽 50 cm,长 150 cm,板厚 0.5 cm,板上有横向均布载荷 $q=0.049\ 05\ \text{N/mm}^2$,在长边上作用着中面拉应力 $\sigma_t=49.05\ \text{N/mm}^2$。试求该板中点处的挠度、弯矩及板的最大应力。

解 分析已知条件,该板长、短边之比为 $\frac{150}{50}=3$,因此可按筒形弯曲情况来处理。又由于存在中面拉应力,因此必须按筒形板的复杂弯曲来计算该板,并取两端自由支持模型。

取弹性模量 $E=19.62\times10^4\ \text{N/mm}^2$,泊松比 $\mu=0.3$,板的筒形刚度为

$$D=\frac{Et^3}{12(1-\mu^2)}=\frac{19.62\times0.5^3\times10^6}{12\times(1-0.3^2)}\approx22.46\times10^4$$

参数 u 为

$$u\approx1.65\ \frac{l}{100t}\sqrt{\frac{\sigma_t\times10^4}{E}}=1.65\ \sqrt{\frac{4\ 905\times10^2}{19.62\times10^4}}\approx2.6$$

查复杂弯曲辅助函数表,得

$$f_0(u)=0.267$$

$$\varphi_0(u)=0.254$$

板中点处的挠度为

$$w\left(\frac{l}{2}\right)=\frac{5}{384}\ \frac{ql^4}{D}f_0(u)=0.47\ (\text{cm})$$

板中点处的弯矩为

$$M\left(\frac{l}{2}\right)=-\frac{ql^2}{8}\varphi_0(u)=-3.893\ 3\ (\text{N}\cdot\text{m/cm})$$

板中的最大应力为

$$\sigma_{\max}=\sigma_t+\frac{6M}{t^2}=142.49\ (\text{N/mm}^2)$$

按以上分析,结论为:(1)中面拉力对板的承载起了很大的作用;(2)如果没有中面力,板在横载荷下就会发生很大的应力与变形;(3)板似乎不能承受中面压力。然而,对于船体板来说,后面两个结论是不正确的。由于实际船体板的支持骨架相当强,板在弯曲时其支持骨架总是阻止板边(板条梁的两端)自由趋近,因此板本身就会因弯曲而拉长,从而产生中面拉力。换言之,实际板条梁的计算图形并不像图 2-61 那样是两端可以自由趋近的支座,而是两端不可以自由趋近的支座,这种支座使得板产生挠度后被拉长,即在弯曲时产生中面拉力,这种情况总是在板发生大变形时才有意义,称为板的大挠度弯曲问题,这里不做介绍。

2.7.3 刚性板的一般弯曲

上面研究了板的筒形弯曲,但只适用于板的边长比较大的情况。对于一般的情况,板

在两个方向都有弯曲变形，因此不能用筒形弯曲板的理论来描述刚性板的一般弯曲。由于存在两个方向的弯曲变形，因此刚性板的一般弯曲比刚性板的筒形弯曲复杂得多。下面简单介绍刚性板一般弯曲的概念和部分计算公式的使用。

1. 直法线假设

与在梁的弯度研究中采用平断面假设一样，为了在研究中在保证足够精确的前提下导出比较简单的公式，对板的弯曲做直法线假设：

(1)板变形前位于板中面垂线上的各点在板变形后仍在板中面垂线上，且与中面的距离不变，如图 2-63 所示；

(2)在小挠度情况下，板变形后翘曲的中面并不发生拉伸、压缩和剪切变形。

2. 刚性板一般弯曲的计算公式

这里略去对板的弯曲微分方程的研究，直接给出部分支承情况和载荷情况下板的弯曲要素的计算公式。

由于板在两个方向上有弯曲变形，因此有关的弯曲要素以及弯曲应力都分别以各自在两个方向上的分量的形式给出。

(1)四边自由支持、受均布载荷作用的板(图 2-64)。

$$\left.\begin{aligned} w_1 &= k_1 \frac{qb^4}{Et^3} \\ M_1 &= k_2 qb^2 \\ M_2 &= k_3 qb^2 \end{aligned}\right\} \tag{2-57}$$

式中　w_1——板中心的挠度；

M_1——板中心处平行于 yOz 平面的截面之弯矩；

M_2——板中心处平行于 xOz 平面的截面之弯矩；

q——板上横向均布载荷的集度；

b——板的短边长度；

t——板厚；

k_1、k_2、k_3——系数，当边长比 a/b 确定后可由表 2-2 查出。

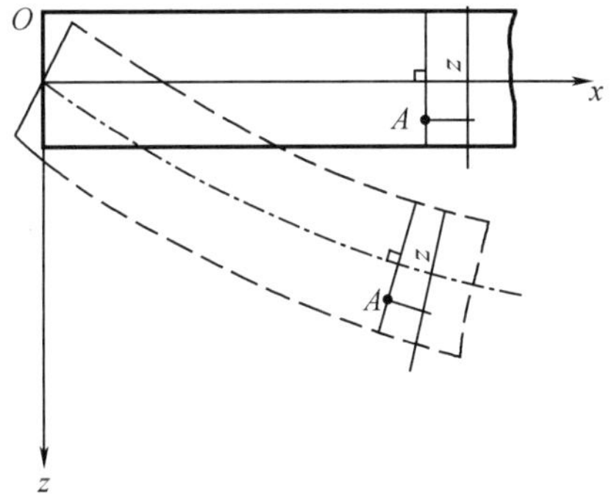

图 2-63　板弯曲直法线假设

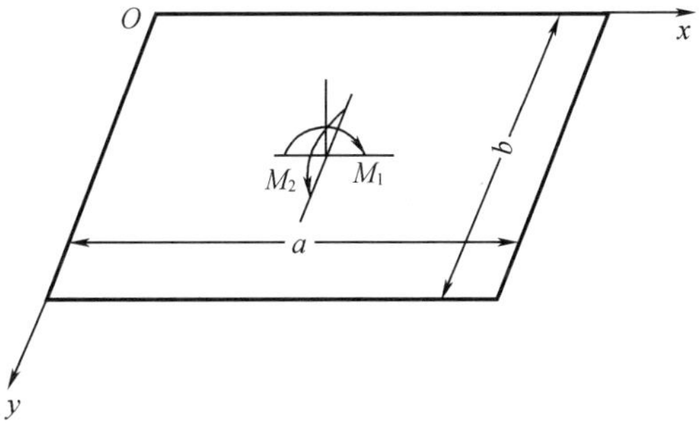

图 2-64　四边自由支持、受均布载荷作用的板

表 2-2　k_1、k_2、k_3 的值

a/b	k_1	k_2	k_3	a/b	k_1	k_2	k_3
1.0	0.044 3	0.047 9	0.047 9	1.7	0.096 4	0.048 6	0.090 8
1.1	0.055 0	0.049 4	0.055 3	1.8	0.101 7	0.047 9	0.094 8
1.2	0.061 6	0.050 1	0.062 6	1.9	0.106 4	0.041 7	0.098 5
1.3	0.069 7	0.050 4	0.069 3	2.0	0.110 6	0.046 4	0.101 7
1.4	0.077 0	0.050 6	0.075 3	3.0	0.113 5	0.040 4	0.118 5
1.5	0.084 3	0.050 0	0.081 2	4.5	0.140 0	0.038 4	0.123 5
1.6	0.090 6	0.049 3	0.086 2	5	0.141 6	0.037 5	0.124 6
				∞	0.142 2	0.037 5	0.125 0

(2)一对边自由支持、另一对边刚性固定、受均布载荷作用的板(图 2-65)。

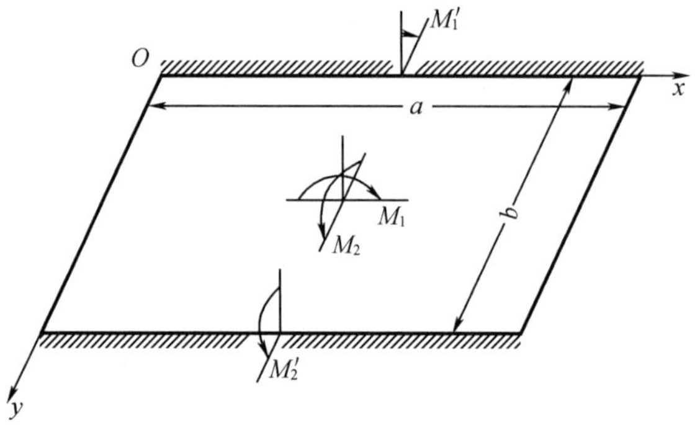

图 2-65　一对边自由支持、另一对边刚性固定、受均布载荷作用的板

$$\left.\begin{aligned}
&w_1=k_1\frac{qb^4}{Et^3} && 当\frac{a}{b}>1\\
&w_1=k_1\frac{qa^4}{Et^3} && 当\frac{a}{b}<1\\
&M_2=k_2qb^2 && 当\frac{a}{b}>1\\
&M_2=k_2qa^2 && 当\frac{a}{b}<1\\
&M_1=k_3qb^2 && 当\frac{a}{b}>1\\
&M_1=k_3qa^2 && 当\frac{a}{b}<1\\
&M_2'=-k_4qb^2 && 当\frac{a}{b}>1\\
&M_2'=-k_4qa^2 && 当\frac{a}{b}<1
\end{aligned}\right\} \tag{2-58}$$

式中　M_2'——板在刚性固定端边缘中点处的弯矩；

k_1、k_2、k_3、k_4——系数，当边长比 a/b 确定后可由表 2-3 查出。

表 2-3　k_1、k_2、k_3、k_4 的值

a/b	$a \leqslant b$				a/b	$a \geqslant b$			
	k_1	k_2	k_3	k_4		k_1	k_2	k_3	k_4
1	0.021 4	0.033 2	0.024 4	0.069 8	1	0.021 4	0.033 2	0.024 4	0.069 8
1.1	0.027 6	0.037 0	0.030 9	0.078 8	1.1	0.022 8	0.035 6	0.023 0	0.073 9
1.2	0.034 9	0.040 1	0.037 7	0.086 8	1.2	0.243 0	0.037 4	0.021 6	0.077 0
1.3	0.042 5	0.042 6	0.044 7	0.093 8	1.3	0.025 5	0.038 8	0.020 2	0.079 3
1.4	0.050 4	0.044 6	0.051 7	0.099 8	1.4	0.026 2	0.039 9	0.018 9	0.080 8
1.5	0.058 2	0.048 0	0.058 5	0.104 9	1.5	0.027 0	0.040 6	0.017 2	0.089 2
1.6	0.065 8	0.049 5	0.065 0	0.109 0	1.6	—	—	—	—
1.7	0.073	0.047 4	0.071 1	0.112 4	1.7	—	—	—	—
1.8	0.079 9	0.047 6	0.076 8	0.115 2	1.8	—	—	—	—
1.9	0.086 3	0.047 6	0.082 1	0.117 3	1.9	—	—	—	—
2	0.098 7	0.047 4	0.086 9	0.119 1	2	0.028 4	0.042 1	0.014 2	0.084 2
3	0.127 6	0.042 1	0.114 4	0.124 6	3	—	—	—	—
4	0.138 3	0.039 0	0.122 3	0.125 0	4	—	—	—	—
5	0.141 2	0.037 0	0.124 8	0.125 0	5	—	—	—	—
∞	0.142 2	0.037 5	0.125 0	0.125 0	∞	0.028 4	0.041 7	0.012 5	0.083 3

(3)四边刚性固定、受均布载荷作用的板(图 2-66)。

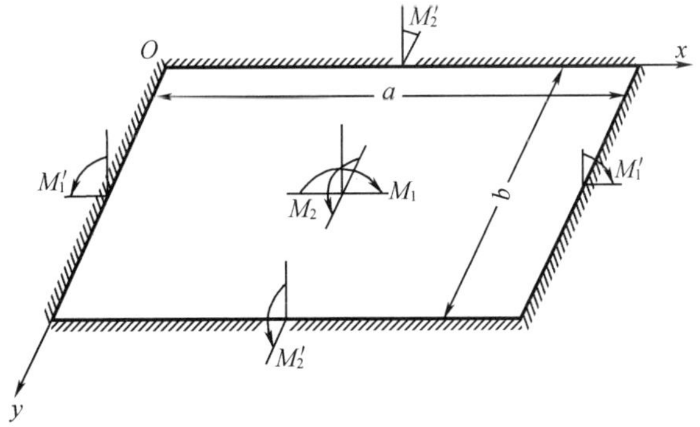

图 2-66　四边刚性固定、受均布载荷作用的板

$$\left.\begin{aligned} w_1 &= k_1 \frac{qb^4}{Et^3} \\ M_1 &= k_2 qb^2 \\ M_2 &= k_3 qb^2 \\ M_1' &= -k_4 qb^2 \\ M_2' &= -k_5 qb^2 \end{aligned}\right\} \tag{2-59}$$

式中 M_1'——支持周边短边中点的弯矩；

M_2'——支持周边长边中点的弯矩；

k_1、k_2、k_3、k_4、k_5——系数，当边长比 a/b 确定后可由表 2-4 查出。

表 2-4 k_1、k_2、k_3、k_4、k_5 的值

a/b	k_1	k_2	k_3	k_4	k_5
1.0	0.013 8	0.022 9	0.022 9	0.051 3	0.051 7
1.0	0.016 5	0.023 4	0.026 4	0.053 8	0.055 4
1.2	0.019 1	0.023 1	0.022 9	0.055 4	0.061 2
1.3	0.021 0	0.022 4	0.032 7	0.056 3	0.066 8
1.4	0.022 7	0.021 5	0.034 0	0.056 8	0.071 4
1.5	0.024 1	0.020 4	0.036 8	0.057 0	0.075 3
1.6	0.025 1	0.019 3	0.038 1	0.057 1	0.074 8
1.7	0.026 0	0.018 2	0.034 2	0.057 1	0.080 7
1.8	0.026 7	0.017 4	0.040 1	0.057 1	0.082 1
1.9	0.027 2	0.016 5	0.040 7	0.057 1	0.082 6
2.0	0.027 6	0.015 8	0.041 2	0.057 1	0.082 9
3.0	0.027 9	0.014 3	0.041 5	0.057 1	0.083 2
4.0	0.028 2	0.013 9	0.041 7	0.057 1	0.083 3
5.0	0.028 4	0.013 9	0.041 7	0.057 1	0.083 3
∞	0.028 4	0.012 5	0.041 7	0.057 1	0.083 3

例 2-18 一矩形板，边长分别为 $a=75$ cm，$b=50$ cm，板厚 $t=0.6$ cm，板上有均布载荷 $q=0.078\ 48$ N/mm^2，该板四周均自由支持在刚性周界上。求该板中点处的挠度、弯矩和正应力。

解 该板边长比为

$$\frac{a}{b}=\frac{75}{50}=1.5$$

查表 2-2，得

$$k_1=0.084\ 3,\quad k_2=0.050\ 0,\quad k_3=0.081\ 2$$

根据式(2-57)，可求得：

板中点的挠度：

$$w_1=k_1\frac{qb^4}{Et^3}=0.084\ 3\times\frac{7.848\times50^4}{19.62\times10^6\times0.6^3}=0.976\ (\text{cm})$$

板中点处截面上单位长度上的弯矩：

$$M_1=k_2qb^2=0.050\ 0\times7.848\times50^2=9.81\ (\text{N}\cdot\text{m/cm})$$

$$M_2=k_3qb^2=0.081\ 2\times7.848\times50^2=15.93\ (\text{N}\cdot\text{m/cm})$$

根据公式：

$$\sigma=\pm\frac{M}{W}$$

计算板中点处的最大正应力。对于厚度为 t,单位宽度的板的截面,其剖面模数为 $W=\frac{t^2}{6}$,因此,板中心处的最大正应力为

$$\sigma_x=\pm\frac{6M_1}{t^2}=\pm\frac{6\times9.81\times10^3}{6^2\times10}=\pm163.5\ (\text{N/mm}^2)$$

$$\sigma_y=\pm\frac{6M_2}{t^2}=\pm\frac{6\times15.93\times10^3}{6^2\times10}=\pm265.5\ (\text{N/mm}^2)$$

例 2-19　一矩形板,受均布载荷作用,$q=0.078\ 48\ \text{N/mm}^2$,长边刚性固定,$a=150$ cm,短边自由支持,$b=50$ cm,厚度 $t=1.0$ cm。试求刚性固定边缘中点处的正应力和板中心处的挠度及最大正压力。

解　本例中 $a>b$,且

$$\frac{a}{b}=\frac{150}{50}=3$$

利用表 2-3,查得各系数的值:

$$k_1=0.028\ 4,\quad k_2=0.042\ 0,\quad k_3=0.013\ 8,\quad k_4=0.083\ 9$$

根据式(2-58)可求得板中心处的挠度:

$$w_1=k_1\frac{qb^4}{Et^3}=0.028\ 4\times\frac{7.848\times50^4\times10^{-2}}{19.62\times10^4\times1}=0.071\ (\text{cm})$$

板中心处截面上单位长度上的弯矩:

$$M_2=k^2qb^2=0.042\ 0\times7.848\times50^2=8.24\ (\text{N}\cdot\text{m/cm})$$

$$M_1=k_3qb^2=0.013\ 8\times7.848\times50^2=2.71\ (\text{N}\cdot\text{m/cm})$$

由该步计算可知 $M_2>M_1$,由此可判断沿短边方向上的正应力一定大于沿长边方向上的正应力。据题意,要求最大正应力,因此只要计算长边上的正应力就行了:

$$\sigma_y=\pm\frac{6M^2}{t^2}=\pm\frac{6\times8.24\times100}{1}=49.44\ (\text{N/mm}^2)$$

刚性固定边缘中点处的弯矩:

$$M_2'=-k_4qb^4=-0.083\ 9\times7.848\times50^2=-16.46\ (\text{N}\cdot\text{m/cm})$$

刚性固定边缘中点处的正应力:

$$\sigma_y'=\pm\frac{6M_2'}{t^2}=\pm\frac{6\times16.46\times100}{1}=98.76\ (\text{N/mm}^2)$$

例 2-20 例 2-19 中如果改为 $a=50$ cm, $b=150$ cm,再解该题。

解 这时 $a<b$,边长比为

$$\frac{b}{a}=\frac{150}{50}=3$$

查表 2-3,得各系数的值:

$$k_1=0.127\ 6,\quad k_2=0.042\ 1,\quad k_3=0.114\ 4,\quad k_4=0.124\ 6$$

根据式(2-58)可求得板中心处的挠度:

$$w_1=k_1\frac{qa^4}{Et^3}=0.127\ 6\ \frac{7.848\times 50^4}{19.62\times 10^6\times 1}=0.319\ (\text{cm})$$

板中心处截面上单位长度上的弯矩:

$$M_2=k_2qa^2=0.042\ 1\times 7.848\times 50^2=8.26\ (\text{N}\cdot\text{m/cm})$$

$$M_1=k_3qa^2=0.114\ 4\times 7.848\times 50^2=22.45\ (\text{N}\cdot\text{m/cm})$$

由于 $M_1>M_2$,因此 x 方向的应力为最大正应力:

$$\sigma_x=\pm\frac{6M_2}{t^2}=\pm\frac{6\times 22.45\times 100}{1}=\pm 134.7\ (\text{N/mm}^2)$$

刚性固定边缘中点处的弯矩:

$$M_2'=-k_4qa^2=-0.124\ 6\times 7.848\times 50^2=-24.45\ (\text{N}\cdot\text{m/cm})$$

刚性固定边缘中点处的正应力:

$$\sigma_y=\pm\frac{6M_2'}{t^2}=\pm\frac{6\times 24.45\times 100}{1}=\pm 146.7\ (\text{N/mm}^2)$$

例 2-21 一矩形板,四周刚性固定,受均布载荷作用,$q=9.81$ N/cm^2,长边 $a=100$ cm,短边 $b=50$ cm,板厚 $t=1.0$ cm。试求板中心处及周界上的最大正应力。

解 该板的边长比为

$$\frac{b}{a}=\frac{100}{50}=2$$

查表 2-4,得有关系数的值:

$$k_2=0.015\ 8,\quad k_3=0.041\ 2,\quad k_4=0.057\ 1,\quad k_5=0.082\ 9$$

由于 $k_3>k_2$, $k_5>k_4$,因此由式(2-59)可判断平行于长边的截面内的弯矩的绝对值大于平行于短边的截面内的弯矩的绝对值,最大应力一定发生在与长边平行的截面内。

板中心处平行于长边截面内单位长度上的弯矩:

$$M_2=k_3qb^2=0.039\ 9\times 9.81\times 50^2=9.79\ (\text{N}\cdot\text{m/cm})$$

板中心处的最大应力:

$$\sigma_y=\pm\frac{6M_2}{t^2}=\pm\frac{6\times 9.79\times 100}{1}=\pm 58.74\ (\text{N/mm}^2)$$

长边中点处的弯矩:

$$M_2'=-k_5qb^2=-0.082\ 9\times 9.81\times 50^2=-20.33\ (\text{N}\cdot\text{m/cm})$$

周界上的最大正应力(即长边中点处的正应力):

$$\sigma_y' = \pm\frac{6M_2'}{t^2} = \pm\frac{6\times20.33\times100}{1} = \pm121.98\ (\mathrm{N/mm^2})$$

2.8　典型结构局部强度计算模型举例

2.8.1　甲板板架计算

1. 甲板板架的计算载荷

甲板板架所受的局部载荷为货物、人员的压力以及甲板上浪后的水压力。一般认为这些载荷在甲板上是均布的，在强度计算中，常用计算水柱高 h 表示，如果水的相对密度为 γ，则甲板板架的计算载荷（均布载荷）的集度 q 可表示为

$$q = h\gamma \tag{2-60}$$

内河船甲板计算水柱高可参照《钢制内河船舶建造规范》规定选取：

（1）对于强力甲板，取计算水柱高 $h=0.5$ m。

（2）对于旅客舱室甲板，取计算水柱高 $h=0.45$ m。

（3）对于船员舱室甲板，取计算水柱高 $h=0.35$ m。

（4）对于顶篷甲板，取计算水柱高 $h=0.20$ m。

（5）对于载货甲板取货物质量的相当水柱高度，$h=KQ/F$，但对于 A 级航区强力甲板应不小于 0.725 m，对于 B 级航区强力甲板应不小于 0.6 m，对于 C 级航区强力甲板和其余甲板应不小于 0.5 m。Q 为载货甲板货载总量，单位 t。F 为载货甲板面积，单位 $\mathrm{m^2}$。K 为系数，货物的积载因数小于或等于 0.45 $\mathrm{m^3/t}$ 时，取 $K=1.30$；货物的积载因数大于 0.45 $\mathrm{m^3/t}$ 时，取 $K=1.15$。

2. 甲板板架的力学模型

（1）纵骨架式甲板板架

图 2-67 所示为具有舱口的纵骨架式甲板板架。对于这类甲板板架，不考虑甲板半梁及横梁对纵桁的影响，将纵桁看成刚性固定在横舱壁上并具有中间弹性支座（舱口端梁）的阶梯变断面梁（图 2-67(b)），并认为纵桁受均布载荷作用，其集度为

$$q = \frac{1}{2}(B_1 + b_1)h\gamma \quad (\mathrm{N/m})$$

计算纵桁的剖面惯性矩时，计入剖面中的甲板板带板宽度：在开口区可取为$\frac{1}{12}l_0$，在开口区以外可取为$\frac{1}{6}l_1$。

舱口端横梁作为弹性支座，其柔性系数为

$$A = \frac{l^3}{12EI_3}\left(\frac{b_1}{2l}\right)^3 \frac{3+8-\dfrac{I_3}{I_2}\dfrac{B_1}{b_1}}{3+2\dfrac{I_3}{I_2}\dfrac{B_1}{b_1}+\dfrac{b_1}{2B_1}\left(3+\dfrac{b_1}{2B_1}\right)}$$

式中 l——板架的半宽；

l_0——开口长度；

l_1——开口横边与横舱壁之间的距离；

b_1——开口的宽度；

B_1——开口纵边与舷侧之间的距离；

I_2——舷侧到开口之间那段舱口端梁的剖面惯性矩；

I_3——开口区域舱口端梁的剖面惯性矩。

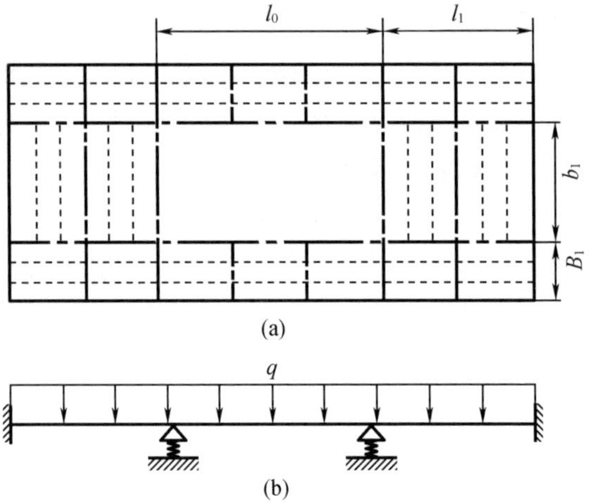

图 2-67　具有舱口的纵骨架式甲板板架

舱口端梁可看作自由支持在舷侧,支柱作为其中间刚性支座在与纵桁的交叉点上承受纵桁给予的集中反力。显然,舱口端梁也是一根阶梯变断面梁。

如果甲板支柱设在舱口角隅处(纵桁与端横梁的交叉点),则甲板纵桁可看成中间有刚性支座的梁。

(2)横骨架式甲板板架

图 2-68 所示为具有舱口的横骨架式甲板板架。对于这类甲板板架的纵桁及舱口端梁的计算,与对于纵骨架式甲板板架的相似。

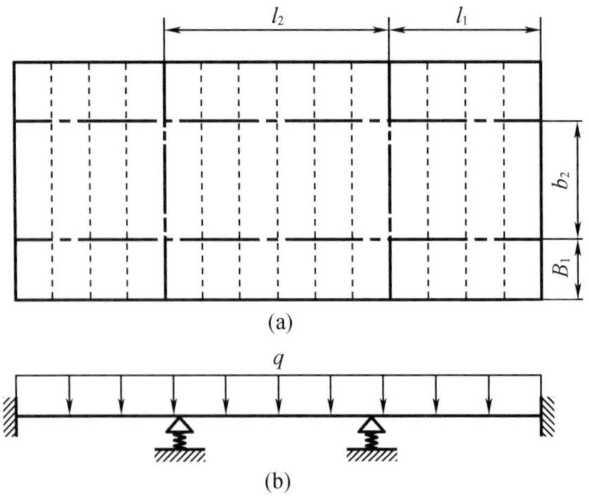

图 2-68　具有舱口的横骨架式甲板板架

上述板架中的纵骨、普通横梁、普通半梁均看作小骨材，计算方法见 2.8.3 小骨材计算。

2.8.2　肋骨框架计算

肋骨框架计算仅限于强肋骨框架，由计算确定横梁、纵舱壁扶强材、肋骨以及肋板的弯曲应力。

1. 肋骨框架的计算载荷

对于构成肋骨框架的横梁及肋板，其计算水柱高分别按甲板板架计算水柱高及船底板架计算水柱高取值，其载荷为一个强肋骨间距内的负荷的总和。

构成肋骨框架的舷侧肋骨，其计算水柱高除考虑在静水中的吃水外，尚须考虑到波浪影响，其表达式为

$$h=d+r$$

式中　d——吃水，m；

　　r——半波高，m。

计算肋骨框架时，必须考虑到最不利的载荷搭配形式：

(1)计算肋骨时横梁不承受载荷，肋骨承受计及波浪静水压力的载荷(图 2-69(a))；

(2)计算上甲板横梁时，上甲板横梁承受载荷，下甲板横梁不承受载荷，肋骨承受计及波浪静水压力的载荷(图 2-69(b))；

(3)计算下甲板横梁时，所有横梁承受载荷，肋骨承受计及波浪静水压力的载荷(图 2-69(c))。

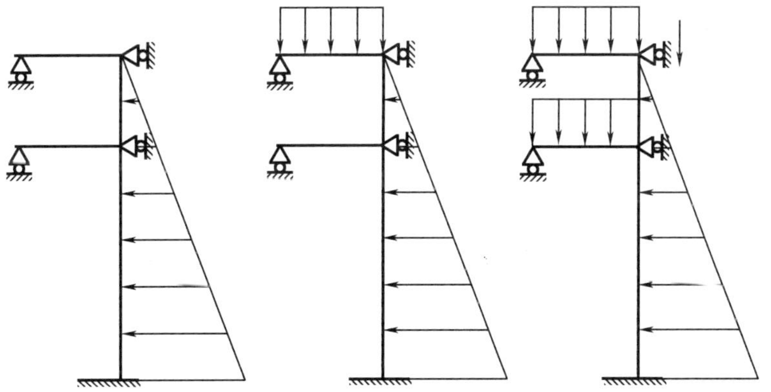

(a)　　(b)　　(c)

图 2-69　肋骨刚架

2. 肋骨框架的力学模型

计算肋骨框架时，假定框架各构件为直杆，框架平面内的支柱长度不变，忽略舷侧纵桁对肋骨的作用。通常可将肋骨底部简化为刚性固定端。用肋骨框架各构件的弹性中心线来代替线梁，各构件的计算跨长为各构件弹性中心线交点之间的长度(图 2-70)。对于一般船体肋骨框架可认为是不可动节点刚架。如肋骨框架为多层甲板，上甲板不载货，则在确定舷侧舱内肋骨和底部构件的强度时上层框架可忽略不计。计算肋骨框架时，均要考虑

带板在内的剖面惯性矩。

肋骨框架的计算,可用本章关于刚架的计算方法进行。

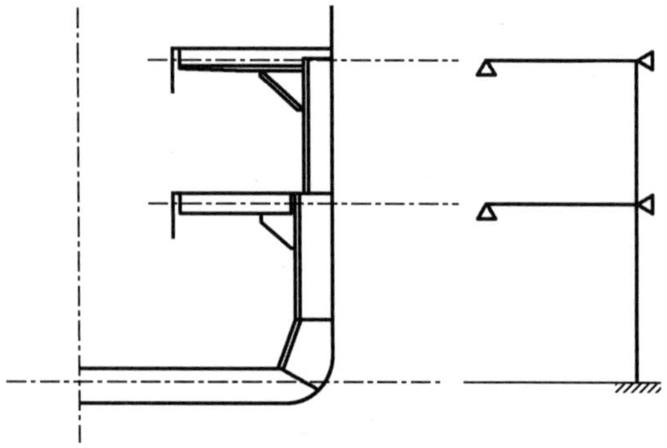

图 2-70　肋骨框架

2.8.3　小骨材计算

纵骨架式结构的甲板纵骨、船底纵骨,横骨架式结构的甲板横梁、半梁,普通肋骨以及船底骨材等都属于小骨材。这些小骨材一般都可以单独按照连续梁来处理。这里介绍纵骨架式结构的甲板纵骨、横骨架式结构的甲板横梁和半梁,以及普通肋骨的计算。

1. 甲板纵骨

甲板纵骨的计算水柱高同甲板板架,其计算载荷为一个纵骨间距内的总载荷:

$$q = bh\gamma \tag{2-61}$$

式中　q——甲板纵骨上计算载荷的集度;

b——纵骨间距;

h——甲板板架计算水柱高;

γ——水的相对密度。

由于跨度和载荷的对称性,可将甲板纵骨当作刚性固定在强横梁上的单跨梁来计算(图 2-71)。计算纵骨的剖面惯性矩时,必须包括带板在内,带板宽可取纵骨间距。

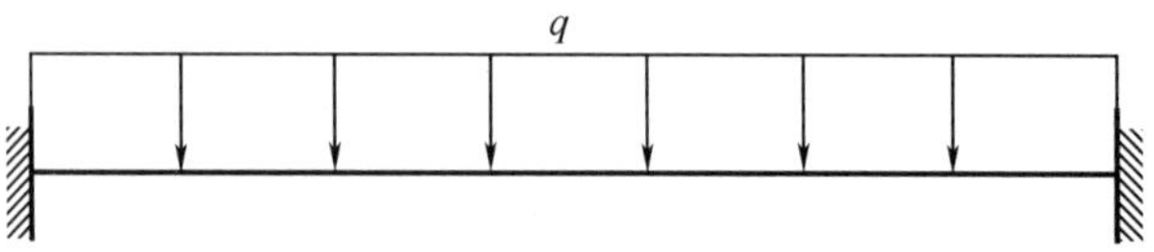

图 2-71　甲板纵骨

2. 甲板横梁和半梁

甲板横梁和半梁的计算水柱高同甲板板架,其计算载荷为一个肋骨间距内的总载荷:

$$q = ah\gamma$$

式中　q——甲板横梁(半梁)上计算载荷的集度;

a——肋骨间距(横梁间距);

h——甲板板架计算水柱高；

γ——水的相对密度。

甲板横梁和半梁在舷侧为弹性固定(图 2-72)，舷侧弹性固定端的柔性系数可取为

$$A=\frac{l}{3Ei}$$

式中　l——与横梁相连的肋骨的跨度；

i——与横梁相连的肋骨的剖面惯性矩。

甲板纵桁可看作横梁的中间刚性支座，半梁在甲板纵桁处可看作刚性固定端。计算甲板横梁、半梁的剖面惯性矩必须包括其带板在内，带板宽取肋距。

3. 普通肋骨

普通肋骨的计算水柱高同肋骨框架中的舷侧强肋骨，其计算载荷为一个肋骨间距内的总载荷(呈三角形分布)：

$$q=ah\gamma$$

式中　q——肋骨下端计算载荷集度；

a——肋骨间距；

h——舷侧强肋骨计算水柱高；

γ——水的相对密度。

肋骨与甲板连接处可视为自由支持，下端与船底肋板相连处可简化为刚性固定端，舷侧纵桁一般可看作其中间刚性支座(图 2-73)。

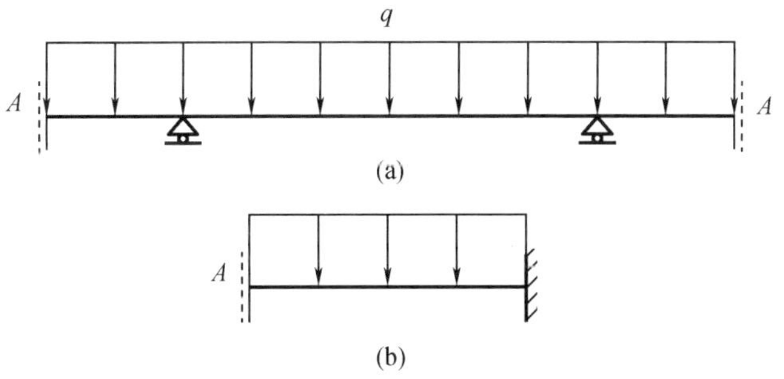

图 2-72　甲板横梁和半梁

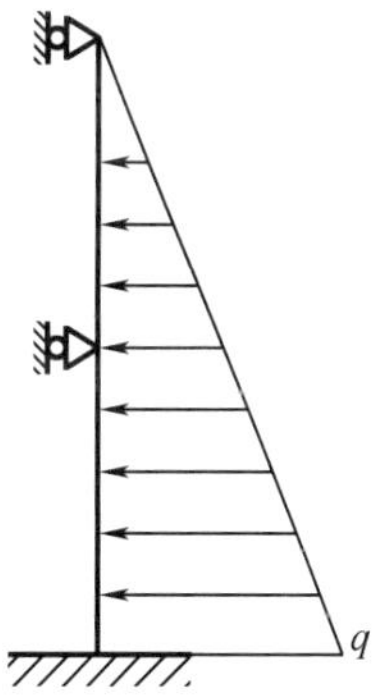

图 2-73　普通肋骨

思考与练习

一、简答与计算题

1. 船体结构中，哪些构件是承受总纵弯曲的？哪些构件是承受横弯曲的？哪些构件是承受局部弯曲的？哪些构件是既承受总纵弯曲又承受局部弯曲的？

2. 试考虑船体结构中甲板板、舷侧外板、内底板、外底板、横舱壁板及纵舱壁板各受到

什么载荷。

3. 用叠加法作习图 2-1 至习图 2-4 所示单跨梁的弯矩图与剪力图,图中的各量均已知。

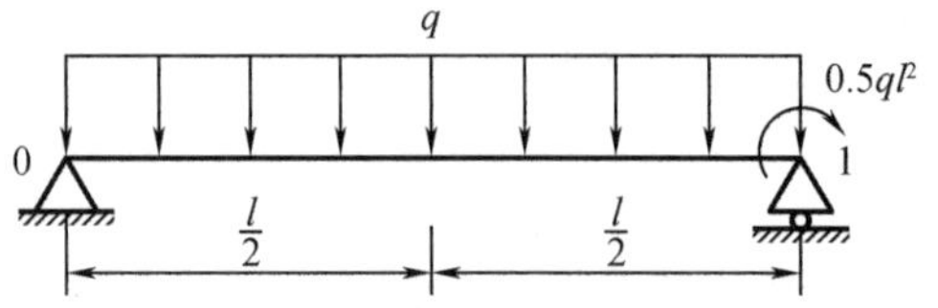

习图 2-1

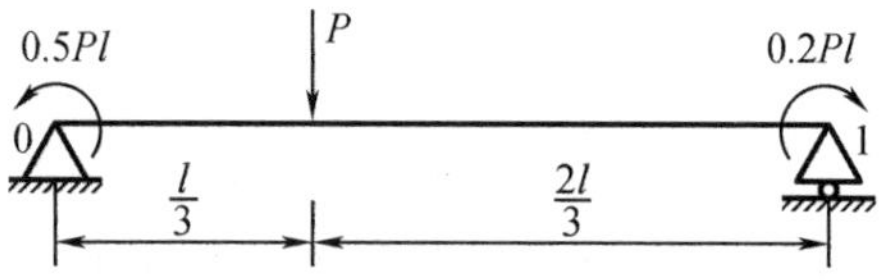

习图 2-2

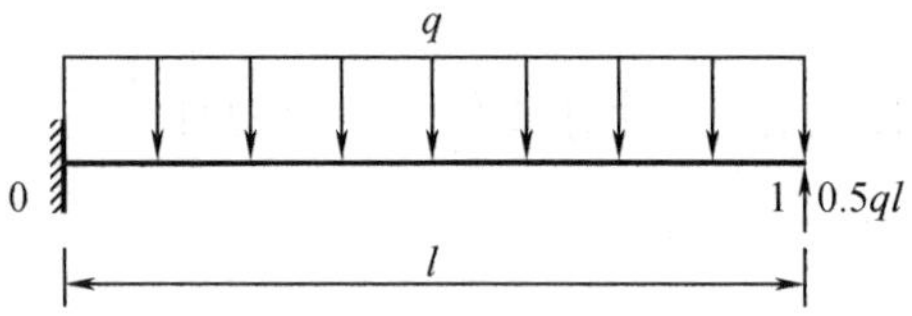

习图 2-3

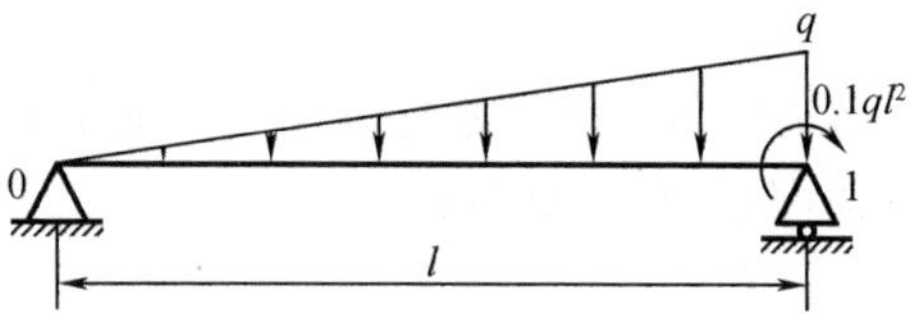

习图 2-4

4. 计算习图 2-5、习图 2-6 所示梁的最大弯曲正应力。已知两梁均为等截面直梁,习图 2-5 所示为圆形截面梁,直径为 R,习图 2-6 所示为矩形截面梁,截面宽为 b,高为 h。

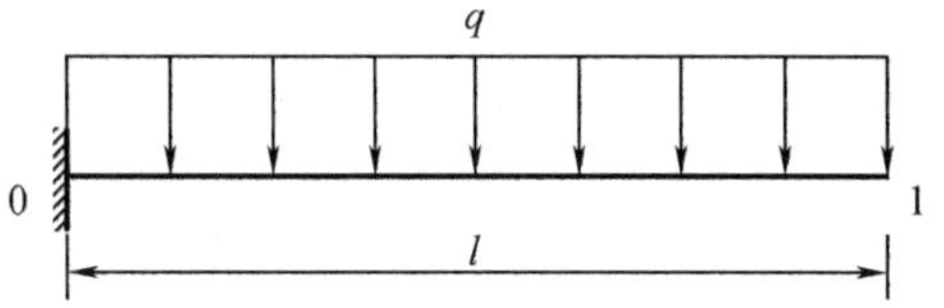

习图 2-5

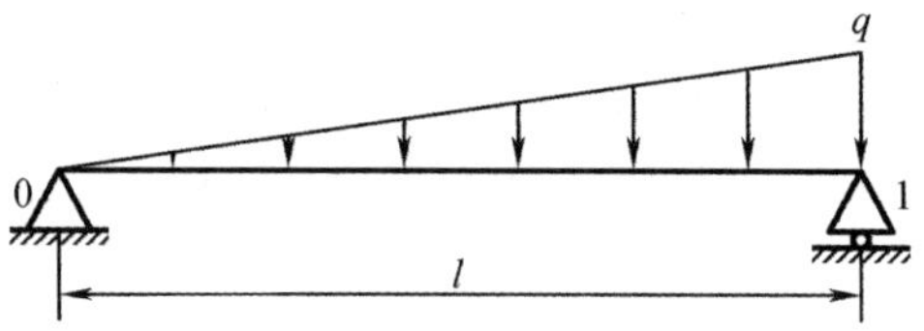

习图 2-6

5. 用初参数法写出习图 2-7、习图 2-8、习图 2-9 和习图 2-10 所示单跨梁的挠曲线方程,已知梁的弯曲刚度为 EI,图上各量已知,$A=\dfrac{l^3}{48EI}$,$\alpha=\dfrac{l}{3EI}$。

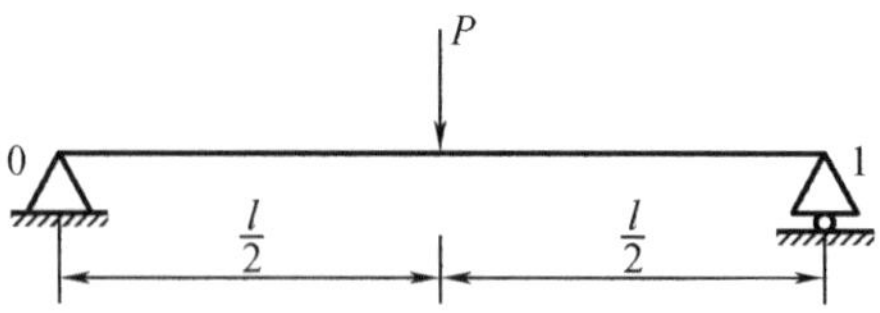

习图 2-7

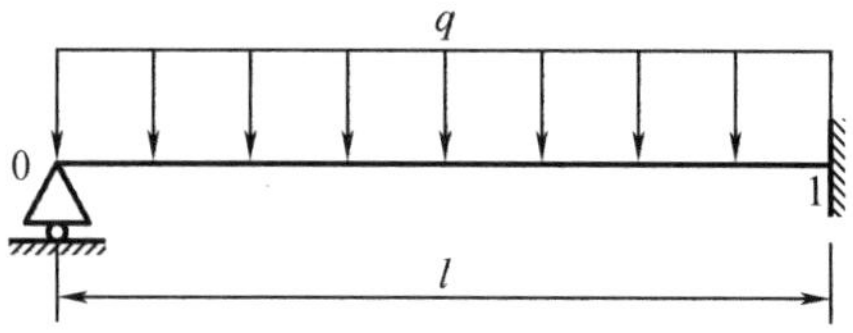

习图 2-8

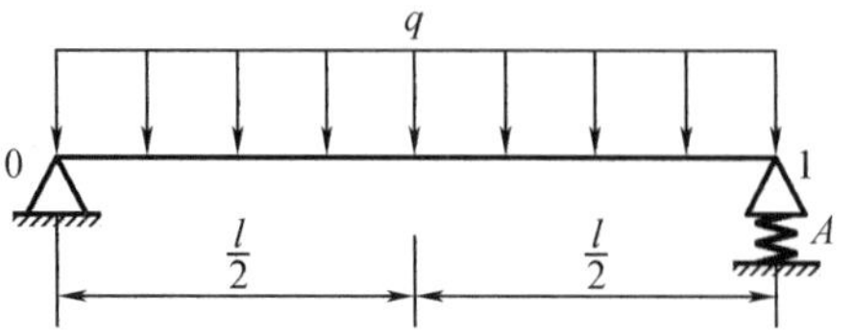

习图 2-9

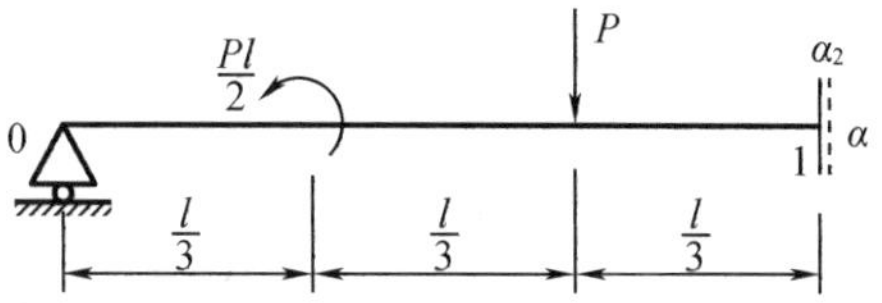

习图 2-10

6. 查梁的弯曲要素表(附录 A),计算下面各题(各梁弯曲刚度 EI 已知)。

(1) 习图 2-2 所示梁力 P 作用点挠度与两支座转角。

(2) 习图 2-3 所示梁右端挠度和转角。

(3) 习图 2-4 所示梁中点挠度与两支座转角。

(4) 习图 2-9 所示梁中点挠度与左端转角。

7. 用力法求解习图 2-11、习图 2-12 所示双跨梁的支座反力,并画出弯矩图与剪力图,已知 $P=ql/2$。

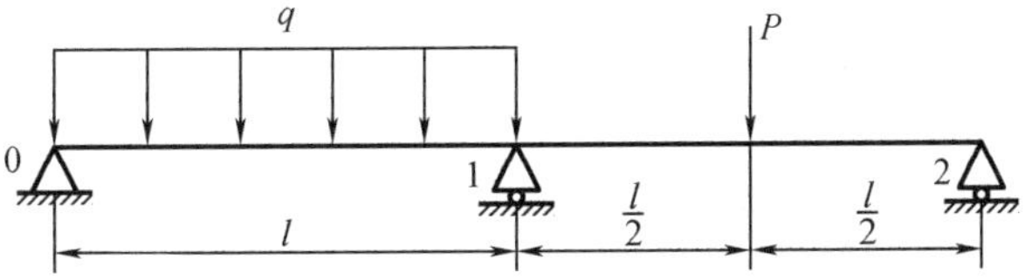

习图 2-11

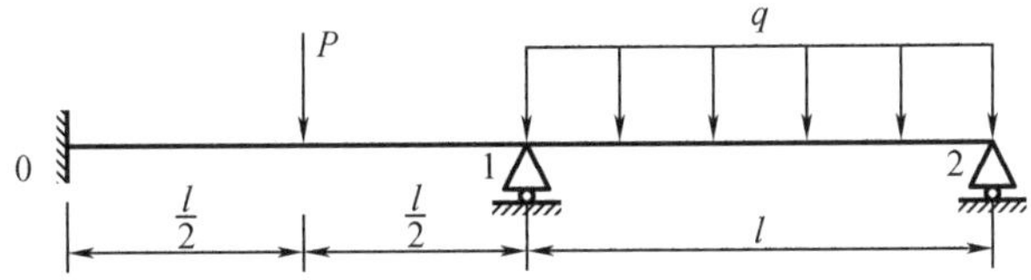

习图 2-12

8. 用力法解习图 2-13 中的连续梁,并作弯矩图与剪力图。已知各杆的长度均为 l,断面惯性矩均为 I, $P=ql$。

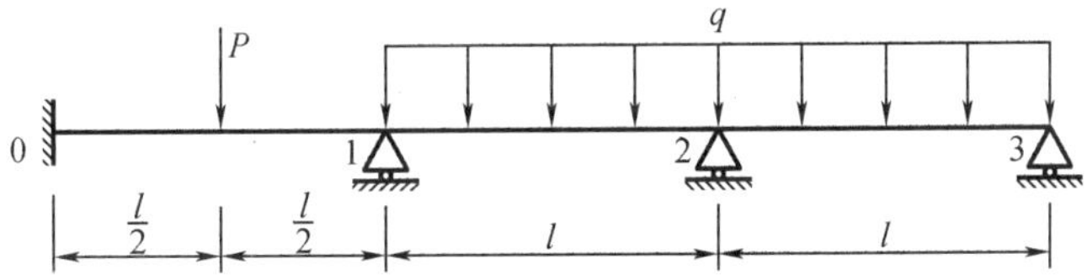

习图 2-13

9. 用力法解习图 2-14 中的简单刚架,并画弯矩图。已知 $l_{12}=2l_{23}=2l$, $I_{12}=4I$, $I_{23}=I$。

10. 用三弯矩方程法解习图 2-15 所示的刚架结构,并画弯矩图。已知 $l_{12}=l_{23}=l_{34}=l$, $I_{12}=I_{34}=4I$, $I_{23}=3I$。

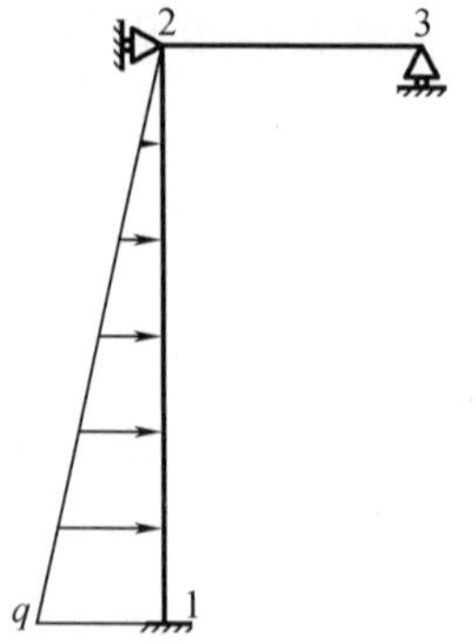

习图 2-14

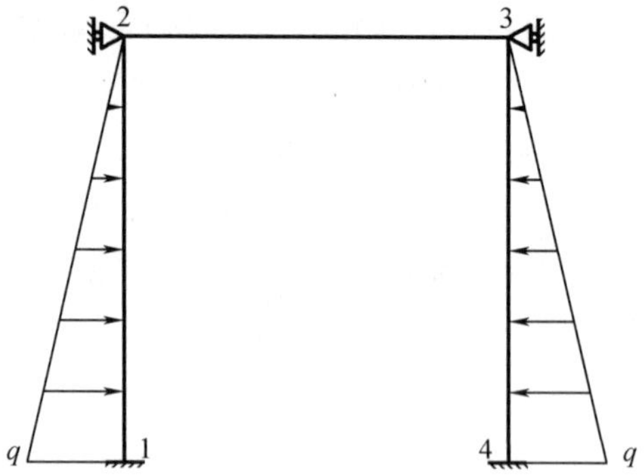

习图 2-15

11. 用位移法计算习图 2-16 中的连续梁。已知 $l_{01}=l_{23}=2$ m，$l_{12}=4$ m，梁的断面惯性矩 I 为常数，$q=9.81$ kN/m。

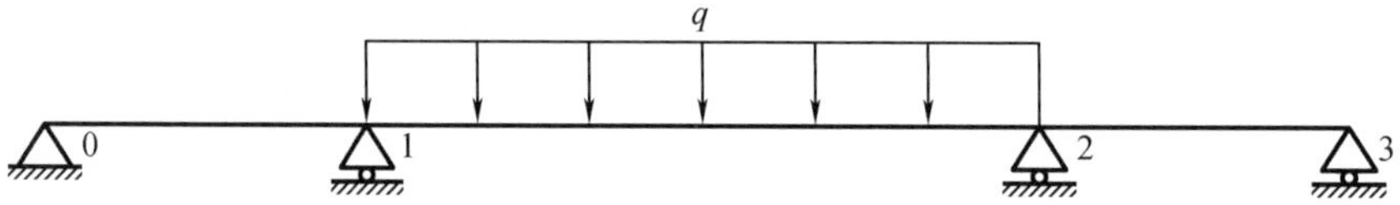

习图 2-16

12. 用位移法解习图 2-17 所示肋骨刚架。已知 $l_{12}=l_{23}=l$，$l_{24}=1.5l$，$I_{12}=2I$，$I_{23}=3I$，$I_{24}=8I$。

13. 解习图 2-18 中的刚架。已知刚架中各杆跨度均为 l，断面惯性矩均为 I。

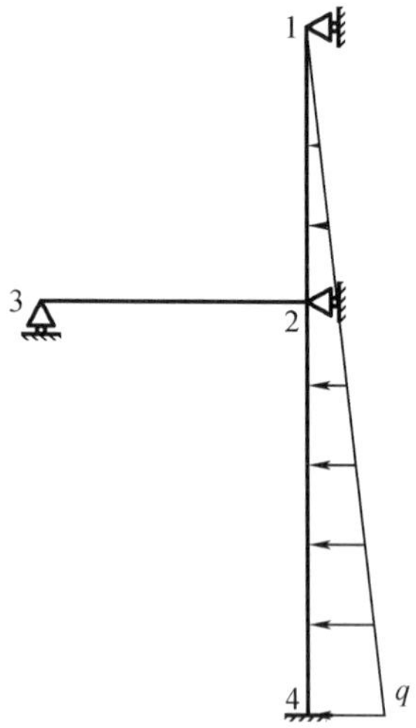

习图 2-17

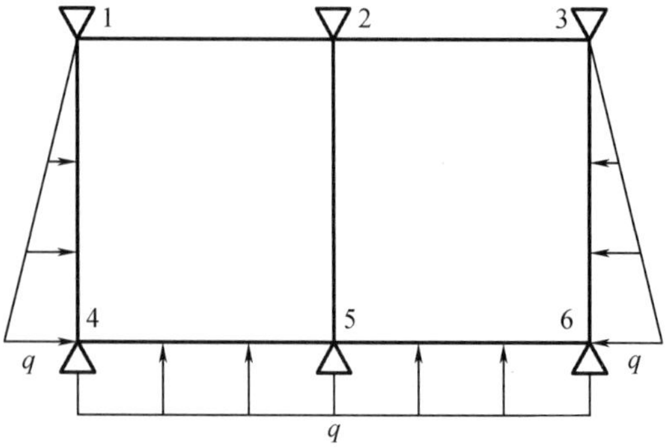

习图 2-18

14. 解习图 2-19 所示刚架结构。已知 $l_{12}=l$，$l_{23}=3l$，$l_{16}=6l$，$I_{12}=I$，$I_{16}=5I$，$I_{23}=2I$，$I_{25}=1.5I$，$I_{34}=10I$。

15. 解习图 2-20 所示结构，画出梁 0-1-2 的弯矩图。已知梁断面惯性矩均为 I，且 $l_{13}=$

$l_{14}=l, l_{12}=2l_{01}=l$。

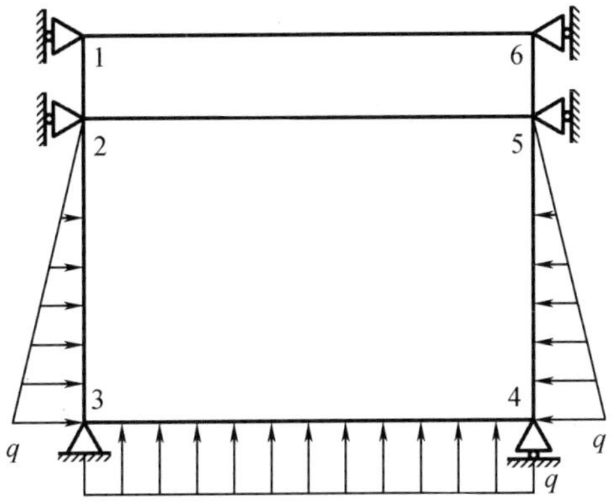

习图 2-19

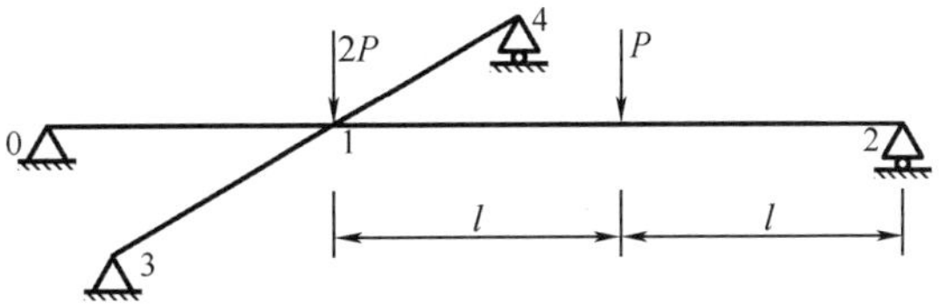

习图 2-20

16. 解习图 2-21 所示板架，主向梁和交叉构件均为两端自由支持在刚性支座上，主向梁断面惯性矩用 i 表示，交叉构件断面惯性矩用 I 表示。已知 $i=i_0, I=8i_0, a=l_0, l=3l_0, L=4l_0$，板架受均布载荷 q 作用。

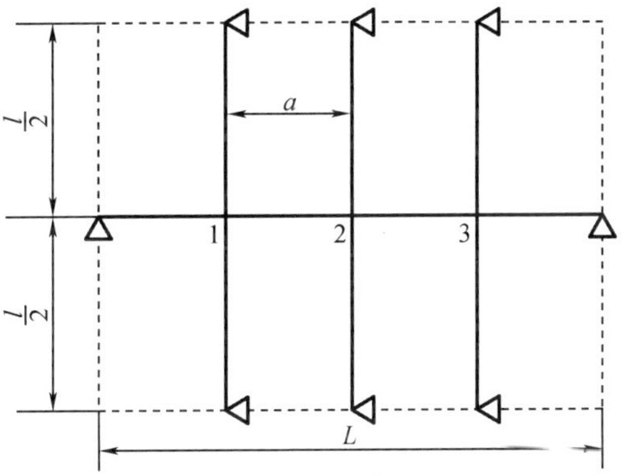

习图 2-21

17. 一矩形板，长 300 cm，宽 80 cm，厚 1.5 cm，板四周刚性固定。受均布载荷作用，板的长边上作用着中面内压应力。试求板中心处及长边中点处的应力。

二、填空题

1. 单跨梁的弯曲研究是在已知梁的________、________、________条件下，求解梁弯曲时的应力与变形。

2. 梁弯曲变形规定，转角________为正，________为负。

3. 在梁弯曲问题研究中规定：梁左端截面弯矩________为正，________为负，剪力________为正，________为负；梁右端截面弯矩________为正，________为负，剪力________为正，________为负。

4. 梁弯曲问题的四个弯曲要素为：________、________、________、________。

5. 在已知梁挠曲线方程 $v(x)$ 和弯曲刚度 EI 的前提下，$M(x)=$ ________，$N(x)=$ ________，$\theta(x)=$ ________。

6. 自由支座的边界条件为________、________；刚性固定端的边界条件为________、________。

7. 弹性支座的边界条件为：$x=0$ 时，________、________；$x=l$ 时，________、________。

8. 弹性固定端的边界条件为：$x=0$ 时，________、________；$x=l$ 时，________、________。

9. “叠加原理”运用的前提是所分析结构的材料必须在________范围内，符合________定律，且小变形。

10. 未知的支座反力数不超过独立静力平衡方程数的梁称为________。未知支座反力数超过独立静力平衡方程数的梁称为________。

11. “力法”主要有________、________两种方法。

12. 能化为其他梁弹性支座的梁，该梁必须满足无________，对应的柔性系数 A 的大小与该梁的________成反比，与________成正比，并与该梁________有关。

13. 节点处彼此________连接的杆系结构称为刚架。

14. 节点处相交的杆件数不超过 2 的刚架称为________。

15. 肋骨框架一般由甲板横梁、________、________构成。

16. 位移法的基本结构是________，该方法主要解决________结构问题。

17. 位移法计算过程中，主要计算基本结构的________、________，然后得到杆端最终弯矩。

18. 板架结构一般受到垂直于________的外载荷作用。板架中梁的交叉点叫作板架的________。

19. 板架两个方向杆的数量往往是不等的，数量多的方向上的梁称为________，另一方向的梁称为________。

三、选择题

1. 仅在梁的两端有支座支持，那么这种梁叫作________。

A. 悬臂梁　　B. 单跨梁　　C. 静定梁　　D. 静不定梁

2. ________单跨梁为一次静不定。

A. 两端自由支持　　B. 悬臂梁

C. 一端自由，一端刚性固定　　D. 两端刚性固定

3. 在单跨梁的弯曲理论中，我们规定________。

A. 弯矩在梁的左断面时顺时针为正，在梁的右断面时逆时针为正

B. 弯矩在梁的左断面时顺时针为负，在梁的右断面时逆时针为负

C. 弯矩在梁的左断面时顺时针为正，在梁的右断面时逆时针为负

D. 弯矩在梁的左断面时顺时针为负，在梁的右断面时逆时针为正

4. 梁受到横向载荷而发生弯曲变形时，梁上任意一点的垂向位移称为该点的________。

A. 弯矩　　B. 剪力　　C. 转角　　D. 挠度

5. 如有边界条件 $v=0$ 及 $v'=0$，那么这种支座就是________。

A. 弹性支座　B. 弹性固定端　C. 刚性固定端　D. 自由支座

6. 如果在梁的挠曲线方程中有一项 $\|_b \dfrac{m(x-b)^2}{2EI}$，那么此项在________。

A. $x>b$ 时起作用　B. $x\geqslant b$ 时起作用

C. $x<b$ 时起作用　D. $x\leqslant b$ 时起作用

7. 能化为其他梁弹性支座的梁，其条件是：该梁必须是________。

A. 单跨梁　B. 悬臂梁　C. 无载梁　D. 有载梁

8. 若刚架受力后节点无线位移，则称之为________。

A. 不可动节点刚架　B. 可动节点刚架

C. 简单刚架　D. 复杂刚架

9. "力法"的"三弯矩方程法"对应的基本结构是________。

A. 多跨梁　B. 悬臂梁

C. 简单刚架　D. 两端自由支持单跨梁

10. 位移法中，在外载荷作用下两端刚性固定的单跨梁在固定端中产生的弯矩叫作________。

A. 固端弯矩　B. 强迫弯矩　C. 杆端最终弯矩　D. 分配弯矩

11. 位移法规定________

A. 杆件上任意一点的转角、弯矩逆时针时为正

B. 杆件上任意一点的转角、弯矩顺时针时为负

C. 杆件上任意一点的转角、弯矩顺时针时为正

D. 杆件上任意一点的转角逆时针时为负，弯矩顺时针时为正

12. 船体结构中的板架，其周界大都是矩形的，两个方向的梁是正交的，并且两个方向的梁的数目一般是不等的，其中数目较多的一组梁叫作________。

A. 交叉构件　B. 节点　C. 主向梁　D. 交叉主向梁

13. 船体板架结构力学模型中，各杆横截面为________形状。

A. 型材截面　B. 板截面

C. 型材和附连翼板截面　D. 翼板截面

14. 解多根主向梁一根交叉构件板架时，一般用________求解。

A. 挠曲线方程　B. 三弯矩方程法　C. 位移法　D. 化为弹性基础梁

15. 以下说法错误的是：________。

A. 对于船体板，因板的厚度不大，则中面力对板的弯曲要素影响不大

B. 中面应力在断面上是均匀分布的

C. 弯曲应力在断面上呈线性分布

D. 板若受到中面拉力，将减少板的弯曲应力；若板受到中面压力，将增大板的弯曲应力

16. 对于船体板，以下说法正确的是：________。

A. 中面拉力对船体板的承载起了很大的作用

B. 如果没有中面力,船体板在横载荷下就会发生很大的应力与变形
C. 船体板不能承受中面压力
D. 以上说法都不适用于船体板

第 3 章　船体结构稳定性

- **学习目标**

知识目标

1. 掌握压杆的三种平衡状态及单跨压杆稳定性计算；
2. 了解甲板板架稳定性计算的方法；
3. 了解板的稳定性。

能力目标

1. 具备单跨压杆临界力计算和运用的能力；
2. 基本具备计算甲板板架稳定性的能力；
3. 基本具备计算矩形板稳定性的能力；
4. 具备进行型材剖面的中和轴、剖面惯性矩计算的能力。

3.1　概　　述

对于一些受载荷作用的结构，除了进行强度、刚度校核外，还必须考虑稳定性问题，因为实际中常有这样的情况：虽然结构的受载还在强度和刚度的要求范围内，但由于失稳的，结构丧失了承载能力而遭到破坏。到目前为止，由于结构丧失稳定性而导致破坏的实例已有很多，特别是当今高强度钢在工程中的应用使得结构按强度要求设计出的尺寸可以减小，但从稳定性方面来看会使结构失稳的可能性增加，故对结构的稳定性问题应特别注意。

结构丧失稳定性的形式有很多，与结构形式、外载荷、边界约束等因素有关。最常见的稳定性问题是受压直杆（简称压杆）的稳定性问题。受压直杆受轴向压力 T_1 作用时（图 3-1(a)），在杆上施加一微小的横向干扰力 F，以使杆轴线发生微小弯曲变形，当干扰力 F 去掉后，杆经过几次摆动，能恢复到原来的直线平衡位置，这表明受压直杆具有保持原来的直线平衡状态的能力，杆此时的状态称为稳定平衡状态。当作用在杆上的轴向压力 T_2 超过某一限度时（图 3-1(c)），作用的微小干扰力 F 去掉后，杆不但不能恢复到原来的直线平衡位置，而且变形不断增大，直至杆折断，杆此时的状态称为不稳定平衡状态。结构在外载荷作用下不能保持原来的平衡状态的现象就是失稳现象。通过以上分析不难看出，压杆能否保持稳定与轴向压力 T 的大小密切相关。随着轴向压力 T 的逐渐增大，压杆就会由稳定平衡状态过渡到不稳定平衡状态，这就是说，轴向压力的量变必将引起压杆平衡状态的质变。压杆从稳定平衡状态过渡到不稳定平衡状态时的分界压力称为临界力，用 T_{cr} 表示，其对应的压应力称为临界应力,该状态称为临界平衡状态或中性平衡状态(图3-1(b))。对该状态的形象描述是:当轴向压力 T 达到一定的数值 T_{cr} 时,给压杆一横向微小干扰力 F,压杆发生微变形,当 F 去掉后,压杆维持微变形状态。

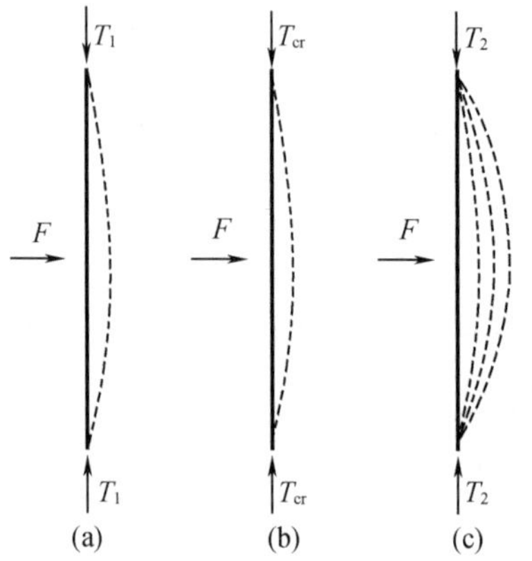

图3-1　受压直杆平衡状态

压杆稳定性

上述受压直杆的三种平衡状态,可以用放在不同形状表面的小球来直观说明,如图3-2所示。图3-2(a)中的小球是稳定的,因为若小球因某种原因偏离了原来位置,在去掉该原因后,小球能自己恢复到原来的初始平衡位置;图3-2(b)中的小球是中性的,因为小球因某种原因离开原来位置后,即使去掉了该原因,小球也不能回到原来位置,而是在新的位置处停留下来;图3-2(c)中的小球是不稳定的,因为小球因某种原因而偏离原来位置后,即使去掉该原因,小球非但不能回到原来位置,还会偏离原来位置越来越远。对于图3-2(d)中的处于马鞍形曲面上的小球,从一个方面看是处于稳定平衡状态的,但从另一个方面看又是处于不稳定平衡状态的,究竟应取哪种结论?我们认为它是处于不稳定平衡状态的。也就是说,对于具有多个自由度的体系,只有对于所有可能的位移来讲都是稳定的,该体系才能说是处于稳定平衡状态的。

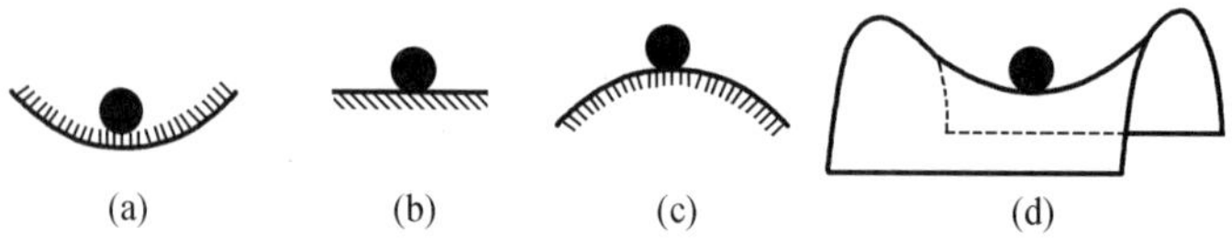

图3-2　物体平衡状态

研究压杆的稳定性,关键是确定临界平衡状态时压杆的临界力。在工程上,有些杆件的破坏往往不是由于其压应力超过材料的屈服极限而破坏,而是由于压应力达到或者超过其临界应力,使杆件失稳而破坏的。同时,必须注意,在工程上相当多杆件的临界应力是小于其材料的屈服极限的,所以必须十分重视杆件的失稳破坏。

除了受压直杆的稳定性这种最基本的稳定性问题外,类似地还有受压板以及有受压构件结构的稳定性问题。图 3-3(a)中的刚架因竖杆受压失稳而导致整个刚架垮塌,叫作刚架失稳;图 3-3(b)中的板架因其中一根杆受压失稳而导致整个板架垮塌,叫作板架失稳。

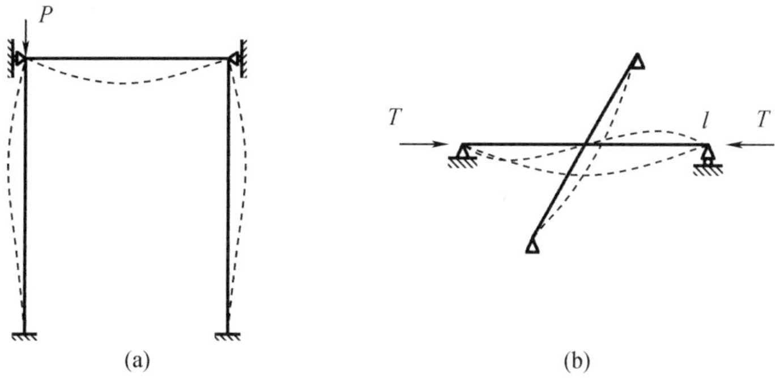

图 3-3　杆系的失稳现象

在船体结构中有许多构件需要考虑稳定性问题。最明显的是各种受压的支柱。另外还有沿船体纵向布置的骨架和板,这是因为在船体发生总纵弯曲时它们会受到压力而可能丧失稳定性。一般由于船底结构比甲板结构尺寸大,整体强度高,船体剖面的中和轴距船底结构近,因此甲板结构所受到的由总纵弯曲导致的压应力较大,故甲板骨架和甲板板失稳的可能性就大。此外,舱壁扶强材等构件也存在稳定性问题。船体结构中的支柱、纵骨、甲板板架等一般是不允许丧失稳定性的,因为它们失稳会丧失继续承载的能力,从而引起船体上大范围的破坏,但有些构件,如板是可以允许失稳的,因为它们失稳后不会导致大范围内的结构失去工作能力,且板失稳后还可以继续承受部分载荷。但因为板失稳后工作能力降低了,会增加支持板的骨架中的应力,所以研究板的稳定性问题对于保证船体的强度有十分重要的意义。

3.2　压杆的稳定性

3.2.1　单跨压杆的稳定性

在压杆稳定性问题上,关键是要知道杆件的临界应力。假如能找出杆件临界应力的计算方法,则在进行构件设计时就有可能使杆件工作在稳定平衡状态(即不失稳的状态)下,保证工程结构的安全。为此,有必要研究压杆的中性平衡状态。

我们在前面知道梁的复杂弯曲微分方程为

$$EI\frac{\mathrm{d}^4 \nu}{\mathrm{d}x^4}+T\frac{\mathrm{d}^2 \nu}{\mathrm{d}x^2}=q$$

压杆问题属于梁的复杂弯曲问题。显然,当梁上无横载荷,即 $q=0$ 时,就相当于单跨压杆的情况,即可直接写出单跨压杆的中性平衡微分方程:

$$EI\nu^{\mathrm{IV}}+T\nu''=0 \tag{3-1}$$

这是一个四阶常系数齐次微分方程，若令 $k=\sqrt{\dfrac{T}{EI}}$，则式(3-1)的解为

$$\nu=c_0+c_1kx+c_2\cos kx+c_3\sin kx \tag{3-2}$$

式中，c_0、c_1、c_2、c_3 为积分常数。

现在考虑图 3-4 所示两端自由支持的单跨压杆，在图示的坐标系统下，有边界条件：

$$\text{当 } x=0 \text{ 及 } x=l \text{ 时}, \nu=0, \nu''=0 \tag{3-3}$$

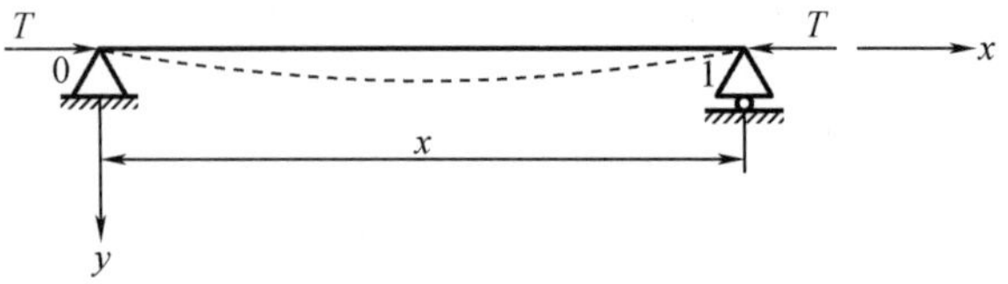

图 3-4　两端自由支持的单跨压杆

将式(3-3)代入式(3-2)，得 $c_0=0$，$c_2=0$ 及

$$\left.\begin{aligned}&c_1kl+c_3\sin kl=0\\&c_3k^2\sin kl=0\end{aligned}\right\} \tag{3-4}$$

从式(3-4)容易看出，$c_1=c_3=0$ 是式(3-4)的一组解，这时由于同时有 $c_0=c_2=0$，压杆的挠度 $\nu=0$，这相当于杆在直线状态下的平衡情况，因此这不是我们需要的解。我们需要的是杆件在稍微偏离原来直线位置时的平衡状态(即中性平衡状态)下的解。因此 c_1、c_3 不能同时为 0，所以由 c_1、c_3 的系数组成的行列式必须为零，即

$$\begin{vmatrix} kl & \sin kl \\ 0 & k^2\sin kl \end{vmatrix}=0$$

解此行列式，得

$$k^3l\sin kl=0$$

即

$$\sin kl=0$$

也就是

$$kl=n\pi \tag{3-5}$$

式中，n 为正整数，即 $n=1,2,3,\cdots$。将 $kl=n\pi$ 代入 $k=\sqrt{\dfrac{T}{EI}}$，得

$$T=k^2EI=\frac{(n\pi)^2EI}{l^2}$$

这就是处于中性平衡状态时的杆的压力，但因 n 的存在，故上式可得出无穷多个 T，而在实际上可能存在的必然是其中最小的一个，因此我们取 $n=1$，由此得出杆件处于中性平衡状态时的压力为

$$T_E=\frac{\pi^2EI}{l^2} \tag{3-6}$$

式中，T_E 也称为欧拉力。式(3-6)也称为欧拉公式。

将式(3-5)代入方程组(3-4)中的第一式，有

$$c_1kl+c_3\sin n\pi=0$$

由此解得 $c_1=0$。将 $c_1=0,c_2=0,c_0=0$ 及式(3-5)代入式(3-2)，则得到压杆挠曲线的最终表达式，为

$$v=c_3\sin\frac{\pi x}{l} \tag{3-7}$$

该式为当杆件所受的轴向压力达到欧拉力，即杆件处于中性平衡状态时，它稍微偏离原来直线位置后所可能产生的挠曲线方程。式(3-7)中的 c_3 为一个未定的系数。从该式可以看出，杆件处于偏离直线位置的中性平衡状态时，其形状是一正弦曲线。由于 c_3 是一个未定值，因此从理论上讲，其挠度可以是任意大小的，但是，由于我们建立微分方程是在小变形假设的基础上进行的，因此该结论的成立仅限于小挠度情况。也就是说，杆件在中性平衡状态下可能有任意小的挠度。进一步的理论研究指出，处于中性平衡状态下的杆件，只有当其形状为半个正弦波形状时才是稳定的，其余都是不稳定的，所以当轴向压力达到欧拉力时，压杆离开直线位置后一般呈半个正弦波的形状。

对于其他支承情况的等断面单跨压杆，利用式(3-2)，并考虑到各种支承情况的边界条件，采用与上面同样的方法，不难求得相应单跨压杆的欧拉力。下面介绍几种常见支承情况的单跨压杆的欧拉力计算公式。

一端刚性固定，另一端为自由端的杆(图3-5(a))，其欧拉力计算公式为

$$T_E=\frac{\pi^2EI}{4l^2} \tag{3-8}$$

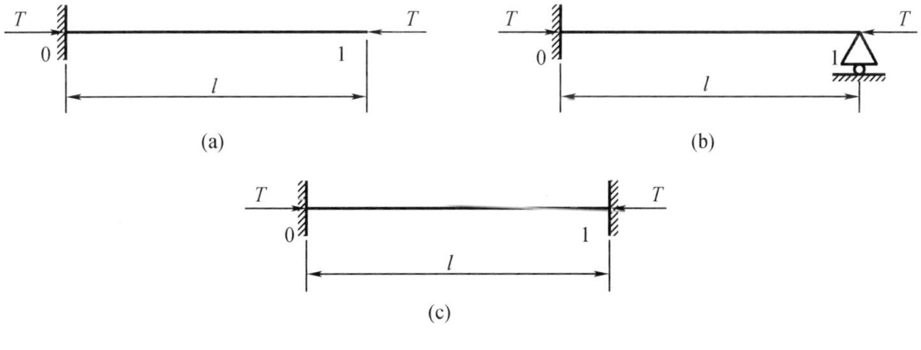

图3-5　三种形式单跨压杆

一端刚性固定，另一端自由支持在刚性支座上的杆(图3-5(b))，其欧拉力计算公式为

$$T_E=\frac{20.16EI}{l^2} \tag{3-9}$$

两端均为刚性固定端的杆(图3-5(c))，其欧拉力计算公式为

$$T_E=\frac{4\pi^2EI}{l^2} \tag{3-10}$$

从上面的四个欧拉力计算公式可以看出，欧拉力正比于杆件材料的弹性模量 E 以及断面惯性矩 I，反比于跨度的平方。由此可见，相同的场合下，细长杆的欧拉力较短粗杆小，也就是易失稳。必须指出，若杆件横断面对于两个主对称轴的惯性矩不同，则杆在失稳时总是在刚度最小的平面中弯曲，因此欧拉力公式中的 I 是指杆件横断面的最小惯性矩。

从上面的四个欧拉力计算公式还可以看出，在其他条件不变的情况下，欧拉力的大小随着杆件支承情况的不同而发生变化，杆端约束越大，则欧拉力越大。因此，在实际船舶工程问题上，对于压杆杆端有支承，但在支承情况难以确定的情况下，一般按自由支持情况考虑，这样结果是偏于安全的。

同时，我们也可知道，欧拉力与杆件材料的屈服应力无关。对于高强度钢与普通钢，虽然具有不同的屈服极限，但具有相同的弹性模量，因此用这两种材料做成的杆件，只要其断面形状相同、跨度相同、固定情况相同，则它们的欧拉力也相同。这一点，在进行压杆设计时值得引起注意。

为研究及计算方便，对各种不同支承情况的单跨压杆欧拉公式可用下式表示：

$$T_{\mathrm{E}}=\frac{\pi^2 EI}{(\mu l)^2} \tag{3-11}$$

式中，μ 为系数，各种支承情况的取值如下：

(1)一端刚性固定，另一端完全自由的杆(图 3-5(a))，$\mu=2$；

(2)两端自由支持在刚性支座上的杆(图 3-4)，$\mu=1$；

(3)一端刚性固定，另一端自由支持在刚性支座上的杆(图 3-5(b))，$\mu\approx 0.7$；

(4)两端均为刚性固定端的杆(图 3-5(c))，$\mu=0.5$。

其中，μl 称为压杆的“相当长度”或“折算长度”。显然，对于两端均为自由支持在刚性支座上的压杆，其“相当长度”就是其实际跨度，即 $\mu=1$，而这种杆两端弯矩为零，因此，又可以把“相当长度”看成压杆弯曲时杆件上弯矩为零的点之间的长度。进一步的计算证明这种说法对于其他支承情况的压杆也是完全适用的，这时“相当长度”就是失稳时杆件变形曲线中反曲点之间的长度。

3.2.2 压杆的非弹性稳定

上面导出了计算压杆欧拉力的公式。在实际工程中，对于细长杆，这些公式是正确的，但对于某些情况下的短粗压杆，其失稳时的压力远较由欧拉公式算出的值小，这时欧拉公式不再正确。

这到底是什么原因呢？在本书 2.1 节“有关的材料力学知识和若干规定”中假设为：材料服从虎克定律。后面的关于梁的弯曲理论的一系列推导都是在此假设下进行的。同样，在研究压杆的中性平衡微分方程时也是遵循这一假设的，所以当压杆失稳时，其材料仍在弹性范围内欧拉公式才成立。对于短粗杆件，当其失稳时压应力往往早已超过材料的弹性极限，因此欧拉公式不再适用。

现在分析一下什么样的杆件失稳时材料将超过弹性范围。这里，以两端自由支持在刚性支座上的压杆为例，将欧拉力的计算公式改写为欧拉应力计算公式：

$$\sigma_E = \frac{\pi^2 EI}{l^2 A} \tag{3-12}$$

式中　σ_E——欧拉应力；

A——压杆的横截面积。

为衡量杆件“细长”或“短粗”的程度，引入“柔度”概念。令

$$r = \sqrt{\frac{I}{A}}, \quad \lambda = \frac{l}{r} \tag{3-13}$$

式中　r——杆件的惯性半径；

λ——杆的柔度。

显然，柔度越大，杆件越“细长”；柔度越小，杆件越“短粗”。则式(3-12)可写成

$$\sigma_E = \frac{\pi^2 E}{\lambda^2} \tag{3-14}$$

由此可见，欧拉应力与柔度的平方成反比。

对于船用普通低碳钢，弹性极限 $\sigma_P = 196.2\ \text{N/mm}^2$，弹性模量 $E = 1.962 \times 10^5\ \text{N/mm}^2$。根据式(3-14)，其欧拉应力为

$$\sigma_E = \frac{\pi^2 E}{\lambda^2} = \frac{10 \times 1.962 \times 10^5}{\lambda^2}$$

假如杆件失稳时材料不超过弹性范围，则 $\sigma_E < \sigma_P$，即

$$\sigma_E = \frac{10 \times 1.962 \times 10^5}{\lambda^2} < 196.2$$

解此不等式，有 $\lambda > 100$。也就是说，如果用普通船用低碳钢做成压杆，那么若柔度小于100，则杆件失稳时材料已超过弹性范围，欧拉公式不再适用。

超过材料弹性范围的压杆的稳定性问题称为压杆的非弹性稳定性问题。那么，如何求得压杆在非弹性范围内时的临界应力呢？在实践中都是用实验来解决的：通过实验，并经分析、归纳，得出实用的经验公式。在实际的造船工程中，当压应力大于 $\frac{1}{2}\sigma_s$（σ_s 是材料的屈服极限）时，就认为已属于非弹性范围了，一般可按下面的公式来计算杆件的临界应力：

$$\sigma_{cr} = \sigma_s \left(1 - \frac{\sigma_s}{4\sigma_E}\right) \tag{3-15}$$

式中　σ_{cr}——压杆的临界应力；

σ_s——材料的屈服极限；

σ_E——欧拉应力。

该式也适用于一般的高强度钢。

在解决压杆的非弹性稳定性问题时，还常用到压杆的临界应力曲线（即 σ_{cr}-λ 曲线）。图3-6给出了 $\sigma_s = 235.4\ \text{N/mm}^2$ 和 $\sigma_s = 392.4\ \text{N/mm}^2$ 的两种钢材制成的压杆的临界应力曲线。只要求出杆件的柔度，便能在曲线上查到相应的临界应力。

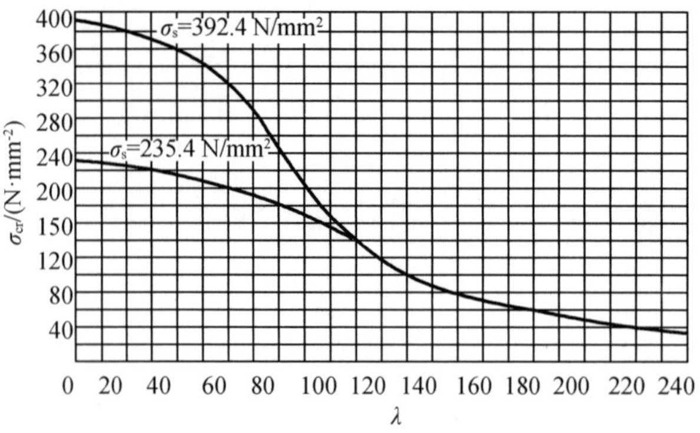

图 3-6　压杆的临界应力曲线

例 3-1　求某船甲板纵骨的临界应力。已知纵骨的附连翼板宽 30 cm，甲板强横梁间距 150 cm，甲板厚 0.6 cm，纵骨为 8 号球扁钢（本书附录 B 中有型钢表），材料的屈服极限 σ_s = 392.4 N/mm²。

解　计算过程一般均采用表格形式进行（表 3-1），且习惯上将剖面的参考轴设在翼板厚度的中线上进行计算。

表 3-1　构件剖面几何要素计算表

构件号	剖面图	构件尺寸 /mm	剖面积 A /cm²	构件重心至参考轴距离 Z /cm	剖面积对参考轴的静矩 AZ /cm³	剖面积对参考轴的惯性矩 AZ^2 /cm⁴	剖面积自身惯性矩 i /cm⁴
1	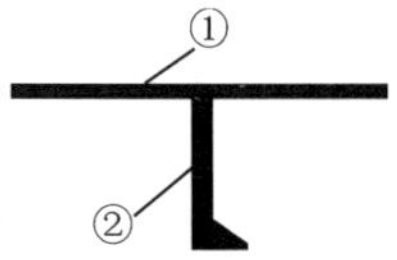	300×6	18.0	0	0	0	—
2		┏8	5.8	5.07	29.4	149.1	36
	总和	$\sum$	23.8		29.4	185.4	

算出剖面几何要素后，可求出剖面中和轴距参考轴的距离：

$$\Delta Z=\frac{\sum(AZ)}{\sum A}=\frac{29.4}{23.8}=1.24\ (\mathrm{cm})$$

并可计算出剖面对中和轴惯性矩：

$$I=\sum(AZ^2+i)-\sum(AZ)\Delta Z=185.1-29.4\times1.24=148.6\ (\mathrm{cm}^4)$$

甲板纵骨可看成自由支持在强横梁上的单跨梁，因此，强横梁的间距就是纵骨的跨距。纵骨的欧拉应力为

$$\sigma_E=\frac{\pi^2EI}{l^2A}=\frac{3.14^2\times1.962\times10^5\times148.6\times10^4}{1\ 500^2\times23.8\times10^2}=536.8\ (\mathrm{N/mm}^2)$$

此结果表示 $\sigma_E>\frac{1}{2}\sigma_s$，因此应按非弹性稳定性问题来求纵骨的临界应力

$$\sigma_{cr}=\sigma_s\left(1-\frac{\sigma_s}{4\sigma_E}\right)=392.4\times\left(1-\frac{392.4}{4\times536.8}\right)=320.7\ (\text{N/mm}^2)$$

如利用图 3-6 中曲线求临界应力，则须先求出纵骨的柔度：

$$\lambda=\frac{l}{\sqrt{\frac{I}{A}}}=\frac{150}{\sqrt{\frac{148.6}{23.8}}}=60$$

查图 3-6 得 $\sigma_{cr}=320.7\ (\text{N/mm}^2)$。

3.2.3　刚性支座上连续压杆的稳定性

等间距刚性支座上连续压杆，如船体中甲板纵骨，其由强横梁支持，因强横梁的刚度远较甲板纵骨大，所以甲板纵骨的稳定性问题可视为自由支持在刚性支座上的连续压杆的稳定性问题。由于一般情况下甲板纵骨是等剖面的，强横梁是等间距布置的，故甲板纵骨失稳时会交替出现相反方向波形的变形形状。因为相邻两跨反对称于中间支座，故中间支座处压杆是反曲点，弯矩为零。所以，甲板纵骨在中间支座处切开成单跨梁时，断面上无弯矩作用，于是可化为两端自由支持的单跨压杆来计算。

对不等间距刚性支座上连续压杆的稳定性问题，这里以最简单的双跨压杆为例来做讨论。如图 3-7 所示的等剖面双跨压杆，设其在轴向压力作用下处于中性平衡状态。根据力法原理，设想将压杆在中间支座处切开，并加上弯矩。利用变形连续条件，建立转角连续方程，解方程，并分析整理，有

$$\frac{\pi^2EI}{l_1^2}<T_E<\frac{\pi^2EI}{l_2^2} \tag{3-16}$$

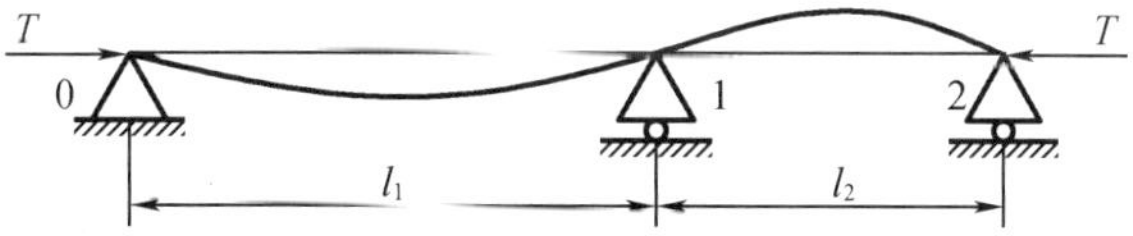

图 3-7　自由支持在刚性支座上的连续压杆

式(3-16)表示图 3-7 所示双跨压杆欧拉力大小介于两单跨压杆欧拉力之间，若按 01 杆计算欧拉力是偏于安全的。在式(3-16)中，当 $l_1=l_2$ 时，双跨压杆的欧拉力等于一个跨度单跨压杆的欧拉力，这个结论可由下面的分析来得到。因双跨压杆在失稳时的变形形状必然是反对称于中间支座的，因此节点处压杆是一反曲点，没有弯矩存在，双跨压杆可以化为两根情况完全相同的两端自由支持的单跨压杆来计算，其欧拉力就为

$$T_E=\frac{\pi^2EI}{l^2}$$

这个结论可以推广到任意多跨连续梁，只要其每个跨度是等距、等断面的，并且两端是自由支持的，这时不论跨度有多少，欧拉力都等于每跨单独时的欧拉力。

3.3 甲板板架的稳定性

在船体结构中有很多受压构件，除了船体结构中的各种支柱都要受压以外，船体结构中甲板和船底的纵向连续构件，如纵桁、纵骨、甲板板、船底板等也受到压应力作用，这是因为船体在波浪上发生总纵弯曲时，纵向连续构件要受拉或压力的作用，当受压力作用时就可能失稳。一般情况下，甲板结构的构件尺寸要较船底结构小，船体梁剖面的中和轴偏下，上甲板比船底距中和轴远，因此甲板板架的稳定性问题更为突出(中垂状态)。实际上通常说的船舶板架的稳定性问题主要是指甲板板架的稳定性问题。

3.3.1 纵骨架式甲板板架

纵骨架式甲板板架一般由纵骨、纵桁、横梁、强横梁及甲板板构成，为了提高板架的刚性，有时在强横梁下设置支柱。

因为纵桁和强横梁的刚性较纵骨和横梁要大得多，为了简化计算，通常把纵骨架式甲板板架的稳定性计算分解为两部分：其一是以纵桁和强横梁为支持周界的简单板架的稳定性计算；其二是受强横梁和支柱支持的纵桁的稳定性计算。

下面仅介绍以纵桁和强横梁为支持周界的简单板架的稳定性计算。

如图 3-8 所示，设横梁间距为 a、纵骨间距为 b，各横梁相同，各纵骨相同，并且都是等距的。

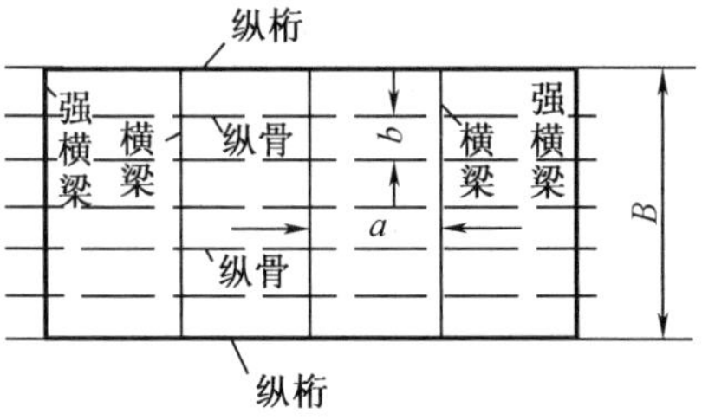

图 3-8 简单板架

当材料超过弹性范围时，甲板板架的稳定性计算公式如下：

$$I=\left(\frac{\pi}{\mu}\right)^{4}\left(\frac{B}{a}\right)^{3}\frac{B}{b}i\varphi x_j(\lambda) \tag{3-17}$$

式中 I——横梁剖面必需的惯性矩；

B——简单板架宽度；

i——包括带板在内的纵骨剖面惯性矩；

μ——由横梁两端固定系数 x_1 及 x_2 决定的数值系数；

$x_j(\lambda)$——影响系数，由 λ 值查稳定性曲线得到；

φ——材料不符合虎克定律时对欧拉应力的修正系数，即 $\varphi=\dfrac{\sigma_{cr}/\sigma_s}{\sigma_E/\sigma_s}$，$\sigma_{cr}$ 为临界力，σ_s

为材料屈服极根，σ_E 为欧拉应力；

λ——数值系数。

λ 由下式计算：

$$\lambda = \frac{\sigma_{cr}}{\sigma_{E0}} \frac{1}{\varphi} \tag{3-18}$$

式中 σ_{cr}——所要求达到的临界应力；

σ_{E0}——纵骨按两端自由支持于横向构件上的单跨压杆计算所得到的欧拉应力，计算公式为

$$\sigma_{E0} = \frac{\pi^2 Ei}{a^2(f+b_e t)}$$

式中 b_e——带板宽度；

t——带板厚度；

f——纵骨剖面积；

i——包括带板在内的纵骨剖面惯性矩。

式(3-17)的计算过程如下。

(1)由横梁两端固定系数 x_1 及 x_2，利用图 3-9 查出 μ 值。

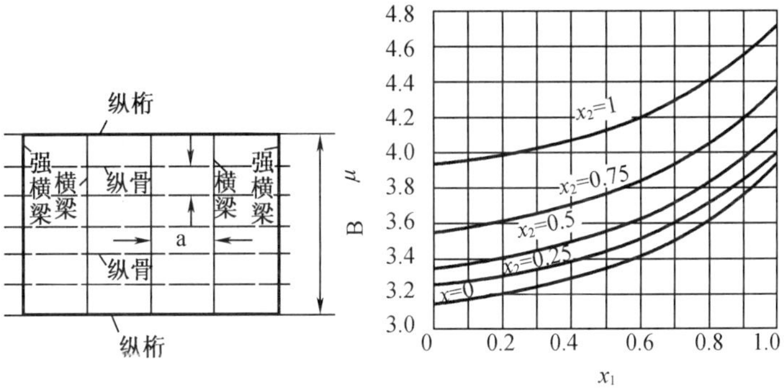

图 3-9 x_1、x_2 与 μ 的关系曲线

横梁在纵桁处，可取 $x=0$；横梁在舷侧肋骨处，可取

$$x = \frac{1}{1+\frac{2}{3}\frac{I_{实}}{I_{肋}}\frac{l_{肋}}{B}} \tag{3-19}$$

式中 $I_{实}$——横梁实际惯性矩；

B——横梁跨长；

$I_{肋}$——肋骨惯性矩；

$l_{肋}$——肋骨计算跨度。

(2)由要求甲板板架达到的稳定程度决定 σ_{cr}。通常要求 $\sigma_{cr}=\sigma_s$（材料的屈服极限），于是根据 σ_{cr}/σ_s 之值查图 3-10 中的修正曲线，得到对应的 σ_E/σ_s 之值，从而计算出

$$\varphi=\frac{\sigma_{cr}/\sigma_s}{\sigma_E/\sigma_s}$$

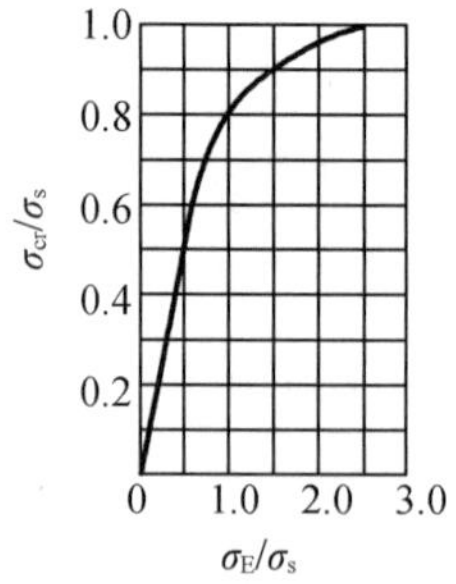

图 3-10　欧拉应力修正曲线.

(3)按式(3-18)计算 λ 值。

当 $\lambda<1$ 时,只要求横梁达到必需刚度 I 即可。

当 $\lambda=1$ 时,应要求横梁达到临界刚度 I_{cr}。

当 $\lambda>1$ 时,表示纵骨剖面太小,即使横梁达到 I_{cr} 也不能达到所要求的 σ_{cr}。因此应降低稳定性要求,重新决定较小的 σ_{cr},或者重新取较大的纵骨剖面,再重复以上计算。

(4)在 $\lambda\leqslant1$ 的条件下,由 λ 及跨度数 n 查图 3-11 所示的计算各种连续杆欧拉力的 x_j-λ 图表,得 $x_j(\lambda)$。

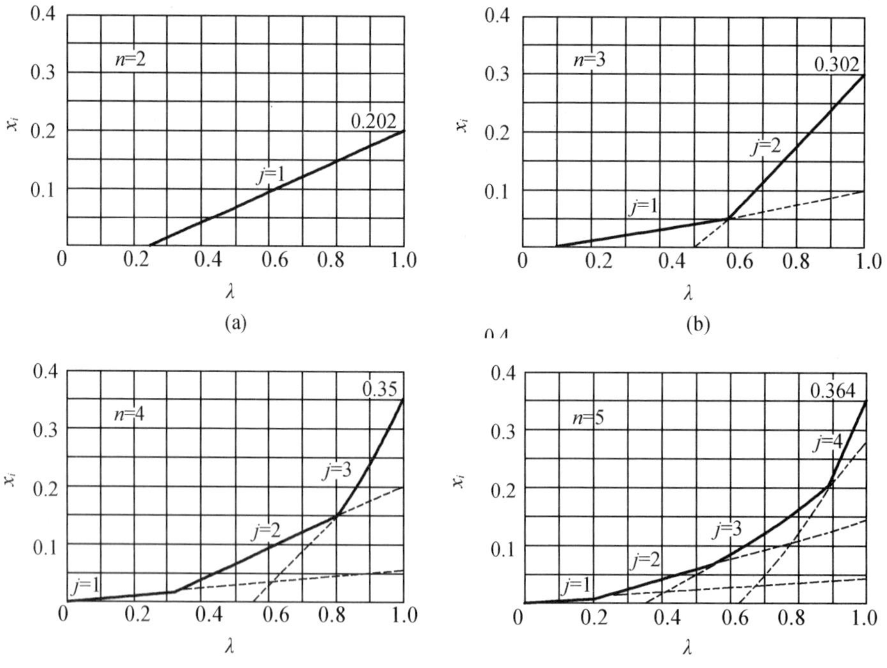

图 3-11　在中间弹性支座上连续压杆的稳定性曲线

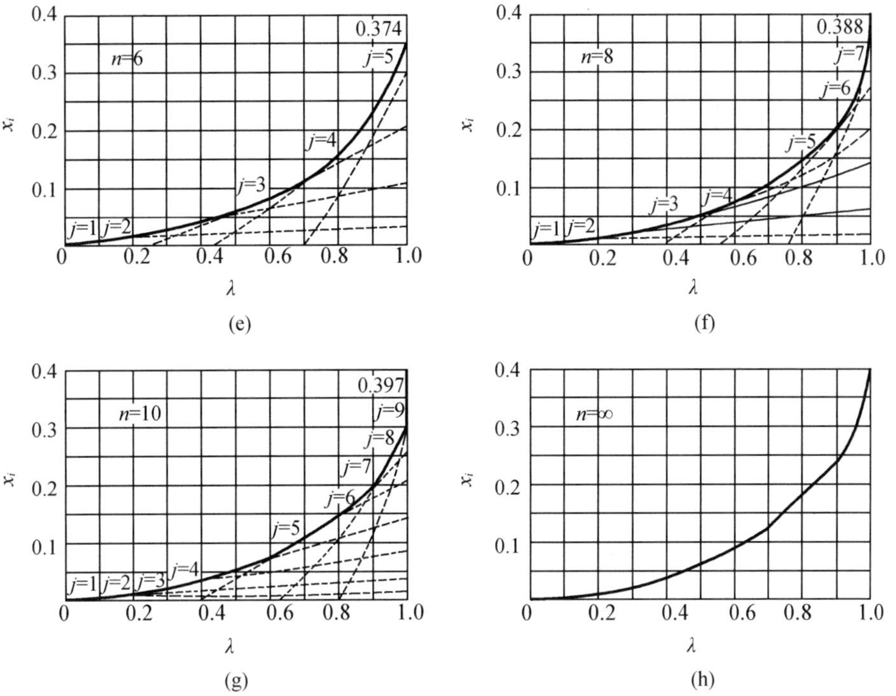

图 3-11(续)

$$x_j=\frac{K}{\pi^2 EI/l^3}$$

$$\lambda=\frac{T}{T_0}=\frac{T}{\pi^2 EI/l^2}$$

式中　n——连续压杆的跨度数；

l——每跨的长度；

K——弹性支座的刚性系数；

I——压杆的截面惯性矩；

E——材料的弹性模量；

T——压杆的欧拉力；

j——压杆失稳时的半波数。

当 $\lambda=1$ 时，$x_j(\lambda)=x_j(\lambda)_{\max}$，或记为 $x_{j\max}$。

(5)按式(3-17)计算横梁剖面必需的惯性矩 I($\lambda<1$ 时)，如果 $\lambda=1$，则所求之 I 即 I_{cr}(横梁的临界刚度)，也就是

$$I_{cr}=\left(\frac{\pi}{\mu}\right)^4\left(\frac{B}{a}\right)^3\frac{B}{b}ix_j(\lambda)$$

(6)根据横梁的实际尺寸计算横梁的实际惯性矩 $I_{实}$。

(7)若 $I_{实}\geqslant I$(或 I_{cr})，则横梁可以保证板架达到所要求的稳定性，否则应增加横梁剖面尺寸，以满足上式的要求。

3.3.2 横骨架式甲板板架

由于横骨架式甲板板架承载能力很低,所以横骨架式甲板横梁的刚度不宜小于其作为甲板板刚性支座时的临界惯性矩 I_{cr}。它可以根据下式求得

$$I_{cr}=\left(\frac{\pi}{\mu}\right)^4\left(\frac{B}{a}\right)^3\frac{Bt^3}{10.9}x_{j\max} \tag{3-20}$$

具体的计算过程和纵骨架式甲板板架的计算过程相似。

3.4 板的稳定性

3.4.1 概述

船体板由纵横向构件划分为矩形“板格”。当板受到横向载荷作用时,板就以这些纵横向构件为支座,承受外载荷并发生弯曲变形。当船体发生总纵弯曲时,船体板(尤其是甲板与船底板)除了承受横向载荷外,还受到中面内的拉力或压力的作用。与杆一样,当板的中面压力达到一定数值时,平板将不再维持原来的平面平衡状态,而将发生弯曲变形。这时称板失去稳定性,也叫作平板“皱折”。船体结构中的板,由于其四周有刚性周界支撑,因此即使失稳,尚能承受一定的载荷,但承受能力将降低。板的失稳,会使整个船体的强度降低。因此,研究板的稳定性问题对于船舶强度研究有着十分重要的意义。

由于支承板的船体结构的刚性远大于板的刚性,因此认为板的支座是刚性支座。考察图 3-12,当船体板受到中面压力 T 作用而失稳后,相邻的板格将向相反的方向挠曲,作为支座的骨架也将因此发生扭曲变形,骨架是有一定的抗扭刚度的,因此板的周界处于弹性固定的状态。不过为了使设计偏于安全,在船体板的稳定性计算中通常忽略骨架的抗扭作用,而认为板是自由支持在刚性支座上的。

某些船体板在横载荷作用下产生挠度,当研究其在中面压力下的稳定性问题时以这些挠度作为“初始挠度”,简称“初挠度”。初挠度的存在将影响板的稳定性。在船体强度研究中,一般船体板的中面力由船体总纵弯曲应力引起,那么在横骨架式结构中船体板的初挠度对于其稳定性是十分不利的;相反,在纵骨架式结构中,船体板的初挠度是有利于提高板的稳定性的。

3.4.2 矩形板的稳定性

这里研究四边自由支持,在一个方向上均匀受压的板的稳定性问题。

1. 板的临界应力

对于图 3-13 所示的板,通过对板中性平衡方程的研究,并考虑到边界条件,可得到板在开始失稳时的压应力 σ_x 的表达式:

$$\sigma_x=\frac{\pi^2 D}{b^2 t}\left(m\frac{b}{a}+\frac{1}{m}\frac{a}{b}\right)^2 \tag{3-21}$$

式中 D——板的筒形刚度；

t——板的厚度；

m——板失稳后形成的半波数，$m=1,2,3,\cdots,n$。

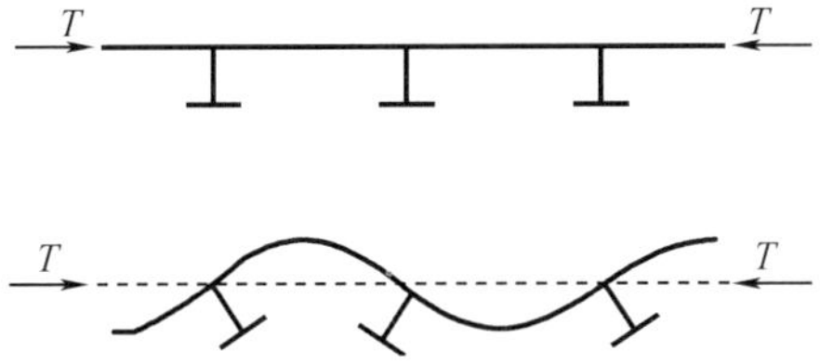

图 3-12 船体板受压变形

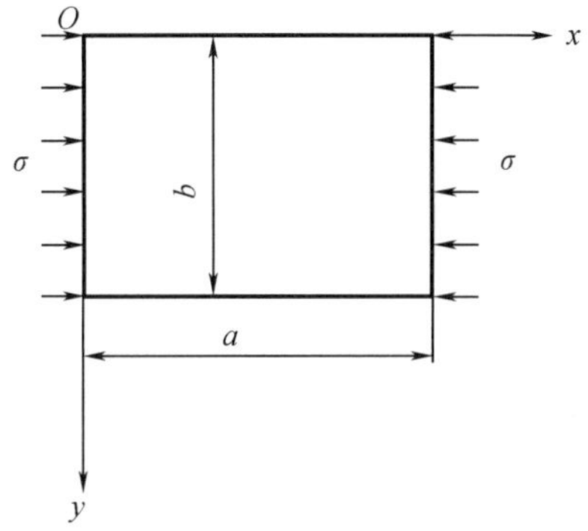

图 3-13 受压板格

若令

$$\left(m\frac{b}{a}+\frac{1}{m}\frac{a}{b}\right)^2=k \tag{3-22}$$

则式(3-21)可写成

$$\sigma_x=k\frac{\pi^2 D}{b^2 t} \tag{3-23}$$

显然式(3-21)中，m 是个不定数，当 m 取一系列不同的数时，相对应的 σ_x 就有无穷多个，这与实际情况是不相符的。事实上，σ_x 必须是所有可能出现的值中最小的一个。由式(3-22)知，k 值的大小与 m 以及板的边长比 a/b 有关。为了便于分析，将 m、k、a/b 之间的关系绘成图 3-14 所示的曲线。

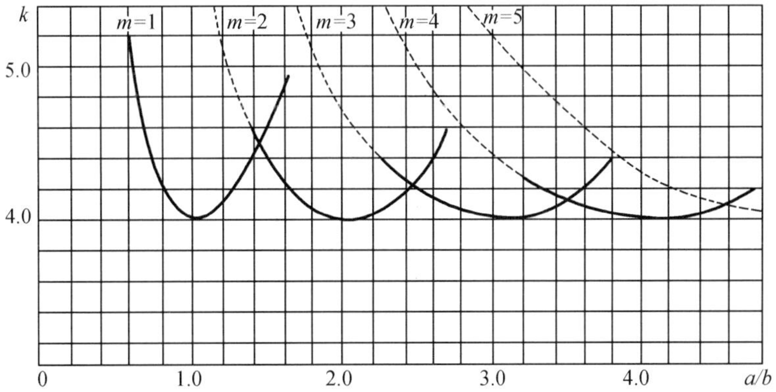

图 3-14 板压应力计算系数曲线

由图 3-14 可以看出，当 a/b 为不同的数值时，有一与之对应的 m 值，使得 k 值最小。并且，当 $a/b>1$ 时，k 的最小值约为 4。因此可由式(3-23)得出，板开始失稳时所对应的压

应力,即临界应力为

$$\sigma_{cr}=\frac{4\pi^2 D}{b^2 t} \tag{3-24}$$

而当 $a/b<1$ 时,由图 3-14 所示曲线可看出,只有取 $m=1$ 时,才能使 k 值最小,因此板的临界应力为

$$\sigma_{cr}=\left(\frac{b}{a}+\frac{a}{b}\right)^2\frac{\pi^2 D}{b^2 t}=\left(1+\frac{a^2}{b^2}\right)^2\frac{\pi^2 D}{a^2 t} \tag{3-25}$$

当板的边长比 $a/b\ll 1$ 时,板将按筒形弯曲,这时可近似认为

$$\frac{a^2}{b^2}\approx 0$$

根据式(3-25),板的临界应力为

$$\sigma_{cr}=\frac{\pi^2 D}{a^2 t} \tag{3-26}$$

该式即筒形弯曲板板条梁的临界应力计算公式。

板的筒形刚度为

$$D=\frac{Et^3}{12(1-u^2)}=\frac{t^3}{12}E_1$$

将其代入式(3-26),可得

$$\sigma_{cr}=\frac{\pi^2 E_1}{a^2 t}\frac{t^3}{12}=\frac{\pi^2 E_1 I}{a^2 t} \tag{3-27}$$

式中 I——板条梁的断面惯性矩。

式(3-27)和两端自由支持在刚性支座上的单跨压杆的临界应力公式是一样的。这说明对于筒形弯曲板,其在长边上受到中面压力作用时,其稳定性问题仍可用板条梁理论来解决。

当船舶发生总纵弯曲时,纵骨架式板格的短边将受到中面压力,这相当于前面说的 $a>b$ 的情况。如果取钢材的弹性模量 $E=2.1\times10^5\ \text{N/mm}^2$,泊松比 $u=0.3$,则根据式(3-24)可得到实用的纵骨架式船体板的稳定性计算公式:

$$\sigma_{cr}\approx 76\left(\frac{100t}{b}\right)^2\quad(\text{N/mm}^2) \tag{3-28}$$

而对于横骨架式船体板格,一般 $a\ll b$, 同样可由式(3-26)得到实用的横骨架式船体板的稳定性计算公式:

$$\sigma_{cr}\approx 19\left(\frac{100t}{a}\right)^2\quad(\text{N/mm}^2) \tag{3-29}$$

比较式(3-28)与式(3-29),如果骨架间距相等,则纵骨架式船体板的临界应力为横骨架式船体板的 4 倍,这说明在稳定性方面,纵骨架式较横骨架式有明显的优越性。

2. 增强板的稳定性的措施

由式(3-25)及式(3-26)可以看出,提高筒形刚度 D 可以提高板的临界应力。对于一定的材料,提高筒形刚度的唯一途径是增加板厚 t。增加板厚将使船体结构的重量大大增

加,因此一般不用此法来增强板的稳定性。

由式(3-23)可以看出,如果系数 k 增大,也可以提高临界应力。但是由图 3-14 可知,对于 $a/b>1$ 的情况,即板格为纵骨架式板格,系数 k 为定值,无法增大。只有当 $a/b<1$ 时,即板格为横骨架式板格,才有可能使 k 值增大。具体方法是在板上设置横向扶强材,使 a/b 的值减小,从而提高 k 值。例如图 3-15 的板,边长比 $a/b=2$,如果在上面设置三道横向扶强材,则板格的边长比将降至 0.5,由图 3-14 查出系数 k 由原来的 4 提高到 6.25,从而使板的临界应力提高至原来的 1.56 倍。由此可得出结论,设置横向扶强材可提高板的临界应力,增强板的稳定性,但效果并不理想。

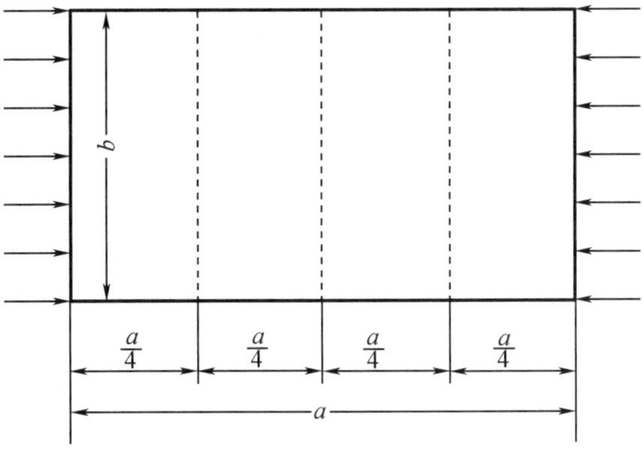

图 3-15 增加横向扶强材的受压板格

设置纵向扶强材,是增强板的稳定性的最有效的办法。如图 3-16 所示的矩形板格,短边长为 b,如设置一道纵向扶强材,则板格的宽度降至 $b/2$,根据式(3-24),其临界应力为

$$\sigma_{cr}=\frac{4\pi^2 D}{\left(\frac{b}{2}\right)^2 t}=4\frac{4\pi^2 D}{b^2 t}$$

显然,这是没有设置纵向扶强材时板的临界应力的 4 倍。

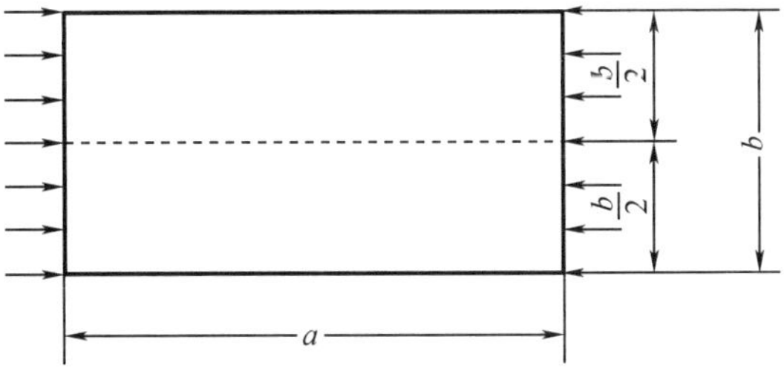

图 3-16 受压板格

3.4.3 板失稳后的工作情况

受轴向压力作用的杆,当压力达到临界力时,就可能偏离其原来的平衡位置,这时只要压力再略有增加,杆件就将迅速弯曲,直至破坏。因此,通常认为杆件所受的压力达到或超

过临界压力时,杆件就无法正常工作了。

受中面压力的板,其情况则与杆有所不同。船体板的四周支承在船体骨架上,一般认为船体骨架是不能相互趋近的,而且船体骨架的临界应力远大于板的临界应力,因此当板失稳后骨架并不失稳而继续支撑着板,并使板的周界无法相互趋近。因此,当板的中面压力大于临界力时,板的挠度不可能迅速增大而导致破坏。船体板不是孤立存在的,它要受到相邻板格的制约作用,就这一点而言,它是和单块的板不同的,这是在板失稳后板边不能相互趋近的另一个原因。

因此,船体板失稳后不至于破坏,尚能继续工作并承受一定的中面压力。不过,失稳后的板,其承载能力是有所下降的。这种现象称作板的"后屈曲强度"。

板失稳后,承载能力将降低,多余的荷重由支撑其周界的刚性骨架来承担。假如能找到这样一块一定宽度的刚性板,其承受的中面压力与某块板失稳后承受的中面压力一样大,那么我们可以将失稳的板看成上述一定宽度的刚性板在参与弯曲,而这块刚性板的宽度就称为某块板的"有效宽度",称这块刚性板为"有效宽度板"。

显然,板的有效宽度一定小于或等于板宽。板的有效宽度的大小与板的中面压力的大小有关。在失稳前,板完全有效地参与弯曲,所以其有效宽度就是板宽。板失稳后,随着中面压力的增大,板的承载能力下降,有效宽度减小。为了衡量板失稳后的承载能力,引入"折减系数"的概念。板的有效宽度与实际宽度之比,称为板的"折减系数"。折减系数用字母 ψ 表示,根据定义,有

$$\psi=\frac{b_e}{b} \tag{3-30}$$

式中 b_e——板的有效宽度;

b——板的实际宽度。

如果以 $\overline{\sigma}$ 表示支撑板的刚性骨架所承受的压应力,那么,$\overline{\sigma}$ 也就是假想的有效宽度板上的压应力。如果以 σ 表示实际板的中面压应力的平均值,那么根据有效宽度的定义,有:

$$\sigma b=\overline{\sigma}b_e \tag{3-31}$$

或写成

$$\frac{b_e}{b}=\frac{\sigma}{\overline{\sigma}}$$

将其代入式(3-30),则可得到折减系数的另一表达形式:

$$\psi=\frac{\sigma}{\overline{\sigma}} \tag{3-32}$$

由上面几个式子可以看出,如果折减系数 $\psi=1$,即板的有效宽度就是板的实际宽度 $b_e=b$,这是板失稳前的情况。ψ 愈接近 1,则 b_e 与 b 的差值愈小,说明板失稳后承载能力的降低愈少。

如果能设法求出在已知中面压应力下板的折减系数 ψ,则板失稳后的承载能力也就能确定了。为此,先来分析板失稳后其横断面上压应力的分布情况。

参照图 3-17,如果压应力 $\overline{\sigma_1}$ 不超过板的临界压力,板不失稳,板及其周界都为刚性构件,则压应力沿板宽均匀分布;如果板刚性周界上的压应力 $\overline{\sigma_2}$ 已超过板的临界应力,则板失稳,承载能力降低,由图 3-17 中的曲线 2 可以看出,板边缘处与刚性骨架相连的部分承受的压应力与刚性骨架一样为 σ_2,从边缘到板宽中点,承受的压应力逐步减小;当刚性周界

上的压应力继续增加至 $\overline{\sigma_3}$，则板的承受能力进一步降低，此时板内压应力分布的不均匀程度更为明显。板的边缘与刚性骨架相连的一部分承担了外载荷中的绝大部分，而离骨架较远的板承担的载荷则小得多。上述现象称为应力的重新分配。

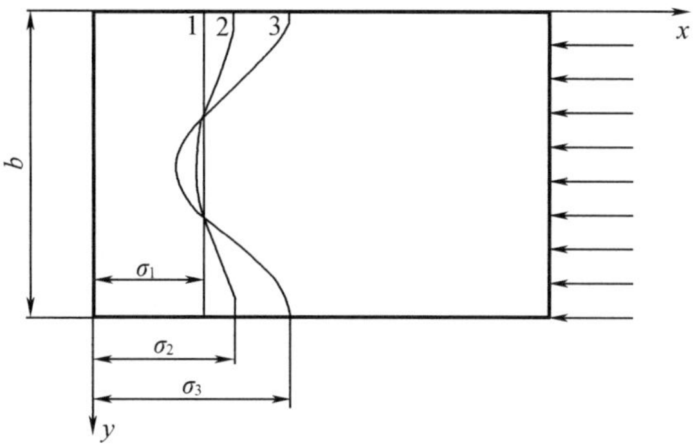

图 3-17　板失稳后压应力分布曲线

有了图 3-17 所示的板失稳后压应力分布曲线，从理论上讲就能计算板的折减系数了。但事实上，这是不方便的。为了方便起见，在船舶工程计算中，对失稳后板内的压应力分布做了这样的假设：板失稳后，压应力的分布可用阶梯形曲线来代替其应力分布曲线。又假定与骨架相连的板边缘在一定范围内属于刚性构件（如图 3-18 所示，上、下边缘的 $\frac{1}{2}\eta b$ 宽度的区域），也就是说其中的压应力始终保持与骨架内的应力一致，为 $\bar{\sigma}$，而余下的板中间区域（图 3-18 中的 b_1）为柔性构件，它仅能承受等于临界压力 σ_{cr} 的压应力。

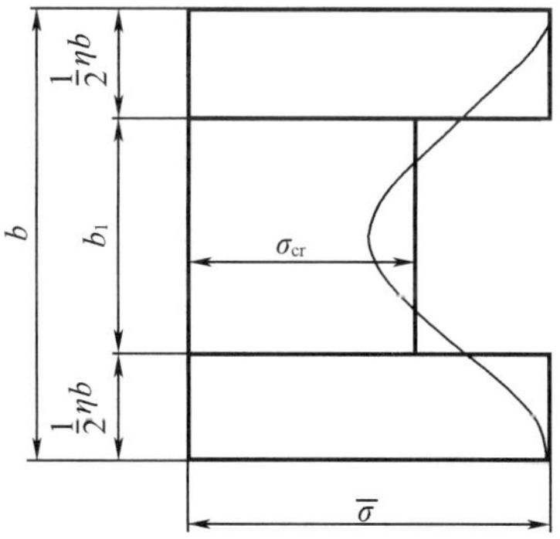

图 3-18　板压应力分布阶梯曲线

根据这一假设，则板边缘与刚性骨架相连的宽度为 ηb 的部分应全部计入板的有效宽度。对于中间部分柔性板，从定义出发，其折减系数为

$$\psi=\frac{\sigma_{cr}}{\bar{\sigma}} \tag{3-33}$$

因此整块板的有效宽度为

$$b_e=\eta b+\psi b_1 \tag{3-34}$$

现在的关键是如何确定刚性构件的宽度 ηb。通过理论分析，提出这样一个简单的近似计算方法：每边刚性构件的宽度等于板的短边的 0.22 倍。也就是说，刚性构件的宽度为板

短边长的 0.44 倍。

由此可得出纵骨架式板(图 3-19(a))的有效宽度计算式:

$$b_e = 0.44b + (b - 0.44b)\psi = 0.44b + 0.56\psi b \tag{3-35}$$

对于横骨架式板(图 3-19(b)),有

$$b_e = 0.44a + (b - 0.44a)\psi \tag{3-36}$$

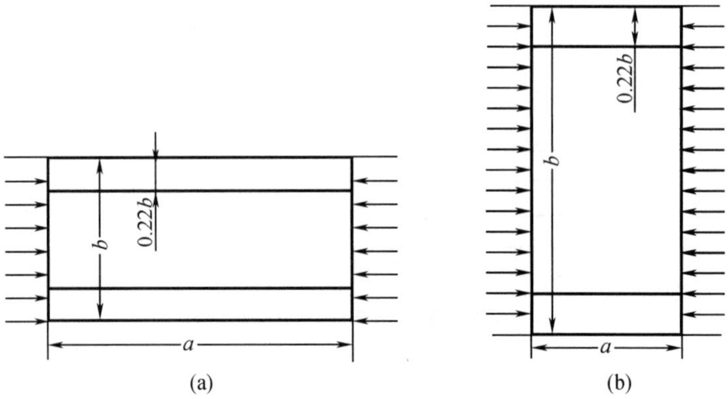

图 3-19　船体板有效宽度示意图

思考与练习

一、计算题

1. 已知某船甲板纵骨计及带板的惯性矩为 5 490 cm^4,计及带板后的剖面积为 141 cm^4,纵骨跨距为 2 500 cm,材料的屈服极限为 590 MPa。试计算该纵骨的欧拉应力和临界应力。

2. 求某海洋拖轮拖缆机下的舱壁扶强材的临界应力。已知扶强材为 10 号球扁钢,扶强材间距 50 cm,扶强材长度 2 m,舱壁板厚度 0.6 cm,材料的屈服极限 $\sigma_s = 235.4\ N/mm^2$。

3. 某浮船坞的坞墙扶强材,扶强材为 L100×75×10 的角钢(该尺寸含义可查型材的型钢表),长 3.5 m,断面积为 16.7 m^2,扶强材间距 75 cm,坞墙板厚 2 cm。校核该扶强材的稳定性。已知材料的屈服极限 $\sigma_s = 235.4\ N/mm^2$。

4. 习图 3-1 所示交叉梁系受轴向压力作用。已知横向梁惯性矩为 i,纵向梁惯性矩 $I = 5i$,试求纵向失稳时的欧拉力 T_E。

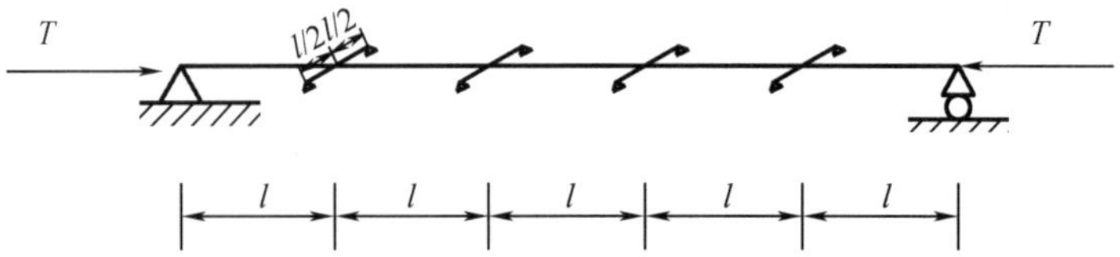

习图 3-1

5. 某横骨架式船底板格,长边长 2 500 mm,短边长 500 mm,板厚 6 mm。如果船底板受

到的压应力为 49.05 N/mm^2,试分析该船底板的工作情况。

二、填空题

1. 物体可能有三种平衡状态,分别是:________、________和________。

2. 压杆稳定性分________范围稳定性和________范围稳定性。对于短粗压杆,当其失稳时压应力往往早已超过材料的弹性极限,因此________不再适用。

3. 某些船体板在横载荷作用下产生挠度,研究其在中面压力下的稳定性问题时将这些挠度作为________。

三、选择题

1. 在欧拉公式中,μl 称为压杆的"相当长度",那么对两端刚性固定的单跨压杆,其 μ 值为________。

A. 0.5　　B. 0.7　　C. 1　　D. 2

2. 在实际的造船工程中,当压应力大于________ σ_s 时,就认为属于压杆非弹性范围稳定性。

A. 1/8　　B. 1/4　　C. 1/2　　D. 1

3. 对于板的稳定性,以下说法错误的是________。

A. 船体板由于四周有刚性周界支撑,因此即使失稳,尚能承受一定的载荷

B. 船体板的失稳会使整个船的强度降低

C. 为了安全,在船体板的稳定性计算中认为板是自由支持在刚性支座上的

D. 横骨架式船体板的初挠度是有利于提高板的稳定性的

4. 初挠度的存在将影响板的稳定性。在船体强度研究中:________。

A. 在横骨架式和纵骨架式结构中,船体板的初挠度均有利于提高板的稳定性

B. 在横骨架式和纵骨架式结构中,船体板的初挠度均不利于提高板的稳定性

C. 在横骨架式结构中,船体板的初挠度有利于板的稳定性;在纵骨架式结构中,船体板的初挠度不利于板的稳定性

D. 在横骨架式结构中,船体板的初挠度不利于板的稳定性;在纵骨架式结构中,船体板的初挠度有利于板的稳定性

第 4 章　船体型材剖面设计

- **学习目标**

知识目标

1. 掌握型材的种类;
2. 掌握型材剖面要素计算;
3. 掌握型材剖面的优化设计。

能力目标

1. 具备进行型材剖面模数与惯性矩计算的能力;
2. 具备进行型材剖面优化设计的能力;
3. 具备利用实用设计公式进行型材剖面最佳尺寸计算的能力。

4.1　型材种类和特点

在船体结构中,支撑船体钢板的骨架通常占船体结构钢料的 30%左右,因此其构件尺寸的合理选择,对保证船体结构强度及节约钢材都具有重大意义。

4.1.1　船体结构中的型材

船体结构中的骨架构件,一些仅承受拉伸或压缩载荷的作用,如支柱、桁架斜杆等,这类构件剖面的设计比较简单,并且已在工程力学课程中充分地讨论过了;另一些(船体结构中绝大部分构件)主要承受弯曲,即作为“梁”使用。因此,本章只介绍承受弯曲的梁材剖面设计问题。

船体结构中的骨架梁大多由轧制型钢(图 4-1)、T 型材或折边钢板等制成,并与船体钢板焊接形成组合梁,共同抵抗弯曲。轧制型钢(扁钢、球扁钢、角钢、工字钢、槽钢等)国家已批量生产,设计时只是按要求选择型号。T 型材最合理地使用材料而得到最高的强度,且能使结构具有良好的对称性,在船体结构中的使用范围已愈来愈广泛。随着冶炼技术的发展,可望供船舶使用的轧制 T 型钢将大量生产。但是,目前大量使用的 T 型材均由船厂拼装焊接而成,因此其剖面最佳尺寸的确定便是本章的任务。

图 4-1　船体结构中的轧制型钢

4.1.2　衡量型材剖面材料利用的指标

型材剖面设计应符合下列要求：

(1)具有足够的强度、刚度和稳定性；

(2)尽可能符合生产与工艺方面的要求，如制造简单、施工方便等；

(3)满足特殊结构与营运使用的要求，例如，为保证货舱容积对型材剖面高度的限制、为腐蚀磨损对最小板厚的要求等；

(4)剖面内材料分布合理，使所得结构重量最轻，这是船体结构工程师的重要目标之一。

衡量型材剖面内材料分布合理程度的指标有：剖面的利用系数和比面积。

大家知道，梁材受横载荷作用时，其抵抗弯曲的能力由剖面的最小剖面模数保证。剖面的最小剖面模数 W_1 为

$$W_1=\frac{I}{|Z|_{\max}}=\frac{\int_F Z^2\mathrm{d}F}{|Z|_{\max}}=|Z|_{\max}\int_F\left(\frac{Z}{|Z|_{\max}}\right)^2\mathrm{d}F \tag{4-1}$$

式中　I——型材剖面对其中和轴的惯性矩，$I=\int_F Z^2\mathrm{d}F$；

Z——微面积 $\mathrm{d}F$ 至中和轴的距离；

$|Z|_{\max}$——剖面上最远纤维至中和轴的距离。

因此，在给定剖面 F 时，若 $Z=|Z|_{\max}$，式(4-1)具有最大值，即

$$W_1=|Z|_{\max}F \tag{4-2}$$

这就相当于由两个离中和轴的距离为 $|Z|_{\max}$、面积各为 $0.5F$ 的翼板组成的剖面（图 4-2）。可是，这种型材实际上是无法制造的，因为它没有连接两翼板的腹板，所以称之为“理想”剖面。记“理想”剖面的剖面模数为 W_0，则

$$W_0=\frac{1}{2}hF \tag{4-3}$$

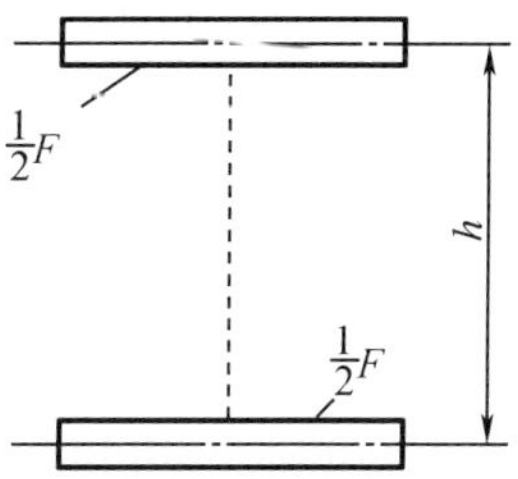

图 4-2　“理想”剖面

式中　h——剖面的高度。

实际所用的各种型材，其最小剖面模数仅为 W_0 的一部分，即

$$W_1=\eta W_0=\eta\frac{1}{2}hF \tag{4-4}$$

式中　η——剖面的利用系数。

表 4-1 列出了一些型材剖面的利用系数。

表 4-1　一些型材剖面的利用系数

编号	型材剖面	η	编号	型材剖面	η
1	实心圆剖面	0.25	5	轧制槽钢和工字钢	0.60
2	实心矩形剖面	0.33	6	轧制球尾角钢或球尾 T 型钢	0.40~0.45
3	小厚度空心圆管	0.50	7	组合工字型材	0.70~0.75
4	等厚度薄壁空心方盒	0.67			

在剖面积 F 和剖面的高度 h 相同的情况下,系数 η 能表明材料在剖面中分布的合理程度,即 η 值越大,所设计的型材剖面越接近于“理想”剖面,剖面材料的利用率就越高。由于剖面高度对剖面模数有很大影响,当剖面高度 h 不同时,η 值的大小就不能反映材料在剖面中的利用率了。

为了衡量剖面材料的利用率,引入剖面模数比面积:

$$C_w = \frac{F}{W^{2/3}} \tag{4-5}$$

以及剖面惯性矩比面积:

$$C_i = \frac{F}{I^{1/2}} \tag{4-6}$$

式中　F——型材剖面积;

W——型材最小剖面模数;

I——型材剖面惯性矩。

对焊接在钢板上的船体骨架梁,在上述比面积公式中,F 为不包括带板的型材剖面积,而 W、I 则为包括带板的型材剖面模数和惯性矩。

C_w 的意义就是产生单位剖面模数($W^{2/3}$)所需的剖面积。显然,C_w 愈小,剖面材料的利用率就愈高,剖面设计得就愈好。

对于几何相似的型材剖面,因所有尺寸相差 n 倍,便有下述关系:

$$F_2 = n^2 F_1,\quad I_2 = n^4 I_1,\quad W_2 = n^3 W_1$$

$$C_w = \frac{F_1}{W_1^{2/3}} = \frac{F_2}{W_2^{2/3}} = 常数$$

$$C_i = \frac{F_1}{I_1^{1/2}} = \frac{F_2}{I_2^{1/2}} = 常数$$

即两个几何相似的型材剖面其比面积是相同的。

在同品种型材中,比面积的变化范围也不大。例如,船用球扁钢的 C_w 约为 0.64~0.68,C_i 为 0.40~0.45,在设计计算中可近似地取 $F=0.65W^{2/3}$ 和 $F=0.40I^{1/2}$。

4.2　剖面几何要素计算

为了保证型材有足够的强度,必须使翼板上的最大正应力和腹板上的最大剪应力小于许用应力,即

$$\frac{M}{W_1} \leqslant (\sigma) \quad 及 \quad \frac{NS}{It} \leqslant (\tau) \tag{4-7}$$

式中　M、N——作用于剖面的弯矩及剪力;

W_1——最小剖面模数;

I——型材剖面对中和轴的惯性矩;

S——剖面中和轴以上或以下的剖面积对中和轴的静矩;

t——型材腹板的厚度。

为此,首先要建立型材剖面要素与剖面几何尺寸之间的关系式。

4.2.1　型材剖面模数与惯性矩的计算

焊接于船体钢板上的T型材,研究其强度、稳定性时采用图4-3所示的标记:

f_1, t_1, b_1——小翼板(亦称自由翼板、面板)剖面积、厚度及宽度;

f_2, t_2, b_2——大翼板(即型材带板)剖面积、厚度及宽度;

f, t, h——腹板的剖面积、厚度及高度(两翼板重心间距离);

h_1, h_2——翼板重心到剖面中和轴的距离。

并且假定两翼板的厚度远小于剖面高度(一般厚度不超过高度的1/8即可)。

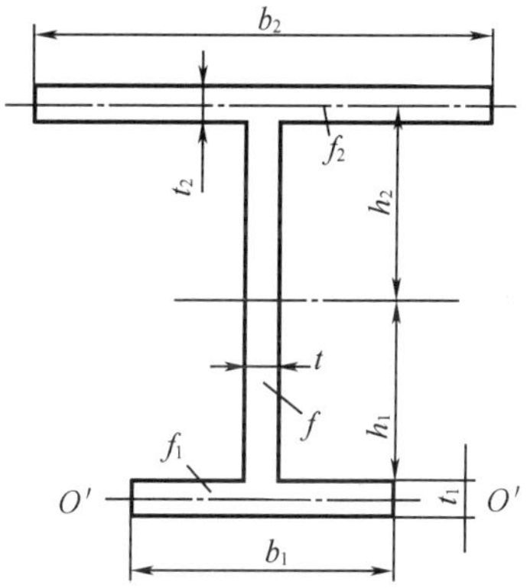

图4-3　T型材尺寸标记

设参考轴0′-0′取在小翼板厚度中点的轴线上。利用剖面特性计算的移轴定律,剖面中和轴至参考轴的距离为

$$h_1 = \frac{f_2 h + f\dfrac{h}{2}}{f_1 + f_2 + f} \tag{4-8}$$

剖面对中和轴的惯性矩为

$$I = f_2 h^2 + f\left(\frac{h}{2}\right)^2 + \frac{f h^2}{12} - (f_1 + f_2 + f)\, h_1^2$$

将式(4-8)代入上式得

$$I = h^2 \frac{f_1 f_2 + \dfrac{f}{3}(f_1 + f_2) + \dfrac{f^2}{12}}{f_1 + f_2 + f} \tag{4-9}$$

由此，小翼板的剖面模数为

$$W_1=\frac{I}{h_1}=h\frac{f_1f_2+f_1\dfrac{f}{3}+f_2\dfrac{f}{3}+\dfrac{f^2}{12}}{f_2+\dfrac{1}{2}f}$$

以$(f_1f/2-f_1f/6)$代替$f_1f/3$，便可得

$$W_1=h\left(f_1+\frac{f}{6}\frac{4f_2-2f_1+f}{2f_2+f}\right) \tag{4-10}$$

同理，大翼板的剖面模数为

$$W_2=\frac{I}{h_2}=h\left(f_2+\frac{f}{6}\frac{4f_1-2f_2+f}{2f_1+f}\right) \tag{4-11}$$

式中，h_2 为大翼板重心到中和轴的距离，即

$$h_2=h-h_1=h\frac{f_1+\dfrac{1}{2}f}{f_1+f_2+f}\leqslant 0.5h \tag{4-12}$$

型材剖面模数及惯性矩也常利用表 4-2 及下述公式计算。

剖面中和轴至参考轴的距离：

$$e=B/A$$

剖面对中和轴的惯性矩：

$$I=C-Ae^2=C-eB$$

剖面模数：

$$W=I/h_1,W_2=I/(h-h_1)$$

表 4-2　剖面要素计算表

构件编号 i	构件名称及尺寸 /mm	构件剖面积 f_i/cm²	至参考轴距离 Z_i/cm	静矩 f_iZ_i /cm³	$f_iZ_i^2$ /cm⁴	自身惯性矩 i_0 /cm⁴
…						
–	$\sum$	A		B	C	

小翼板的剖面模数为型材剖面的最小剖面模数。为介绍方便，将式(4-10)改写为

$$W_1=h(f_1+f/K) \tag{4-13}$$

式中，

$$K=6\times\frac{2f_2+f}{4f_2-2f_1+f} \tag{4-14}$$

令中和轴到大、小翼板距离的比值为β，即

$$\beta=\frac{h_2}{h_1}=\frac{2f_1+f}{2f_2+f}<1 \tag{4-15}$$

则可得

$$K=\frac{6}{2-\beta} \tag{4-16}$$

利用式(4-10)或(4-13)可解决在型材剖面中材料合理分布的问题。

(1)K值的变化范围不大,在3与6之间。图4-4表明系数K等于最小值及最大值时,剖面中材料分布的情况。如剖面是对称的,则$f_1=f_2$,$\beta=1$,$K=6$;如将大翼板增至无穷大,则$\beta=0$,$K=3$。

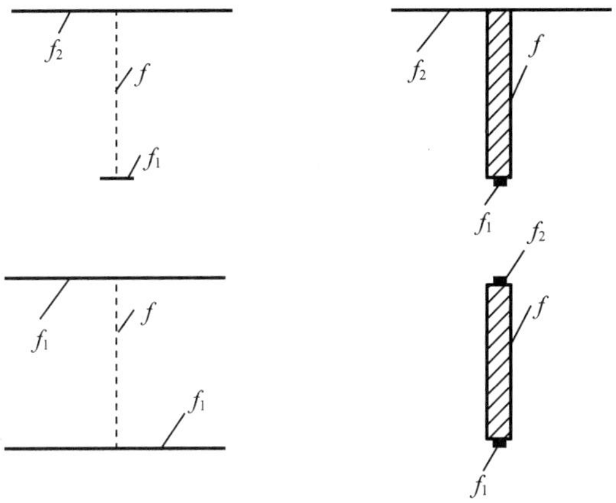

图4-4　系数K等于最小值及最大值时的剖面图

(2)只要剖面高度h不变,增加大翼板的剖面积虽然可使剖面模数增加,但增加得极为缓慢,从节约材料的观点来看,这不是好办法。由此可知,船体骨架梁带板宽度的变化对梁材最小剖面模数的影响是不大的。

(3)增加不对称剖面型材最小剖面模数最有效的办法是增加腹板的高度,或者在腹板高度不变时增加小翼板的剖面积。

为了尽可能减小结构重量,在必须减小不对称剖面型材最小剖面模数时,减小大翼板剖面积将比减小小翼板剖面积更有利。但是,在船体结构中,大翼板为带板,其厚度是由其他条件决定的。

4.2.2　腹板的相当面积

式(4-7)中腹板上的最大剪应力公式可写成

$$\tau=\frac{N}{\bar{f}} \tag{4-17}$$

式中,

$$\bar{f}=\frac{It}{S} \tag{4-18}$$

$\bar{f}$称为型材腹板的相当面积,它相当于使最大剪应力沿腹板高度均匀分布的剖面积。

利用$I=W_1h_1$及$S=f_1h_1+\frac{1}{2}h_1^2t$,腹板面积$f=ht$及式(4-8)与式(4-10),可得到腹板的

相当面积与腹板面积的关系式：

$$\bar{f}=f\frac{f_1+\dfrac{f}{6}\dfrac{4f_2-2f_1+f}{2f_2+f}}{f_1+\dfrac{f}{4}\dfrac{2f_2+f}{f_1+f_2+f}} \tag{4-19}$$

一般船用型材的大翼板为带板，其剖面积可作为常量。若小翼板剖面积 f_1 与腹板剖面积 f 之比值满足：

$$0<f_1:f<\infty$$

此时 $\bar{f}$ 的变化范围为

$$0.67f<\bar{f}<f$$

因此，在强度计算中可近似取为

$$\bar{f}=0.85f \tag{4-20}$$

这表明薄壁 T 型材剖面上的剪力主要由腹板承受。

于是，为抵抗剪切，腹板的剖面积必须满足：

$$f\geqslant\frac{N}{0.85[\tau]}$$

4.2.3 梁材抗弯强度与抗剪强度间的关系

我们知道，承受一定载荷的梁所受到的弯矩随跨度 l 的增长而增大，而其剖面抵抗弯矩的能力随剖面高度 h 的增高而增大，因此剖面上的弯曲正应力的大小不仅与剖面材料的分布有关，而且随 l 与 h 之比值 (l/h) 的增加而增加。然而，由式(4-17)及式(4-19)可知，承受一定载荷的梁之最大剪应力仅与剖面上材料的分布有关。由此可知，若假定梁剖面中的最大剪应力与最大正应力同时达到各自许用应力时，所对应的比值 l/h 为最小值 $(l/h)_{\min}$，当 l/h 大于此数值时，若满足了梁的抗弯强度条件，则梁的抗剪强度必然是有保证的；反之，l/h 小于此数值时，梁的抗剪切要求是主要的，即若满足了梁的抗剪强度条件，梁的抗弯强度便自动得到保证。

按第四强度理论(可参阅相关材料力学文献)来校核一般弯曲的强度时，梁的剪切许用应力为 $[\tau]=[\sigma]/\sqrt{3}$，因此有

$$\frac{\tau_{\max}}{\sigma_{\max}}=\frac{[\tau]}{[\sigma]}=0.57$$

表 4-3 列出了一些梁在不同载荷和端点固定情况下的 $(l/h)_{\min}$ 值。对于支持在弹性基础上的梁，剪力对强度的影响大大增加。此时，表 4-3 所列 $(l/h)_{\min}$ 值须乘以一修正系数 k_u。系数 k_u 按参数 u，即

$$u=\frac{l}{2}\sqrt[4]{\frac{K}{4EI}} \tag{4-21}$$

式中　K——梁弹性基础的刚性系数；

EI——梁的弯曲刚度。

k_u 可从图 4-5 中查得。

表 4-3[①]　一些梁在不同载荷和端点固定情况下的 $(l/h)_{min}$ 值

编号[③]	载荷种类和端点固定情况	f_1/f[②]				
		0.4	0.6	0.8	1.0	1.2
1	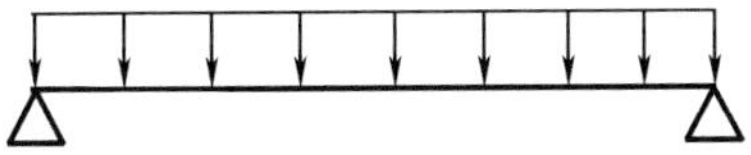	5.3	6.7	8.1	9.4	10.8
2	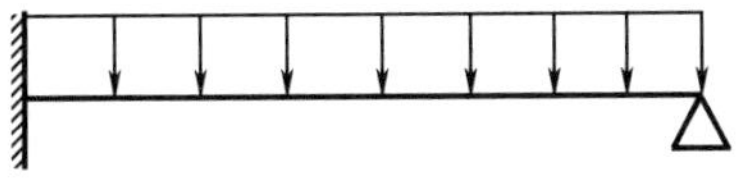	6.7	8.4	10.1	11.7	13.4
3	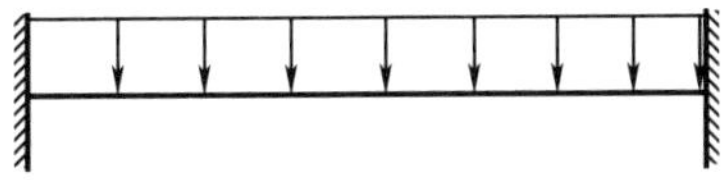	8	10	12.1	14.2	16.1
4	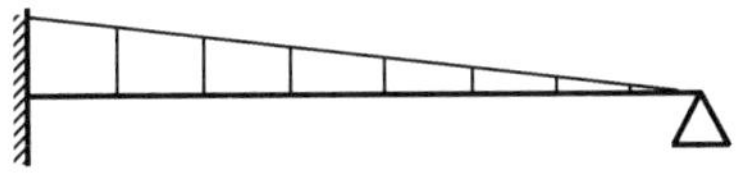	8	10.1	12.1	14.2	16.1
5	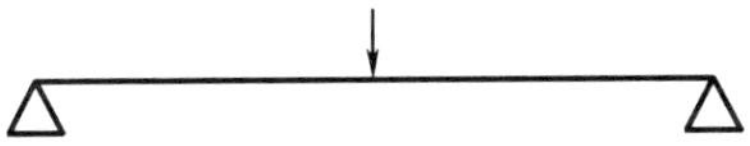	2.7	3.4	4.1	4.7	5.4
6		5.3	6.7	8.1	9.4	10.8

①在计算 $(l/h)_{min}$ 时，假定带板面积大于型材；

② f_1/f 为型材自由翼板面积与腹板面积之比；

③编号 1，2，…，6 对应图 4-5 中的 1，2，…，6。

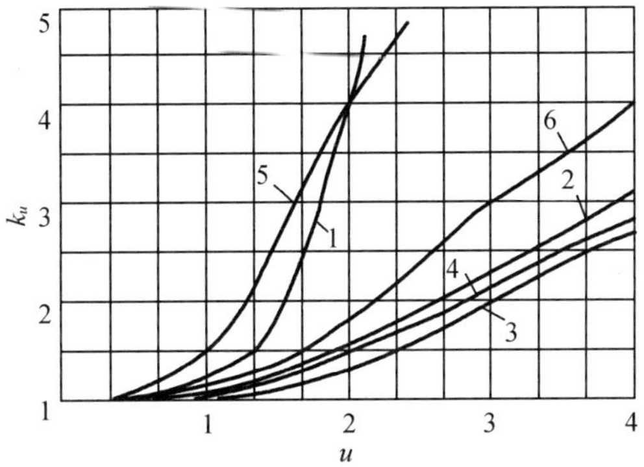

图 4-5　k_u-u 曲线

4.2.4 型材的局部稳定性

保证型材的局部稳定性,系指保证其翼板和腹板的稳定性。

1. 翼板的稳定性

将型材自由翼板的一半视为三边自由支持在刚性支座上,将另一边视为完全自由的单向受压的长矩板(图 4-6),其临界应力为

$$\sigma_{cr}=8.2\left(\frac{100t_1}{b}\right)^2 \quad (\mathrm{N/mm^2}) \tag{4-22}$$

式中 b——由腹板至自由边的翼板宽度;

t_1——翼板厚度。

一般要求压应力达到材料屈服极限 σ_s 时,翼板仍是稳定的。令 $\sigma_{cr}=\sigma_s$,且忽略腹板的厚度,可得

$$n_0=\frac{b}{t_1}=10\sqrt{\frac{820}{\sigma_s}} \tag{4-23}$$

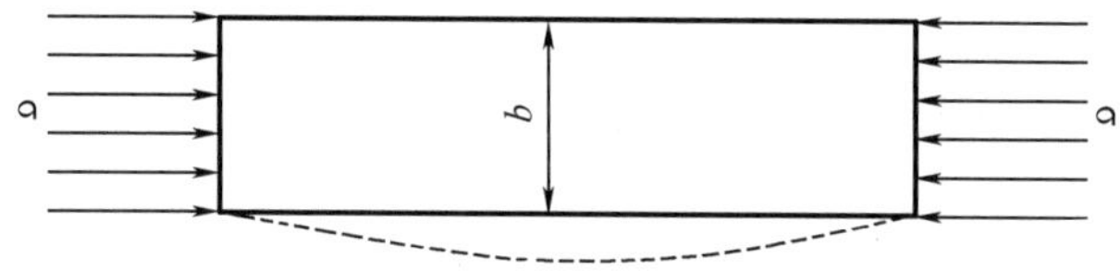

图 4-6 自由翼板稳定性计算图形

式(4-23)仅适用于弹性范围,当压应力超过弹性范围时应作修正。此外,考虑到在实际船体结构中,自由翼板具有初挠度,以及使用上的要求(翼板宽度太大就难以在梁材之间进行检查及油漆等工作),通常应使 n_0 值不超过 7.5~10,或者按下式决定其值:

$$n_0=\frac{b}{t_1}=10\sqrt{\frac{184}{\sigma_s}} \tag{4-24}$$

2. 腹板的稳定性

研究腹板的稳定性时,将其视为四周自由支持在刚性支座上的矩形板,沿四周作用着定值剪应力,同时沿腹板高度作用着线性分布的弯曲正应力(图 4-7)。

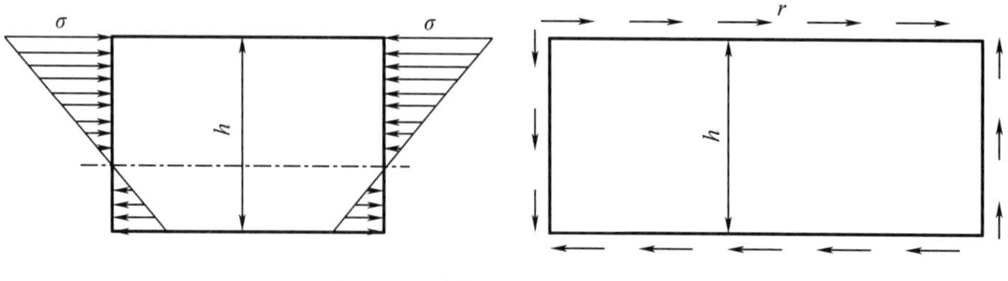

图 4-7 腹板稳定性计算图形

板单独受非均匀线性分布的弯曲正应力作用时,其临界应力为

$$\sigma_{cr}=76\left(\frac{100t}{h}\right)^2\left[1+0.95(1+\beta)^{2.33}\right] \quad (\mathrm{N/mm^2}) \tag{4-25}$$

式中　β——一个翼板内的拉应力与另一个翼板内的压应力之比的绝对值。

板单独受定值剪应力作用时，其临界应力为

$$\tau_{cr}=102\left(\frac{100t}{h}\right)^2 \quad (\mathrm{N/mm^2}) \tag{4-26}$$

板同时受这两种应力作用时，若 σ 和 τ 满足下述相关方程便发生失稳：

$$\frac{\sigma}{\sigma_{cr}}+\frac{\tau}{\tau_{cr}}=1$$

或

$$\frac{\sigma}{A}+\frac{\tau}{102}=\left(\frac{100t}{h}\right)^2$$

式中，

$$A=76[1+0.95(1+\beta)^{2.33}] \tag{4-27}$$

由此得到

$$m=\frac{h}{t}=\frac{100}{\sqrt{\frac{\sigma}{A}+\frac{\tau}{102}}} \tag{4-28}$$

在利用式(4-28)确定 m 时，应注意以下几点。

(1)临界压应力 σ 和临界剪应力 τ 的极限值分别是 σ_s 和 $0.57\sigma_s$。为保证腹板具有足够的稳定性，在设计时一般要求 σ 和 τ 尽可能接近于其极限值。

因此，若实际的 $\frac{\tau}{\sigma}\leqslant 0.57$，则应使弯曲压应力等于屈服极限值，即 $\sigma=\sigma_s$，而 τ 为相应该正应力时剖面中和轴处的剪应力。这样，根据式(4-28)，应按下式确定 m：

$$m=\frac{h}{t}=\frac{100}{\sqrt{\frac{102}{A}+\frac{\tau}{\sigma}}}\sqrt{\frac{102}{\sigma_s}} \tag{4-29}$$

若实际的 $\frac{\tau}{\sigma}>0.57$，则应使 $\tau=0.57\sigma_s$，并保持 $\frac{\tau}{\sigma}$ 的比值不变。于是，根据式(4-28)，应按下式确定 m：

$$m=\frac{h}{t}=\frac{100}{\sqrt{\frac{58}{A}\frac{\sigma}{\tau}+0.57}}\sqrt{\frac{102}{\sigma_s}} \tag{4-30}$$

式中　σ_s——材料的屈服极限，$\mathrm{N/mm^2}$。

(2)若型材自由翼板总是受拉应力作用，则 $\beta\geqslant 1$。此时，大翼板内可能达到的临界压应力为 σ_s/β，τ 为作用载荷在自由翼板内产生的大小为 σ_s 的拉应力时，剖面中和轴处的剪应力，即计算时仍保持实际的 τ/σ 之比值不变。

(3)由于 m 与剖面中和轴的位置和比值 τ/σ 有关，所以只能通过逐次近似计算确定。初次计算时可取 $\beta=0.5$，$\frac{\tau}{\sigma}=0.5$。

(4)考虑到在实际船体结构中梁材腹板初挠度的影响，以及电焊过程中所发生的偏斜现象,在内河船舶设计中一般 $m \leq 75$,在海船设计中通常 m 小于 70~100。

4.2.5 型材的总稳定性

大家知道,当作用于型材剖面最大刚性平面内的横荷重比较小时,梁材将仅在其最大刚性平面内弯曲。但是,当横载荷超过某一限度时,梁材会离开它自己的弯曲平面,并在其最小刚性平面内发生弯曲,同时还伴有扭转变形,即丧失了弯曲平面形状的稳定性,常称为型材侧向失稳。这种失稳是整体性的,它将导致整个结构的破坏,故亦常称为型材总稳性。在船体结构中,几乎所有的梁都是焊接在钢板上的,而且钢板平面内的刚性要比梁的弯曲刚性和扭转刚性大得多,以致可以将梁视为沿梁与钢板的连接线不发生任何侧向位移。因此,型材的侧向失稳可视为扭转轴线固定了的开口薄壁杆件的侧向失稳问题。

舱壁扶强材的侧向失稳就是型材总稳定性丧失的典型例子。对两端为自由支持的 T 型材(图 4-8),为了不发生侧向失稳,其跨度中点的横载荷不得大于按下式求得的临界载荷:

$$q_{0.\,cr} = \frac{EI_\omega^*}{|\beta_1^*|\, l^4}\Phi(a_1, a_2) \tag{4-31}$$

式中 E——材料弹性模量;

I_ω^*——$I_\omega^* = \frac{1}{12}t_1 b_1^3 h^2$,扶强材剖面扇性惯性矩,$cm^6$;

β_1^*——$\beta_1^* = \frac{1}{I_x}\left[\int_F y^3 \mathrm{d}F + \int_F x^2 y \mathrm{d}F\right] - 2b_y$, cm;

$\Phi(a_1, a_2)$——按 a_1 及 a_2 由图 4-9 查得的函数值,其中:

$$a_1 = \frac{I_a l^2}{I_\omega^*}, \quad a_2 = \frac{k_0 l^4}{EI_\omega^*}$$

式中 I_x——剖面对 x 轴的惯性矩,cm^4;

I_a——$I_a = \frac{1}{3}b_1 t_1^3 + \frac{1}{3}ht^3$,扶强材扭转惯性矩,$cm^4$;

k_0——$k_0 = \frac{Et_2^3}{3c(1-\mu^2)}$,扶强材单位宽度带板抗扭刚性系数;

t_2——扶强材带板厚度,cm;

c——扶强材间距,cm。

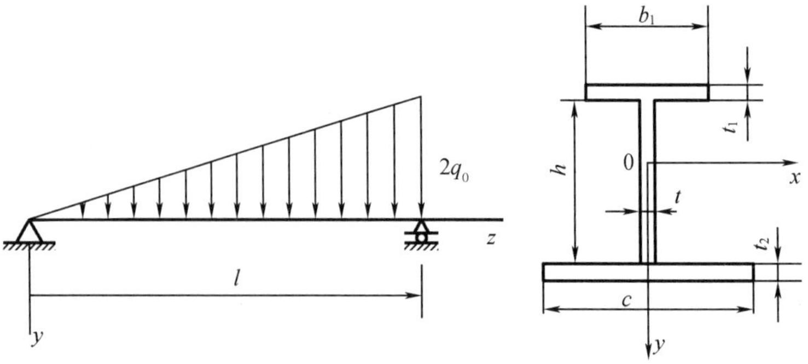

图 4-8 两端自由支持的 T 型材

若扶强材在丧失稳定性时，应力超过了材料弹性极限，对上述临界载荷计算公式应予以修正。

研究式(4-31)，不难发现，影响型材总稳定性的主要因素是：梁材腹板高度 h、小翼板的宽度 b_1 及梁材跨度 l。梁材跨度 l 越大，小翼板宽度 b_1 愈小、腹板高度 h 愈大，则型材愈容易丧失总稳定性。

初次近似计算时，可按下式校核型材的总稳定性：

$$\frac{l}{b_1}<100\sqrt{\frac{100}{\sigma_s}} \tag{4-32}$$

式中　σ_s——材料屈服极限，N/mm²。

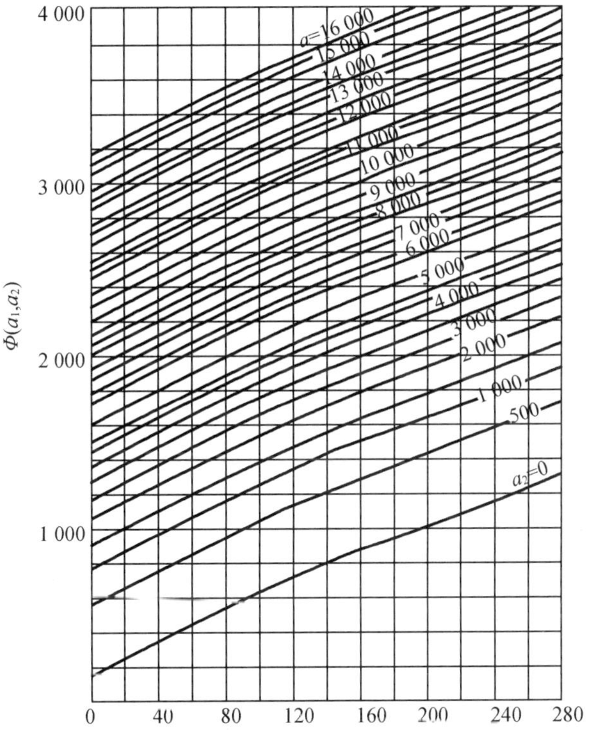

图 4-9　$\Phi - a_1, a_2$ 曲线

4.3　组合型材剖面优化设计

4.3.1　型材剖面设计的任务

对于焊接于钢板上的T型材，其剖面设计的任务是确定结构重量最轻的剖面尺寸：型材腹板高度 h 及厚度 t、面板宽度 b_1 及厚度 t_1(图4-10)，并保证型材具有足够的强度和稳定性，以及满足工艺、构造、营运使用等方面的要求。

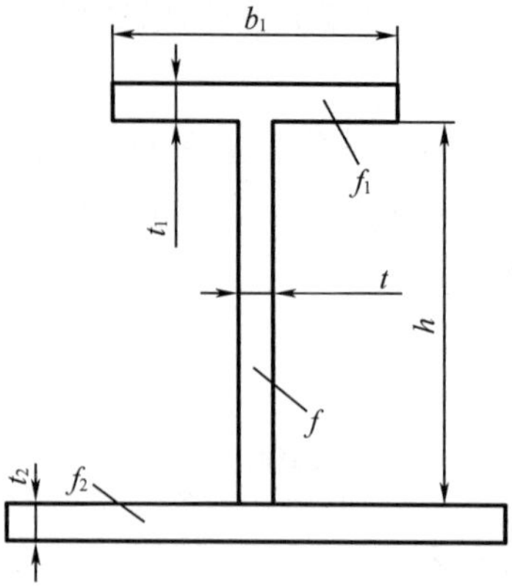

图 4-10　T 型材尺寸标记

求最优的 h、t、b_1、t_1，使不包括带板剖面积 f_2 的型材剖面积为最小，即

$$F=ht+b_1t_1\rightarrow\min \tag{4-33}$$

并满足下列要求：

(1)翼板最大弯曲正应力 σ 不超过许用应力$[\sigma]$，即

$$\sigma=\frac{M}{W_1}\leqslant[\sigma] \tag{4-34a}$$

或

$$W_1\geqslant\frac{M}{[\sigma]} \tag{4-34b}$$

(2)腹板最大剪应力 τ 不超过许用值$[\tau]$，即

$$\tau=\frac{NS}{It}\leqslant[\tau] \tag{4-35a}$$

或

$$f=ht\geqslant\frac{N}{0.85[\tau]}=f_0 \tag{4-35b}$$

(3)保证腹板不丧失局部稳定性，即

$$\frac{h}{t}\leqslant m \tag{4-36}$$

(4)考虑腐蚀或工艺性，即

$$t\geqslant t_0 \tag{4-37}$$

(5)保证面板不丧失局部稳定性，即

$$\frac{b}{t_1}\leqslant n_0 \tag{4-38}$$

此外，尚应保证型材的总稳定性。为简化讨论，将这一要求用作最后的补充校核。

4.3.2　型材剖面最佳尺寸的实用设计公式

1. 公式推导的基本思路

首先，暂不考虑面板的具体尺寸，在一般情况下，保证梁材的弯曲强度是主要的，即最

轻型材剖面尺寸对应弯曲强度条件式(4-34)临界约束,取该式的等式,即

$$W_1=\frac{M}{[\sigma]} \tag{4-39}$$

又利用式(4-13),将型材面板的面积表示为腹板尺寸的函数,即

$$f_1=b_1t_1=\frac{W_1}{h}-\frac{ht}{K} \tag{4-40}$$

于是,可将型材剖面积 F 的计算式式(4-33)转化为

$$F=\frac{W_1}{h}+\frac{K-1}{K}ht \tag{4-41}$$

而约束条件为

$$h/t\leqslant m \tag{4-42}$$

$$t\geqslant t_0 \tag{4-43}$$

$$ht\geqslant f_0 \tag{4-44}$$

图4-11、图4-12及图4-13表示了几种典型情况下的最优设计,下面将分别加以说明。

2. 腹板的最佳高度

(1)最轻型材剖面高度仅受腹板最小厚度条件控制

这种情况如图4-11所示。此时式(4-43)取等式,式(4-42)及式(4-44)取不等式。

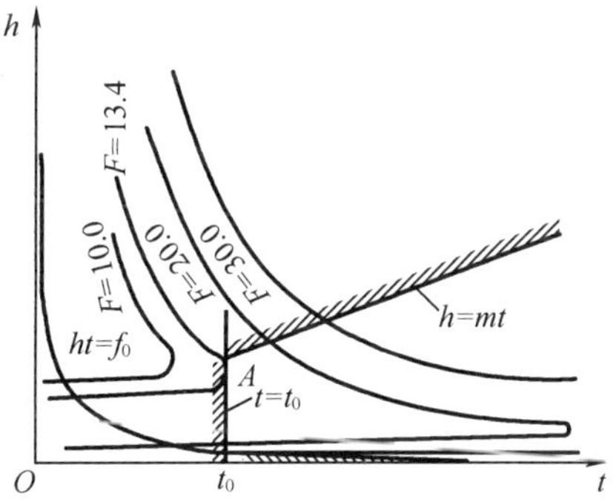

图4-11　受腹板最小厚度条件控制的最优设计

因取 $t=t_0$,式(4-41)又进一步简化为一个单变量函数,即

$$F=\frac{W_1}{h}+\frac{K-1}{K}ht_0$$

于是,由

$$\frac{\partial F}{\partial h}=-\frac{W_1}{h^2}+\frac{K-1}{K}t_0=0$$

求得使型材剖面积 F 为最小的腹板高度 h_{opt} 为

$$h_{opt}=\sqrt{\frac{K}{K-1}\,\frac{W_1}{t_0}} \tag{4-45}$$

此解为图4-11中目标函数等值线与直线 $t=t_0$ 的切点 A。

将 K 的最大值($K=6$)与最小值($K=3$)代入式(4-45)得

$$1.10\sqrt{\frac{W_1}{t_0}} \leqslant h_{opt} \leqslant 1.22\sqrt{\frac{W_1}{t_0}}$$

由此可知,K 值对 h_{opt} 的影响不大。

一般在设计中,取其平均值进行近似计算,即

$$h_{opt}=1.16\sqrt{\frac{W_1}{t_0}} \tag{4-46}$$

由于已假定腹板的稳定性条件自动满足,即

$$\frac{h_{opt}}{t_0}=\frac{\sqrt{\frac{K}{K-1}\frac{W_1}{t_0}}}{t_0} \leqslant m$$

由此得关系式:

$$W_1 \leqslant \frac{K-1}{K}m^2 t_0^3 \tag{4-47}$$

如令

$$W_0=\frac{K-1}{K}m^2 t_0^3 \tag{4-48}$$

则式(4-47)变为

$$W_1 \leqslant W_0 \tag{4-49}$$

另外,还假定腹板的剪切强度条件自动满足,即

$$\frac{f_0}{t_0} \leqslant \sqrt{\frac{K}{K-1}\frac{W_1}{t_0}}$$

由此又得关系式:

$$W_1 \geqslant \frac{K-1}{K}\frac{f_0^2}{t_0} \tag{4-50}$$

这就是说,若由弯曲强度条件式(4-39)决定的最小剖面模数 W_1 满足$\frac{K-1}{K}\frac{f_0^2}{t_0} \leqslant W_1 \leqslant W_0$时,最轻型材剖面高度仅受腹板最小厚度条件控制。

(2)最轻型材剖面高度仅受腹板稳定性条件控制

这种情况如图 4-12 所示。此时,式(4-42)取等式,式(4-43)及式(4-44)取不等式。

因为

$$\frac{h}{t}=m$$

故有

$$f=ht=\frac{h^2}{m}$$

将其代入式(4-41)得

$$F=\frac{W_1}{h}+\frac{K-1}{K}\frac{h^2}{m}$$

利用：

$$\frac{\partial F}{\partial h}=-\frac{W_1}{h^2}+2\frac{K-1}{K}\frac{h}{m}=0$$

求得使型材剖面积 F 为最小的腹板高度 h_{opt} 为

$$h_{opt}=\sqrt[3]{\frac{K}{2(K-1)}W_1 m} \tag{4-51}$$

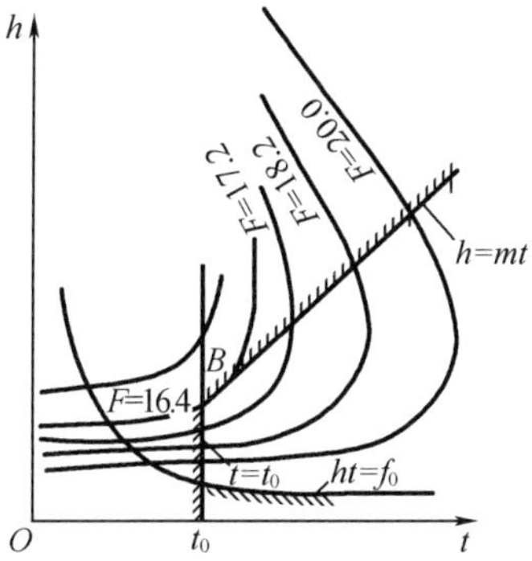

图 4-12　受腹板稳定性条件控制的最优设计

此解为图 4-12 中目标函数等值线与直线 $h=mt$ 的切点 B。

代入 K 的最大值与最小值，可知 $0.84\sqrt[3]{W_1 m}\leqslant h_{opt}\leqslant 0.9\sqrt[3]{W_1 m}$。因此，在设计中一般可取其平均值进行近似计算：

$$h_{opt}=0.87\sqrt[3]{W_1 m} \tag{4-52}$$

因为已假定腹板的最小厚度条件自动满足，即

$$t\geqslant t_0$$

或

$$h=mt\geqslant mt_0$$

所以有

$$\sqrt[3]{\frac{K}{2(K-1)}W_1 m}\geqslant mt_0$$

由此得

$$W_1\geqslant\frac{2(K-1)}{K}m^2 t_0^3 \tag{4-53}$$

根据式(4-48)得

$$W_1\geqslant 2W_0 \tag{4-54}$$

由于 $\frac{f_0}{t_0}<mt_0$，显然腹板的剪切强度条件自动满足。

(3)最轻型材剖面高度受最小剖面模数 W_1 在 W_0 与 $2W_0$ 之间条件控制

此时,最轻型材剖面高度将同时受腹板稳定性及腹板最小厚度两条件控制,即图 4-13 所示该两约束曲线的交点 C。由图 4-13 可见,此时若仅以腹板最小厚度条件决定最佳高度(即 A 点)不能满足腹板的稳定性要求,而若仅以腹板稳定性条件决定最佳高度(即 B 点)不能满足腹板最小厚度要求。

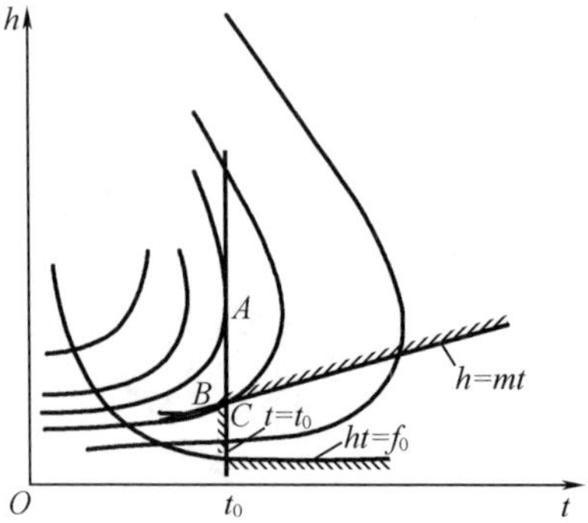

图 4-13　受最小剖面模数 W_1 在 W_0 与 $2W_0$ 之间条件控制的最优设计

(4)带板应力受限制的型材剖面设计

在造船实践中,有时舱壁板采用比舱壁扶强材机械性能低的材料,以充分发挥材料的作用。

此时,梁材的弯曲强度尚应附加对带板弯曲正应力的限制,即

$$\frac{M}{W_2} \leqslant [\sigma'] \tag{4-55}$$

式中　W_2——型材剖面带板的剖面模数;

$[\sigma']$——带板的许用应力。

考虑到式(4-39),式(4-55)可转化为

$$\beta \leqslant \beta_0 \tag{4-56}$$

式中　β——$\beta = \frac{W_1}{W_2} = \frac{2f_1+f}{2f_2+f} < 1$;

β_0——$\beta_0 = \frac{[\sigma']}{[\sigma]}$,两翼板的许用应力之比。

因此,带板与型材材料不同时,可以先假定它们的材料是相同的来确定剖面的最佳尺寸。然后,校核强度条件式(4-56),若该式成立,则最佳尺寸可求得;若该式不成立,则带板应采用机械性能更高的材料或者设法降低型材剖面的 β 值,使其等于 β_0。由于带板剖面积 f_2 为一定值,要降低 β 值(即要使剖面中和轴移向带板),只能减小小翼板面积 f_1。但是,为了不破坏小翼板的强度条件,又必须同时提高腹板的高度。

令

$$\beta = \frac{2f_1+f}{2f_2+f} = \beta_0 \tag{4-57}$$

则得

$$f_1=\beta_0 f_2-\frac{1-\beta_0}{2}f \tag{4-58}$$

又知：

$$f_1=\frac{W_1}{h}-\frac{2-\beta_0}{6}f \tag{4-59}$$

联立求解式(4-58)和式(4-59)，可得满足大、小翼板弯曲强度条件的腹板面积，即

$$f=\frac{6}{2\beta_0-1}\left(\frac{W_1}{h}-\beta_0 f_2\right) \tag{4-60}$$

以及小翼板面积，即

$$f_1=\frac{6}{2\beta_0-1}\left(\beta_0\ \frac{2-\beta_0}{6}f_2-\frac{1-\beta_0}{2}\ \frac{W_1}{h}\right) \tag{4-61}$$

这里要指出，此时型材剖面的总面积为

$$F=f_1+f=\frac{6}{2\beta_0-1}\left(\frac{1+\beta_0}{2}\ \frac{W_1}{h}-\beta_0\ \frac{4+\beta_0}{2}f_2\right) \tag{4-62}$$

而总面积将随型材高度 h 的增加而单调下降，因此不存在极值条件下的重量最轻解。

①最轻型材剖面高度仅受腹板最小厚度条件限制，即最轻解在约束曲线 $t=t_0$ 上。此时，由

$$f=ht_0=\frac{6}{2\beta_0-1}\left(\frac{W_1}{h}-\beta_0 f_2\right)$$

得二次方程式：

$$h^2+\frac{6\beta_0 f_2}{(2\beta_0-1)t_0}h-\frac{6}{2\beta_0-1}\ \frac{W_1}{t_0}=0 \tag{4-63}$$

解此方程式，便得型材剖面最佳高度 h。

由于已假定腹板的稳定性条件自动满足，即由式(4-63)求得的 h 满足 $h<mt_0$。所以，最小剖面模数 W_1 必定满足：

$$W_1<\frac{2\beta_0-1}{6}m^2t_0^3+mt_0f_2\beta_0$$

令

$$W_0=\frac{2\beta_0-1}{6}m^2t_0^3+mt_0f_2\beta_0 \tag{4-64}$$

则得

$$W_1<W_0 \tag{4-65}$$

②最轻型材剖面高度仅受腹板稳定性条件限制，即最轻解在约束曲线 $h=mt$ 上。此时，由

$$f=ht=\frac{h^2}{m}$$

式(4-60)变为

$$h^3+\frac{6\beta_0}{2\beta_0-1}f_2mh-\frac{6}{2\beta_0-1}mW_1=0 \tag{4-66}$$

解此三次方程式,便得型材最佳剖面高度 h。

由于已假定腹板的最小厚度条件取不等式,即上式求得的 h 满足:

$$\frac{h}{m}>t_0$$

所以,对最小剖面模数 W_1 必有

$$W_1>W_0 \tag{4-67}$$

③最轻型材剖面高度同时满足 $t\geqslant t_0$ 及 $\frac{h}{t}\leqslant m$ 的条件,即最轻解在 $t=t_0$ 及 $h=mt$ 约束曲线的交点 C 上。

3. 梁材面板的尺寸

在 W_1、h、f 及 f_2 已知的情况下,梁材面板的剖面积可根据式(4-10)求得,即

$$f_1=\frac{2f_2(3W_1-fh)+f(6W_1-fh)}{4h(3f_2+f)} \tag{4-68}$$

或者按式(4-59)确定。

在设计型材剖面时,必须尽可能增大自由翼板的宽度和减小其厚度,以提高型材的总稳定性。但是,其尺寸还受到自由翼板不丧失局部稳定性的限制,即

$$\frac{\left(\frac{b_1}{2}\right)}{t_1}\leqslant n_0 \tag{4-69}$$

式中,n_0 按式(4-23)或式(4-24)确定。

在式(4-69)中取等号,并由

$$f_1=b_1t_1=b_1\frac{b_1}{2n_0}=2n_0t_1^2$$

得自由翼板的尺寸:

$$b_1=\sqrt{2n_0f_1} \tag{4-70}$$

$$t_1=\sqrt{\frac{f_1}{2n_0}} \tag{4-71}$$

在确定型材面板尺寸时还应考虑使用及施工过程中的问题。面板宽度过大就难以在梁材间进行检查及油漆等工作。腹板与翼板的厚度相差太大对梁材焊接工作不利,因为在焊接过程中,热量向厚度大的组成部分传递比向厚度小的组成部分传递快。因此,焊接 T 型材面板厚度 t_1、腹板厚度 t 及带板厚度 t_2 之间一般有如下关系:

$$t_1\leqslant t+4\ \text{mm}$$

$$1.4t\leqslant t_1\leqslant 2t$$

$$t_2-4\ \text{mm}\leqslant t\leqslant t_2+4\ \text{mm}$$

另外,在设计时还应注意,用扁钢制造 T 型材面板比用钢板简单、经济。

4.3.3　型材剖面设计示例

型材剖面设计的基本步骤如下。

根据上面的讨论,型材剖面最佳高度与参数 m 及 K 等有关,而 m、K 又与剖面尺寸有关。因此,型材剖面尺寸只能通过逐步近似的过程确定。

通常,可按下述步骤决定 T 型材剖面尺寸。

(1)确定设计前提。

这里包括以下几点。

①根据梁材所受的载荷、梁材间距、跨度及端部固定情况,确定设计用的计算弯矩 M 及剪力 N。

②型材及带板材料的屈服极限 σ_y、σ_y'和相应的许用应力$[\sigma]$、$[\sigma']$、$[\tau]$。

由此决定要求的剖面模数:

$$W_1=\frac{M}{[\sigma]},\quad W_2=\frac{M}{[\sigma']}$$

腹板最小剖面积:

$$f_0=\frac{N}{0.85[\tau]}$$

③腹板的最小允许厚度 t_0。

④带板的宽度及厚度。带板宽度一般可按规范的规定确定,或根据弹性力学的结果确定:对两端刚性固定梁,取跨度的 1/6;对两端自由支持梁,取跨度的 1/3,但均不得大于梁材间距。

(2)第一次近似决定 m。

初步可取 $\beta=0.5$,$\dfrac{\tau}{\sigma}=0.5$,$K=4$ 进行计算。

(3)根据 m 与 t_0 计算 W_0。

因取 $K=4$,所以有

$$W_0=0.75m^2t_0^3$$

(4)比较 W_1 与 W_0 的大小,按表 4-4 选择合适的公式计算 h_{opt}、f、f_1。

(5)第二次近似决定 m。

先计算 β、τ 及 τ/β,然后按公式计算 m。

(6)重复步骤(3)与(4)。

应注意,若前后两次近似计算未改变型材剖面设计所选用的计算公式,则逐步近似计算就可不继续进行,因为中和轴位置的改变对最佳剖面尺寸的影响不大于 10%。

(7)计算面板的宽度与厚度。

(8)根据使用要求、钢材规格及施工要求等,最后确定剖面尺寸,并以最后选定的尺寸检验强度要求是否满足。

(9)校验型材总稳定性。

表 4-4 第一次近似计算

最小腹板面积 f_0 的范围	最小剖面模数 W_1 的范围	剖面最佳高度 h_{opt}	腹板剖面积 f	面板剖面积 f_1
$f_0 \leqslant mt_0^2$	$W_1 \leqslant \frac{K-1}{K}\frac{f_0^2}{t_0}$	$\frac{f_0}{t_0}$	f_0	$\frac{a_2(3a_1-1)+0.25(6a_1-1)}{3a_2+1}f$ $a_1=\frac{W_1}{fh}$; $a_2=\frac{f_2}{f}$
	$\frac{K-1}{K}\frac{f_0^2}{t_0}<W_1<W_0$	$\sqrt{\frac{K-1}{K}\frac{W_1}{t_0}}$	$h_{opt}t_0$	
	$W_0 \leqslant W_1 \leqslant 2W_0$	mt_0	mt_0^2	
	$W_1>2W_0$	$\sqrt[3]{\frac{K}{2(K-1)}W_1 m}$	h_{opt}^2/m	

仅当初步估算不能满足时,才选用更加精确的方法。

如果型材与带板用不同的材料制造,尚须补充比较 β 与 β_0 的大小。若 $\beta \leqslant \beta_0$,上述设计为最佳设计;若 $\beta>\beta_0$,则应根据 W_1 与 W_0' 的关系选用不同的公式重新确定 h,以降低 β 值,使其等于 β_0。

例 4-1 试确定某船实肋板尺寸。已知:$M=770$ kN · m,$N=71$ kN,$\sigma_s=235$ N/mm,$[\sigma]=176$ N/mm²,$[\sigma]=100$ N/mm²,$f_2=18$ cm²,$t_0=4$ mm,$l=8$ m。

解 (1)计算 W_1 及 f_0。

$$W_1=\frac{M}{[\sigma]}=437.5\ (\mathrm{cm}^2),\quad f_0=\frac{N}{0.85[\tau]}=9.5\ (\mathrm{cm}^2)$$

(2)第一次近似决定 m。

初步取:

$$\beta=0.5,\quad \frac{\tau}{\sigma}=0.5<0.57$$

因为

$$A=76[1+0.95(1+\beta)2.33]=261.7$$

所以

$$m=\frac{100}{\sqrt{\frac{102}{A}+\frac{\tau}{\sigma}}}\sqrt{\frac{102}{\sigma_s}}=70$$

(3)计算 W_0。

因为 $K=4$,所以:

$$W_0=0.75m^2t_0^3=235.2\ (\mathrm{cm}^3)$$

(4)第一次近似计算型材剖面尺寸。

因为 $W_0<W_1<2W_0$,$f_0<mt_0^2$,最佳高度同时受腹板稳定性及最小厚度条件限制,计算结果为

$$h_{opt}=mt_0=28\ (\mathrm{cm})$$

$$f=mt_0^2=11.2\ (\text{cm}^2)$$

$$f_1=\frac{a_2(3a_1-1)+0.25(6a_1-1)}{3a_2+1}f=13.4\ (\text{cm}^2)$$

(5)第二次近似决定 m。

因为

$$\beta=\frac{2f_1+f}{2f_2+f}=0.805$$

$$\tau=\frac{N}{f\cdot 0.85}=74.6\ (\text{N/mm}^2)$$

$$\frac{\tau}{\sigma}=\frac{\tau}{[\sigma]}=0.424$$

所以

$$m=\frac{100}{\sqrt{\frac{102}{A}+\frac{\tau}{\sigma}}}\sqrt{\frac{102}{\sigma_s}}=78.4$$

(6)第二次近似计算型材剖面尺寸。

因为

$$K=\frac{6}{2-\beta}=0.502$$

$$W_0=\frac{K-1}{K}m^2t_0^3=315\ (\text{cm}^3)<W_1<2W_0$$

所以

$$h_{\text{opt}}=mt_0=31.4\ (\text{cm})$$

$$f=mt_0^2=12.54\ (\text{cm}^2)$$

$$f_1=\frac{a_2(3a_1-1)+0.25(6a_1-1)}{3a_2+1}f=11.3\ (\text{cm}^2)$$

式中，

$$a_1=\frac{W_1}{fh}=1.11,\quad a_2=\frac{f_2}{f}=1.435$$

因为第二次近似计算未改变所使用的计算公式，所以不必进行第三次近似计算。

(7)确定面板尺寸。

考虑到制造因素，取腹板尺寸为 300 mm×4 mm。于是，为保证弯曲强度，面板面积为

$$f_1=\frac{a_2(3a_1-1)+0.25(6a_1-1)}{3a_2+1}f=12.1\ (\text{cm}^2)$$

由式(4-23)及式(4-24)决定的 n_0 为 9~18。

由式(4-70)，面板宽度为

$$b_1=\sqrt{2n_0f_1}=14.8\sim 20.9\ (\text{cm})$$

由式(4-71)，面板厚度为

$$t_1=\sqrt{\frac{f_1}{2n_0}}=0.82\sim0.58\ (\text{cm})$$

考虑到钢材牌号。实取面板尺寸为 160 mm×8 mm。

(8)按最后选定的尺寸检验强度条件。

利用最后选定的尺寸可得

$$\beta=\frac{2f_1+f}{2f_2+f}=0.783,\quad K=4.93$$

$$W_1=h\left(f_1+\frac{f}{K}\right)=457\ \text{cm}^3>437.5\ (\text{cm}^3)$$

(9)总稳定性检验。

$$\frac{l}{b}=\frac{800}{16}=50<100\sqrt{\frac{100}{\sigma_s}}=65.2$$

所以,总稳定性可以得到保证。

思考与练习

一、计算题

1. 已知某船底板厚度 $t=1.3$cm,船底纵骨为 22a 号球扁钢。试计算该纵骨(含带板)的剖面要素及剖面积利用系数(带板宽度 $b=60$ cm)。

2. 已知型材剖面的尺寸如习图 4-1 所示。试计算在下述情况下小翼板的剖面模数的变化情况:

(1)当小翼板的剖面积 f_1 增加 1 cm^2 时;

(2)当大翼板的剖面积 f_2 增加 1 cm^2 时。

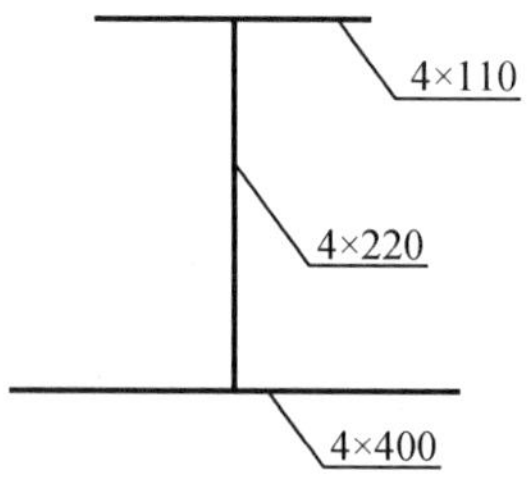

习图 4-1

3. 试设计一舱壁扶强材。已知:舱壁厚度 $t=7.5$ mm,最小厚度 $t_0=5$ mm,扶强材间距 $c=750$ mm,许用应力 $[\sigma]=0.8$, $\sigma_s=192$ N/mm^2, $[\tau]=0.5[\sigma]$。扶强材的固定情况及水柱高度如习图 4-2 所示(要求校核总稳定性)。

4. 若梁材的高度 $h=250$ mm 不能改变,试根据受到的剪力 $N=72$ kN 及弯矩 $M=770$ kN·m,选择型材的剖面尺寸(许用应力 $[\sigma]=176$ N/mm^2, $[\tau]=88$ N/mm^2)。

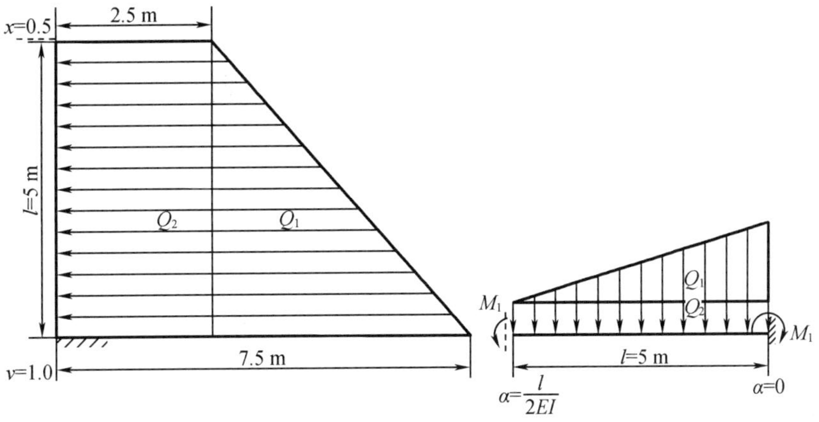

习图 4-2

二、填空题

1. 衡量型材剖面内材料分布合理程度的指标有________、________。

2. 在剖面积 F 和高度 h 相同的情况下,系数 η 能表明材料在剖面中分布的合理程度,即 η 值越大,所设计的型材剖面越接近于________,剖面材料的利用率就越________。

3. 剖面模数比面积 C_w 的意义就是产生单位剖面模数($W^{2/3}$)所需的剖面积。那么,C_w 愈小,剖面材料的利用率就愈________,剖面设计得就愈________。

4. 保证型材的局部稳定性,指保证________和________的稳定性。

三、选择题

1. 关于型材剖面设计,以下说法错误的是:________。

A. 具有足够的强度、刚度和稳定性

B. 应尽可能制造简单、施工质量高

C. 应尽量满足特殊结构与营运使用的要求

D. 为保证强度、刚度和稳性,不需考虑其重量

2. 关于型材的"理想"剖面,以下说法正确的是:________。

A. 型材"理想"剖面没有翼板

B. 中面拉力对船体板的承载起了很大的作用

C. 实心圆剖面型材最接近"理想"剖面

D. 实际所用的各种型材,其最小剖面模数仅为"理想"剖面剖面模数的一部分

3. 以下说法错误的是:________。

A. 剖面高度不变,增加大翼板的剖面积,剖面模数会极为缓慢地增加

B. 船体骨架梁带板宽度的变化对梁材最小剖面模数的影响是不大的

C. 增加不对称剖面型材最小剖面模数最有效的办法是增加腹板的高度

D. 在船体结构中,通过减少大翼板剖面积来减小结构重量

第5章　船体结构规范设计

- **学习目标**

知识目标

1. 了解船舶结构设计的任务、要求；
2. 掌握船体骨架形式的选择及构件布置原则；
3. 理解并能够处理船舶结构设计中的矛盾；
4. 掌握船体骨架形式的选择及构件布置原则；
5. 了解《内规》对总纵强度的一般要求；
6. 掌握船体中剖面模数和中剖面惯性矩的计算方法。

能力目标

1. 具备分析船体强度设计与技术、经济、性能之间矛盾的能力；
2. 具备叙述结构设计一般流程的能力；
3. 具备查阅规范的能力；
4. 具备选择《内规》计算公式及计算公式中各个要素的能力；
5. 具备校核船体总纵强度的能力。

5.1　船体结构设计规范通则

5.1.1　船体结构设计的任务与要求

在方案设计及技术设计阶段结构设计的主要任务是：

(1)确定整个船体结构设计的原则,如选择材料、骨架形式、肋骨间距,分析结构重量对经济性的影响；

(2)解决结构设计中的主要技术问题,确定构件的尺寸和连接方式,同时应充分考虑结构施工的可行性；

(3)提出船体主要钢料预估单,并为总体设计提供船体钢料的重量重心资料。

在这一设计阶段通常需要完成的主要图纸及技术文件有：总纵强度计算书及有关局部强度计算书；中剖面图；基本结构图；艏、艉结构图；艏、艉柱结构图；肋骨型线图；外板展开图；油密和水密舱壁图；机舱结构图；主机座和推力轴承座结构图；艉轴架结构图；货舱口结构图；舱盖结构图和强度计算书；甲板室和上层建筑结构图；通风筒、空气管和排水口布置及结构图;焊接方式和规格;安全装载手册(如适用时);船级社认为必要的图纸资料等。

安全装载手册应包括以下内容:船舶的主要参数及航区、各种允许的装载工况、各种允许的装载工况货物分布图(表)、允许装卸程序、载货甲板(内底板)或舱口盖最大允许载荷、各种允许的装载工况的压载配置图(表)、不同纵倾浮态下的排水量对照表(图)(如要求时)。

如果进入施工设计阶段,则还需要绘制所有结构及零件、部件的施工详图,例如对分段建造的船舶,要绘出分段划分图、分段结构图等。

结构设计中会出现众多的矛盾,要正确处理好这些矛盾,使设计的船体具有适当的强度和良好的技术经济性能。

1. 船体结构强度与重量的矛盾

保证船体结构具有足够的强度、刚度和稳定性是设计者应首先考虑的问题。但这并不是说构件选得愈大、愈坚固愈好,强度过剩会造成质量增加,钢材消耗多,建造成本提高并减小船舶载运能力。我们希望在保证船体结构满足强度、刚度和稳定性要求的前提下,尽量减轻结构质量,节约材料,降低成本,提高船舶的营运经济性。

2. 结构与工艺性的矛盾

在结构设计时,还必须考虑到结构工艺性要求。获得好的结构工艺性应做到:考虑到船舶所有部位的装配和施焊的可能性;尽可能扩大分段建造范围,缩短造船周期,改善作业条件,提高造船质量;尽量简化零部件结构,减少规格品种,尽可能采用标准件;尽量减少零部件的曲线外形,结构上的开孔、切角等应符合标准尺寸或常取尺寸;考虑船体结构维修与保养的可能性与方便性等。

3. 结构与使用性的矛盾

结构布置与构件尺寸要符合使用要求。例如,货船的结构布置要便于装卸货物;旅客及船员住舱应有足够净空高;支柱的布置应不妨碍总体布置及机器设备安装的要求等。因此,结构设计要与总体、轮机和设备的设计密切配合,树立整体观念,保证船舶各方面都有良好的性能。此外,根据使用要求,在选取构件尺寸时要合理地考虑锈蚀、磨损余量及其他特殊加强,以提高构件的使用年限。

5.1.2　船体结构设计的方法及步骤

目前,船体结构设计的方法一般有两种:一种是规范设计法,另一种是计算设计法。

规范设计法是指按照有关部门颁布的规范来进行船体结构的布置及构件尺寸的确定。目前一些主要造船国家都有自己的内河船舶规范。例如,中国船级社颁布的《钢质内河船舶建造规范》(图5-1),英国劳氏船级社(Lloyd's Register of Shipping,LR)的《英国内河船舶入级规范》,美国船级社(American Bureau of Shipping,ABS)也有内河船舶规范。

规范根据以往的经验,统计分析了大量母型船和实船测量资料,并辅之以日趋发展的结构力学计算方法,总结出了一系列的规定和经验公式,作为新船船体结构设计的依据。利用规范设计船体结构能比较方便地确定构件的布置与尺寸。目前,民用船舶一般都采用规范设计法。

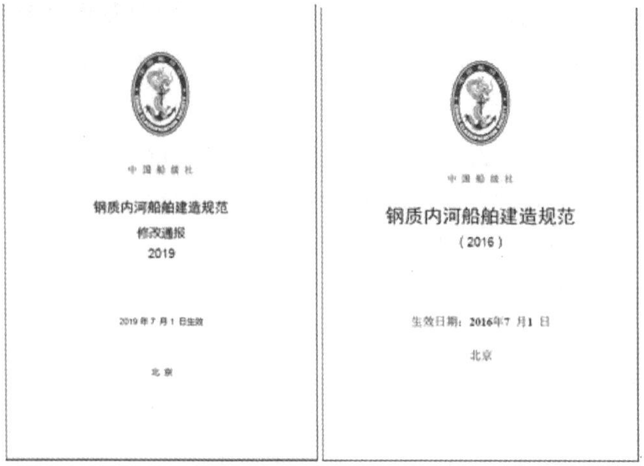

图 5-1　我国内河钢船建造规范

规范设计法也有其局限性，一是规范制定中某些不合理因素限制了新船结构设计的合理性，二是不断诞生的新型船舶无法依据规范进行结构设计，三是造船新材料的问世也使得原有规范不便使用。

船体结构的计算设计法是根据结构力学的原理来确定满足强度、刚度和稳定性要求的船体结构布置及构件尺寸，计算机技术的发展给计算设计法提供了迅速有效的工具，加上结构优化设计理论的发展，船体结构的计算设计法将有较大的发展。对于设计技术要求较高，对结构重量控制严格的军用船舶，只能用计算设计法。

必须指出，在目前，船体结构采用计算设计法必须辅之以经验设计才能完成设计。这是由于船舶结构设计的计算方法还不完整，计算设计一般只能在船舶中部的结构设计中实现，对于艏、艉这些复杂部分还需参考型船进行设计。

本书仅介绍按中国船级社 2016 年颁布的《钢质内河船舶建造规范》（以下简称《内规》）及 2019 修改通报进行设计的方法。

船体结构设计的一般做法是如下。

（1）根据总布置图、型线图及船舶使用要求，通过调查研究，分析和参考同类型船舶的结构情况，确定设计船舶的结构形式、骨材间距、构件布置等，并考虑在型船的基础上对设计船舶结构进行改进。

（2）船体结构设计是从船舶中部开始确定构件布置及构件尺寸的，因为船体中部的构件承受着最大的总纵弯曲应力，是船体总强度的关键。一般应在中部 $0.4L$ 范围内选择 2~4 个具有代表性的剖面（例如中部货舱开口处、机舱开口处、上层建筑突变处）进行设计，并绘制中横剖面草图，在草图上确定构件的定位尺寸及构件的跨距等，便于利用规范方式进行构件剖面要素的计算。

（3）根据绘出的中剖面图和总布置图进行全船结构布置，即绘制基本结构图。完成船体主要构件计算书。

（4）进行船体结构的重心计算，完成船体钢料的预估单。

船体结构设计的一般流程如图 5-2 所示。

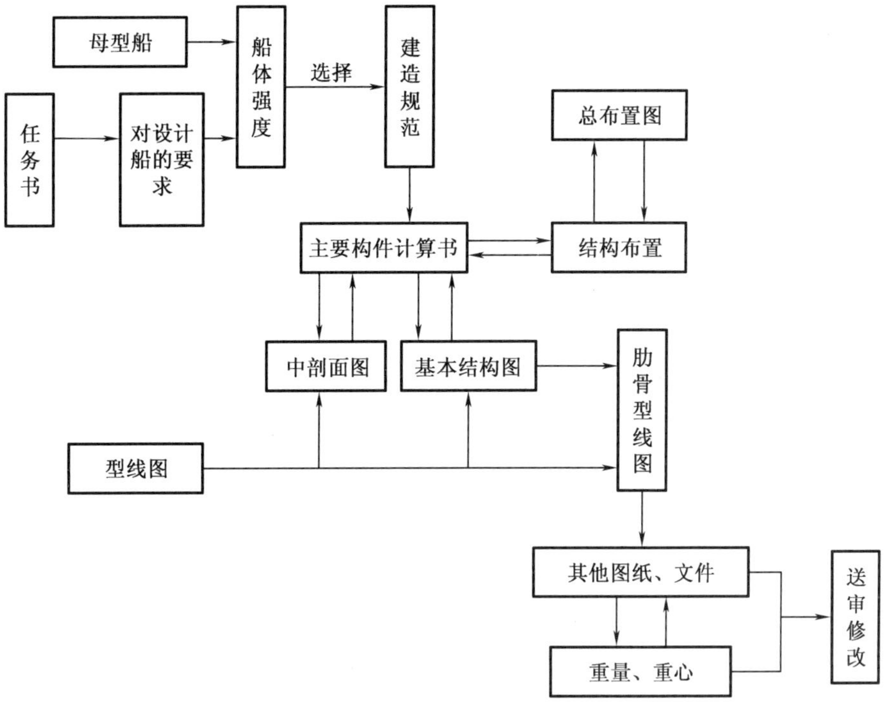

图 5-2　船体结构设计的一般流程

5.1.3　船体骨架形式的选择及构件布置原则

事实上,在船舶总体设计一开始就必须考虑船体结构的骨架形式。船体结构的骨架形式有三种:横骨架式、纵骨架式、混合骨架式。

横骨架式结构中横向构件较为密集,由纵、横向构件分隔成的板格的长边是平行于船宽方向的。横骨架式结构中大部分梁不能计入船体等值梁剖面,其总纵强度主要由甲板、船底板、纵舱壁、龙骨及甲板纵桁等来保证,因此横骨架式结构的总纵强度是较弱的。由结构力学可知,在局部载荷作用下,船体板的最大正应力是沿着板格的短边方向的,对于横骨架式结构来说,这正是船长方向,因此在总纵强度中从应力合成结果来看,这对总纵强度也是不利的。另外,横骨架式结构的稳定性也不理想。

在横骨架式结构中,密集的横向构件十分有利于船体的横向强度和局部强度。横骨架式结构工艺较简单,造价也比较低。

纵骨架式结构中纵向构件较为密集,有较多的梁可以计入船体等值梁剖面,因此总纵强度及稳定性较好。由于纵骨架式板格的短边平行于船宽方向,因此与横骨架式结构相比,在总纵强度中应力合成结果要小一些,有利于总纵强度。纵骨架式结构单位排水量的钢料质量较横骨架式小,这对于减轻自重和节省材料是有利的。

纵骨架式结构的横向强度相对较弱。另外,从工艺性和使用条件方面考虑,纵骨架式结构节点复杂,装配与焊接施工比较困难,且舱容、净空损失较大。

内河大型船舶、海洋船舶及军用船舶,对于总纵强度要求较高,应采用纵骨架式结构。

有些较大的船舶，对于保证总纵强度起着重要作用的甲板及船底采用纵骨架式结构，而主要承受局部弯曲的舷侧采用横骨架式结构，形成了“混合骨架式结构”。混合骨架式结构的船舶，其艏、艉一般都取横骨架式结构，这是由于艏、艉的总纵弯曲不再是主要的，而较多考虑局部强度的要求。

内河中、小型船舶，尤其是船长小于 50 m 的船舶，确定构件尺寸时，工艺因素占相当的比重，总纵强度一般都有较大的裕度，它不是主要矛盾，因此一般应采用横骨架式结构。

选择好合适的型船以后，设计船舶构件的布置一般都不会很困难，但是构件布置必须遵循如下原则。

1. 框架性原则

船体结构的主要作用是保证船体强度，而整个船体结构是由各个局部构成的，为使每个局部结构都能有效地工作，设计时必须考虑到构件的布置要有利于构件之间载荷的有效传递。例如，内河横骨架式结构船舶，舷侧肋骨受到水压力作用，并将载荷传递给作为其刚性支座的舷侧纵桁，而舷侧纵桁两端又刚性固定在横舱壁上，因此载荷又将被传递给横舱壁。同时，肋骨还将载荷传递给与其连接的甲板及船底部分的构件。这里，肋骨与舷侧纵桁构成舷侧板架，舷侧板架与甲板板架、船底板架及横舱壁构成一个空间结构。舷侧肋骨与甲板横梁、船底肋板构成同一平面内的横向框架结构。船底桁材、甲板纵桁、舱壁扶强材、支柱应尽可能布置在同一纵剖面内，以形成纵向框架结构。舷侧纵桁、舱壁水平桁、水平撑材应布置在同一水平面内，以形成水平框架结构。

2. 连续性原则

一种结构形式或某一构件，在其布置方向不能突然中断或尺寸突变，以免破坏内力的传递和引起严重的应力集中，例如，船中部 0.4L 内所有纵向构件应连续贯通；凡前后不能在同一延伸线上的纵向构件在中断处应彼此交错延伸两挡以上；双层底结构向艏、艉单底结构过渡时，应采用使用水平过渡舌形肘板等措施逐步进行；船中部纵骨架式结构向艏、艉横骨架式结构过渡时，纵骨不能同时中断在同一剖面处，而应逐渐消失，等等。

3. 等间距性原则

支承构件应尽可能等间距布置，这不但给设计、施工带来方便，而且可以使被支承骨材按等强度条件来决定尺寸，利于减少构件品种规格，充分利用材料，降低结构重量。例如，等间距布置的强横梁可使甲板纵骨等跨距，等间距布置的支柱可使甲板纵桁等跨距，均可使各跨的甲板纵骨或甲板纵桁具有相同的强度尺寸。

4. 节点刚性连接原则

船体不同方向的构件交汇形成了节点，在节点处一般采用肘板连接，肘板可以保证刚性连接、传递内力、减少应力集中。例如，内河横骨架式结构船舶，舷侧肋骨下端与肋板用连接肘板（舭肘板）连接，舭肘板作为肋骨下端的刚性固定端。但当肋骨与肋板的连接不采用舭肘板或其他的有效连接形成时，肋骨在肋板上的固定程度将大大降低，这对肋骨的弯曲显然是不利的。

5.2 《内规》通则及2019修改通报简介

5.2.1 一般规定

1. 适用范围

除另有规定外,本篇适用于航行于内河水域、船长大于或等于20 m且小于或等于140 m的焊接结构钢质民用船舶。

2. 定义

(1)船长L(单位为m)——沿满载水线自艏柱前缘量至舵柱后缘的长度;无艏柱船舶的船长应自船体侧投影面前缘与满载水线的交点量起;无舵柱船舶量至舵杆中心线;若舵杆位于船体侧投影面外面,则量至船体侧投影面后缘与满载水线的交点;但均应不大于满载水线长度,亦不小于满载水线长度的96%。无舵船舶的船长取满载水线长度。对于具有非常规船首和船尾的船舶,船长需特别考虑。

满载水线指由主管机关或主管机关授权本社核定的船舶的最高级别航区载重线对应的水线。

满载水线长度指船舶的满载水线面在中纵剖面上的投影长度。

(2)船宽B(单位为m)——不包括船壳板在内的船体最大宽度,舷伸甲板宽度不计入。

(3)型深D(单位为m)——在船长中点处沿舷侧自平板龙骨上表面量至干舷甲板下表面的垂直距离。对甲板转角为圆弧形的船舶,应由平板龙骨上表面量至干舷甲板下表面的延伸线与舷侧板内缘延伸线的交点。

(4)吃水d(单位为m)——在船长中点处由平板龙骨上表面量至满载水线的垂直距离。

(5)方形系数C_b——方形系数C_b由下式确定:

$$C_b = \frac{\nabla}{LB_{wl}d}$$

式中 ∇——相应于满载水线时的型排水体积,m^3;

L、d——见上述定义;

B_{wl}——满载水线在中部不包括船壳板在内的船体最大宽度,m。

(6)舯部——船长L中点向前、后各$0.2L$长度范围。

(7)艏、艉部——船长L中点前、后各$0.4L$以外的长度范围。

(8)过渡区域——介于舯部与艏、艉部之间的区域。

(9)干舷甲板——用以量计干舷的甲板,它应符合主管机关的规定。

(10)强力甲板——构成等值梁剖面最上层翼板的纵通连续甲板。

(11)上层建筑及甲板室——位于强力甲板上,由一舷伸至另一舷或其侧壁板离船体舷侧板向内不大于船宽(B)4%的围蔽建筑称为上层建筑,即桥楼、艏楼、艉楼;其他围蔽建筑称为甲板室。

(12)深舱——除双层底以外的压载舱、船用水舱、货油及燃油舱等。

(13)主要构件——船体的主要支撑构件，如强横梁、甲板纵桁、强肋骨、舷侧纵桁、实肋板、船底纵桁，舱壁纵桁等。

(14)次要构件——船体板的扶强构件，如横梁、纵骨、肋骨，舱壁扶强材和组合肋板的骨材等。

5.2.2 结构设计原则

1. 一般要求

船体结构可采用横骨架式、纵骨架式和混合骨架式。

无论采用何种骨架形式，纵向构件均应有良好的结构连续性；甲板、舷侧及船底骨架应有效地连接，构成完整的刚性整体。航行于急流航段船舶的船体结构应至少满足B级航区船舶的规定。船长小于50 m时，肋骨或纵骨间距应不大于600 mm；船长大于或等于50 m时，肋骨或纵骨间距应不大于700 mm，且强力甲板及其以下主体部分的肋骨或纵骨间距与板厚之比应不大于120。强力甲板相邻板材之间，外板相邻板材之间的建造过渡的差值，应不大于较厚板材厚度的50%。

本部分计算公式中所涉及的半波高值r，取值如下：A级航区，$r=1.25$ m；B级航区，$r=0.75$ m；C级航区，$r=0.25$ m。

2. 构件尺寸的确定

引用增量方法确定构件尺寸时，均应以计算值为基础进行增量。

按规范计算所得的钢板厚度如果小于10 mm，其在小数点后的数值小于或等于0.25 mm时舍去；等于或大于0.75 mm时进1 mm；大于0.25 mm并小于0.75 mm时应进到0.5 mm，如无0.5 mm规格则进1 mm。如果计算所得板厚度大于10 mm，小数点后的数值可按四舍五入取舍。船中部或载货区域的“T”型组合型材的面板宽度应不大于其厚度的20倍，折边型材的折边宽度b应不大于下式计算之值：

$$b=10t+15 \text{ mm}$$

式中 t——折边型材板厚，mm。

船中部或载货区域的“T”型组合型材(含折边型材)腹板的剖面积a，以及腹板高度h与其厚度t之比应符合以下要求：

$$a \geqslant 0.154\frac{W}{l} \quad (\text{cm}^2)$$

$$\frac{h}{t} \leqslant 75\sqrt{K}$$

式中 W——各节要求的型材剖面模数，cm^3；

l——型材的计算跨距，m；

h——型材的腹板高度，mm；

t——型材的腹板厚度，mm；

K——材料换算系数，见表5-1。

表 5-1　材料换算系数 K

屈服应力 $R_{eH}/(N \cdot mm^{-2})$	K
235	1
315	0.78
355	0.72
390	0.68

3. 骨材间距

骨材是船体板格的支承周界，确定骨材间距必须从强度条件、最小重量原则以及工艺原则出发。一般情况下，当肋骨间距 $S=500\sim600$ mm 时较为理想，长江小型船舶有 86%采用 $S=500$ mm，85%的大、中型船舶采用 $S=550$ mm。

纵骨间距可适当大一点。船舶首部考虑到局部强度的需要可适当减小肋骨间距。

《内规》规定，船舶的肋骨或纵骨间距一般应不大于 600 mm。

4. 骨材带板、构件剖面模数和惯性矩

在船体结构中，大部分骨材并不是单独工作的，当骨材承受外载荷时，与骨材焊接在一起的板有一部分将参与骨材的工作，这一部分板称为骨材的带板。如何确定骨材带板的宽度？从理论上精确地将其计算出来是有困难的，目前有不少的推荐算法，但也存在着不小的争议。

规范对骨材带板宽度做了如下的规定。

当骨材直接与板相连接时，要求的剖面模数和惯性矩为连带板的最小要求值；普通骨材的带板宽度取骨材间距；强骨材带板宽度取强骨材跨距的 1/6，但不大于负荷平均宽度，亦不小于普通骨材间距。若骨材仅一侧有带板，则带板宽度取上述规定的 50%。

当骨材不直接与板相连时，要求的剖面模数和惯性矩仅为骨材不含带板的最小要求值。

甲板上开口宽度 b 大于或等于该处甲板宽度的 5%时，开口面积和阴影面积不能计入剖面模数计算，如图 5-3 所示。

在船中部连续的纵向构件，如上层建筑侧壁、舱口围板等，在中断处其阴影部分不计入船体剖面模数，如图 5-4 所示。

5. 构件计算跨距

主要构件（甲板强横梁、甲板纵桁、强肋骨、舷侧纵桁、实肋板、底龙骨或纵桁等）可作为普通构件（甲板横梁、甲板纵骨、舷侧纵骨、船底纵骨、普通肋骨和底肋骨等）的刚性支撑。

船底结构，舷侧结构，甲板结构（含舷舱内平台甲板），纵、横舱壁（围壁），以及在两横舱壁（或两舷）间连续且高度（上弦杆上缘与下弦杆下缘间的距离）不小于型深的 0.5 倍、长度不大于高度 6 倍的双向桁架，可作为实肋板、龙骨、强肋骨、桁材、甲板强横梁及甲板纵桁等强构件的刚性支撑。

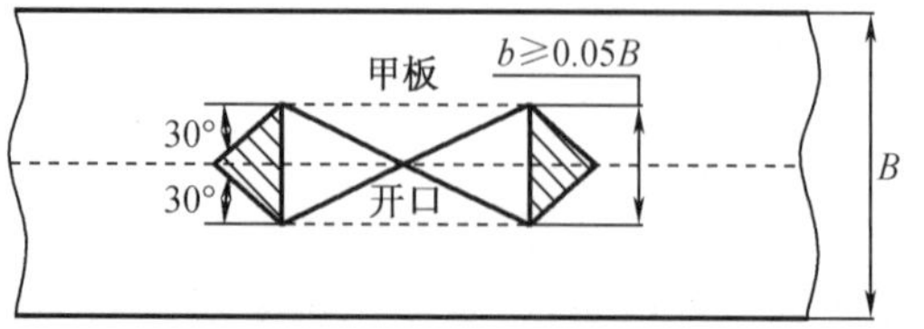

图 5-3　甲板上开口宽度

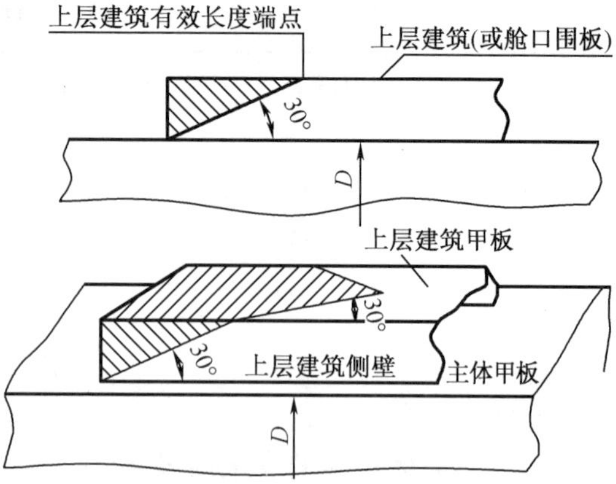

图 5-4　上层建筑侧壁、舱口围板

自船底向上在连续 2 层及以上的甲板下方设有支柱(上下方的支柱应尽可能对正)时,支柱可作为所支撑甲板构件的刚性支撑。艏、艉尖舱内的支柱,可作为所支撑构件的刚性支撑。

构件的计算跨距为构件上两刚性支撑中心点间的距离。

主要构件如桁材、强横梁、实肋板、强肋骨等的端部在舱壁、舷侧处有肘板加强固定时,如图 5-5 所示,距构件端部 b_e 处的点可作为计算其跨距的端点。距离 b_e 由下式确定:

$$b_e = b_b\left(1-\frac{d_w}{d_b}\right)$$

式中　b_b——强骨材端部肘板的宽度;

d_w——强骨材的高度;

d_b——强骨材端部肘板高度与强骨材高度之和。

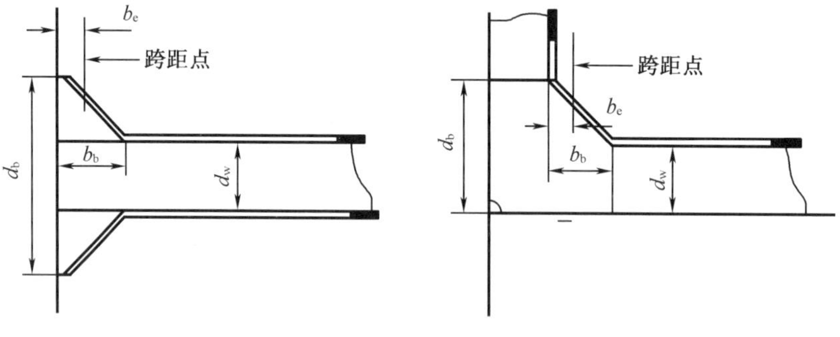

图 5-5　强骨材的有效跨距

6. 结构连续与过渡

无论采用何种骨架形式,纵向构件均应有良好的结构连接性。在甲板、纵舱壁(或内舷壁),以及船中部 0.4L 范围内中断的平台甲板的中断处,应设肘板或其他能降低应力集中的过渡结构,如图 5-6 所示。

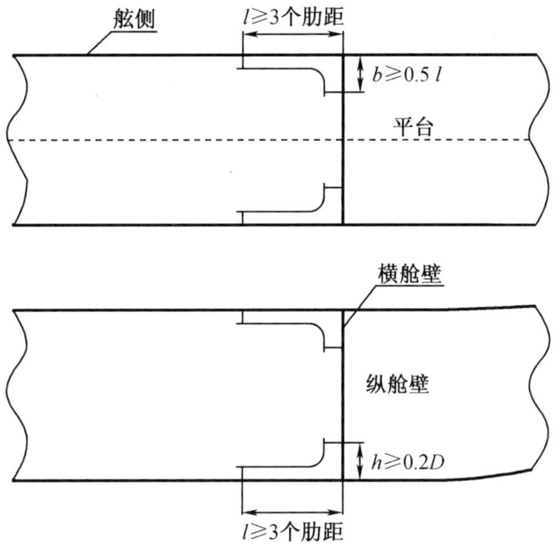

图 5-6　过渡结构

此外应注意的还有参加总纵弯曲的纵向骨材不应突然中断在同一横剖面处。结构骨架由一种形式过渡到另一种形式时,应采用增设肘板或延续构件等办法,相互延伸 2 个或 4 个肋距。强力甲板的甲板纵骨,应尽量向艏、艉延伸,相邻纵骨的末端应相互错开至少一个肋骨间距,并用肘板与横向骨材连接。

至于其他部位的结构过渡与连接,比如船底骨架由双层底过渡到单底,龙骨或纵桁到了舱壁处,桥楼、艏楼、艉楼端壁的侧壁,升高甲板端部的应用,相关内容见后面的章节。

构件连接还应注意主要构件之间的连接、次要构件之间的连接、主要构件与次要构件的相互连接,相关内容见后面的章节。

7. 开孔

如需在强横梁、甲板纵桁、强肋骨、实肋板及龙骨等组合型材(含折边型材)的腹板上开设电缆、管子或其他穿孔时,应满足下述规定。

(1)如图 5-7 所示,开孔的高度 h_1 应不大于开孔处腹板高度 h 的 0.4 倍,开孔的长度 b 应不大于开孔高度的 3 倍,开孔的边缘距面板的距离应不小于开孔处腹板高度的 0.35 倍;当有骨材穿过腹板时,开孔的长度应不大于骨材间距 s 的 0.4 倍且开孔边缘距骨材穿孔边缘的距离应不小于 60 mm;否则应予以补强。

(2)任何情况下,开孔边缘距构件端部肘板趾端的距离应不小于肘板趾端处的腹板高度 H,开孔边缘距面板的距离应不小于开孔处腹板高度的 0.2 倍,距带板的距离应不小于开孔处腹板高度的 0.1 倍;

(3)开孔的边缘应平滑,角隅应设圆弧。孔缘与孔缘之间的距离应尽可能远,且不小于开孔高度。

其他开孔要求详见规范。

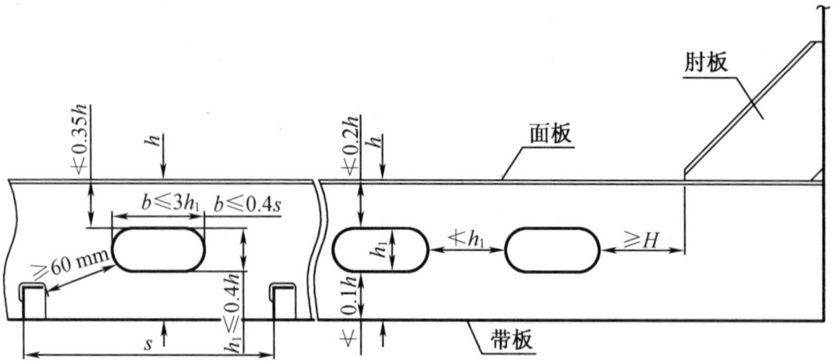

图 5-7

8. 船体结构用钢

建造船体的钢材要求具有一定的机械性能，即有一定的强度、塑性、韧性以及抗疲劳性，以保证船舶在各种设计受力状态下构件不被破坏。船体钢材还要求有良好的耐腐蚀性，以达到一定的耐用程度。船体钢材必须具有良好的工艺性，便于船体构件进行冷、热加工和焊接。

规范规定了船体结构用钢的化学成分、力学性能，船用钢材的制造和试验方法。

规范给出的确定船体构件尺寸的公式均规定钢材的屈服应力为 $R_{eH}=235\ N/mm^2$；除另有规定外，钢材的弹性模量 $E=2.06\times10^5\ N/mm^2$。

大开口船的强力甲板、舷侧顶列板及抗扭箱结构所用的材料级别在整个货舱区域内保持不变。

船体上使用高强度钢时，按表 5-1 选择材料换算系数 K。

9. 直接计算

以下情况船舶结构尺寸不能按《内规》(2016)的规定确定，应采用直接计算的方法计算校核船体总纵强度或构件的强度和尺寸：结构形式或布置不符合上述规定；船舶的 B/D 值不满足表 5-2 要求；甲板或船底局部承载较大载荷；船长不小于 80 m 且船体主结构在中部 0.6L 范围内存在纵向结构突变，如存在局部双层底，纵向舱壁的中断或纵向强力构件中断于同一剖面等。

表 5-2　主尺度比值范围

类别		比值			
		L/D		B/D	
		A 级	B、C 级	A 级	B、C 级
干货船、客船、拖、推船	自航船	≤25.0	≤30.0	≤4.0	≤4.5
	非自航船	≤28.0	≤33.0	≤5.0	≤5.0
甲板船	自航船	≤25.0	≤30.0	≤4.5	≤5.0
	非自航船	≤28.0	≤35.0	≤5.5	≤6.0
油 船	自航船	≤25.0	≤30.0	≤4.5	≤5.0
	非自航船	≤28.0	≤35.0	≤5.5	≤6.0

5.3 《内规》对总纵强度的要求

由梁的弯曲理论可知，船体最大总纵弯曲应力 σ 为

$$\sigma=\frac{M}{W}$$

如果总纵弯曲应力小于材料的许用应力，则认为船体有足够的总纵强度。从上式出发，还能有其他两种衡量船体总纵强度的方式：

(1)如果船舶的剖面模数大于确定弯矩下与许用应力相对应的剖面模数，则认为船体有足够的总纵强度；

(2)如果船舶的总纵弯矩小于确定剖面模数下与许用应力相对应的总纵弯矩，则认为船体有足够的总纵强度。

因此，规范对总纵强度的要求，可有下面三种表达方式：

$$\sigma\leqslant[\sigma]_0,\ M\leqslant M_0,W\geqslant W_0$$

式中，M_0、W_0、$[\sigma]_0$ 是由规范规定的总纵弯矩标准值、剖面模数标准值和许用应力标准值。

我国规范采用中剖面模数 W_0 作为总纵强度标准，规定实船中剖面模数必须满足：

$$W\geqslant W_0$$

那么如何确定总纵强度标准呢？目前，各国船级社都是采用"母型船"方法来制定强度标准的。选定一定数量的、经过各种海况考验的实船，按一定的参数统计方法，得到母型船的平均值，大致确定母型船总纵强度特征的范围，再参考若干实船总纵强度计算结果，从而制定出规范的总纵强度标准。下面介绍《内规》(2016)及 2019 修改通报对总纵强度的要求。

5.3.1 一般要求

设计船舶的主尺度比值符合表 5-2 要求。

强力甲板上符合以下条件之一的开口为大开口(图 5-8)(半舱船除外)。具有大开口的船舶应符合大舱口船船体结构的补充规定：

(1) $\dfrac{b}{B_1}\geqslant0.7$

(2) $\dfrac{\sum l_H}{L}\geqslant0.6$

(3) $\dfrac{b}{B_1}\geqslant0.6$ 且 $\dfrac{l_H}{l_{BH}}\geqslant0.7$

式中　b——舱口宽度，m(如有几个舱口并列，则 b 代表各舱口宽度之和，即 $b=b_1+b_2$，如图 5-6 所示)；

B_1——在舱口长度中点处包括舱口在内的甲板最大宽度，m；

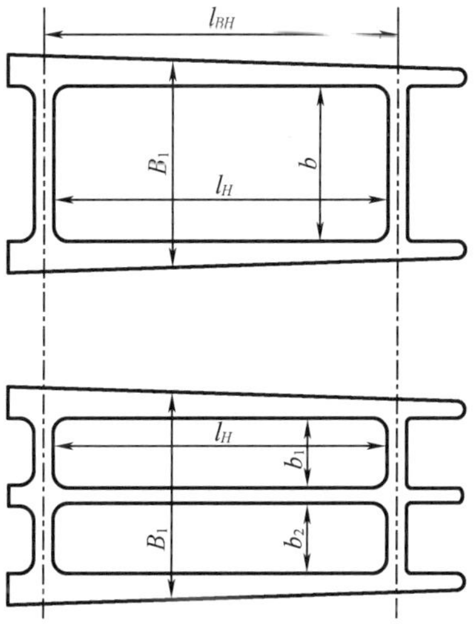

图 5-8　大开口

l_H——舱口长度,m;

L——船长,m;

l_{BH}——每一舱口两端横向甲板条中心线之间的距离,m(如图 5-8 所示)(如舱口前或后再无其他舱口,则 l_{BH} 算到舱壁为止)。

船长大于或等于 50 m、小于 80 m 的干货船、油船、甲板船,可免于按本节的规定进行总纵强度和屈曲强度的校核,但船中部的船底骨架和强力甲板骨架应采用纵骨架式。

对于需对总纵强度及屈曲强度进行计算校核的船舶,若船舶完工后实船的空船重量与设计空船重量的误差大于±10%,或实船的空船重心纵坐标与设计空船重心纵坐标的误差大于船长的±1.5%,则应重新按本节的规定对总纵强度及屈曲强度进行校核。

对于要求计算总纵强度的船舶,当其 $L/B<3.5$(大舱口船除外)时,应按规范的规定采用有限元法计算船舶的总纵强度。

5.3.2 船体中剖面模数和中剖面惯性矩

1.《内规》要求

我国《内规》(2016)规定,船长大于或等于 50 m 时,船体中部最小剖面模数 W_0(强力甲板边线或平板龙骨处)应不小于按下式计算所得之值:

$$W_0=aK_1K_2L^2B \quad (\text{cm}^2\cdot\text{m}) \tag{5-1}$$

式中 L——船长,m;

B——船宽,m;

a——航区系数,A 级航区取 $a=1$,B 级航区取 $a=0.85$, C 级航区取 $a=0.75$;

K_1 和 K_2——系数,可按表 5-3 中公式计算;

C_b——方形系数,当 $C_b<0.6$ 时取 $C_b=0.6$,当 $C_b>0.85$ 时取 $C_b=0.85$。

表 5-3 K_1 和 K_2 的选取

船型	K_1	K_2
干货船,拖、推船	$K_1=(8\ 195-50.4L+0.27L^2)\times10^{-5}$	$K_2=2.369-2.787C_b+1.345C_b^2$
油船	$K_1=(10\ 086-62.1L+0.33L^2)\times10^{-5}$	$K_2=2.369-2.787C_b+1.345C_b^2$
客船	$K_1=(7\ 880-48.5L+0.26L^2)\times10^{-5}$	$K_2=2.369-2.787C_b+1.345C_b^2$
甲板船	$K_1=(6\ 619-40.7L+0.22L^2)\times10^{-5}$	$K_2=2.369-2.787C_b+1.345C_b^2$

船长大于或等于 50 m 时,船中部剖面对水平中和轴的惯性矩 I_0(干货船,甲板船,油船,拖、推船)应不小于按下式计算所得之值:

$$I_0=K_1K_2\ W_0L\times10^{-2} \quad (\text{cm}^2\cdot\text{m}^2) \tag{5-2}$$

式中 W_0——船中剖面模数,$\text{cm}^2\cdot\text{m}$,按式(5-1)计算;

L——船长,m;

K_1——系数,$K_1=(1\ 053+32.8L-0.138L^2)\times10^{-3}$,取不大于 3.0;

K_2——系数,自航船取 1,非自航船取 0.75。

对于船长大于或等于 40 m 的大舱口船,其船体中部剖面的最小剖面模数 W 应不小于

按下式计算所得之值:

$$W=K_1W_0 \quad (cm^2 \cdot m) \tag{5-3}$$

式中　W_0——基本剖面模数,$cm^2 \cdot m$,装载一般散货和集装箱时取式(5-1)计算所得之值,装载积载因数小于或等于0.45 m^3/t的颗粒状散货时取式(5-1)计算所得之值的1.15倍;

K_1——系数,按基本结构形式和船长由表5-4选取。

表5-4　系数K_1的选取

基本结构形式	船长范围/m	K_1
双底双舷	$40 \leq L \leq 80$	1
	$L>80$	$(-783+33.5L-0.14L^2)\times10^{-3}$
双底单舷顶部设抗扭箱	$40 \leq L \leq 60$	1
	$L>60$	$(-253+28.1L-0.12L^2)\times10^{-3}$
单底双舷	$40 \leq L \leq 60$	1
	$60<L \leq 80$	$(-253+28.1L-0.12L^2)\times10^{-3}$
单底单舷	$40 \leq L \leq 60$	$(58+0.109L)\times10^{-2}$

当舱口围板在船中部连续时,在计算船体中部剖面模数及剖面对其水平中和轴的惯性矩时,应计入舱口围板的剖面积。舱口围板顶缘处的剖面模数尚应不小于式(5-1)计算所得之值。船中部剖面对其水平中和轴的惯性矩I_o应满足式(5-2)的规定。

2. 中剖面模数及中剖面惯性矩的计算

(1)计算剖面取中部的最弱剖面;

(2)计算船中部剖面对其水平中和轴的惯性矩和剖面模数时,应计入强力甲板及其以下和以上所有在船中部连续的纵向构件(如外板、甲板、内底板、纵舱壁板、舷伸甲板、纵桁、龙骨、纵骨及平板护舷材等)的剖面积;

(3)甲板开口线外侧的孤立圆形和椭圆形开孔应符合甲板开口的有关规定(见第6章),否则计算时应扣除开孔的剖面积;

(4)上述的总纵强度规定准许货物自艉向艏(或自艏向艉)的连续装卸程序。对艉机型船,一般应自艉向首装,自艏向艉卸载。在采用其他对船体总纵强度更为不利的装卸程序时,则应另外提供强度计算和重力重心曲线资料;

(5)对于客船及货船,计算主船体和上层建筑的联合剖面模数时,应计至强力甲板以上的最下一层建筑甲板 。其中上层建筑甲板纵向应力与强力甲板纵向应力之比值f_d应这样来选取:对单甲板船,其上甲板参与总纵弯曲,取$f_d=1.0$;对双甲板船,其游步甲板参与总纵弯曲,取$f_d=0.5$。

下面介绍客货船中剖面模数的计算方法。计算中采用下列符号规定:

A——主体半剖面积,cm^2;

B——主体半剖面对强力甲板的静矩,$cm^2 \cdot m$;

C——主体半剖面对强力甲板的惯性矩,$cm^2 \cdot m^2$;

D_s——自船底至强力甲板边线处的计算型深,m;

h——最下一层上层建筑的高度,m;

d——中和轴至强力甲板的距离,m;

a_i——最下一层上层建筑半剖面积,cm^2;

f_d——最下一层上层建筑顶部纵向应力 σ_d 与强力甲板纵向应力 σ_0 之比值,如图 5-9(a)所示;

y——最下一层上层建筑(或甲板室)构件中心至强力甲板的距离,m;

I_e——主体与上层建筑联合剖面惯性矩,$cm^2 \cdot m^2$。

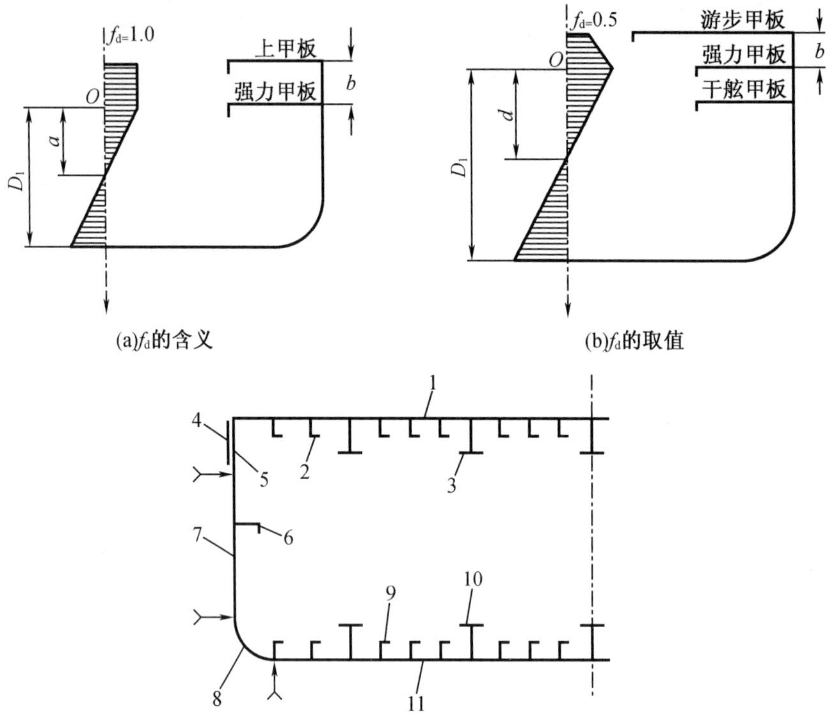

(a)f_d的含义　(b)f_d的取值

(c)参加船体总纵弯曲的构件

图 5-9　船舶中横剖面

主体与上层建筑联合剖面几何要素按下列公式计算:

$$d = \frac{B}{A + \sum f_d a_i} \quad (m)$$

$$I_e = 2[d\sum f_d(d - y)a_i + d^2A - 2dB + C]$$

强力甲板边线处剖面模数为

$$W_{甲} = \frac{I_e}{d} \quad (cm^2 \cdot m)$$

平板龙骨处剖面模数为

$$W_{平}=\frac{I_e}{D_s-d}\quad(\mathrm{cm}^2\cdot \mathrm{m})$$

当以干舷甲板为强力甲板时，上甲板以图 5-9(a)所示的形式参加总纵弯曲，取 $f_d=1.0$；当以上甲板为强力甲板时，游步甲板以图 5-9(b)所示的形式参加总纵弯曲，取 $f_d=0.5$。

3. 总纵强度校核

船长大于或等于 80 m 的干货船、油船、甲板船，船长大于或等于 50 m 的客船，船长大于或等于 50 m 的单底单舷、船长大于或等于 60 m 的单底双舷、船长大于或等于 80 m 的双底双舷的船和双底单舷顶部设抗扭箱的大舱口船，除满足上述的要求外，尚须按照规范的规定对总纵强度和屈曲强度进行校核。相关内容可参阅《钢制内河船舶建造规范》。

例 5-1　长江 B 级航区甲板驳船，单底纵骨架式结构，主尺度为 $L\times B\times D\times d=72\ \mathrm{m}\times 10.5\ \mathrm{m}\times 3.5\ \mathrm{m}\times 2.6\ \mathrm{m}$，方形系数 $C_b=0.8055$。中部参加船体总纵弯曲的构件剖面如图 5-8(c)所示(注：图中的编号在表 5-5 中有说明)。

试按《钢质内河船舶建造规范》校核其总纵强度。

解　(1)实船中剖面模数计算

以基线为参考轴，列表计算船体中部剖面要素，见表 5-5。

表 5-5　船体中部剖面要素

编号	构件名称	构件尺寸 /mm	剖面积 A_i /cm^2	至基线距 Z_i /m	静矩 A_iZ_i /($\mathrm{cm}^2\cdot\mathrm{m}$)	惯性矩 $A_iZ_i^2$ /($\mathrm{cm}^2\cdot\mathrm{m}^2$)	自身惯性矩 i_0 /($\mathrm{cm}^2\cdot\mathrm{m}^2$)
1	甲板板	8×5 250	420	3.5	1470	5 145	—
2	甲板纵骨	8L100×63×8	8×12.6	3.433	346.046	1 187.977	—
3	甲板纵桁	$2.5\perp\frac{5\times300}{8\times80}$	2.5×21.4	3.304	176.764	584.028	—
4	平板护舷材	16×350	56	3.275	183.4	600.635	0.57
5	舷侧顶列板	8×750	60	3.125	187.5	585.94	2.81
6	舷侧纵桁	$L\frac{6\times300}{80}$	22.8	1.9	43.32	82.308	—
7	舷侧外板	6×2 200	132	1.65	217.8	359.37	53.24
8	舭部外板	6×864	51.48	0.289	14.98	4.33	1.31
9	船底纵骨	8L90×50×6	8×8.54	0.061	4.17	0.254	—
10	内龙骨	$2.5\perp\frac{5\times300}{8\times80}$	2.5×21.4	0.196	10.486	2.055	—
11	船底板	6×4 700	282	0	0	0	—
Σ			$A=1\ 300.76$		$B=2\ 654.47$	$C=8\ 609.83$	

剖面中和轴至基线的距离为

$$\Delta Z=\frac{B}{A}=\frac{2\ 654.47}{1\ 300.76}=2.04\ (\mathrm{m})$$

剖面惯性矩为

$$I=2(C-\Delta ZB)=2(8\ 609.83-2.04\times 2\ 654.47)=6\ 389.43\ (\mathrm{cm^2\cdot m^2})$$

船底板处剖面模数为

$$W=\frac{I}{\Delta Z}=\frac{6\ 389.43}{2.04}=3\ 132.07\ (\mathrm{cm^2\cdot m})$$

(2)按规范校核总纵强度

规范确定的船体中部最小剖面模数为

$$W_0=aK_1K_2L^2B\quad (\mathrm{cm^2\cdot m})$$

对于本船,取 $a=0.85$,

$$K_1=(6\ 619-40.7L+0.22L^2)\times 10^{-5}=0.037$$

$$K_2=2.369-2.787C_b+1.345C_b^2=1.21$$

则

$$W_0=0.85\times 0.037\times 1.21\times 72^2\times 10.5=2\ 071.38\ (\mathrm{cm^2\cdot m})$$

船体中部剖面对水平中和轴的惯性矩:

$$I_0=K_1\ K_2\ W_0L\times 10^{-2}$$

其中,

$$K_1=(1\ 053+32.8L-0.138L^2)\times 10^{-3}=2.7$$

$$K_2=1$$

则

$$I_0=2.7\times 1\times 2\ 071.38\times 72\times 10^{-2}=4\ 026.8\ (\mathrm{cm^2\cdot m^2})$$

由此可见 $W>W_0$,$I>I_0$ 因此本船总纵强度满足要求。

第 6 章　船体外板及甲板板设计

- **学习目标**

知识目标

1. 了解船体外板的作用与结构；
2. 了解船体外板厚度的分布规律；
3. 掌握船体外板厚度的计算方法；
4. 了解甲板的作用与结构；
5. 掌握甲板板尺寸的确定方法。

能力目标

1. 具备布置板列的能力；
2. 具备计算船体各类外板厚度的能力；
3. 具备根据规范计算各类型船舶甲板板尺寸的能力。

6.1　船体外板设计概述

6.1.1　船体外板的组成

船体外板又称船壳板，它一般包括平板龙骨、船底板、舭列板、舷侧板和舷侧顶列板，如图 6-1 所示。位于船底中线处的板称为平板龙骨；平板龙骨与舭圆弧和船底切点之间的板称为船底板；舭圆弧与船底及舷侧的切点之间的板称为舭列板；舷侧最高处与甲板边板相接的板称为舷侧顶列板；舷侧顶列板与舭列板之间的板称为舷侧板。

这些外板由许多钢板按一定规律排列焊接而成。考虑到船体外形在纵向及横向不同程度的曲率变化，以及钢板的供应尺寸，组成船体外板的钢板均将长边沿着船长方向排列，板与板短边相接成一长列，称为板列。板与板的短边接缝称为外板的端接缝，简称端缝；板列之间的接缝称为外板的边接缝，简称边缝。外板接缝的分布位置对船体的强度、变形、施工、外观和经济性等诸多方面会产生不同程度的影响。外板边接缝尽量设计成直线，使所用的钢板为仅有单向曲度的矩形板，可以减少钢板的加工量，同时又便于使用自动焊，有利于提高焊接质量。边缝不能与纵向构件的角焊缝重叠，并要尽量避免边缝与纵向构件小角度(15°)相交，如无法避免时，应将边缝改成阶梯形，如图 6-2 所示。外板端缝位于船体横剖面上，对船体强度有相当的影响。应根据具体情况，合理安排端缝，尽可能减少端缝数量。考虑到工艺性以及避免应力集中,端缝不应布置在肋骨剖面上,一般应布置在肋距的1/4~3/4处。

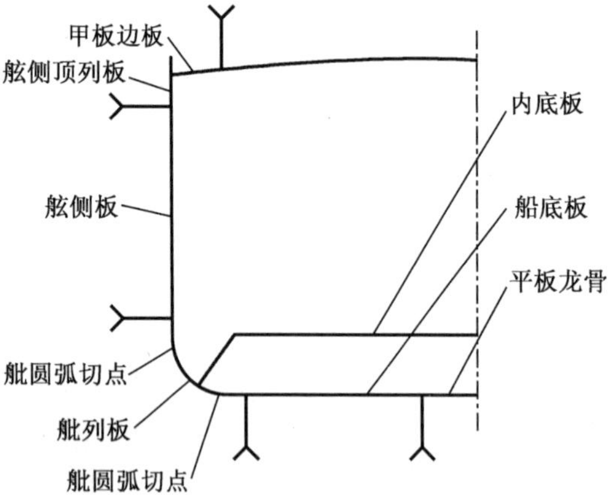

图6-1　船体外板的组成

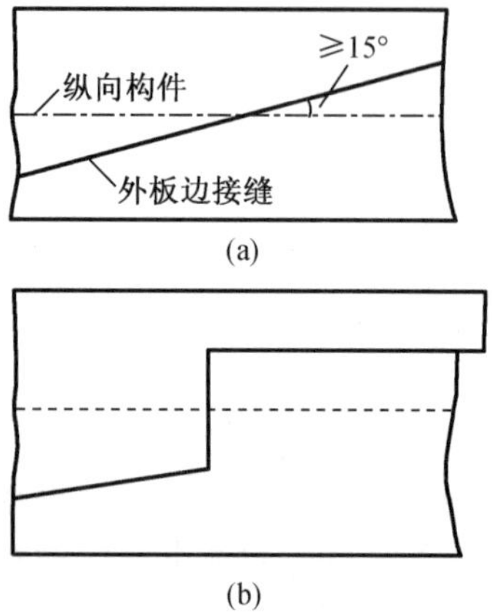

图6-2　阶梯形边缝

6.1.2　船体外板的受力与作用

船体外板是保证船体水密的构件,其与骨架共同保证了船舶的外形。船体外板在船体强度方面起着十分重要的作用,船底板、舷侧板是船体等值梁下翼板和腹板的重要组成部分,是保证船体总纵强度的基本构件。船体外板除了承受总纵弯曲应力外,还直接承受局部水压力的作用。当板架在载荷作用下发生弯曲变形时,船体外板以骨架带板的形式参与板架弯曲。船体外板还要承受水浪的砰击力以及水面漂浮物的撞击力。在船舶尾部,船体外板还要承受螺旋桨的振动力。总纵弯曲应力以及局部水压力是船体外板受力中最主要的部分,船体外板厚度的确定主要依据这两种力的大小。同时,所处位置不同的船体外板,它们的受力情况也是不一样的。对于局部水压力,位置愈高的船体外板受力愈小;而对于总纵弯曲应力,则离中和轴愈远船体外板受力愈大,如舷侧顶列板、平板龙骨和船底板。

6.1.3　船体外板厚度分布的一般规律

设计船体外板应从等强度观点出发,不同位置的船体外板根据其受力特点取不同厚度,这样能充分利用材料,减轻船体质量。一般情况下,船体外板厚度的分布情况如下。

1. 板厚沿船长方向的分布

船中部的船体外板受有最大的总纵弯曲应力,而船首部的船体外板则受有较大的波浪砰击力、碰撞力等局部外载荷,船尾部受到因螺旋桨的转动而产生的强烈的振动力。这几个区域是船体外板在船长方向的特殊区域,这些区域的船体外板须厚一些。过渡区的船体外板受力一般要小一些,因此板厚可薄一些。船体外板区域划分如图6-3所示。

2. 板厚沿船深方向的分布

平板龙骨除了受有较大的总纵弯曲应力外,常因搁浅、进坞等受到很大的支撑反力作用和磨损,因此要求平板龙骨的厚度大于船底板的厚度。舷侧顶列板是离中和轴最远的构件,受有很大的总纵弯曲应力,因此它的厚度也应比其他舷侧板大。

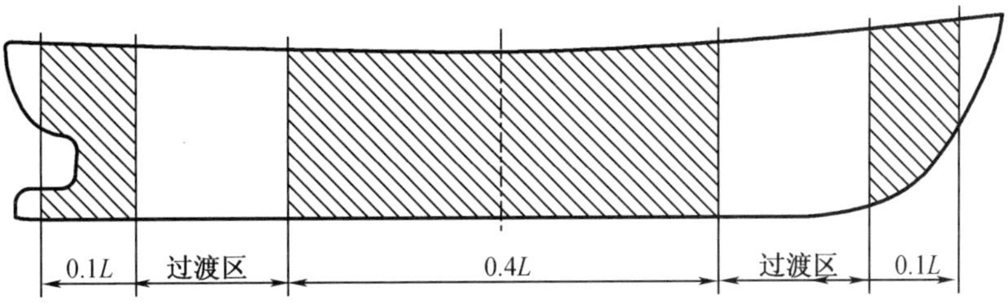

图 6-3 船体外板区域划分

必须指出,上述的船体外板厚度分布规律在船长小于 30 m 的内河小型船舶上几乎体现不出来。如内河小船,除平板龙骨较其他船体外板厚一点外,其余船体外板常常是一样厚的。原因之一是小型船舶尺度小,如一定要按等强度原则区分船体外板尺寸,尺寸之间的差异并不大,板缝却会因此而增加,既降低了钢板的利用率,又增加了工时,得不偿失;原因之二是决定小型船舶船体外板厚度的诸因素中,工艺性因素以及使用上的要求往往占有较大的比重,因此在强度方面一般都有较大的裕度,所以没有必要再区分各区域的板厚;对舷侧顶列板而言原因之三是一般的内河小型船舶在舷顶部均设有防撞的钢质护舷材,这就相当于加强了舷侧顶列板。

对于某些特殊区域的船体外板,必须局部加强。大致有下列几种情况:

船体外板开口处局部加强:船体外板上的开口削弱了船体的强度,产生应力集中,必须进行局部加强。干舷甲板以下的船体外板开口,应尽可能为圆形或长轴沿船长方向布置的椭圆形开口,以减少应力集中。中部区域的矩形开口,角隅应为圆角,并必须用加厚板或复板补强。舷门开口两侧须设竖桁材,开口上端须装设短桁材,开口上、下的舷侧外板均应采用等于原厚度 1.5 倍的加厚板或厚度相等的复板加强。加厚板或复板须向舷门边线两侧各延伸两挡肋距,并应将圆角包住(图 6-4)。

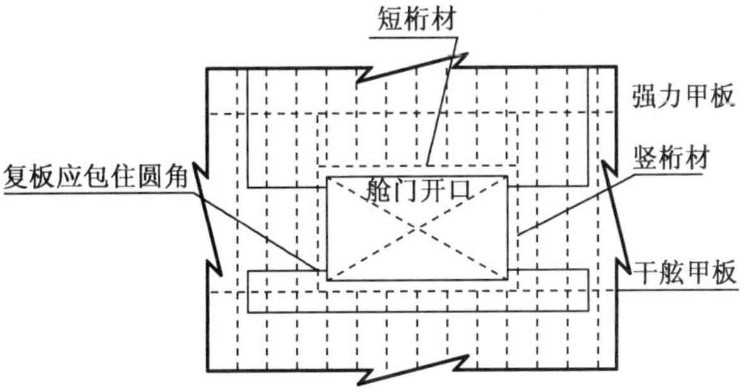

图 6-4 舷门开口

主机座下的船底板,尾轴出口处的船体外板以及螺旋桨叶稍附近的船体外板均应按中部船底板厚增加 1~2 mm。艉轴架穿过处的船体外板,厚度应增加 0.5 倍或加等厚复板。锚链筒出口处的船体外板及其下方的一块船体外板厚度应增加 0.5 倍或加等厚复板。

6.2 船体外板厚度的确定

6.2.1 船底板

舯部底板厚度应不小于按下式计算所得之值：

$$t=a(\alpha L+\beta s+\gamma) \quad (\text{mm}) \tag{6-1}$$

式中 L——船长，m；

s——肋骨或纵骨间距，m；

α、β、γ——系数，根据表 6-1 选取；

a——航区系数，A 级航区取 $a=1$，B 级航区取 $a=0.85$，C 级航区取 $a=0.7$。

艏、艉部船底板厚度应不小于船中部船底板厚度。

过渡区域船底板厚度应不小于船中部船底板厚度的 0.8 倍。

船底板厚度且应不小于按下式计算所得之值：

$$T=4.8S\sqrt{d+r} \quad (\text{mm}) \tag{6-2}$$

式中 d——吃水，m；

s——肋骨或纵骨间距，m；

r——半波高，m；

表 6-1 α、β、γ 的取值

船舶类型	骨架形式	α	β	γ
干货船	纵骨架式	0.066	4.5	−0.8
	横骨架式	0.076	4.5	−0.4
客船	横骨架式	0.046	3.3	0.8
	纵骨架式	0.038	3.5	0.5
甲板船	横骨架式	0.044	4.4	0.2
	纵骨架式	0.035	3.8	0.3
大舱口船	横骨架式	0.06	4.4	1.2
	纵骨架式	0.05	3.9	1.0

6.2.2 平板龙骨

舯部平板龙骨厚度应按船中部船底板厚度增加 1 mm，艏、艉部平板龙骨厚度应不小于船中部船底板厚度。平板龙骨的宽度应不小于 $0.1B$，且不小于 0.75 m，也不必大于 1.5 m。

平底船的平板龙骨厚度可与船中部船底板厚度相同。

甲板船的平板龙骨厚度可与船中部船底板厚度相同。

6.2.3　舭列板

舭列板的厚度应按船中部船底板厚度增加 0.5 mm。若船底板厚度大于 8 mm，则舭列板厚度与船底板厚度相同。

如果舭部为折角型，当用连接型材与船底板及舷侧外板对接或搭接相连时，型材厚度也应符合上述对舭列板厚度的要求。舭列板与相邻船底板或舷侧外板采用搭接焊接时，舭列板应位于船底板和舷侧外板的外侧，搭接宽度应符合规范的有关规定。

如果采用圆舭，则舭列板向两侧延伸至少超过舭部圆弧以外 100 mm，并应超过实肋板面板表面以上 150 mm。

6.2.4　舷侧外板

舯部及过渡区域舷侧外板厚度应不小于船底板厚度的 0.9 倍。艏、艉部舷侧外板厚度应不小于船中部船底板的厚度。

甲板船的舯部及艏、艉部舷侧外板厚度应与船中部船底板厚度相同，过渡区域的舷侧外板厚度应不小于船中部船底板厚度的 0.8 倍。

大舱口船的舷侧外板厚度与船底板厚度相同。大舱口船的内舷板（纵舱壁）厚度应不小于舷侧外板的厚度，内舷板一般应直接延伸至船底板。当内舷板在内底板处间断时，则应在内舷板的平面内设置船底纵桁。矿石船的内舷下列板厚度应增加 2 mm。

6.2.5　舷顶列板

舷顶列板在强力甲板下的宽度应不小于 $0.1D$，且应不小于 250 mm。

船中部舷顶列板的厚度应不小于强甲板边板厚度的 0.85 倍或舷侧外板增厚 1 mm，取其中较大者。舷顶列板的厚度可逐渐向两端减薄至艏、艉部的舷侧外板厚度。

兼作护舷材的舷顶列板厚度应以舷侧外板厚度为基础增厚，其增厚值 Δt 应不小于按下式计算所得之值：

$$\Delta t = 0.05L + 2.5 \quad (\text{mm})$$

式中　L——船长，m。

舷顶列板高出甲板的上缘应平整；在船中部 $0.4L$ 范围内的舷顶列板的甲板以上部分，不应开设流水孔。

对于大舱口船，内舷板顶列板在货舱区域内的宽度应不小于 $0.15D$，其厚度应不小于舷侧外板厚度加 1 mm 和强力甲板厚度的 0.85 倍中较大者。

内舷板在舱底平面以上 $0.2D$ 高度范围内的板厚，应不小于舷侧外板厚度加 1 mm。当装载积载因数小于或等于 0.45 m^3/t 的颗粒状散货时，其厚度 t 尚应不小于按下式计算所得值：

$$t = 5.2s\sqrt{\frac{H}{2\nu}} + 1 \quad (\text{mm})$$

式中　s——扶强材间距,m;

H——货物堆高,m,自内底板上表面量至货物自由表面最高点的垂直距离,但不小于舱深的 0.5 倍;

ν——货物的积载因数,m^3/t。

6.2.6　内底板

内底板厚度 t 应不小于船底板厚度计算值的 0.8 倍。

载货部位内底板厚度 t 应不小于下式计算所得之值:

$$t=5.5s\sqrt{h}\quad (mm)$$

式中　s——肋距或纵骨间距,m;

h——计算水柱高,m,载货部位自内底板上缘量至干舷甲板边线(或舱棚顶板与围壁板交线)下缘垂直距离,非载货部位取 0.5 m。

机舱内的内底板厚度尚应增加 1 mm。

如果采用抓斗或其他类似机械卸货,内底板尚应加厚 2 mm。

内底边板的厚度应不小于内底板厚度。

对于大舱口船,装载颗粒状散货时内底板厚度应不小于按下列两式计算所得之值:

$$t=5.5s\sqrt{h}\quad (mm)$$

$$t=0.8t_1\quad (mm)$$

式中　s——肋骨或纵骨间距,m;

t_1——按式(6-1)计算所得的船底板厚度,mm;

h——内底板计算水柱高,m。

h 由下式计算得到。

当货物的积载因数小于或等于 0.45 m^3 时:

$$h=0.84\sqrt{\frac{Q}{l_1\nu}}\quad (m)$$

当货物的积载因数大于 0.45 m^3 时:

$$h=\frac{Q}{l_1b_1}+\frac{0.15b_1}{\nu}\quad (m)$$

式中　Q——舱内载货总质量,t;

l_1——货舱底部总长度,m;

b_1——货舱底部平均宽度,m;

ν——货物积载因数,m^3/t。当 ν 大于 0.833 m^3/t 时,取 $\nu=0.833\ m^3/t$。

装运集装箱或件杂货时内底板厚度应不小于按下列两式计算所得之值:

$$t=5.5s\sqrt{h}\quad (mm)$$

$$t=0.8t_1\quad (mm)$$

式中　s——肋骨或纵骨间距,m;

t_1——按式(6-1)计算所得的船底板厚度,mm;

h——计算水柱高,m,自内底板上缘量至干舷甲板边线(或舱口围板顶缘)的距离。

例 6-1　长江 100 客交通艇,单底单甲板横骨架式结构,航行于 A 级航区,主要尺度为 $L \times B \times D \times d = 34\ \text{m} \times 6.8\ \text{m} \times 3\ \text{m} \times 2.1\ \text{m}$,肋骨间距 $S = 500$ mm。试确定该船外板厚度。

解　(1)船底板

按式(6-1):

$$t = a(\alpha L + \beta s + \gamma) \quad (\text{mm})$$

查表 6-1,取 $\alpha = 0.046$,$\beta = 3.3$,$\gamma = 0.8$,且 $L = 34$ m,A 级航区取 $a = 1$,代入上式得

$$t = 0.046 \times 34 + 3.3 \times 0.5 + 0.8 = 4.0\ (\text{mm})$$

按式(6-2):

$$t = 4.8s\sqrt{d + r} \quad (\text{mm})$$

将已知条件 $s = 0.5$ m,$d = 2.1$ m,A 级航区半波高 $r = 1.25$ m 代入上式,得

$$t = 4.8 \times 0.5 \times \sqrt{2.1 + 1.25} = 4.4\ (\text{mm})$$

实取该船全船船底板厚度为 $t = 6$ mm。

(2)平板龙骨

规范规定,平板龙骨宽度应不小于 $0.1B = 0.1 \times 6.8 = 0.68$ m,实取平板龙骨宽度为 $b = 1.3$ m。

规范规定,舯部平板龙骨的厚度应按船底板厚度增加 1 mm,即

$$t \not< 4.4 + 1 = 5.4 \approx 5.5\ \text{mm}$$

实取全船平板龙骨厚度为 $t = 7$ mm。

(3)舭列板

规范规定,舭列板应按舯部船底板厚度增加 0.5 mm,即

$$t \not< 4.4 + 0.5 = 4.9 \approx 5.0\ (\text{mm})$$

实取舭列板厚度为 $t = 6$ mm。

(4)舷侧外板

规范规定,舷侧外板厚度应不小于船底板厚度的 0.9 倍,即

$$t \not< 4.4 \times 0.9 = 3.96 \approx 4.0\ \text{mm}$$

实取全船舷侧板厚度为 $t = 6$ mm。

(5)舷顶列板

规范规定,舷顶列板的宽度应不小于 $0.1D$ 且应不小于 250 mm,即

$$b \not< 0.1 \times 3 = 0.3\ (\text{m})$$

实取舷顶列板宽度为 $b = 650$ mm。

规范规定舷顶列板厚度应不小于强力甲板边板厚度的 0.85 倍,按规范规定,本船甲板边板的厚度应不小于 6.8 mm(由甲板设计确定),因此舷顶列板厚度应为

$$t \not< 5.16 \times 0.85 = 4.39 \approx 4.4\ (\text{mm})$$

同时规范还规定舷顶列板的厚度应比舷侧外板大 1 mm,即

$$t \nless 3.96+1=4.96\approx5.0\ (\mathrm{mm})$$

实取中部舷顶列板厚度为 $t=7$ mm。

规范规定舷顶列板厚度可逐渐向两端减薄至艏、艉部舷侧外板厚度,因此取本船尾部舷顶列板厚度为 $t=6$ mm。

6.3 甲板板设计概述

6.3.1 甲板板的作用

甲板板与船体外板共同围成一定形状的空间,构成船体的外形,组成船舶的主体。甲板能直接承载货物、人员、行李等。甲板作为船体等值梁的上翼板,在抵抗总纵弯曲方面起着十分重要的作用。甲板板还作为甲板板架的带板参与板架弯曲。

6.3.2 甲板的分类

根据甲板所处的位置、作用和受力情况,可对甲板作如下分类。

(1)强力甲板:中部纵通连续的甲板,由它构成船体等值梁的上层翼板,因此强力甲板又称为计算甲板。对于仅有一层甲板的内河船舶,则该甲板既是干舷甲板,又是强力甲板。

(2)上层建筑甲板:强力甲板以上各层甲板均可作为上层建筑甲板。例如单甲板船的上甲板,双甲板船的游步甲板、驾驶甲板以及顶篷甲板等。

(3)舷伸甲板:主体甲板在舷外侧的延伸部分称为舷伸甲板。舷伸甲板一般可在舷侧水线以上部分设置,宽度为1~1.5 m(图6-5)。舷伸甲板的剖面积应计入甲板剖面积,并参与总纵弯曲。舷伸甲板扩大了船舶甲板面积,提高了船舶的使用价值,对于内河船舶是有较大意义的。

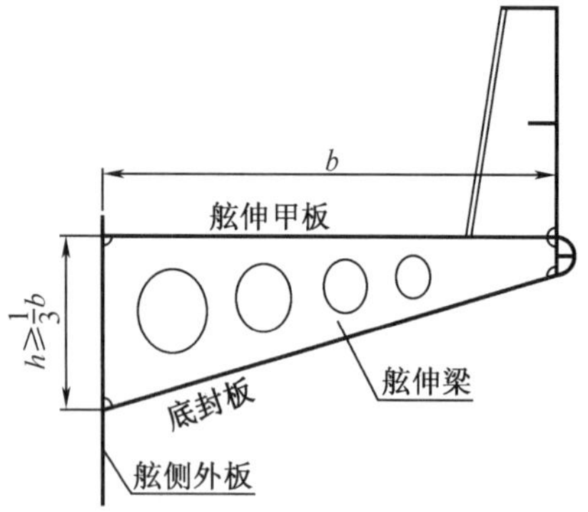

图6-5 舷伸甲板骨架

此外,按甲板载货与否,还可以将甲板分为载货甲板和不载货甲板。甲板货船(如甲板驳等)的干舷甲板是载货甲板,双甲板船的干舷甲板也常常用于载货,也可作为载货甲板。

甲板具有双向曲度。甲板在宽度方向的弧形称为梁拱,它两边低中间高,便于排除甲板上的积水。梁拱的高度随船宽而定,一般为船宽的1/100~1/50。甲板在纵向的弧形称为舷弧,舷弧的存在可以防止船舶航行时波浪冲到甲板上,舷弧的大小根据船舶的航区、航速以及用途而定。

甲板板(图6-6)与舷侧邻接的部分称为甲板边板。甲板边板是甲板中自艏至艉纵向连续的构件,它将全部有效地参与总纵弯曲,对船体总纵强度起着十分重要的作用,因此在甲板板中甲板边板应该是最厚的。在甲板大开口之间的甲板板以及首、尾端的甲板板是间断构件,并不参与总纵弯曲,因此板厚可以小一些,只要能满足局部强度和使用上的要求就可以了。

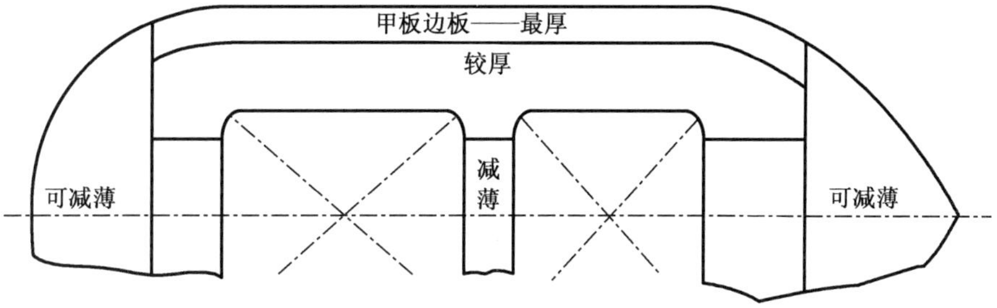

图6-6　甲板板

6.3.3　甲板的开口

根据使用要求,甲板上常有各种开口,例如人孔、货舱口、机舱口等。甲板大开口的角隅处会产生严重的应力集中,甚至使船舶撕裂。因此,在大开口角隅处应予以补强,或将角隅做成一定的形状,以减小应力集中。一般的做法有以下几种。

(1)大开口角隅做成圆角,圆角半径应不小于开口宽度的1/10。如果圆角半径小于610 mm,则应采用等于甲板厚度1.5倍的加厚板或用与甲板等厚的复板加强。补强范围和尺寸如图6-7所示。复板与甲板应用塞焊焊妥。如果圆角半径大于610 mm或采用抛物线形、椭圆形的舱口角隅,可不必补强。

(2)大开口角隅做成抛物线形、椭圆形。其尺寸如图6-8所示。

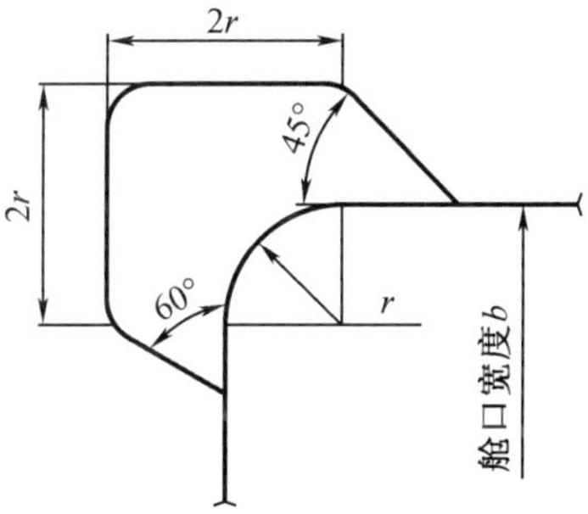

图6-7　补强范围和尺寸

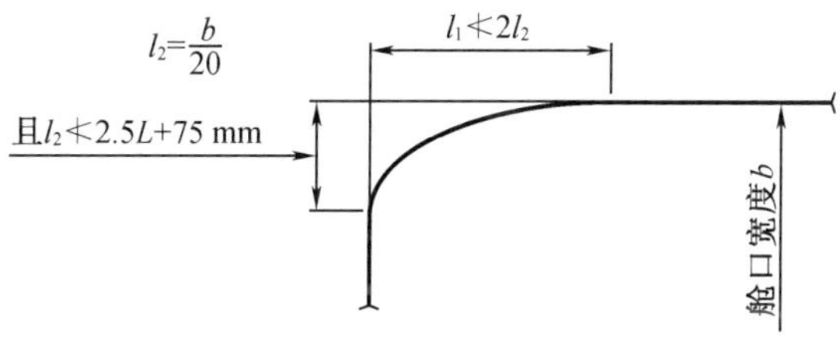

图6-8　抛物线形、椭圆形角隅尺寸

强力甲板上的机舱或货舱开口宽度应不大于0.7倍船宽。

在强力甲板开口两侧及其边线延长线外的甲板上应尽量减少开孔。若需开孔,应开设圆形或长轴沿船长方向布置的椭圆形孔口,孔口边缘应适当补强。各孔口间应互相远离,且应避开舱口角隅。当船中部区域以内的孔口宽度超过甲板开口一侧甲板宽度的0.15倍时,或船中部区域以外的孔口宽度超过甲板开口一侧甲板宽度的0.3倍时,应补偿开孔所损失的甲板剖面积。任何情况下不允许孔口宽度超过甲板开口一侧甲板宽度的0.5倍。

6.3.4 甲板与舷侧的连接

内河船舶甲板与舷侧的连接形式有图6-9所列的几种。其中图6-9(a)、图6-9(b)两种连接形式施工方便,但应力集中较大,是内河船常用的连接形式。图6-9(c)、图6-9(d)、图6-9(e)三种连接形式施工也较方便,其中图6-9(c)、图6-9(d)还可以增加舷边走道的宽度,是内河小船常用的连接形式。图6-9(f)这种连接形式施工较麻烦,但有舷边流水槽,适合长江客货船。

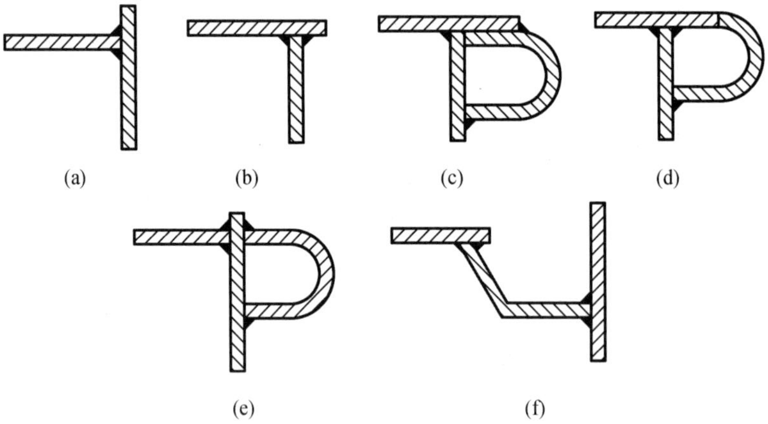

图6-9　甲板与舷侧的连接形式

凡在甲板上布置有甲板机械、系缆设备的部位应采用加厚板或用复板加强。若采用复板加强应用塞焊与甲板焊妥,以保证有足够的连接强度。

6.4 甲板板尺寸的确定

6.4.1 干货船

1. 强力甲板

(1)船长$L \leqslant 50$ m的船舶,其强力甲板的最小厚度t不应小于表6-2的规定。且中部强力甲板的半剖面积a尚应不小于按下式计算所得之值:

$$a=K\frac{B}{2}(0.48L+10.8)\quad(\mathrm{cm}^2)\tag{6-3}$$

式中　K——系数，A 级航区取 $K=1$，B 级航区取 $K=(6\,882+61.84L-0.66L^2)\times10^{-4}$，C 级航区取 $K=(6\,768+23.16L-0.18L^2)\times10^{-4}$；

L——船长，m；

B——船宽，m。

甲板半剖面积，包括船体中部甲板中纵剖线一侧，开口线以外的甲板、甲板边板、舷伸甲板、甲板纵骨、甲板纵桁及中部连续的舱口围板等纵向连续构件的剖面积。

表 6-2　强力甲板的最小厚度　　单位：mm

船长 L/m	航区		
	A 级	B 级	C 级
$40<L<50$	5.5	5	5
$20\leqslant L\leqslant40$	3.5	3.5	3

如果除甲板板以及甲板边板以外，计入甲板半剖面积的构件总面积为 a_2，甲板纵中线一侧的甲板板与甲板边板剖面积之和为 a_1，则有 $a_1=a-a_2$，若甲板板厚度为 t，则甲板边板厚度为 $t+1$（单位 mm）。若除大开口以外的甲板半宽为 b，则甲板板的宽度为 $b-0.1B$，其中 $0.1B$ 为甲板边板的宽度。由此可得

$$a_1=t(b-0.1B)+(t+1)0.1B$$

由此可以求出强力甲板的厚度为

$$t=\frac{a_1-B}{100b}\quad(\mathrm{cm})$$

式中各量的单位：a_1，cm^2；b，m；B，m。

上式可用于初步确定强力甲板的厚度。

(2) 船长 $L\geqslant50$ m 的船舶，船体中部强力甲板的最小厚度 t 应不小于按下式计算所得之值：

$$t=a\beta(3.89+0.038L)\quad(\mathrm{mm})\tag{6-4}$$

式中　a——航区系数，A 级航区取 $a=1$，B 级航区取 $a=0.85$，C 级航区取 $a=0.75$；

β——系数，横骨架式取 $\beta=1$，纵骨架式取 $\beta=0.83$；

L——船长，m。

(3) 船长大于或等于 50 m 的船舶，艏、艉部强力甲板的最小厚度应不小于按式(6-4)计算所得之值的 0.9 倍。

(4) 载货部位甲板厚度尚应不小于下式计算所得值：

$$t=6.3s\sqrt{h}\quad(\mathrm{mm})\tag{6-5}$$

式中 s——肋骨或纵骨间距；

h——计算水柱高，强力甲板取0.5 m；双甲板的干舷甲板取0.45 m；旅客舱室甲板取0.45 m；船员舱室甲板取0.35 m；顶篷甲板取0.2 m；载货甲板的计算水柱高度h应按下式计算，但对于A级航区强力甲板应不小于0.725 m，对于B级航区强力甲板应不小于0.6 m，对于C级航区强力甲板和其余甲板应不小于0.5 m。

$$h=K\frac{Q}{F}$$

式中 Q——载货甲板载货总重量，t；

F——载货甲板面积，m^2；

K——系数，货物的积载因数小于或等于0.45 m^3/t时取$K=1.30$，货物的积载因数大于0.45 m^3/t时取$K=1.15$。

若甲板上的货物用抓斗装卸，则载货部位甲板厚度应增加2 mm。

(5)船中部强力甲板边板的宽度应不小于0.1B，B为船宽，厚度应较甲板增厚1 mm。船首、尾部甲板边板的厚度可与该处的甲板厚度相同。

船长等于和小于30 m的船舶，甲板边板尺寸应不小于表6-3列出的值。

表6-3 甲板边板尺寸

船长/m	甲板边板厚/mm	甲板边板宽/m
$20\leqslant L\leqslant 25$	对B级、C级航区应按甲板厚度增加0.5 mm	0.5
$25<L\leqslant 30$		0.6

甲板中部没有布置大开口的船舶，其甲板边板可以和甲板板同厚。

具有舷伸甲板的船舶，应将甲板边板布置在船侧的内侧。

(6)在甲板开口之间的开口线以内的强力甲板厚度可比开口线以外甲板厚度减薄1 mm。

2. 舷伸甲板

强力甲板(或干舷甲板)两舷设置舷伸甲板时，舷伸甲板的厚度应与强力甲板(或干舷甲板)的厚度相同。

3. 非强力甲板

其他各层非强力甲板厚度一般不小于3.0 mm。顶篷甲板可以减薄至2.0 mm。

4. 舱口

干舷甲板上的舱口，除满足本节要求外，尚应符合船舶登记国主管机关的有关规定。

强力甲板上非纵通舱口围板厚度一般应不小于表6-4的规定，非强力甲板上的舱口围板厚度可适当减薄。围板顶缘应设有加强型材。

表 6-4　强力甲板上非纵通舱口围板厚

航区	船长 L/m	围板厚度/mm
A 级	≤50	4.5
	50~100	6
	≥100	7
B 级、C 级	≤50	4
	>50	5

露天的非长大舱口围板的高度一般应在 200~350 mm 范围内，若舱口围板较高，应设水平加强材及垂向肘板。非露天的舱口围板高度可适当降低。

6.4.2　大舱口船补充规定

1. 强力甲板

(1)货舱区域内的强力甲板的厚度 t 尚应不小于按下式计算所得之值：

$$t=1.1\sqrt{L}\quad(\text{mm})$$

式中　L——船长，m。

货舱区域外的强力甲板可以逐渐减薄至与甲板板相同的厚度。

(2) 强力甲板货舱舱口角隅的圆弧半径 r 应不小于 $b/20$(b 为货舱舱口宽度)。位于船舶首、尾区域的舱口角隅可采用图 6-10(a)或(b)所示的型式(图中 s 为肋距)，图中阴影区域所示的甲板应采用较货舱区域强力甲板增厚 0.5 倍的加厚板或用不小于货舱区域强力甲板厚度的复板予以补强。如采用其他角隅形式，应提交理论计算或试验依据供审查。若货舱舱口端线与船首或尾升高甲板横端壁重合，货舱舱口端部可不设角隅圆弧。位于船首、尾部的舱口端部强力甲板应在其平面内向非货舱一边过渡，且在图 6-10(c)所示的阴影区域内采用较货舱区域强力甲板增厚 0.5 倍的加厚板予以补强。舷侧外板在由甲板升高所形成的角隅处，应设如图 6-10(d)所示的弧形过渡肘板。

(3)强力甲板大舱口边线两侧及其延长线以外的甲板上应尽量减少开孔。若需开孔，应开设圆形或长轴沿船长方向布置的椭圆形孔口，各孔口间应互相远离，且应远离货舱舱口角隅，孔口边缘应用厚度不小于 8 mm、高度不小于 80 mm 的垂向围板加强。在大舱口范围内，若大舱口一侧甲板上的开孔宽度大于或等于 0.15 倍的甲板边板宽度时，孔口处的甲板应按图 6-11 的规定，采用较货舱区域强力甲板增厚 0.5 倍的加厚板或厚度不小于货舱区域强力甲板厚度的复板予以补强。

(4)大舱口边线两侧强力甲板上开孔的宽度，任何情况下不得大于该处甲板宽度的 0.5 倍。

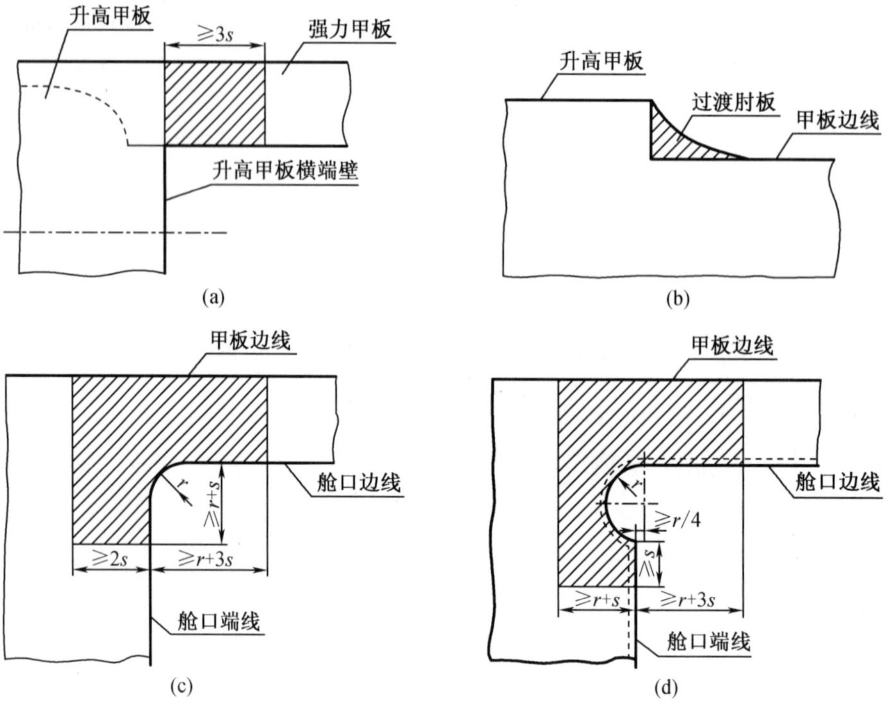

图 6-10　舱口角隅

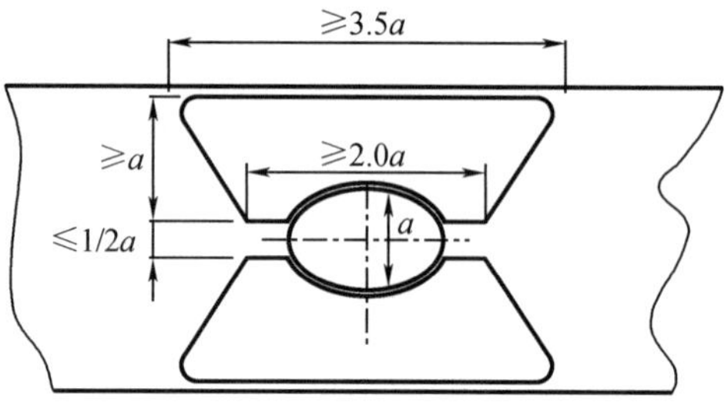

图 6-11　孔口处加厚板补强

2. 舱口围板

(1)船长大于或等于 40 m 且大舱口围板在船中部 0.4L 范围内连续时,舱口围板伸出甲板以上的高度 h 应不大于按下式计算所得之值且不大于 1 500 mm:

$$h=KD \quad (\text{mm})$$

式中　K——系数,$K=1\ 248-16L+0.061L^2$;

D——型深,m;

L——船长,m。

(2)大舱口围板厚度 t 应不小于按下式计算所得之值:

$$t=0.1L+2.5 \quad (\text{mm})$$

式中　L——船长,m。

B 级、C 级航区船舶的长大舱口的围板厚度,可分别为上式计算值的 0.95 倍及 0.80 倍。

(3)大舱口围板伸入甲板以下至少 200 mm。双舷或舷顶设有抗扭箱的大舱口船,舱口围板应与内舷板或抗扭箱内侧板布置在同一平面内并与之连接。单舷结构大舱口船,舱口围板下缘应设面板,面板厚度不小于围板厚度,宽度不小于围板厚度的 8 倍。

(4)大舱口围板上应设置垂直桁和水平扶强材,顶缘应设置面板。当围板高度大于 1 m 时,尚应至少设置一道水平桁。垂直桁应与强横梁在同一平面内,水平扶强材的间距应不大于 500 mm。围板顶缘面板的剖面积,应不小于甲板以上围板剖面积的 0.12 倍。垂直桁高度中点处的剖面积,应不小于甲板以上围板剖面积的 0.3 倍。水平桁的尺寸应与该处垂直桁的尺寸相同,普通水平扶强材应满足大舱口船对甲板纵骨的规定。

(5)当舱口围板在船中部连续时,除应遵守上述(4)的规定外,围板顶缘面板的宽度尚应不大于其厚度的 15 倍,距围板顶缘面板不大于围板厚度 30 倍且不小于 300 mm 处应设置一道水平扶强材。

6.4.3　客船补充规定

客船的双层底在中纵剖面处的高度应不小于 760 mm。

客船的实肋板、强肋骨及强力甲板强横梁间距应不大于 3.0 m。

单甲板船——以干舷甲板为强力甲板的船舶。

双甲板船——以上甲板为强力甲板的船舶。

上层建筑甲板——位于强力甲板以上的各层上层建筑的甲板,各层甲板名称如图 6-12 所示。

对于双甲板船在计算主尺度比值时,计算型深取在船长中点处沿舷侧自平板龙骨上表面量至上甲板下表面的垂直距离(其他涉及型深参数的计算仍取规范定义的型深)。

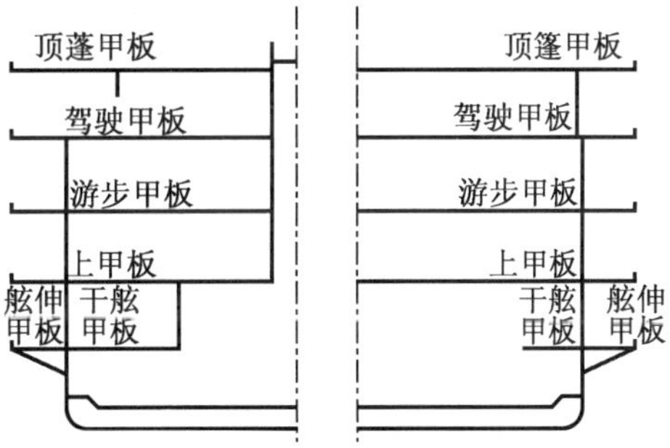

图 6-12　上层建筑甲板

客船中的双甲板船,其干舷甲板厚度 t 应不小于按下式计算所得之值,但不必大于 6 mm 也不应小于 3 mm:

$$t=0.03L+C \quad (\text{mm})$$

式中　L——船长,m;

s——肋骨间距,m;

h——计算水柱高,按式(6-5)说明选定,m;

C——对 A 级航区船舶取 2.3,对 B 级、C 级航区船舶取 1.8。

船首、尾部干舷甲板的厚度可减薄但应不小于上式计算所得之值的 0.85 倍。

当干舷甲板载货时其厚度 t 尚应不小于按下式计算所得之值:

$$t=5s\sqrt{h} \quad (\text{mm})$$

式中　s——肋骨间距,m;

h——计算水柱高度,按式(6-5)说明选定,m。

舷伸甲板厚度取与干舷甲板相同的厚度。

参与总纵弯曲的上层建筑(甲板室)甲板的厚度应按式(8-6)计算。

例 6-2 长江 A 级航区 100 客交通艇,单底单甲板横骨架式结构,主尺度为 $L\times B\times D\times d=34\ \text{m}\times 6.8\ \text{m}\times 3\ \text{m}\times 2.1\ \text{m}$,肋骨间距 $s=500$ mm。试确定其中部强力甲板、前客舱升高甲板、驾驶甲板和顶篷甲板的尺寸。

解 (1)中部强力甲板

规范规定,船长≤50 m 的船舶,其强力甲板的最小厚度 $t=3.5$ mm,中部强力甲板的半剖面积 a 尚应不小于按下式计算所得之值:

$$a=K\frac{B}{2}(0.48L+10.8)\quad (\text{cm}^2)$$

取 $K=1$,$L=34$ m,$B=6.8$ m,代入得 $a=92.21\ \text{cm}^2$。

该船中部甲板上有机舱口,纵中剖线一侧除大开口以外的甲板半宽为 1.5 m,计入甲板半剖面积的构件(甲板纵桁等)面积之和为 $a_2=23\ \text{cm}^2$。因此,甲板纵中线一侧的甲板板与甲板边板剖面积之和 a_1 为

$$a_1=a-a_2=92.21-23=69.21\ (\text{cm}^2)$$

强力甲板厚度 t 应为

$$t\geqslant\frac{a_1-B}{100b}=\frac{69.21-6.8}{100\times 1.5}=0.416\ \text{cm}\approx 4.2\ (\text{mm})$$

实取强力甲板厚度为 $t=5$ mm。

规范规定,强力甲板边板的宽度应不小于 $0.1B=0.1\times 6.8=0.68$ m,实取甲板边板宽度为 $b=0.7$ m。

规范规定强力甲板边板厚度应较甲板厚度增加 1mm,实取强力甲板边板厚度为 $t=7$ mm。

(2)前客舱升高甲板

规范规定,升高甲板的厚度应不小于按式(8-6)计算所得之值:

$$t=0.03L+2.5\ (\text{mm})$$

该船 $L=34$ m,代入上式得

$$t=0.03\times 34+2.5=3.52\ (\text{mm})$$

实取前客舱升高甲板的厚度为 $t=5$ mm。

(3)驾驶甲板

规范规定这一类甲板厚度一般不小于 3.0 mm,因此取驾驶甲板厚度为 $t=4$ mm。

(4)顶篷甲板

取顶篷甲板厚度为 $t=3$ mm。

以上尺寸均满足规范要求。

第 7 章　船体骨架设计

• 学习目标

知识目标

1. 掌握单底骨架和双底骨架的结构特点；
2. 掌握横骨架式和纵骨架式舷侧骨架的结构特点；
3. 掌握横骨架式和纵骨架式甲板骨架的结构特点；
4. 掌握船底骨架、舷侧骨架、甲板骨架设计的计算方法。

能力目标

1. 具备设计船底骨架、舷侧骨架、甲板骨架结构形式的能力；
2. 具备根据规范计算船底骨架、舷侧骨架、甲板骨架各个构件尺寸的能力。

船体结构离不开船体骨架，船体骨架主要包括船底骨架、舷侧骨架和甲板骨架。每一部分又都是由纵、横交叉的构件所组成。按规范法设计时，要根据各部分结构的形式选择规范的有关章节逐条进行计算。骨架的受力不同，作用不同，对构件尺寸的要求也不同，而规范对船体骨架的尺寸，主要是按以下三种形式给出要求：局部强度要求的剖面模数、刚度要求的剖面惯性矩，以及稳定性要求的剖面惯性矩。下面我们分别介绍各船体骨架的设计内容。

7.1　船底骨架设计

7.1.1　单底骨架设计

按结构形式，单底骨架可分为横骨架式单底结构、纵骨架式单底结构二种。

横骨架式单底结构如图 7-1 所示。从图 7-1 中可以看出，横骨架式单底结构由实肋板、中内龙骨、旁内龙骨等主要构件组成。

实肋板可以用组合 T 型材或者折边型材制成，但在机舱部位一般都用组合 T 型材。肋板在中内龙骨处间断，以保证中内龙骨的纵向连续性，但必须将它与中内龙骨焊牢。为了方便清除舱底积水，实肋板以及旁内龙骨下方均应开设流水孔。

中内龙骨是连续的纵向构件，在横骨架式船体结构中，它对于保证总纵强度起着重要作用。中内龙骨还是肋板的支承点。中内龙骨由组合 T 型材制成。中内龙骨在舱室内保持连续,一般在横舱壁处间断。

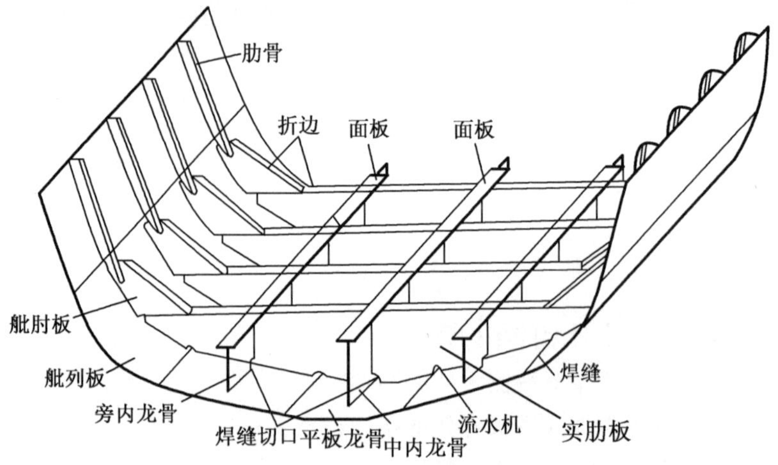

图 7-1　横骨架式单底结构

旁内龙骨起着联系肋板的作用,它在肋板之间是间断设置的。旁内龙骨应尽可能与甲板纵桁设置在同一纵剖面内,以便布置支柱以及构成纵向框架,使力能很好地相互传递。旁内龙骨一般可以用组合 T 型材制成,在小型船舶上也可以用折边型材制成。

图 7-2 为纵骨架式单底结构。从图 7-2 中可以看出,纵骨架式单底结构由中内龙骨、旁内龙骨、肋板和船底纵骨等主要构件组成。为了保证纵向构件的连续性,内龙骨都设计成纵向连续贯通的,肋板则在内龙骨处间断。内龙骨的高度通常等于肋板高度。船底纵骨大多采用球扁钢制成。船底纵骨与肋板相交处有两种连接方式:一种是在肋板上开梯形切口让纵骨穿过,仅在纵骨腹板的一面与肋板焊接,这种连接形式的优点是易于装配;另一种是肋板上的切口与纵骨形状相同,将纵骨穿过,周围全部焊接,这种连接形式的优点是连接可靠,但是装配难度较大。单底船中内龙骨腹板上是不允许开孔的。

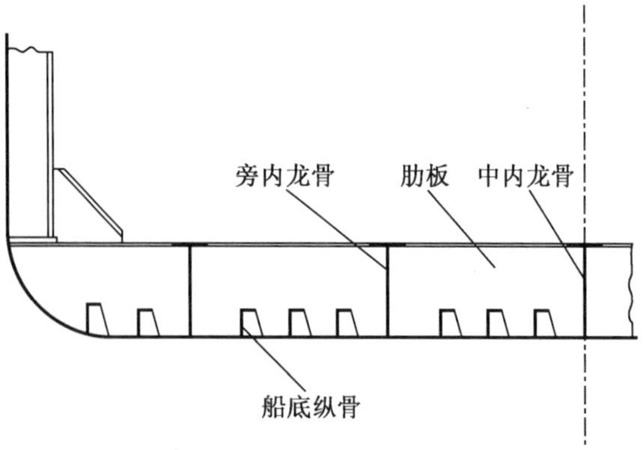

图 7-2　纵骨架式单底结构

有时因船舶管路等通过的需要在实肋板或旁内龙骨腹板上开孔时,应予以补强。

1. 干货船

单层底的船底骨架可为横骨架式或纵骨架式。船长 $L\leqslant30$ m 的船舶,宜采用横骨架式。

船底纵向构件不应突然中断。船底骨架由一种形式过渡到另一种形式时,应采用增设肘板或延续构件等办法,相互延伸 2 个或交错 4 个肋距。

(1)实肋板

横骨架式船底应在每个肋位上设置实肋板,船长小于或等于 30 m 时,可隔一个肋位设置。

横骨架式船底的实肋板间距应不大于 1.8 m,纵骨架式船底的实肋板间距应不大于 2.5 m。

实肋板剖面模数 W 应不小于按下式计算所得之值:

$$W=Ks(fd+r)l^2 \quad (\mathrm{cm}^3) \tag{7-1}$$

式中 s——实肋板间距,m;

d——吃水,m;

r——半波高,m;

f——系数,货舱外 $f=1$,自航船货舱内 $f=0.5$,非自航船货舱内 $f=0.25$;

l——实肋板跨距,取两舷侧(或内舷板)之间的距离,或舷侧(内舷板)与中纵舱壁之间的距离,m;

K——系数,根据实肋板跨距内的龙骨道数按下式计算:

$$K=a(l_1/l-1.1)+b$$

式中 a、b——系数,按表 7-1 选取;

l_1/l——舱长比,取值范围由表 7-2 规定;

l_1——舱底平面长度(取两横舱壁的间距)。

表 7-1 a、b 的选取

系数	骨架形式								
	横骨架式						纵骨架式		
	主肋骨制			交替肋骨制					
	1 根龙骨	3 根龙骨	5 根龙骨	1 根龙骨	3 根龙骨	5 根龙骨	1 根龙骨	3 根龙骨	5 根龙骨
a	2.50			2.00			1.25		
b	4.00	3.50	3.00	3.20	2.80	2.40	2.00	1.75	1.50

表 7-2 l_1/l 的取值范围

l_1/l 范围	龙骨数		
	1 根龙骨	3 根龙骨	5 根龙骨
上限值	1.5	1.7	1.9
下限值	1.1		

注:l_1/l 大于上限者取上限,小于下限者取下限。

当舱内设有多道纵舱壁或双向纵桁架时,实肋板的剖面模数可按规范的规定进行计算。

对于机动船机舱部位,横骨架式必须每挡肋位设置实肋板,纵骨架式实肋板间距应不大于1.25 m。机舱内实肋板的腹板应比式(7-1)要求的货舱外实肋板腹板增厚1 mm,面板截面积增加1倍。

斜底船中部向船侧延伸的实肋板,其腹板高度可逐渐减小,但在距中纵剖面 3/8B 处的腹板高度应不小于中纵剖面处腹板高度的1/2,如图7-3所示。

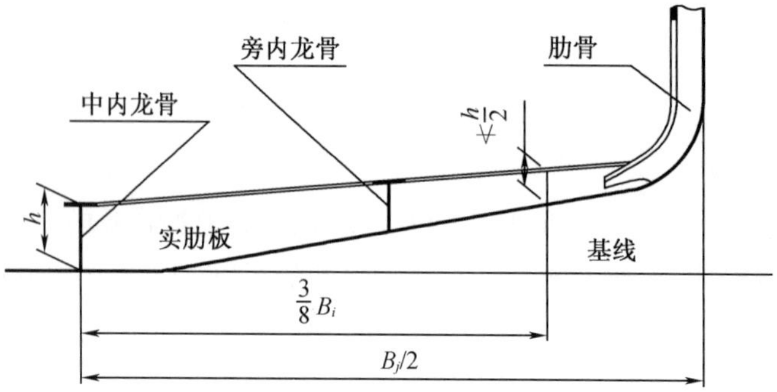

图7-3　斜底船中部向船侧延伸的实肋板

(2)中内龙骨

船底应设置中内龙骨。中内龙骨应尽量贯通全船,艏、艉尖舱部分可用间断板。平底船允许以2根旁内龙骨(左右各1根)代替中内龙骨。单机船的主机基座纵桁如在机舱内贯通,机舱内的中内龙骨可以省略,此时,与机舱毗邻的后舱允许以延伸机座纵桁的2根旁内龙骨代替中内龙骨。中内龙骨与旁内龙骨及基座纵桁不应在舱壁处突然中断,应各自向舱壁的另一面延伸,相互交错不小于3个肋距;或加过渡性肘板,肘板长度不小于2个肋距。中内龙骨的连续性如图7-4所示。

中内龙骨腹板的高度和厚度与该处的实肋板相同,其面板截面积应不小于实肋板面板截面积的1.5倍。

(3)旁内龙骨

旁内龙骨可用间断板构成,其尺寸与该处实肋板相同。在船首、尾区域内,旁内龙骨腹板与外板间的夹角应不小于45°。

旁内龙骨应尽可能均匀设置,旁内龙骨之间、旁内龙骨与中内龙骨及舷侧之间的间距应不大于2.5 m。船长小于或等于30 m时,此间距应不大于2.0 m。

内龙骨与横舱壁应有效地连接,并尽可能减小应力集中。一般可采用下面几种连接方法。

①将内龙骨腹板在一挡肋距内逐步升高至原高度的1.5倍,内龙骨的面板应延伸至舱壁并与舱壁焊接(图7-5(a))。

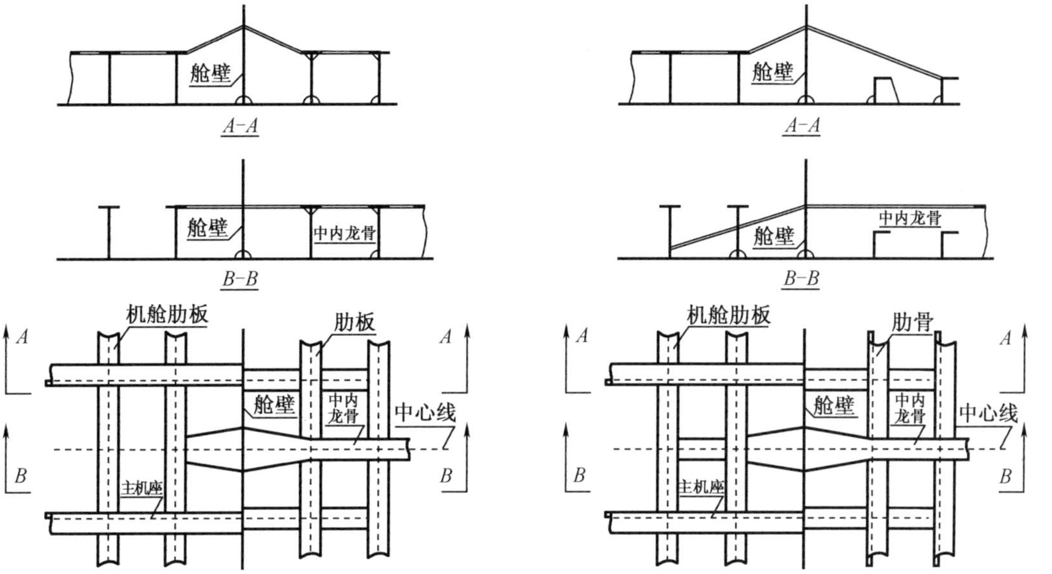

图 7-4　中内龙骨的连续性

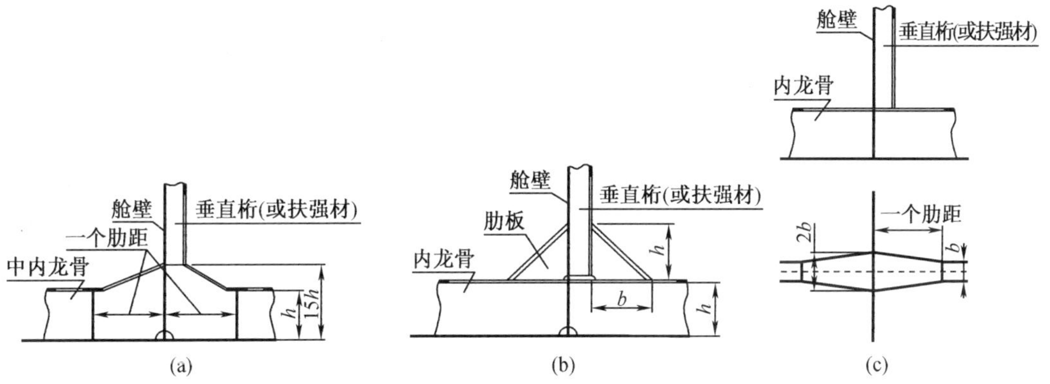

图 7-5　内龙骨与横舱壁的连接

②用有面板(或折边)的肘板与舱壁或垂直桁(或扶强材)连接。肘板的直角边长应等于内龙骨的高度,肘板的厚度及面板(或折边)尺寸与内龙骨相同。此时内龙骨面板可不与舱壁焊接(图 7-5(b))。

③将内龙骨的面板的宽度在一挡肋距内逐渐放宽,至横舱壁处为原宽度的 2 倍,并与舱壁焊接(图 7-5(c))。

(4)底肋骨

横骨架式船底未设实肋板的肋位上应设置底肋骨。底肋骨的剖面模数 W 应不小于按下式计算所得之值:

$$W=4.2s(d+r)l^2+5 \quad (\mathrm{cm}^3) \tag{7-2}$$

式中　s——肋骨间距,m;

d——吃水,m;

r——半波高,m;

l——底肋骨跨距,取内龙骨间距或内龙骨与船侧间的距离,取大者,m。

底肋骨的剖面惯性矩 I 应不小于按下式计算所得之值:

$$I=3Wl \quad (\mathrm{cm}^4)$$

式中 W——由式(7-2)计算所得之剖面模数;

l——同式(7-2)。

(5)船底纵骨

船底纵骨的剖面模数 W 应不小于按下式计算所得之值:

$$W=Ks(d+r)l^2 \quad (\mathrm{cm}^3) \tag{7-3}$$

式中 K——系数,在船中部 $K=0.015L+5.6$,L 为船长,船中部以外逐步递减为 $0.8K$;

s——纵骨间距,m;

d——吃水,m;

r——半波高,m;

l——纵骨跨距,取实肋板间距,m。

船底纵骨的剖面惯性矩 I 应不小于按下式计算所得之值:

$$I=1.1(C_{\mathrm{w}}W^{2/3}+f)l^2 \quad (\mathrm{cm}^4) \tag{7-4}$$

式中 C_{w}——系数,角钢取 $C_{\mathrm{w}}=0.73$,球扁钢取 $C_{\mathrm{w}}=0.66$;

W——按式(7-3)计算所得的剖面模数,cm^3;

f——纵骨带板剖面积,cm^2;

l——同式(7-3)。

船底纵骨应用肘板与横舱壁连接,肘板的直角边长度为纵骨高度的2倍,厚度与纵骨相同。肘板面板(或折边)应符合梁肘板的规定。

(6)开孔

中内龙骨的腹板上禁止开孔(流水孔除外)。

实肋板与旁内龙骨腹板的下方应开设流水孔。流水孔的大小应考虑到泵的抽吸率,使自船底部的各个流水孔至吸口均能自由流通。

2.甲板船补充规定

甲板船(含半舱船)不论骨架形式,实肋板间距都应不大于2.5 m。

实肋板的剖面模数 W 应不小于按下式计算所得之值:

$$W=Ks(d+r)l^2 \quad (\mathrm{cm}^3)$$

式中 K——系数,$K=7.1-0.72l+0.056\,l^2$;

s、d——同式(7-1);

r——半波高,m;

l——实肋板跨距,m,取舷侧至纵舱壁(双向纵桁架)或纵舱壁(双向纵桁架)之间跨距点的距离(按跨距点规定),取其大者,但不小于下式计算值:

$$l=1.2+0.072B$$

式中 B——船宽,m。

3. 大舱口船补充规定

船底骨架可为横骨架式或纵骨架式。船长小于或等于 30 m 的船宜采用横骨架式。

船底骨架不论采用何种骨架形式，其龙骨间距应不大于 2.6 m，平底船可免设中内龙骨。

(1)实肋板

横骨架式船底应在每个肋位上设置实肋板，纵骨架式船底的实肋板间距应不大于 2.6 m。

货舱区域实肋板的剖面模数 W 应不小于按下式计算所得之值：

$$W=3.4s(d+r)l^2 \quad (\text{cm}^3)$$

式中　s——实肋板间距，m；

d——吃水，m；

r——半波高，m；

l——实肋板跨距，取实肋板面板与舷侧外板（或内舷板）交点之间的距离，m。

货舱以外区域实肋板的剖面模数应满足式(7-1)的要求。

(2)船底纵骨

纵骨架式船底纵骨的剖面模数 W 应不小于按下式计算所得之值：

$$W=Ks(d+r)l^2 \quad (\text{cm}^4) \tag{7-5}$$

式中　K——系数，在船中部 $K=0.02L+4$，船中部以外可逐步递减至 $0.8K$，其中 L 为船长；

s——纵骨间距，m；

d——吃水，m；

r——半波高，m；

l——纵骨跨距，取实肋板间距，m。

纵骨的剖面惯性矩 I 应不小于按下式计算所得之值：

$$I=1.1(C_w W^{2/3}+f)l^2 \quad (\text{cm}^4) \tag{7-6}$$

式中　C_w——系数，角钢取 $C_w=0.73$，球扁钢取 $C_w=0.66$；

W——按式(7-5)计算所得的剖面模数，cm^3；

f——纵骨带板剖面积，cm^2；

l——同式(7-5)。

例 7-1　长江 A 级航区 100 客交通艇，单底单甲板横骨架式结构，船侧采用交替肋骨制。主要尺度为 $L\times B\times D\times d=34\text{ m}\times6.8\text{ m}\times3\text{ m}\times2.1\text{ m}$，中部舱内船底平面的长度为 $l_1=8.5$ m，设置 3 道内龙骨，肋骨间距 $s=500$ mm。试确定该船底部件尺寸。

解　(1)实肋板

根据已知条件查表 7-1，得系数 $a=2.00$，$b=2.80$。该船中部舱室内实肋板跨距 $l=5.2$ m，因此舱长比 $l_1/l=8.5/5.2=1.63$。查表 7-2，知 3 根内龙骨时，舱长比的取值范围为 $1.1\leqslant l_1/l\leqslant1.7$，可见其舱长比在此范围之内。交通艇中部舱室应作为“货舱外”处理，因此取系数 $f=1$，于是可求出内龙骨修正系数 K：

$$K=a(l_1/l-1.1)+b=2.00\times(1.63-1.1)+2.80=3.86$$

由式(7-1)计算该船实肋板的剖面模数 W：

$$W \geqslant Ks(fd+r)l^2 = 3.86\times0.5\times(2.1+1.25)\times5.2^2 = 174.8\ (\mathrm{cm}^3)$$

经组合型材剖面设计，实取该船实肋板为组合 T 型材 $\perp\frac{5\times300}{6\times60}$，其连带板剖面模数 $W = 232\ \mathrm{cm}^3$，满足要求。

(2)内龙骨

中内龙骨：规范规定，中内龙骨腹板高度及厚度与实肋板相同，面板截面积应不小于肋板面板截面积的 1.5 倍，因此取中内龙骨为组合 T 型材 $\perp\frac{5\times300}{8\times80}$。

其面板截面积为 $8\times80 = 640 > 1.5(6\times60) = 540$，满足要求。

旁内龙骨：规范规定旁内龙骨与该处实肋板相同，因此取旁内龙骨为组合 T 型材 $\perp\frac{5}{6\times60}$。

由于该船底有底部升高，所以旁内龙骨的腹板高度可在结构图上由该处的实肋板腹板高度来确定。

7.1.2 双底骨架设计

按结构形式，双底骨架可分为横骨架式双底结构和纵骨架式双底结构二种。

图 7-6 是横骨架式双底结构。从图 7-6 中可以看出，横骨架式双层底由中底桁、旁底桁、实肋板、水密肋板、组合肋板及内底板、船底板等组成。

处在中线处的船底纵桁称为中底桁，它与平板龙骨及内底板部分的带板构成组合“工”字钢。中底桁在整个舱室内连续。

对称地布置在中线两侧的船底纵桁称为旁底桁(图 7-7)。旁底桁在实肋板处间断，并与实肋板焊接。旁底桁的四个角上都有焊缝切口。旁底桁上、下缘开孔让组合肋板的横向骨材穿过。旁底桁上可以开设长圆形的人孔以及减轻孔，但在支柱的下方或横舱壁扶强材的下方不允许开孔。

横骨架式双底结构中，应间隔设置实肋板。实肋板在中底桁处间断，并与之焊接，而在其余部位则保持连续。实肋板上开有流水孔、透气孔和焊缝切口，还可以开设人孔和减轻孔。实肋板上可视具体情况设置扶强材。对于机动船，机舱部位可每隔一挡设置实肋板。推力轴承座下应设置实肋板。

为分隔不同用途的双层底舱，可设置水密肋板。一般在水密横舱壁下方都相应设置水密肋板。水密肋板上没有任何开孔，并在规定压力下保证水密。水密肋板上可视具体情况设置扶强材。

不设实肋板和水密肋板的肋位上，设置组合肋板。组合肋板由内底骨材、船底骨材、撑材和肘板等组成(图 7-8)。撑材起到支撑横向骨材的作用，同时又是旁桁材的扶强材。与实肋板相比，组合肋板的强度较低，但是重量轻，设置组合肋板是减轻船底结构重量的一个有效手段。

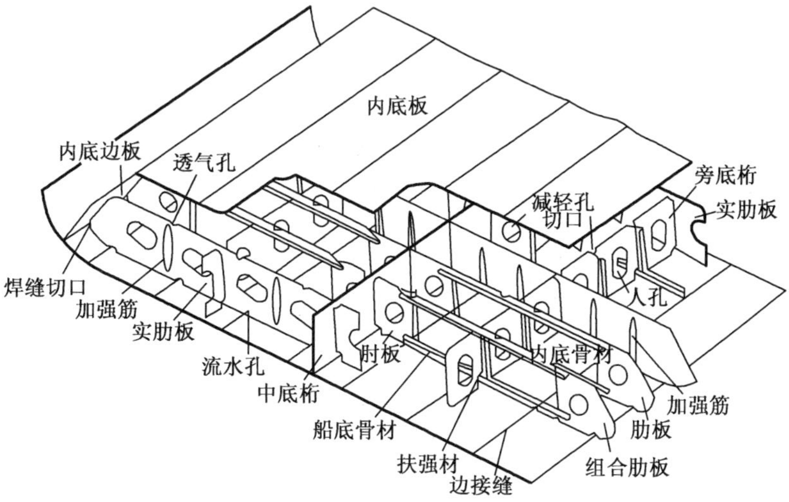

图 7-6　横骨架式双底结构

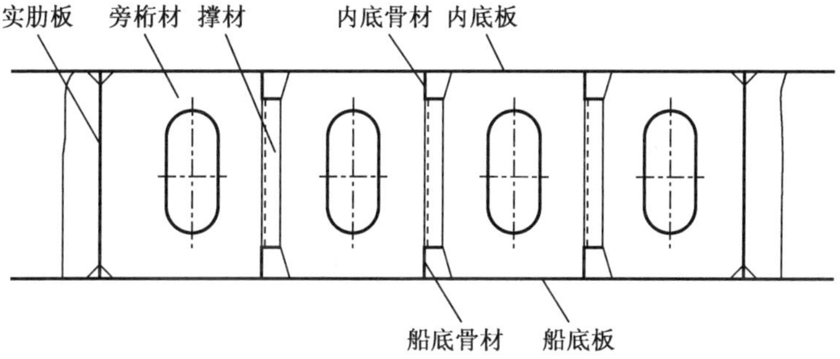

图 7-7　旁底桁

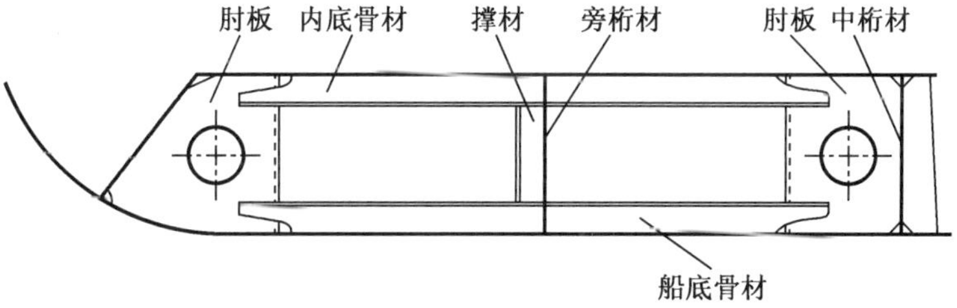

图 7-8　组合肋板

图 7-9 是纵骨架式双底结构。由图 7-9 中可以看到,纵骨架式双底结构由中底桁、旁底桁、实肋板、水密肋板、内底纵骨、船底纵骨、内底板以及船底等主要构件组成。

处在中线处的船底纵桁称为中底桁,中底桁是水密的纵向连续构件。由于肋板间距较大,为保证中底桁的稳定性,在两肋板间的中底桁两侧设置肘板(图 7-17)。

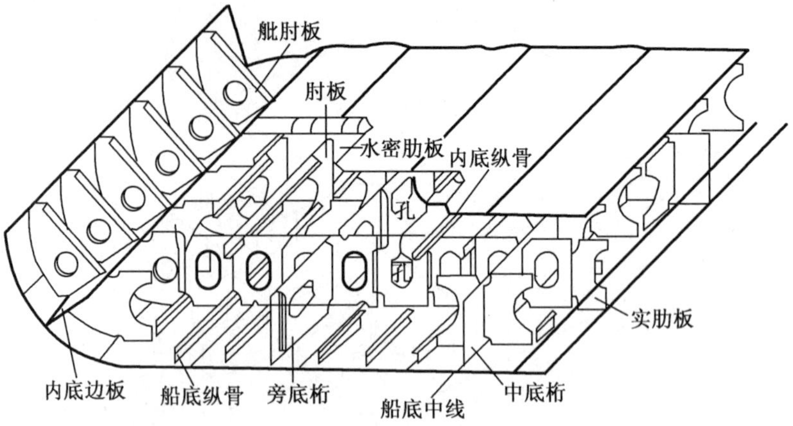

图 7-9　纵骨架式双底结构

旁底桁是非水密的纵向构件,它对称地布置在中线两侧。旁底桁在肋板处间断并与之焊接。在旁底桁上可以开设人孔及减轻孔。旁桁材在实肋板间距中点须设一道加强筋。

实肋板在中底桁处间断,并与之焊接。纵骨架式双底结构中的实肋板(图 7-10)与横骨架式双底结构中的实肋板结构相似。实肋板上有切口以便让内底纵骨和船底纵骨穿过。对于机动船,机舱部位可每隔一挡肋距设置实肋板,推力轴承座下应设置实肋板。

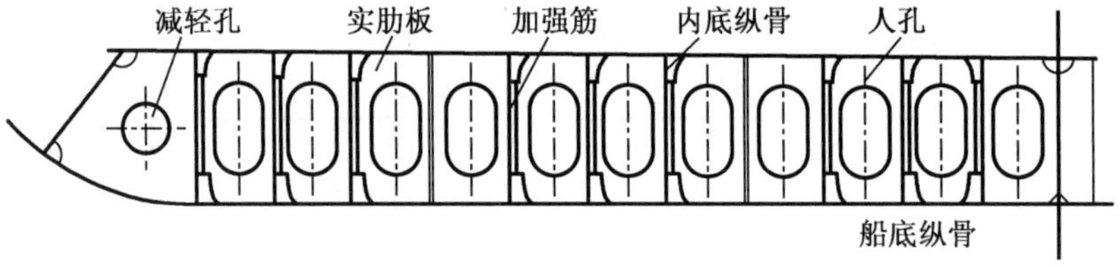

图 7-10　纵骨架式双底结构实肋板

纵骨是纵向连续构件,多采用球扁钢,也可以采用不等边角钢。

1. 干货船

(1)一般要求

①双层底应尽可能自艏防撞舱壁至艉尖舱舱壁间连续布置。双层底沿船长方向可采用阶梯形式,但在船中部区域应保持高度不变。船底板距基平面的高度大于或等于 350 mm 的船尾部区域及艉轴包区域可免设双层底。

②双层底无论采用何种骨架形式,其在中纵剖面处的高度 h 应不小于下式计算之值,且不小于 700 mm 也不大于 1 500 mm。

$$h=27+47B_1 \quad (\mathrm{mm})$$

式中,B_1 为双层底计算跨度,m。单舷侧船取舷侧至舷侧之间的距离,双舷侧船取内舷板至内舷板之间的距离。

③双层底的内底板应延伸至船的两侧,内底边板可以是水平的,也可以是倾斜的,如图 7-11 所示。航行于 J 级航段的船舶内底边板应按图 7-11 (a)、图 7-11(b)、图 7-11(e)所示盖没船的舭部。

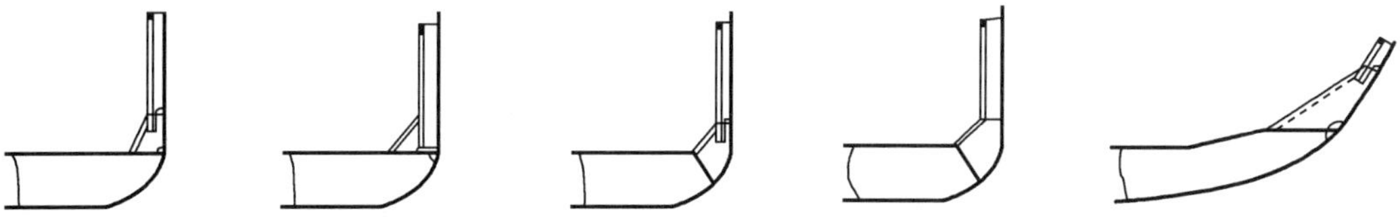

图 7-11 内底边板

④船底骨架由双层底过渡到单层底时,纵向构件不应突然中断,应采用增设肘板、短桁材或延续桁材等办法,相互延伸 2 个或交错 4 个肋距。双层底终断处,单层底中内龙骨和旁内龙骨应至少在三个肋距范围内为双层底中桁材和旁桁材的直接延续,并设置如图 7-12 所示的水平过渡肘板(面板)逐渐过渡内底板。

除自船首或尾端滚上滚下装卸货物的船舶,若双层底延伸至距艏、艉垂线距离小于或等于 0.075L 的舱壁上,则舱壁的背面可免设内底板的水平过渡肘板。

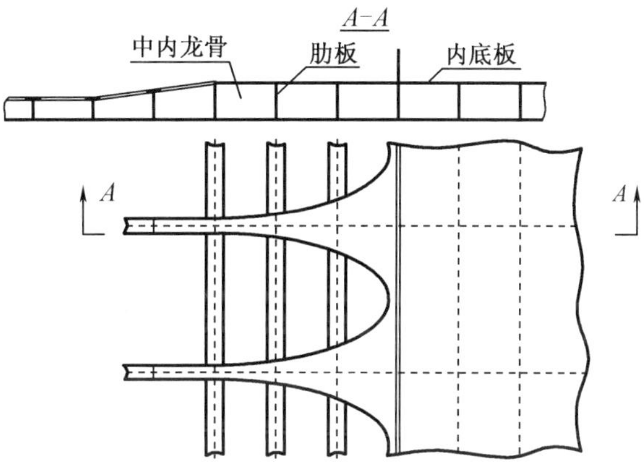

图 7-12 水平过渡肘板(面板)

(2)实肋板

双层底实肋板不论采用何种骨架形式,其间距应不大于 2.5 m。

实肋板厚度与所在部位船底板厚度相同,但应不小于 5 mm。船长小于或等于 30 m 时,应不小于 4 mm。

实肋板的腹板高度与厚度之比大于 100 时,应在实肋板的腹板上设置垂直加强筋。加强筋的厚度与实肋板的厚度相同,宽度为厚度的 8 倍,其间距应不大于双层底的高度。

(3)水密肋板

双层底内应设置间距不大于 0.3L 的水密实肋板。水密横舱壁下方应设置水密实肋板。水密实肋板的厚度与实肋板的厚度相同,且应符合对实肋板的规定。

(4)中桁材

中桁材应连续贯通。

中桁材的厚度应与所在部位平板龙骨的厚度相同,但应不小于相连实肋板的厚度。

(5)旁桁材

旁桁材由间断板构成。

旁桁材的厚度应与所在部位船底板厚度相同，但应不小于相连实肋板的厚度。

采用纵骨架式时，旁桁材应在实肋板间距的中点设置一道加强筋，其厚度与旁桁材的厚度相同，宽度为厚度的8倍。

旁桁材间距：对横骨架式，应不大于4.0 m（图7-13）；对纵骨架式，应不大于4.5 m（图7-14）。

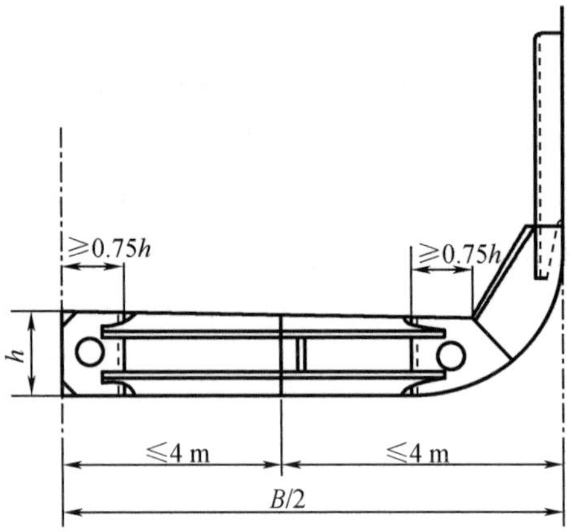

图7-13　桁材间距（横骨架式）

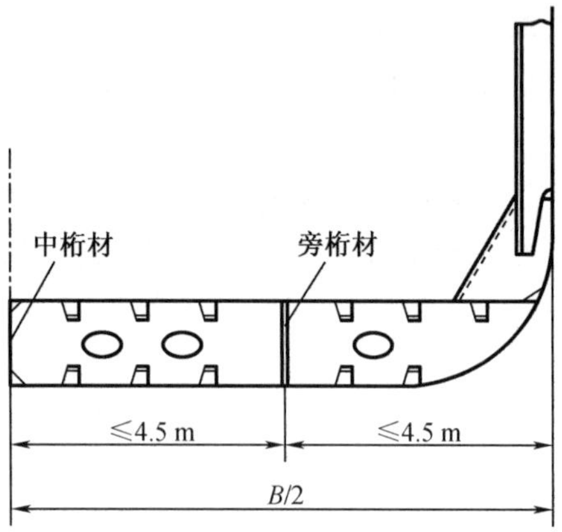

图7-14　桁材间距（纵骨架式）

(6)组合肋板

横骨架式双层底未设实肋板的肋位上，应设置组合肋板。

组合肋板船底骨材的剖面模数 W 应不小于按下式计算所得之值：

$$W=3.8s(d+r)l^2 \quad (\text{cm}^3) \tag{7-7}$$

式中　s——船底骨材间距，m；

d——吃水，m；

r——半波高，m；

l——船底骨材跨距，m，量自桁材与桁材或桁材与舷侧之间的距离，取大者。

若在船底骨材跨距中点设置撑材，船底骨材的剖面模数可按式(7-7)的要求减少40%，此时，撑材的剖面积应不小于船底骨材的剖面积。撑材应用高度不小于船底骨材高度1.5倍，厚度与其相同的肘板与内外底骨材连接。

内底骨材的剖面模数 W 应不小于按下式计算所得之值：

$$W=W_1\frac{h}{D} \quad (\text{cm}^3) \tag{7-8}$$

式中　W_1——外底纵骨计算所得之剖面模数，cm^3；

h——自内底板量至干舷甲板（或舱棚顶板）下缘的垂直距离，m；

D——型深，m。

内底骨材的剖面模数尚应不小于船底骨材剖面模数的0.85倍。

组合肋板在中桁材的两侧及内底边板处，均应设置厚度与实肋板厚度相同的肘板。肘板宽度，在中桁材的每一侧和倾斜的内底边板处均应不小于双层底高度的 0.75 倍(图 7-13)，在水平内底边板处应不小于双层底高度(图 7-15)。当肘板高度与厚度之比大于 100 时，其自由边应折边或加面板。在旁桁材一侧应设置撑材，撑材尺寸与内底骨材相同。

(7)船底纵骨与内底纵骨

①船底纵骨的剖面模数为式(7-3)计算所得之值的 0.8 倍，惯性矩应符合式(7-4)的规定。内底纵骨的剖面模数应符合式(7-8)的规定，其中 W_1 为船底纵骨的剖面模数。

②若在船底与内底纵骨跨中设置垂直撑材，则船底及内底纵骨的剖面模数可按上述的要求减少 40%。撑材的剖面积应不小于船底纵骨的剖面积。撑材应用高度不小于船底纵骨高度 1.5 倍、厚度与其相同的肘板与内外底纵骨连接。

③当船底纵骨跨中设置垂直撑材时，其剖面惯性矩 I 应不小于按下式计算所得之值：

$$I=\frac{1.1}{k}(C_w W^{2/3}+f)l^2 \quad (\mathrm{cm}^4)$$

式中　W——按上面(7)②计算所得的剖面模数，cm^3；

f——纵骨带板剖面积，cm^2；

C_w——系数，角钢取 $C_w=0.73$，球扁钢取 $C_w=0.66$；

l——纵骨跨距(实肋板间距)，m；

k——修正系数，$k=1.85-1.54\beta+0.64\beta^2$；

β——系数，$\beta=-0.34+0.29D-0.022D^2$；

D——型深，m。

船底纵骨、内底纵骨应均匀设置，其穿过实肋板时，应与实肋板焊接，切口的角隅应为圆角，如图 7-16 所示。

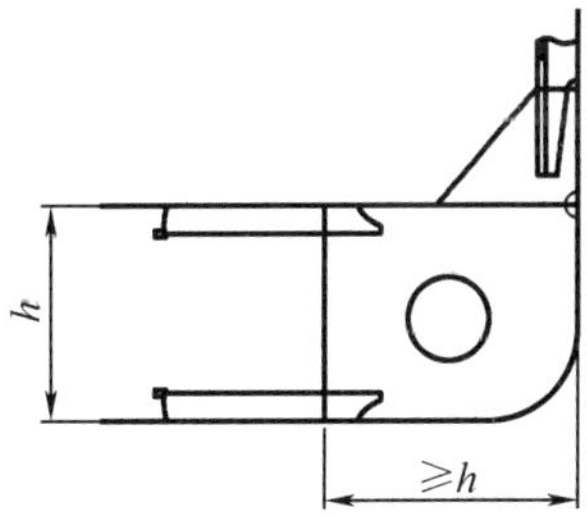

图 7-15　组合肋板肘板宽度

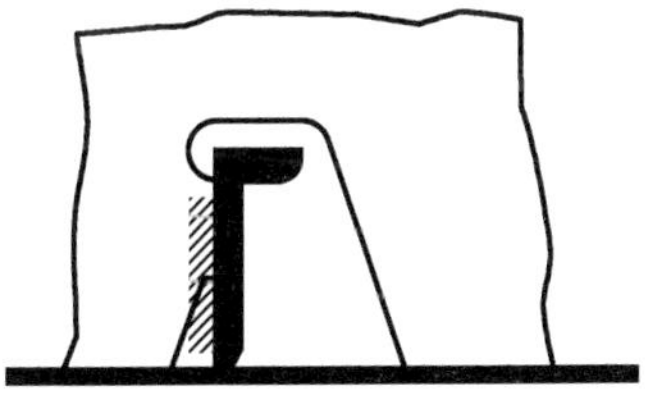

图 7-16　纵骨穿过实肋板

(8)肘板

纵骨架式中桁材在实肋板间距的中点，应左右加设通至邻近纵骨处的肘板，其厚度与实肋板相同，如图 7-17 所示。

纵骨在水密肋板处中断时，应用宽度等于 2.5 倍纵骨高度、厚度与水密肋板相同的肘板与水密肋板连接，如图 7-18 所示。

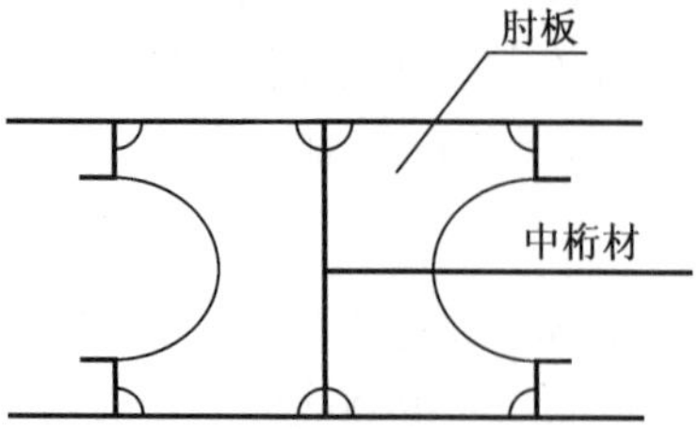

图 7-17　无实肋板处中桁材两侧肘板

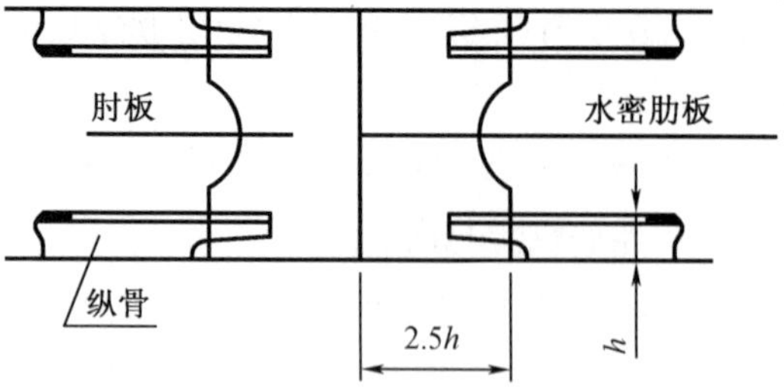

图 7-18　纵骨在水密肋板处肘板连接

纵骨架式双层底的舭部无实肋板的肋位上应设置与实肋板厚度相同的肘板，并延伸与邻近的船底纵骨和内底纵骨。如图 7-19 所示。

图 7-19　舭部无实肋板的肋位上的肘板

(9)开孔

内底板上的人孔(图 7-20)，应尽量开在双层底舱的对角处，并用水密盖封闭。

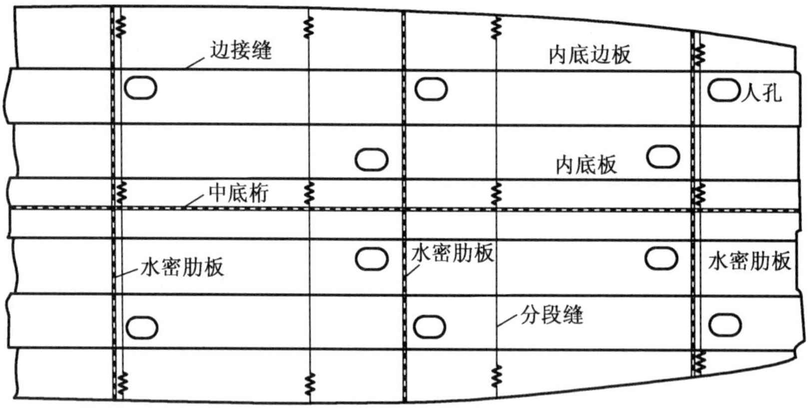

图 7-20　内底板上的人孔布置

实肋板与旁桁材均应开设人孔，开孔位置应沿船长、船宽方向尽量呈直线排列。开孔高度应不大于双层底高度的 0.5 倍，开孔宽度应不大于双层底的高度，孔与孔之间的距离应不小于双层底的高度，孔口边缘应光滑。孔口边缘距支柱下方肘板趾点或舱壁的水平距离应不小于 500 mm。若不能满足上述要求，则应对孔缘予以加强。当内底板上载货时，实肋板与旁桁材上的开孔应符合大舱口船实肋板腹板的开孔规定。

实肋板与旁桁材上应开设适当的流水孔和透气孔，并应考虑到泵的抽吸率，使自舱内各处到空气管和吸口的水及空气能自由流通。

船舱内设置的内底板如图 7-11 (a)、图 7-11(b)、图 7-11(e)所示者,应在内底板上设置污水井。污水井底板至船底板的距离应不小于 300 mm。污水井围壁板及底板厚度应按内底板厚度加厚 2 mm。

2. 大舱口船的补充规定

(1)双层底在中纵剖面处的高度

双层底在中纵剖面处的高度应符合干货船的规定。当装载积载因数小于或等于 0.45 m^3/t 的颗粒状散货且船长大于或等于 50 m 时,双层底在中纵剖面处的高度应不小于 1 000 mm。

(2)实肋板

双层底实肋板不论骨架形式,其间距应不大于 2.6 m。

实肋板的厚度应不小于所在部位船底板的厚度。

实肋板腹板高度与厚度之比大于 100 时,应在实肋板腹板上设置垂直加强筋。加强筋的厚度与实肋板厚度相同,宽度为厚度的 8 倍,其间距不大于双层底的高度。

实肋板腹板上应尽可能减少开孔。对必须开设的人孔,其高度应不大于实肋板高度的 0.5 倍,其宽度不大于实肋板高度的 0.8 倍。开孔边缘应采用面板加强,其厚度不小于腹板厚度的 1.25 倍,宽度不小于 80 mm。在内、外底骨材穿过实肋板处,开孔边缘与骨材穿孔边缘间的最小距离应不小于 120 mm,否则应采取局部补强措施。开孔边缘之间的最小水平距离应不小于双层底高度,开孔边缘与货舱舱底边缘之间的水平距离应不小于开孔宽度的 1.5 倍。

水密实肋板的间距应不大于 0.3L,其腹板厚度应较实肋板厚度增加 1 mm。对双舷侧结构船,水密实肋板应与舷舱水密横舱壁在同一肋位上。

(3)桁材

双层底桁材的间距应不大于 2.6 m。

中桁材应连续贯通,其厚度应与所在部位平板龙骨厚度相同。对于平底船可免设中桁材。

旁桁材由间断板构成,其厚度应与所在部位船底板厚度相同,但应不小于相连实肋板的厚度。

纵骨架式双层底纵桁材,当其高度与厚度之比大于 100 时或腹板高度大于 800 mm 时应设垂向加强筋,其厚度与桁材的厚度相同,宽度为厚度的 8 倍,间距不大于 1 000 mm。

桁材腹板上应尽可能减少开孔,如需开孔应满足实肋板腹板开孔的规定。

(4)内底纵骨

货舱区域内底纵骨的剖面模数 W 应不小于按下式计算所得之值:

$$W = 5.8shl^2 \quad (\mathrm{cm}^3) \tag{7-9}$$

式中 s——纵骨间距,m;

l——纵骨跨距,m;

h——计算水柱高,装载颗粒状散货时按内底板规定的 h 计算,装载集装箱和件杂货时取内底板上表面量至干舷甲板边线(或舱口围板顶缘)的距离,m。

在外底及内底纵骨跨距中点设置撑材时，内底纵骨的剖面模数可按式(7-9)计算值减少 40%。

(5)船底纵骨

①船底纵骨除应满足干货船船底纵骨的要求外，其剖面模数尚应不小于内底纵骨剖面模数的 0.85 倍。

②在外底及内底纵骨跨距中点设置撑材时，船底纵骨的剖面模数可按上述要求值减少 40%。

当船底纵骨跨中设置垂直撑材时，其剖面惯性矩 I 应不小于按下式计算所得之值：

$$I=\frac{1.1}{k}al^2 \quad (\mathrm{cm}^4)$$

式中 a——纵骨连同带板的剖面积，cm^2；

l——纵骨跨距，取实肋板间距，m；

k——修正系数，$k=1.96-1.69\beta+0.8\beta^2$；

β——系数，$\beta=-0.66+0.41D-0.03D^2$；

D——型深，m。

(6)组合肋板

大舱口船双层底如采用横骨架式，则在双层底内未设实肋板的肋位上应置组合肋板。

货舱区域组合肋板内底骨材的剖面模数 W 应不小于按下式计算所得之值：

$$W=3.65hsl^2 \quad (\mathrm{cm}^3)$$

式中 s——骨材间距，m；

l——骨材跨距(含肘板)，m；

h——计算水柱高度，装载颗粒状散货时按内底板规定的 h 计算，装载集装箱和件杂货时取内底板上表面量至干舷甲板边线(或舱口围板顶缘)的距离，m。

组合肋板船底骨材的剖面模数应不小于式(7-7)计算所得之值，且不小于内底骨材剖面模数的 0.85 倍。

在船底骨材与内底骨材跨距中点设置撑材时，内外底骨材的剖面模数可按上述的要求值减少 40%。

(7)撑材

撑材的剖面积应不小于内底纵骨或内底骨材的剖面积。撑材应用高度不小于内底纵骨或内底骨材高度 1.5 倍、厚度不小于内底纵骨或内底骨材厚度的肘板与内外底纵骨或内外底骨材连接。

(8)肘板

纵骨架式双层底的中桁材应在实肋板间距的中点两侧设置与邻近纵骨连接的、厚度与实肋板相同的肘板，如图 7-17 所示。

纵骨架式双层底应在内舷板处、实肋板间距中点，设置与内舷板及邻近纵骨连接的肘板。

例 7-2 长江 800 吨自航舱口货驳船，航行于 A 级航区，主要装载百杂货、粮食、化肥，兼装煤、黄沙等散装货物。船长 $L=61$ m，吃水 $d=2.7$ m，型深 $D=3.6$ m，横骨架式双底结构。试确定其底部主要构件尺寸。

解　按规范要求，并结合该船实际情况，取双层底高度为 $h=800$ mm。货舱内每 3 挡肋位设置一挡实肋板，不设实肋板的部位设组合肋板，肋距 $s=500$ mm。因此，实肋板间距为 $0.5\text{ m}\times3=1.5\text{ m}<2.5\text{ m}$，满足规范要求。

该船底部设 1 道中底纵桁，2 道旁底纵桁，桁材间距为 2.5 m，满足规范桁材间距应不大于 4 m 的要求。

(1)中桁材和旁桁材

该船中部货舱区平板龙骨厚度 $t=8$ mm，规范规定，中桁材与该处平板龙骨厚度相同，因此取中桁材厚度为 $t=8$ mm。

中桁材高度为 800 mm，因此其高厚比为 100，按规范规定应设置垂直扶强材，扶强材间距为双底高度 800 mm，扶强材厚度与中桁材厚度相同，扶强材宽度为厚度的 8 倍，因此确定扶强材采用断面尺寸扁钢−8×70。

该船的船底板厚 $t=7$ mm，按规范规定，旁桁材与该处船底板同厚，因此取旁桁材厚度为 $t=7$ mm。

(2)实肋板和水密肋板

规范规定，实肋板的厚度与该处船底板厚度相同，因此取实肋板厚度为 $t=7$ mm。

水密肋板与实肋板同厚，厚度为 $t=7$ mm。

水密肋板与实肋板高厚比为 $800/7=114>100$，因此必须按规范规定用与中桁材同样的方法来设置垂直加强筋，取加强筋间距为 800 mm，采用断面尺寸扁钢−8×70。

(3)内底板

规范规定内底板厚度 t 应不小于船底板厚度计算值的 0.8 倍：

$$t=a(\alpha L+\beta s+\gamma)\quad(\text{mm})$$

即

$$t=a(\alpha L+\beta s+\gamma)=0.076\times61+4.5\times0.5-0.4=6.486\ (\text{mm})$$

$$6.486\times0.8=5.2\ (\text{mm})$$

载货部位内底板厚度 t 应不小于下式计算所得之值：

$$t=5.5s\sqrt{h}\quad(\text{mm})$$

该船内底板计算水柱高按规范规定确定为 $h=2.8$ m，将各已知条件代入上式得

$$t=5.5\times0.5\times\sqrt{2.8}=4.6\ (\text{mm})$$

因为该船内底板厚度必须 $t\geqslant5.0$mm。实取内底板厚度为 $t=8.0$ mm。

(4)组合肋板

规范规定，组合肋板的船底骨材剖面模数应不小于按下式计算所得之值：

$$W=3.8s(d+r)l^2\quad(\text{cm}^3)$$

该船航行于 A 级航区，半波高 $r=1.25$ m，底桁材间距为 2.5 m，底骨材跨距取 $l=2.5$ m，因此将各已知值代入上式得

$$W=3.8\times0.5\times(2.7+1.25)\times2.5^2=46.9\quad(\text{cm}^3)$$

实取该船船底骨材为不等边角钢 L100×63×6。

其连带板在内的剖面模数 $W=54\ cm^3>46.9\ cm^3$，满足要求。

规范规定，内底骨材的剖面模 W 应不小于按下式计算所得之值：

$$W=W_1\frac{h}{D}$$

该船 $h=2.8$ m，将各已知条件代入上式得

$$W=46.9\times\frac{2.8}{3.6}=36.5\ (cm^3)$$

规范规定内底骨材的剖面模数应不小于船底骨材的 0.85 倍，即 $46.9\times0.85=39.9\ cm^3$，实取该船内底骨材为不等边角钢 L100×63×6。

其连带板在内的剖面模数 $W=54\ cm^3>39.9\ cm^3$，满足要求。

7.2 舷侧骨架设计

舷侧骨架可采用横骨架式或纵骨架式。横骨架式舷侧骨架可采用单一主肋骨制或强肋骨与普通肋骨相间布置的交替肋骨制(图 7-21)结构形式。对船底和甲板为纵骨架式而舷侧为横骨架式的船舶，舷侧骨架应采用交替肋骨制。

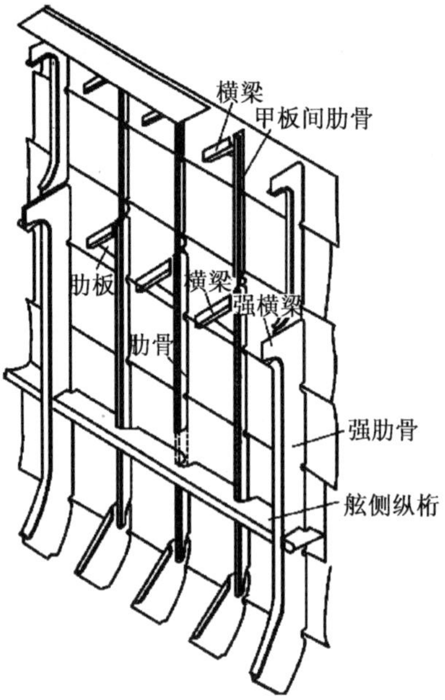

图 7-21 交替肋骨制

有两层甲板的船，干舷甲板与上甲板之间的肋骨称为甲板间肋骨。甲板间肋骨的尺寸较肋骨为小，甲板间肋骨的连接形式一般有两种：一种是通过肘板与干舷甲板连接(图 7-22(a))；另一种是甲板上开切口让甲板间肋骨穿过并与下层舱室的肋骨相连接，然后用补板

封补甲板切口(图 7-22(b))。前者施工方便,但装货不便,后者肋骨的连续性好,又省掉了甲板间肋骨下端的肘板,增大了有效舱容,但施工麻烦。也有将甲板间肋骨的下端直接与甲板焊接的(图 7-22(c)),这种连接形式在内河小船上采用较多。

肋骨是舷侧的主要结构。肋骨一般可由不等边角钢做成。肋骨在舱室内连续,它与舷侧纵桁相交时,舷侧纵桁上开口让其穿过,并在舷侧纵桁的下方设置肘板与肋骨相连接(图 7-23(a))。

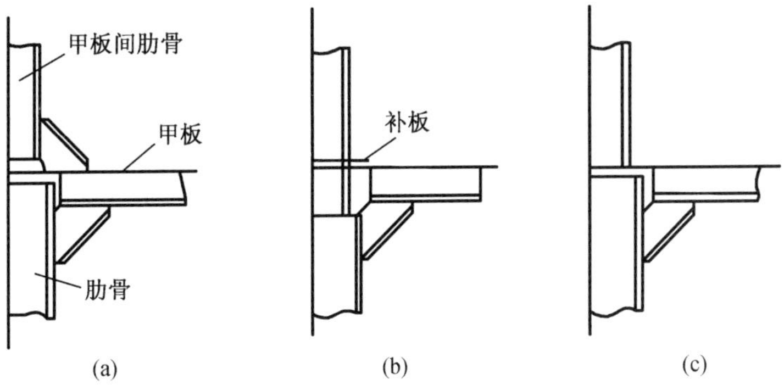

图 7-22　甲板间肋骨的连接形式

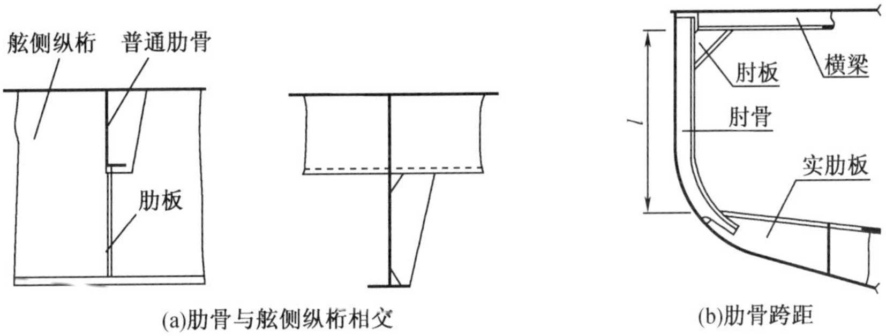

图 7-23　肋骨的连接

7.2.1　干货船

1. 主肋骨和普通肋骨

主肋骨和普通肋骨的间距一般应不大于 600 mm。交替肋骨制的强肋骨间距应不大于 2.5 m。

舷侧纵向构件不应中断在同一剖面处。当舷侧骨架由一种形式过渡到另一种形式时,应采用增设肘板或延续构件的方法相互延伸 2 个或交错 4 个肋距。

2. 肋骨和纵骨

(1)主肋骨和普通肋骨的剖面模数 W 应不小于按下式计算所得之值:

$$W=Ks(d+r)l^2 \quad (\mathrm{cm}^3) \tag{7-10}$$

式中　K——系数,按表 7-3 选取;

s——肋骨间距,m;

d——吃水,m;

r——半波高,m;

l——肋骨跨距,m,对主肋骨和未设置舷侧纵桁的普通肋骨,取肋骨与实肋板内缘交点至肋骨与横梁内缘交点间的垂直距离,如图 7-23(b)所示;主肋骨制若设置舷侧纵桁,主肋骨跨距仍按本规定确定;对设有舷侧纵桁的普通肋骨,取肋骨与实肋板内缘交点至舷侧纵桁的垂直距离,但应不小于 1.25 m。

表 7-3　K 的取值

类别	类型		
	主肋骨	普通肋骨	
		未设船侧纵桁	设有船侧纵桁
自航船	3.8	3.2	4.9
非自航船	4.4	3.8	5.7

(2)舷侧纵骨的剖面模数 W 应不小于按下式计算所得之值:

$$W=4.63s(d+r)l^2 \quad (\mathrm{cm}^3) \tag{7-11}$$

式中 s——纵骨间距,m;

d——设计吃水,m;

r——半波高,m;

l——纵骨跨距,取强肋骨之间的距离,m。

(3)船侧纵骨的剖面惯性矩 I 应不小于按下式计算所得之值:

$$I=1.1(C_{\mathrm{w}}W^{2/3}+f)l^2 \quad (\mathrm{cm}^4)$$

式中 W——按式(7-11)计算所得的剖面模数,cm^3;

f——纵骨带板剖面积,cm^2;

C_{w}——系数,角钢取 $C_{\mathrm{w}}=0.73$,球扁钢取 $C_{\mathrm{w}}=0.66$;

l——纵骨跨距,取强肋骨之间的距离,m。

(4)舷侧纵骨在穿过强肋骨开口处应与强肋骨腹板直接焊接;在横舱壁中断处应用有面板或折边的肘板与舱壁扶强材相连,肘板与纵骨连接边的边长为纵骨高度的 2 倍,厚度与纵骨厚度相同。

3. 强肋骨

(1)舷侧骨架为交替肋骨制时,强肋骨的剖面模数 W 应不小于按下式计算所得之值:

$$W=KS(d+r)l^2 \quad (\mathrm{cm}^3) \tag{7-12}$$

式中 K——系数,自航船取 4.0,非自航船取 4.7;

S——强肋骨间距,m;

d——吃水,m;

r——半波高,m;

l——强肋骨跨距，按计算跨距的规定确定，m。

(2)舷侧骨架为纵骨架式时，强肋骨剖面模数应不小于横骨架式强肋骨剖面模数的1.1倍。

4. 舷侧纵桁

(1)舷侧骨架如设置舷侧纵桁，舷侧纵桁的剖面尺寸应与强肋骨相同，且应尽量延伸至艏、艉。

(2)非自航船当肋骨跨距超过2 m时，应设置一道舷侧纵桁。

(3)舷侧纵桁应在间距不大于2个肋距的肋骨穿过处设置防倾肘板。

(4)舷侧纵桁在舱壁处选用下列方式之一与舱壁(或舱壁水平桁)连接：

①将舷侧纵桁的腹板在一个肋距内逐渐升高至舱壁处，在该处的高度应为原高度的1.5倍，舷侧纵桁面板应延伸至舱壁(或舱壁水平桁)并与之连接；

②用肘板与舱壁(或舱壁水平桁)连接，肘板的直角边长应等于舷侧纵桁腹板高度，肘板的厚度及面板(或折边)尺寸与舷侧纵桁相同，此时，舷侧纵桁面板可不与舱壁(或舱壁水平桁)焊接；

③将舷侧纵桁面板的宽度在一个肋距内逐渐加宽，至舱壁处为原宽度的2倍，并与舱壁焊接。

上述连接方式可参见图7-5。

5. 舭肘板

(1)肋骨与实肋板的连接，对斜底船可采用如图7-24(a)所示的形式；对平底船应用舭肘板连接，舭肘板高出肋板的高度应不小于肋骨高度的3倍，舭肘板的宽度约等于中纵剖面处实肋板的高度，舭肘板的厚度取与实肋板厚度相同，如图7-24(b)所示；也可采用连体肘板，如图7-24(c)所示。

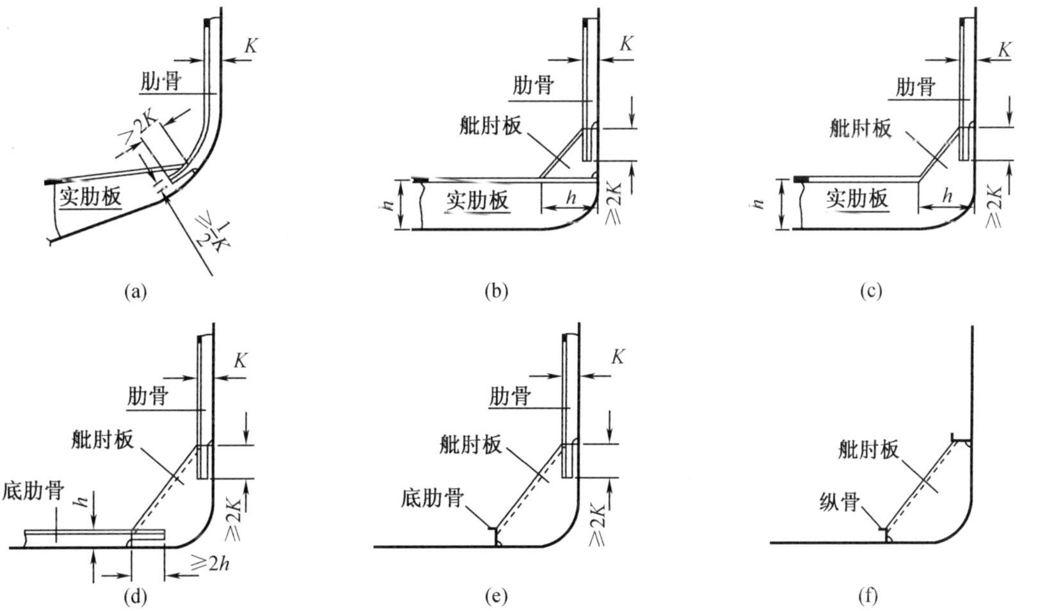

图7-24　肋骨下端连接(单层底结构)

肋骨与底肋骨应用舭肘板连接,舭肘板与肋骨及舭肘板与底肋骨的搭接长度应不小于连接肋骨高度的 2 倍,如图 7-24(d)所示。

船底如为纵骨架式单底,应用舭肘板将肋骨及底纵骨与船底板固定,并延伸至相邻的船底纵骨,舭肘板与肋骨的搭接长度应不小于肋骨高度的 2 倍,如图 7-24(e)所示。

纵骨架式舷侧骨架的最下一根纵骨与船底纵骨应在实肋板间距的中点设置舭肘板,如图 7-24(f)所示。

(2)强肋骨与实肋板用舭肘板连接,舭肘板的直角边长应与实肋板中部腹板高度相同,厚度与实肋板厚度相同。

(3)船底如为双层底,应用舭肘板将肋骨与内底边板固定,舭肘板的直角边长应不小于肋骨高度的 3 倍,其搭接长度应不小于肋骨高度的 2 倍。肋骨下端连接(双层底结构)如图 7-25 所示。

(4)舭肘板的自由边应有折边(或面板),折边(或面板)的宽度一般为舭肘板厚度的 10 倍。

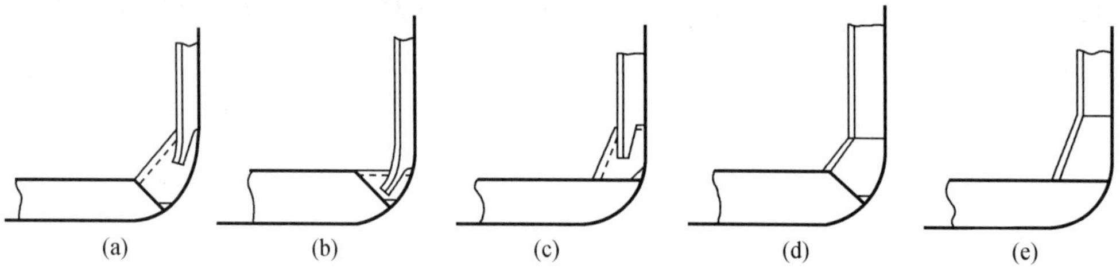

图 7-25　肋骨下端连接(双层底结构)

6. 梁肘板

(1)肋骨与横梁应用肘板连接,肘板直角边长应为横梁高度的 2 倍,如图 7-26(a)和(b)所示,肘板的厚度取与横梁厚度相同。若甲板为纵骨架式,肋骨应用肘板与甲板固定,并应延伸至相邻的甲板纵骨,肘板的高度为纵骨高度的 2.5 倍,厚度与肋骨厚度相同,如图 7-26(c)和(d)所示。当肘板任一直角边长与肘板厚度的比值大于 30 时,肘板的自由边应折边或设面板,折边(或面板)的宽度一般为肘板厚度的 10 倍。

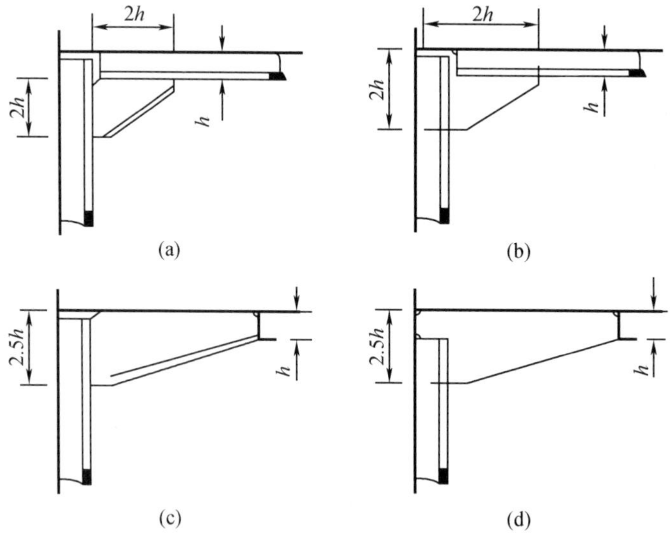

图 7-26　普通肋骨上端连接

(2)强肋骨与强横梁可采用肘板连接或强横梁端部在不小于 1.5 倍腹板高度范围内将腹板升高至 1.5 倍腹板高度后与强肋骨连接的形式,如图 7-27 所示。肘板的直角边长应不小于强横梁或强肋骨腹板高度的较大值,肘板的厚度应不小于强横梁或强肋骨腹板厚度的较大值,肘板的自由边应折边(或设面板),折边(或面板)的要求应符合梁肘板(1)的规定。

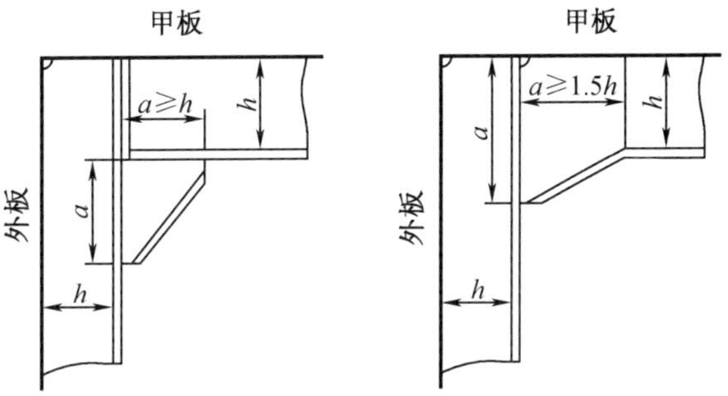

图 7-27　强肋骨上端连接

7.2.2　大舱口船的补充规定

1. 单舷侧骨架

主肋骨和普通肋骨的间距应不大于 600 mm。交替肋骨制的强肋骨间距应不大于 2.6 m。

(1)强肋骨

①顶部设有抗扭箱的舷侧骨架,其强肋骨的剖面模数 W 应不小于按下式计算所得之值:

$$W=KS(d+r)l^2 \quad (\text{cm}^3)$$

式中　K——系数,机动船取 4.4,非机动船取 5.2;

S——强肋骨间距,m;

d——吃水,m;

r——半波高,m;

l——强肋骨跨距,按计算跨距的规定取值,m。

②顶部不设抗扭箱的舷侧骨架,其强肋骨的剖面模数 W 应不小于按下式计算所得之值(当设有舱口盖时尚应满足规范的有关规定):

$$W=KS(d+r)l^2 \quad (\text{cm}^3)$$

式中　K——系数,$K=6.84+0.105L$,L 为船长,单位 m;

S、l、d、r——同式(7-10)。

对非机动船应不小于上式计算值的 1.1 倍。

(2)主肋骨和普通肋骨

①顶部设抗扭箱的舷侧骨架,其主肋骨的剖面模数 W 应符合式(7-11)的规定。

②顶部不设抗扭箱的舷侧骨架,其主肋骨的剖面模数 W 应不小于按下式计算所得

之值：

$$W=Ks(d+r)l^2 \quad (\mathrm{cm}^3)$$

式中 K——系数，$K=9.58+0.147L$，L 为船长，单位 m；

s——肋骨间距，m；

d——吃水，m；

r——半波高，m；

l——肋骨跨距，按式(7-10)的规定取。

③普通肋骨的剖面模数 W 应符合式(7-11)的规定。

(3)纵骨

舷侧骨架为纵骨架式，其纵骨的剖面模数 W 应不小于按下式计算所得之值：

$$W=5s(d+r)l^2 \quad (\mathrm{cm}^3)$$

式中 s——纵骨间距，m；

d——吃水，m；

r——半波高，m；

l——纵骨跨距，取强肋骨之间的距离，m。

舷侧纵骨的剖面惯性矩 I 应不小于按下式计算所得之值：

$$I=1.1(C_w W^{2/3}+f)l^2 \quad (\mathrm{cm}^4)$$

式中 W——纵骨的剖面模数，cm^3；

f——纵骨带板剖面积，cm^2；

l——纵骨跨距，取强肋骨之间的距离，m；

C_w——系数，角钢取 $C_w=0.73$，球扁钢取 $C_w=0.66$。

(4)舷侧纵桁

肋骨跨距超过 2 m 时，应设置一道舷侧纵桁。舷侧纵桁的剖面尺寸应与强肋骨相同，且应尽量延伸至艏、艉。

2. 舷舱骨架

大舱口船的舷舱结构典型布置如图 7-28、图 7-29、图 7-30 所示。

(1)普通肋骨

外舷肋骨的剖面模数应符合式(7-10)的规定。

内舷肋骨(内舷板垂直扶强材)的剖面模数应不小于外舷肋骨的剖面模数。当装载积载因数小于或等于 0.45 m^3/t 的颗粒状散货时，内舷肋骨(垂直扶强材)的剖面模数 W 尚应不小于按下式计算所得之值：

$$W=7.1shl^2 \quad (\mathrm{cm}^3)$$

式中 s——肋骨间距，m；

l——肋骨跨距，按构件计算跨距的规定确定，但不小于 1.25 m，m；

h——计算水柱高，m。

$$h=\frac{H}{\nu}\left[\frac{Z}{2H}+0.23\left(1-\frac{Z^2}{H^2}\right)\right]$$

式中　H——货物堆高,m ,自内底板上表面量至货物自由表面最高点的垂直距离,但不小于舱深的 0.5 倍;

Z——自肋骨跨距中点量至货物最大堆高点的垂直距离,m;

ν——货物的积载因数,m^3/t。

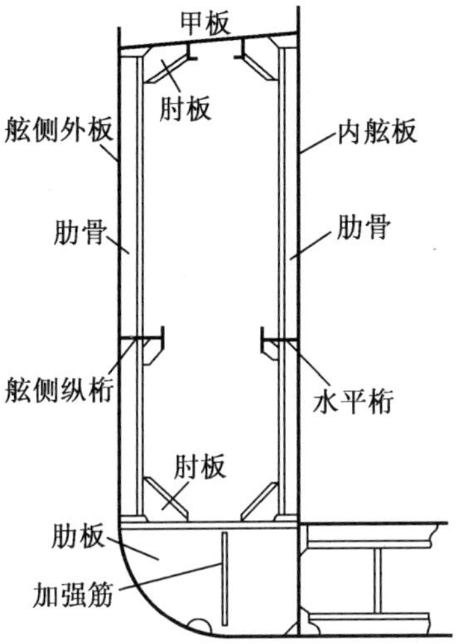

图 7-28　舷舱横向框架结构

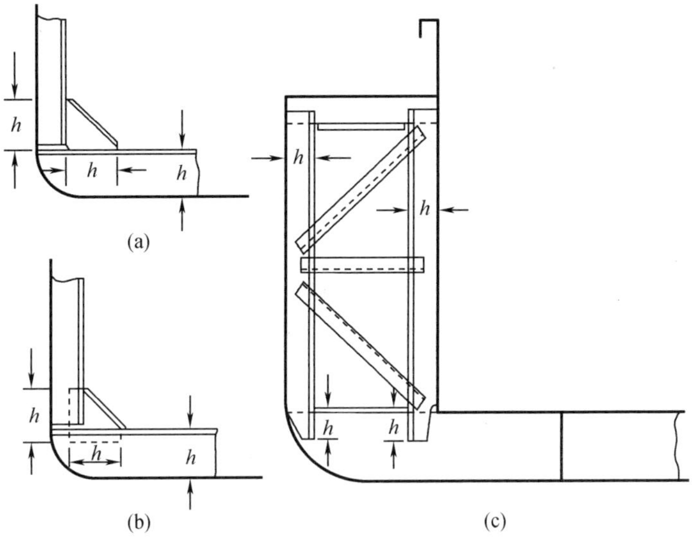

图 7-29　舷舱横向桁架结构

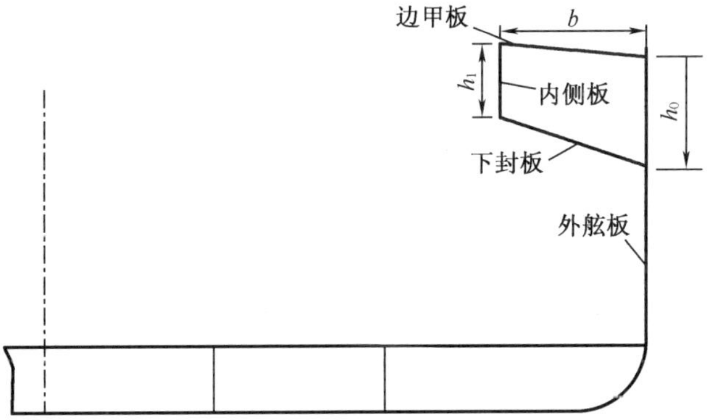

图 7-30　舷舱抗扭箱结构

(2)纵骨

①外舷纵骨的剖面模数 W 应不小于按下式计算所得之值:

$$W=5s(0.9d+r)l^2 \quad (cm^3)$$

式中　s——纵骨间距,m;

d——吃水,m;

r——半波高,m;

l——纵骨跨距,取强肋骨之间的距离,m。

②内舷纵骨(内舷板水平扶强材)的剖面模数应不小于外舷纵骨的剖面模数。当装载

积载因数小于或等于 0.45 m^3/t 的颗粒状散货时,内舷纵骨(内舷板水平扶强材)的剖面模数 W 尚应不小于按下式计算所得之值:

$$W = 5shl^2 \quad (cm^3)$$

式中 s——纵骨间距,m;

l——纵骨跨距(取强肋骨间距),m;

h——计算水柱高,m。

$$h = \frac{H}{\nu}\left[\frac{Z}{2H} + 0.23\left(1 - \frac{Z^2}{H^2}\right)\right]$$

式中 H——货物堆高,自内底板上表面量至货物自由表面最高点的垂直距离,但不小于舱深的 0.5 倍,m;

Z——自最下一根内舷纵骨量至货物最大堆高点的垂直距离,m;

ν——货物的积载因数,m^3/t。

外舷纵骨和内舷纵骨的剖面惯性矩应不小于按下式计算所得之值:

$$I = 1.1(C_w W^{2/3} + f)l^2 \quad (cm^4)$$

式中 W——外舷纵骨或内舷纵骨的剖面模数,cm^3;

f——纵骨带板剖面积,cm^2;

l——纵骨跨距,取强肋骨之间的距离,m;

C_w——系数,角钢取 $C_w = 0.73$,球扁钢取 $C_w = 0.66$。

外舷纵骨和内舷纵骨在水密横舱壁处中断时,应用与横舱壁厚度相同的肘板与横舱壁相连。

(3)强肋骨

外舷强肋骨和内舷强肋骨(内舷板垂直桁)的间距应不大于 2.6 m,且应与实肋板处于同一肋位上。

外舷强肋骨的剖面模数 W 应不小于按下式计算所得之值:

$$W = 7.6S(h + r)l^2 \quad (cm^3)$$

式中 S——强肋骨间距,m;

h——计算水柱高度,自强肋骨跨距中点量至满载水线的垂直距离,m;

r——半波高,m;

l——强肋骨跨距,按前述规定选取,但不小于 2.0 m,m。

当在强肋骨跨距中点设置水平撑材时,外舷强肋骨的剖面模数应不小于上式计算所得之值的 0.6 倍。

强肋骨腹板在纵骨通过处的剩余高度应不小于腹板高度的 0.6 倍,否则开口处的剖面模数应满足上述要求。腹板在纵骨通过处,应每隔一根纵骨设置防倾肘板。

内舷强肋骨(内舷板垂直桁)的剖面模数应不小于外舷强肋骨的剖面模数。当装载积载因数小于或等于 0.45 m^3/t 的颗粒状散货时,内舷强肋骨(内舷板垂直桁)的剖面模数 W 尚应不小于按下式计算所得之值:

$$W = 7.6Shl^2 \quad (cm^3)$$

式中　S——强肋骨间距,m;

l——强肋骨跨距,按计算跨距的规定,但不小于 2.0 m,m;

h——计算水柱高,m。

$$h=\frac{H}{\nu}\left[\frac{Z}{2H}+0.23\left(1-\frac{Z^2}{H^2}\right)\right]$$

式中　H——货物堆高,自内底板上表面量至货物自由表面最高点的垂直距离,但不小于舱深的 0.5 倍,m;

Z——自强肋骨跨距中点量至货物最大堆高点的垂直距离,m;

ν——货物的积载因数,m^3/t。

当在强肋骨跨距中点设置水平撑材时,内舷强肋骨的剖面模数应不小于上式计算所得之值的 0.6 倍。

内舷强肋骨(内舷板垂直桁)腹板在纵骨(水平扶强材)通过处的剩余高度应不小于腹板高度的 0.6 倍,否则开口处的剖面模数应满足上述要求。腹板在纵骨(水平扶强材)通过处,应每隔一根纵骨设置防倾肘板。

(4)舷侧纵桁

舷舱骨架采用横骨架式时,应在内、外舷设置一道舷侧纵桁,舷侧纵桁的剖面尺寸与强肋骨相同。

(5)舱底纵骨

舱底纵骨应与货舱区船底纵骨相同。

(6)舱底实肋板

舷舱内实肋板应与货舱区实肋板在同一平面内,其高度应是货舱区实肋板的延续,其厚度应与货舱区实肋板相同,其上缘应设面板或折边。当装载积载因数小于或等于 0.45 m^3/t 的颗粒状散货且舷舱为单底时,货舱双层底的内底板应延伸至舷舱内并逐渐过渡为实肋板的面板。

(7)舱底肋骨

舱底肋骨应与货舱区船底骨材相同。

(8)撑材

若在舷舱内、外舷强肋骨跨距中点设置水平撑,水平撑材的剖面积 a 不小于油船舷舱撑材的规范要求。

(9)肘板

①搭接长度应不小于强肋骨腹板高度,或设肘板与实肋板连接,肘板的直角边长与实肋板腹板高度相同,厚度与实肋板厚度相同,肘板的自由边应折边(或设面板),如图 7-31 所示。

②内、外舷的普通骨材可直接与实肋板搭接相连,搭接长度为普通骨材高度的 2 倍。

纵骨架式舷侧的最下一根纵骨应与实肋板面板搭接相连,如图 7-32(a)所示。如船底为纵骨架式,应在实肋板间距的中点设置舭肘板,如图 7-32(b)所示。

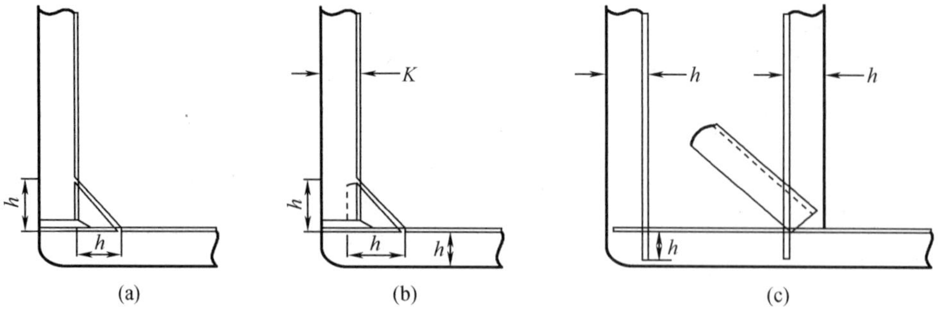

图 7-31　外舷强肋骨与实肋板连接

③内、外舷侧强肋骨与甲板强横梁和肋骨与横梁均可搭接相连，如图 7-33 所示，无横向桁架的舷舱应采用间距不大于 1.25 m 的肘板连接外舷纵骨和甲板纵骨。

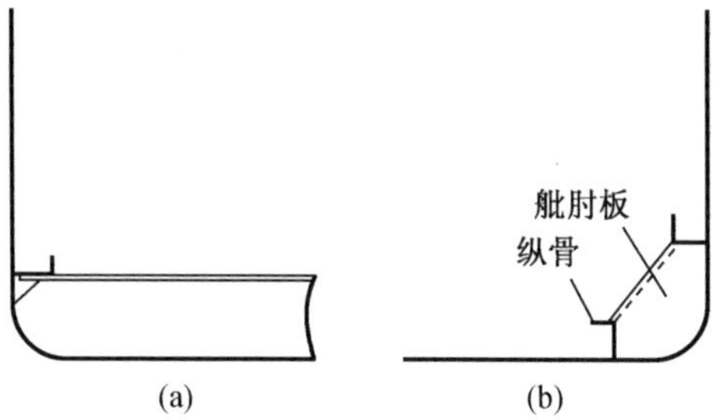

图 7-32　舷侧的最下一根纵骨连接方式

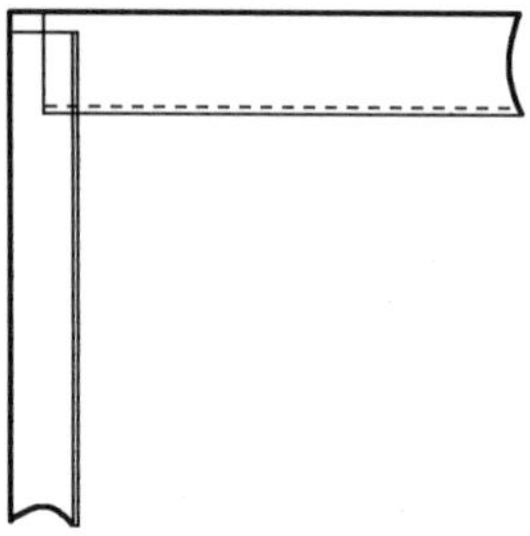

图 7-33　强肋骨与甲板强横梁搭接相连

(10)舷舱平台

当型深大于或等于 6.0 m 时，舷舱内应在舱深中部区域设置在整个货舱区域连续的平台结构。平台板距干舷甲板边线的垂向距离应不大于型深的 0.5 倍，也不小于型深的 0.3 倍。

平台的骨架形式应与强力甲板相同。平台板的厚度及其骨架构件的剖面模数应不小于强力甲板的 0.75 倍。当平台上载货时，平台板的厚度尚应满足式(6-4)的规定，骨架构件尚应满足 7.3 节的相关规定。

3. 抗扭箱结构

(1)一般要求

①抗扭箱横剖面形式应符合图 7-30 的规定。

$$h_0 \geqslant 250D \quad (\text{mm})，且不小于 700\ \text{mm}$$

$$h_1 \geqslant 200D \quad (\text{mm})，且不小于 600\ \text{mm}$$

$$b \geqslant 100B \quad (\text{mm})，且不小于 800\ \text{mm}$$

式中　B——型宽，m；

　　D——型深，m。

②抗扭箱应在货舱区域内连续。抗扭箱中断处内侧板应向艏、艉至少逐渐过渡 2 个肋距，并与横向强构件连接。过渡板应设面板，面板厚度与下封板厚度相同，宽度不小于其厚度的 10 倍。

(2)板及骨架

①内侧板厚度应不小于舷侧外板的厚度,如设有舱口围板且不小于舱口围板厚度。

②下封板的厚度应不小于舷侧外板的厚度。

③外舷板、内侧板的骨架形式和构件尺寸与舷侧板骨架形式及构件尺寸相同。

④下封板的骨架形式与边甲板骨架形式相同,各构件的剖面模数应不小于甲板边板骨架相应构件的 0.85 倍。

例 7-3 长江 A 级航区 100 客交通艇,单底、单甲板横骨架式结构,主要尺度为 $L\times B\times D\times d=34\ \text{m}\times6.8\ \text{m}\times3\ \text{m}\times2.1\ \text{m}$,肋距 $s=500$ mm,船侧采用交替肋骨制,每四挡肋位设置一挡强肋骨。试确定该船的舷侧骨架构件尺寸。

解 (1)普通肋骨

按式(7-10),普通肋骨剖面模数为

$$W\geqslant Ks(d+r)l^2\quad(\text{cm}^3)$$

该船舷侧为交替肋骨制,设有一道舷侧纵桁,据此查表 7-3 得系数 $K=4.9$,肋骨跨距为肋骨与实肋板内缘交点至舷侧纵桁的垂直距离,$l=1.30$ m,将各已知数值代入上式,得

$$W\geqslant4.9\times0.5\times(2.1+1.25)\times1.30^2=13.87\ \text{cm}^3$$

实取普通肋骨为不等边角钢 L63×40×5。

其剖面模数为 $W=18.2\ \text{cm}^3>13.87\ \text{cm}^3$,满足要求。

(2)强肋骨

该船每四挡肋位设置一挡强肋骨,则强肋骨间距为 $S=0.5\ \text{m}\times4=2.0\ \text{m}<2.5\ \text{m}$,符合规范要求。按式(7-12),强肋骨剖面模数为

$$W\geqslant KS(d+r)l^2\quad(\text{cm}^3)$$

该船是自航船,因此取系数 $K=4.0$,强肋骨跨距点之间的距离 $l=2.2$ m,将各已知值代入上式,得

$$W\geqslant4.0\times2.0\times(2.1+1.25)\times2.2^2=129.7\ \text{cm}^3$$

经组合型材剖面设计,实取强肋骨为组合 T 型材 $\perp\dfrac{6\times200}{7\times60}$,其剖面模数 $W=152\ \text{cm}^3>129.7\ \text{cm}^3$,满足要求。

(3)船侧纵桁

船侧纵桁的剖面尺寸应与强肋骨相同,因此取船侧纵桁为组合 T 型材 $\perp\dfrac{6\times200}{7\times60}$。

7.3 甲板骨架设计

甲板骨架与甲板板共同组成了甲板板架,承受着货物、人员以及甲板上浪后的水的压力。甲板骨架中的纵向连续构件是船体等值梁上翼板的组成部分,对船体总纵强度起着重要作用。甲板横梁与舷侧的肋骨、船底的肋板构成横向的肋骨框架,保证了船体的横向强度。

甲板骨架结构形式多样,构造比较复杂。按骨架形式,其可分为横骨架式甲板结构(图

7-34)和纵骨架式甲板结构(图 7-35)两类。内河中小型船舶绝大部分采用横骨架式甲板结构。对总纵强度要求较高的内河大型船舶可采用纵骨架式甲板结构,但如果是双甲板船,下甲板主要承受局部载荷,而上甲板才是船体等值梁上翼板的主要部分,因此上甲板采用纵骨架式结构,而下甲板则采用横骨架式结构。内河大开口货船(如长江分节驳船),由于大开口降低了船体的总纵强度,因此对甲板在总纵强度中的作用要求较高,可以采用纵骨架式结构。

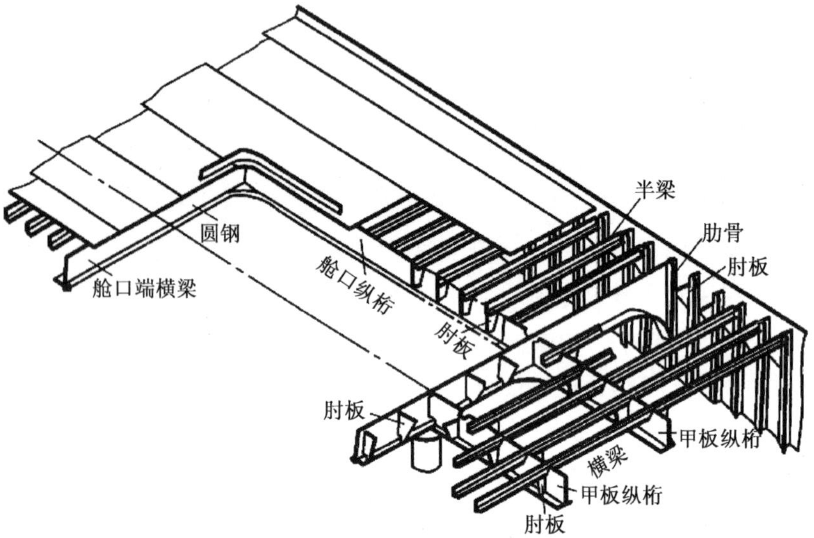

图 7-34　横骨架式甲板结构

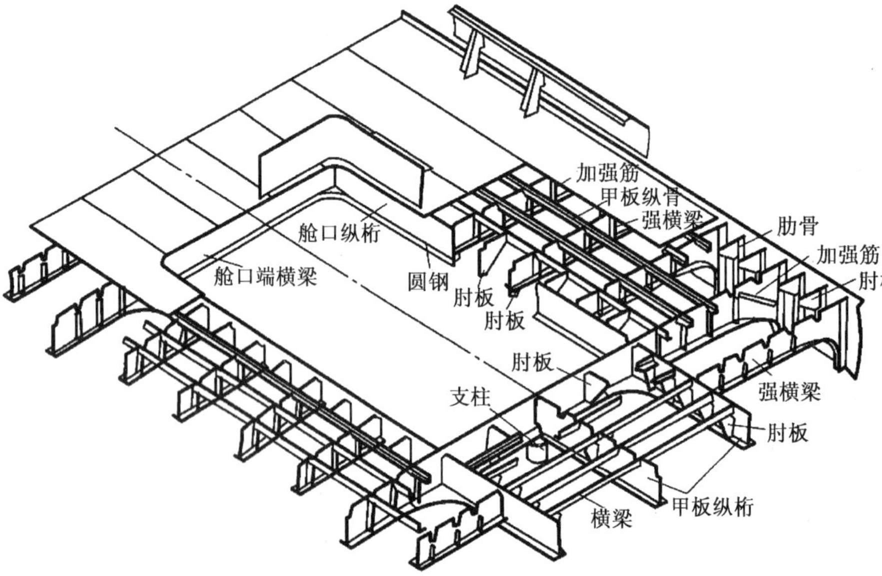

图 7-35　纵骨架式甲板结构

在横骨架式甲板结构中,如果舷侧采用交替肋骨制,则在与强肋骨对应的肋位上必须设置甲板强横梁(强半梁)。由此可见,横骨架式甲板骨架由甲板横梁、甲板纵桁、强横梁、舱口端横梁和舱口纵桁等构件组成。

横梁是横骨架式甲板的主要构件,它保持横向连续,与甲板纵桁相交时,甲板纵桁开口让其穿过并与甲板纵桁的腹板焊接(图 7-36),并在横梁的下方每间隔一个肋位设置单面肘板,也可设置双面肘板,双面肘板的间距不大于 2 m,肘板的厚度与甲板纵桁腹板厚度相同,如图 7-37(a)所示。处在开口区的横梁终止于甲板纵桁处,并称为甲板半梁。甲板半梁的尺寸同甲板横梁是一样的,它通过肘板与甲板纵桁连接,肘板的尺寸与上述肘板相同,如图 7-37(b)所示。甲板横梁一般采用不等边角钢做成。

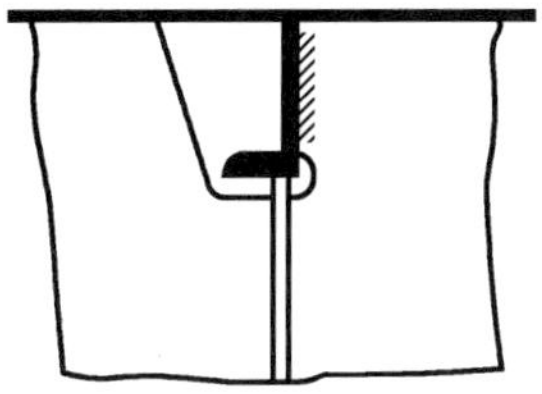

图 7-36　横梁穿过甲板纵桁

甲板纵桁是纵向强构件,并作为横梁的刚性支座。甲板纵桁在舱口端横梁处间断。甲板纵桁在同一舱室内跨距相差较大时,其腹板可以做成不等度的,但腹板较高的纵桁应逐步过渡到腹板较低的纵桁,过渡范围的长度应不小于腹板高度差的 3 倍。

甲板纵桁应与舱壁扶强材或垂直桁对齐,并与内龙骨、船底纵桁尽可能设置在同一平面内,以构成纵向平面框架。

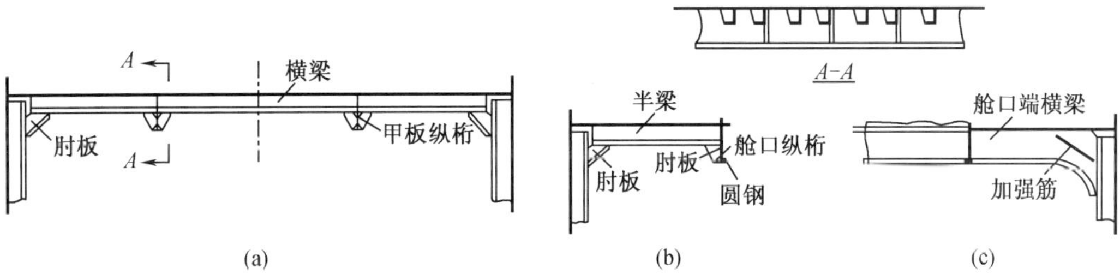

图 7-37　横梁的结构形式

甲板纵桁应与横舱壁有效连接,连接方法可选下列三种之一。

(1)将纵桁腹板在一挡肋距内升高至原高度的 1.5 倍,与舱壁焊接。

(2)用肘板与舱壁连接,肘板高度应不小于纵桁腹板高度,厚度与腹板相同。

(3)将纵桁面板在一个肋距内逐渐放宽,至横舱壁处为原宽度的 2 倍,再与横舱壁焊接。

上述连接形式和舱底的内龙骨、船侧纵桁与横舱壁的连接相似,可参看图 7-5。

甲板纵桁一般用组合 T 型材做成,小型船舶上也可用折边型材做成。

沿舱口边的纵桁又称为舱口纵桁,在多数情况下,舱口纵桁兼作舱口下围板(舱口围板甲板以下的部分),为避免装卸货物时磨损起货吊索,舱口纵桁的面板全部偏向舷侧一边,并在腹板和面板的交角上焊一圆钢。

强横梁由组合T型材做成,甲板大开口区间中的强横梁在舱口纵桁处终止,称为强半梁。货舱口前后端的强横梁称为舱口端横梁,舱口端横梁起着支持舱口纵桁的作用。舱口端横梁一般都兼作舱口下围板,其结构形式与舱口纵桁相似。

在纵骨架式甲板结构中,纵骨架式甲板骨架由甲板纵骨、甲板纵桁、舱口纵桁、强横梁、舱口端横梁等构件组成。

甲板纵骨是纵骨架式甲板骨架的主要构件,它在舱室内保持连续,与强横梁相交时,强横梁腹板开孔让其穿过并与之焊接(图7-36),在纵骨的下方每间隔一个肋位设置单面肘板与强横梁连接,也可设置双面肘板,双面肘板的间距不大于2 m,肘板的厚度与强横梁腹板厚度相同。

甲板纵骨通过肘板与横舱壁连接,肘板的直角边长度应为甲板纵骨高度的2倍,厚度与甲板纵骨相同。甲板纵骨一般可由不等边角钢和球扁钢做成。

纵骨架式甲板骨架的甲板纵桁、舱口纵桁、强横梁、舱口端横梁的结构情况与横骨架式甲板骨架相似。对于纵骨架式甲板骨架,视具体情况,在必要时也可以设置舱口悬臂梁。

7.3.1 干货船甲板骨架设计

1. 甲板横梁

横骨架式甲板在每挡肋位上必须设置甲板横梁。横梁的剖面模数 W 应不小于按下式计算所得之值:

$$W=5cshl^2 \quad (\mathrm{cm}^3) \tag{7-13}$$

式中 c——系数,对强力甲板A级航区取1.45,B级航区取1.2,C级航区取1,当强力甲板载货时取 $c=1.0$,其余各层甲板均取1;

s——横梁间距,m;

l——横梁跨距,m,取船侧与纵桁(纵舱壁)或纵桁(纵舱壁)间的距离,取大者且不小于2 m,船长小于30 m的船舶,载货区域甲板横梁取实际跨距;

h——甲板计算水柱高度,m,强力甲板取0.5 m,双甲板船的干舷甲板取0.45 m,旅客舱室甲板取0.45 m,船员舱室甲板取0.35 m,顶篷甲板取0.2 m。

载货甲板的计算水柱高度 h 应按下式计算,但对于A级航区强力甲板应不小于0.725 m,对于B级航区强力甲板应不小于0.6 m,对于C级航区强力甲板和其余甲板应不小于0.5 m。

$$h=K\frac{Q}{F}$$

式中 Q——载货甲板载货总重量,t;

F——载货甲板面积,m^2;

K——系数,货物的积载因数小于或等于0.45 m^3/t 时取 $K=1.30$,货物的积载因数大于0.45 m^3/t 时取 $K=1.15$。

强力甲板横梁的剖面惯性矩 I 应不小于按下式计算所得之值:

$$I=3Wl \quad (cm^4)$$

式中　W——按式(7-13)计算所得之剖面模数；

l——同式(7-13)。

甲板横梁应设置不小于甲板宽度 1/100 的梁拱，对于遮蔽处所梁拱可适当降低。

顶篷甲板横梁间距必要时可适当放宽。

2. 甲板纵骨

强力甲板的甲板纵骨，应尽量向艏、艉延伸，不应中断在同一横剖面上，相邻纵骨的末端应相互错开至少一个肋骨间距，并用肘板与横向骨材焊牢。

强力甲板纵骨的剖面模数 W 应不小于按下式计算所得之值：

$$W=Kcshl^2 \quad (cm^3) \tag{7-14}$$

式中　K——系数，对于舯部强力甲板取 $K=0.05L+4$，舯部以外向艏、艉区域可逐步递减至 $0.8K$，但应不小于 5.5，其中 L 为船长，单位 m，对于非强力甲板取 $K=5.5$；

c、h——同式(7-13)；

s——纵骨间距，m；

l——纵骨跨距，m，取强横梁间距。

强力甲板纵骨的剖面惯性矩 I 应不小于按下式计算所得之值：

$$I=1.1(C_w W^{2/3}+f)l^2 \quad (cm^4)$$

式中　W——按式(7-14)计算所得的剖面模数，cm^3；

f——纵骨带板剖面积，cm^2；

l——同式(7-14)；

C_w——系数，角钢取 $C_w=0.73$ ，球扁钢取 $C_w=0.66$。

3. 甲板纵桁

甲板应设置甲板纵桁。强力甲板的甲板纵桁与内龙骨、船底纵桁应尽可能设置在同一平面内。

强力甲板(或干舷甲板)甲板纵桁剖面模数 W 应不小于按下式计算所得之值，其剖面尺寸尚应不小于强横梁的剖面尺寸：

$$W=kcbhl^2 \quad (cm^3) \tag{7-15}$$

式中　k——系数，强力甲板 $k=0.03L+4.8$，但应不小于 5.7，其中 L 为船长，单位 m；

c、h——同式(7-13)；

b——甲板纵桁支承面积的平均宽度，m；

l——纵板纵桁跨距，按计算跨距的规定确定，m。

强力甲板纵桁的剖面惯性矩 I 应不小于按下式计算所得之值：

$$I=2.75Wl \quad (cm^4) \tag{7-16}$$

式中　W——式(7-15)计算所得之剖面模数；

l——同式(7-15)。

上层建筑(或甲板室)甲板纵桁的剖面模数 W 应不小于按下式计算所得之值：

$$W=Kbhl^2 \quad (cm^3)$$

式中 K——系数，$K=3.86+0.81d$，其中 d 为满载吃水，m；当 $d<1.0$ m 时，取 $d=1.0$ m；

b——甲板纵桁支承面积的平均宽度，m；

h——按式(7-13)的规定确定；

l——甲板纵桁跨距，取支柱(舱壁)与支柱(舱壁)之间的距离，m。

甲板纵桁腹板在横梁穿过处的剩余高度应不小于腹板高度的 0.6 倍，否则开口处的剖面模数应满足式(7-15)的要求。

顶篷甲板纵桁的上面如无钢质甲板须设钢质牵条板，其厚度应不小于 2.5 mm，宽度应不小于 150 mm，包括牵条板在内的剖面模数应不小于式(7-15)的规定。

纵骨架式甲板结构的甲板纵桁剖面尺寸与纵骨架式甲板结构的强横梁相同。

甲板纵桁跨距中若有支柱等传递的集中载荷，其剖面尺寸应用强度计算方法确定。

甲板纵桁兼作舱口围板时，其舱口甲板纵桁的剖面模数 W 应不小于按下式计算所得之值：

$$W=K\left(ch\frac{b_2}{2}+h_1\frac{b_1}{2}\right)l^2 \quad (\text{cm}^3) \tag{7-17}$$

式中 K——系数，当舱口四角设有支柱时取 $K=5$，当舱口四角不设支柱而由端横梁支承时取 $K=5.8$；

c、h——按式(7-13)的规定取值；

h_1——舱口盖上的计算水柱高度，钢质取 0.25 m，其他取 0.15 m，若舱盖上载货则取货物重量的相当水柱高度，m；

b_1——舱口宽度，m；

b_2——舱口一侧甲板宽度，m；

l——舱口甲板纵桁计算跨距，当舱口四角设有支柱时取支柱中心之间或支柱与横舱壁之间的距离之大者，当仅在舱口端横梁中点设支柱时取舱口端横梁之间的距离，m。

舱口纵桁的剖面惯性矩 I 要满足式(7-16)的要求。

4. 强横梁

甲板应设置强横梁。强力甲板的强横梁间距应不大于 2.5 m，且应与强肋骨(或主肋骨)、实肋板在同一平面内。

强力甲板(或干舷甲板)强横梁的剖面模数 W 应不小于按下式计算所得之值，其剖面尺寸尚应不小于甲板纵桁的剖面尺寸：

$$W=8cShl^2 \quad (\text{cm}^3) \tag{7-18}$$

式中 c、h——按式(7-13)的规定取值；

S——强横梁间距，m；

l——强横梁跨距，按计算跨距的规定确定，m。

强横梁腹板在纵骨通过处的剩余高度应不小于腹板高度的 0.6 倍，否则开口处的剖面模数应满足式(7-18)要求。

电缆和管系如要在强横梁和甲板纵桁腹板上穿过，其开孔高度不应超过甲板纵桁腹板高度的 25%，开孔宽度不应超过骨材间距的 60%，开孔边缘距梁端距离不应小于该梁跨距的 25%，至构件面板的距离应不小于其腹板高度的 50%；否则应予以补强。

横骨架式甲板结构的强横梁的剖面尺寸取与甲板纵桁相同。

强横梁跨距中有支柱传递的集中载荷时，其剖面尺寸应用强度计算方法确定。

5. 舱口端横梁

舱口端横梁的剖面模数 W 应不小于按下式计算所得之值：

$$W = 0.8Pl \quad (\mathrm{cm}^3) \tag{7-19}$$

式中 l——舱口端横梁计算跨距，取支柱中心之间或支柱与舷侧之间的距离之大者，m；

P——相当负荷，kN。

P 按下面的方法确定。

(1)当舱口四角设有支柱时：

$$P = 9.8chF$$

(2)仅在舱口端横梁中点设有支柱时：

纵骨架式甲板结构：如图 7-38(a)所示。

$$P = 9.8[ch(F_3+F_4+KF_2)+Kh_1F_1]$$

横骨架式甲板结构：如图 7-38(b)所示。

$$P = 9.8K[ch(F_5+F_2)+h_1F_1]$$

(3)仅在舱口端横梁中点设有支柱且设置悬臂梁时：如图 7-38(c)所示。

$$P = 9.8ch(F_0+F_6)$$

式中 K——系数，按表 7-4 选取；

c、h——按式(7-13)的规定取值；

$h1$——舱盖计算水柱高，按式(7-17)的规定取值；

F——支承面积，取舱口端横梁与横舱壁(或相邻强横梁)间面积之半，m^2；

F_0、F_1、F_2、F_3、F_4、F_5、F_6——各支承面积，如图 7-38 所示，m^2。

表 7-4　K 值选取

甲板舱口纵桁距中剖面的距离	K 值
0.80l	0.77
0.75l	0.97
0.66l	1.19
0.50l	1.5
0.33l	1.48
0.25l	1.32
0.20l	1.16

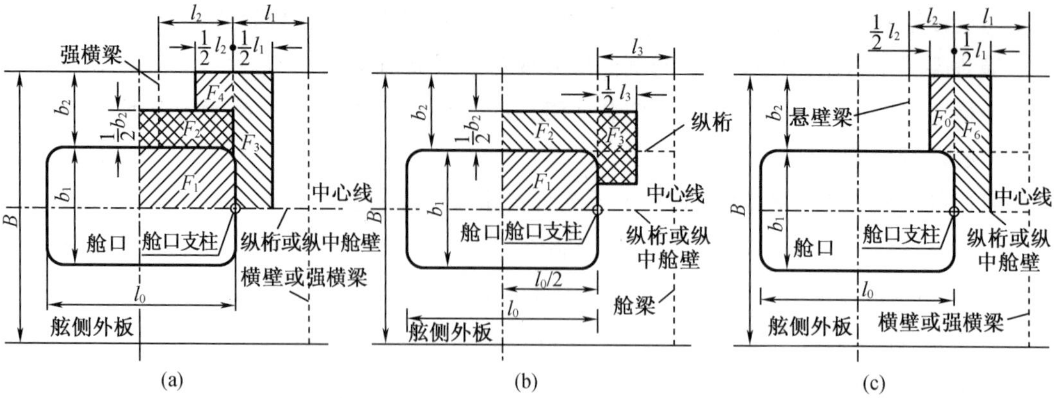

图 7-38　支承面积

舱口端横梁的剖面惯性矩 I 应不小于按下式计算所得之值：

$$I = 3Wl \quad (\text{cm}^4)$$

式中　W——按式(7-19)计算所得之值；

l——同式(7-19)。

6. 舷伸甲板骨架

(1)强力甲板(或干舷甲板)两舷可设置作为通道使用的舷伸甲板。舷伸甲板的舷伸梁间距应不大于 2.5 m，其所在的舷侧处应设置强肋骨。舷伸甲板下应设置纵骨或在舷伸梁之间设置横梁，其尺寸与强力甲板(或干舷甲板)的纵骨或横梁相同。

(2)舷伸甲板的宽度 b 一般应不大于 0.1B 且不大于 2.0 m。舷伸梁在舷侧连接处的腹板高度应不小于舷伸甲板宽度的 1/3，其厚度应不小于上述高度的 1/100，且不小于 3 mm，如图 6-5 所示。

(3)底封板的厚度应不小于舷侧外板厚度的 0.8 倍。

(4)舷伸梁的底角应开有流水孔。每舷应适当布置泄水孔，并配有不锈材料制成的水密栓塞。

(5)舷伸梁的腹板可以开圆形减轻孔，且开孔直径应不大于该处腹板高度的 0.5 倍。

7. 局部加强

在设置甲板机械、舾装设备的部位，应视具体情况加设强横梁、短纵桁或支柱等。

甲板纵向构件不应突然中断。强力甲板骨架由一种形式过渡到另一种形式时，应采用增设肘板或延续构件等方法相互延伸 2 个或交错 4 个肋距。

8. 悬臂梁

下面所说的悬臂梁，是从舷边延伸至其所支持的舱口甲板纵桁的甲板强横梁，并假设悬臂梁均匀布置，舱口纵桁受悬臂梁支持，甲板及舱口盖承受均匀负荷。

悬臂梁面板与强肋骨面板内缘相交处为悬臂梁及支承强肋骨的计算剖面，如图 7-39 所示。

如舱口甲板纵桁由舱口端横梁和悬臂梁共同支承，舱口甲板纵桁的甲板下部分可与其他纵桁尺寸相同，甲板以上舱口围板应符合干货船舱口的规定。

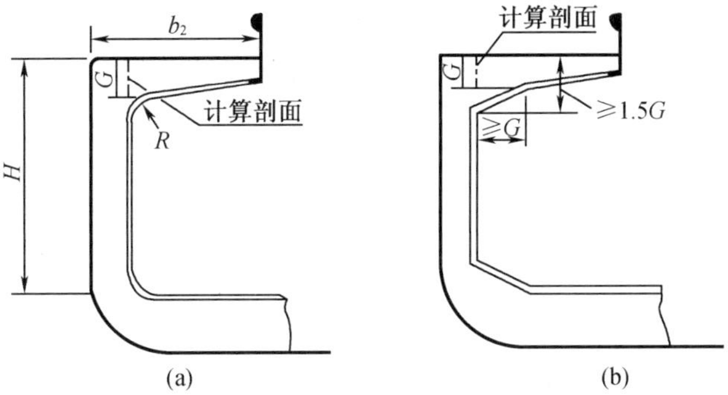

图 7-39 悬臂梁

(1)悬臂梁

悬臂梁的间距应不大于 2.5 m。

悬臂梁的剖面模数 W 应不小于按下式计算所得之值：

$$W=5.5hsb_2^2+28.5b_2l_0\left[\frac{b_1h_1+b_2h-0.144\dfrac{I}{l_0^3}}{n+1}\right]\quad(\mathrm{cm}^3)\qquad(7-20)$$

式中 h——甲板计算水柱高，按式(7-13)的规定取值；

h_1——舱盖计算水柱高，按式(7-17)的规定取值；

s——悬臂梁间距，m；

n——悬臂梁根数；

b_1——舱口宽度，m；

b_2——甲板一侧舱口长度，m；

l_0——舱口长度，m；

I——舱口甲板纵桁的剖面惯性矩，cm^4。

悬臂梁末端腹板的截面积 a 应不小于按下式计算所得之值：

$$a=\frac{0.7l_0^3(b_1h_1+b_2h)-0.1I}{(n+1)l_0^2}\quad(\mathrm{cm}^2)\qquad(7-21)$$

式中，各参数均同式(7-20)。

悬臂梁末端腹板的高度，除应满足式(7-21)的要求外，且应不小于计算剖面处腹板高度的 0.5 倍。

悬臂梁上方若设置有甲板机械或其他集中载荷，悬臂梁应作特别考虑。

(2)支承强肋骨

每根悬臂梁均应设置支承强肋骨，强肋骨的剖面模数 W 应不小于按下式计算所得之值：

$$W=W_e\left(1-\frac{G}{H}\right)\quad(\mathrm{cm}^3)\qquad(7-22)$$

式中 W_e——悬臂梁计算剖面处的剖面模数，cm^3；

G——悬臂梁计算剖面处的高度，m；

H——自实肋板面板与强肋骨面板相交点至甲板边线的垂直距离(图 7-39)，m。

支承强肋骨的剖面模数从计算剖面起向下端可逐渐减小，但下端最小剖面模数应不小于计算剖面处剖面模数的 0.8 倍，且应不小于一般强肋骨的剖面尺寸。

(3) 肘板

①悬臂梁与强肋骨交点处可以采用圆弧过渡，亦可增大悬臂梁腹板高度或用肘板过渡。若采用圆弧过渡，则圆弧半径应不小于悬臂梁计算剖面处的高度；若采用肘板过渡，肘板的直角边长度应等于悬臂梁计算剖面处的高度。肘板的厚度及其面板的尺寸应与悬臂梁的腹板和面板相同。

②在悬臂梁和强肋骨的交接范围内的腹板上应设置适当数量的防倾肘板或加强筋，如图 7-40 所示。

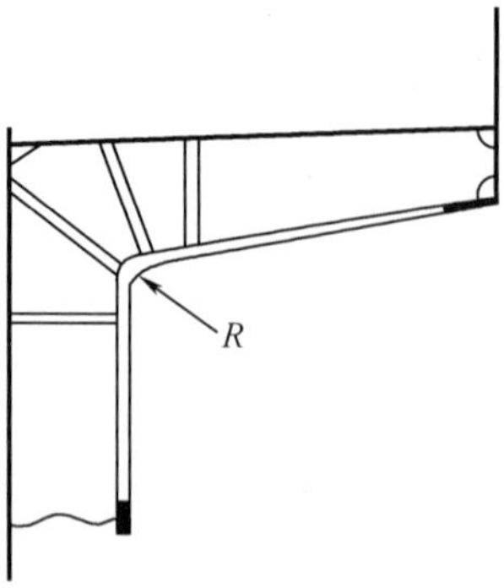

图 7-40　加强筋布置

7.3.2　大舱口船的补充规定

1. 强横梁

(1) 开口线外侧甲板在设置强肋骨的肋位上应设置强横梁，强横梁的间距应不大于 2.6 m。

(2) 双舷侧结构和单舷侧结构大舱口船开口线外侧的甲板强横梁的剖面模数，应不小于舷侧强肋骨的剖面模数。

(3) 当设有舱口盖时，单舷侧(无顶部抗扭箱)结构的开口线外侧甲板强横梁尚应满足悬臂梁的规定。

2. 横梁

双舷侧结构和单舷侧结构的开口线外侧甲板横梁应与舷侧肋骨尺寸相同。

3. 甲板纵桁

大舱口船开口线外侧的甲板纵桁应与强横梁尺寸相同。

4. 纵骨

开口线外侧甲板纵骨的剖面模数应不小于按下式计算所得之值：

$$W = KcsL \quad (\mathrm{cm}^3)$$

式中　K——系数，$K = (650 - 11L + 0.1L^2) \times 10^{-3}$；

c——按式(7-13)的规定取值；

s——纵骨间距，m；

L——船长，m。

开口线外侧甲板纵骨的剖面惯性矩 I 应不小于按下式计算所得之值：

$$I = 1.1(C_w W^{2/3} + f)l^2 \quad (\mathrm{cm}^4)$$

式中　W——按纵骨计算所得的剖面模数，cm^3；

f——纵骨带板剖面积，cm^2；

l——纵骨跨距，取强横梁间距，m；

C_w——系数，角钢取 $C_w = 0.73$，球扁钢取 $C_w = 0.66$。

例 7-4　长江 100 客交通艇，单底、单甲板横骨架式结构，航行于 A 级航区，主要尺度为

$L\times B\times D\times d=34\ m\times 6.8\ m\times 3\ m\times 2.1\ m$,肋骨间距为 $s=500$ mm。试确定该船甲板骨架构件尺寸。

解 (1)强力甲板骨架

①甲板横梁

根据式(7-13),横梁剖面模数:

$$W\geqslant 5cshl^2\quad (cm^3)$$

该船航行于 A 级航区,因此取系数 $c=1.45$,甲板计算水柱高取 $h=0.5$ m,横梁跨距 $l=1.9$ m,将各已知值代入上式得

$$W\geqslant 5\times 1.45\times 0.5\times 0.5\times 1.9^2=6.54\ cm^3$$

横梁剖面惯性矩:

$$I\geqslant 3Wl=3\times 6.54\times 1.9=37.28\ cm^4$$

实取该船甲板横梁为不等边角钢 L50×32×4,其带板剖面模数 $W=9.3\ cm^3>6.54\ cm^3$,剖面惯性矩 $I=45.2\ cm^4>37.28\ cm^4$,满足要求。

②甲板纵桁

根据式(7-15),甲板纵桁的剖面模数:

$$W\geqslant Kcbhl^2\quad cm^3$$

该船系数 $K=0.03L+4.8=0.03\times 34+4.8=5.82$,$c=1.45$,$h=0.5$,甲板纵桁支承的面积平均宽度 $b=1.5$ m,纵桁跨距 $l=4.3$ m。

将各已知值代入上式得

$$W=5.82\times 1.45\times 1.5\times 0.5\times 4.3^2=117.03\ cm^3$$

根据式(7-16),甲板纵桁的剖面惯性矩:

$$I\geqslant 2.75Wl=2.75\times 117.03\times 4.3=1\ 383.9\ cm^4$$

考虑到该船实际情况,经组合型材剖面设计,实取甲板纵桁为组合 T 型材 $\perp\dfrac{5\times 180}{7\times 70}$。该型材连带板(带板宽为 $l/6=717$ mm,带板厚 $t=5$ mm)的剖面模数 $W=125.13\ cm^3>117.03\ cm^3$,剖面惯性矩 $I=1\ 943\ cm^4>1\ 383.9\ cm^4$,满足要求。

③甲板强横梁

甲板强横梁与甲板纵桁一样,取组合 T 型材 $\perp\dfrac{5\times 180}{7\times 70}$。

(2)驾驶甲板骨架

①甲板横梁

根据式(7-13),甲板横梁剖面模数:

$$W\geqslant 5cshl^2\quad (cm^3)$$

对于驾驶甲板,系数 $c=1$,计算水柱高 $h=0.35$ m,$s=0.5$ m,横梁跨距 $l=1.9$ m,代入上式得

$$W\geqslant 5\times 1\times 0.5\times 0.35\times 1.9^2=3.16\ cm^3$$

横梁剖面惯性矩:

$$I\geqslant 3Wl=3\times 3.16\times 1.9=18.01\ cm^4$$

实取驾驶甲板横梁为不等边角钢 L45×28×4,其带板剖面模数 $W=7.1\ cm^3>3.16\ cm^3$,

剖面惯性矩 $I=30\ cm^4>18.01\ cm^4$，满足要求。

②甲板纵桁

根据式(7-15)，甲板纵桁剖面模数：

$$W \geqslant Kcbhl^2 \quad (cm^3)$$

对于驾驶甲板，$K=5.7$，$c=1$，$h=0.35$ m，$b=1.65$ m，$l=4.0$ m，代入上式得

$$W \geqslant 5.7\times1\times1.65\times0.35\times4^2=52.67\ cm^3$$

根据式(7-16)，甲板纵桁剖面惯性矩：

$$I \geqslant 2.75Wl=2.75\times52.67\times4=579.37\ cm^4$$

实取驾驶甲板纵桁为组合 T 型材 $\perp\frac{4\times150}{6\times60}$，其剖面模数 $W=82.5\ cm^3>52.67\ cm^3$，剖面惯性矩 $I=1\ 046.4\ cm^4>579.37\ cm^4$，满足要求。

③甲板强横梁

甲板强横梁与甲板纵桁相同，取组合 T 型材 $\perp\frac{4\times150}{6\times60}$。

(3)顶篷甲板骨架

①甲板横梁

根据式(7-13)，甲板横梁剖面模数：

$$W \geqslant 5cshl^2 \quad (cm^3)$$

对于顶篷甲板，$c=1$，$h=0.2$ m，$s=0.5$ m，$l=1.9$ m，代入上式得

$$W \geqslant 5\times1\times0.5\times0.2\times1.9^2=1.81\ cm^3$$

甲板横梁剖面惯性矩：

$$I \geqslant 3Wl=3\times1.81\times1.9=10.32\ cm^4$$

实取顶篷甲板横梁为不等边角钢 L40×25×3，其带板剖面模数 $W=4.34\ cm^3>1.81\ cm^3$，剖面惯性矩 $I=16.64\ cm^4>10.32\ cm^4$，满足要求。

②甲板纵桁

根据式(7-15)，甲板纵桁的剖面模数：

$$W \geqslant Kcbhl^2 \quad (cm^3)$$

对于顶篷甲板，$K=5.7$，$c=1$，$h=0.3$ m，$b=1.65$ m，$l=3$ m，代入上式得

$$W \geqslant 5.7\times1\times1.65\times0.3\times3^2=25.39\ cm^3$$

根据式(7-16)，甲板纵桁的剖面惯性矩：

$$I \geqslant 2.75Wl=2.75\times25.39\times3=209.47\ cm^4$$

实取顶篷甲板纵桁为组合 T 型材 $\perp\frac{4\times100}{5\times40}$，其剖面模数 $W=32.52\ cm^3>25.39\ cm^3$，剖面惯性矩 $I=274.12\ cm^4>209.47\ cm^4$ 满足要求。

思考与练习

一、简答与计算题

1. 船体结构设计的主要任务是什么？

2. 船体结构设计中要解决的矛盾是什么？

3. 船体结构规范设计法有哪些局限性？

4. 船体结构设计的一般做法是什么？

5. 在船体结构设计中，构件布置须遵循哪些原则？

6. 骨材带板的含义是什么？规范对骨材带板的宽度作了哪些规定？

7. 已知某船甲板横梁为 L75×50×5，甲板板厚为 6 mm，横梁间距为 600 mm，试计算横梁带板的剖面惯性矩和最小剖面模数。

8. 某长江客货轮为单甲板、双底纵骨架式，航行于 A 级航区，主尺度为 $L \times B \times D \times d = 72$ m ×13.3 m×3.8 m×2.75 m，肋骨间距 $S = 0.55$ m，试设计该船外板厚度。

9. 某双机型客船为单甲板、单底横骨架式，B 级航区，主尺度为 $L \times B \times D \times d = 54.2$ m× 9.6 m×3.0 m×2.07 m，肋骨间距 $S = 0.5$ m，甲板半宽上机舱开口为 2.1 m，舷伸甲板宽为 0.5 m，甲板半剖面上设有 2.5 根纵桁 $\perp \dfrac{5\times200}{6\times80}$，试设计该船外板、舷伸甲板板、甲板板、甲板边板厚度。

10. 某长江客货轮，A 级航区，其船底为双底纵骨架式，已知主尺度为 $L \times B \times D \times d =$ 72 m×13.3 m×3.8 m×2.75 m，双底高 900 mm，平板龙骨厚 10 mm，船底板厚 8 mm，肋骨间距 0.55 m，纵骨间距 0.6 m。试设计该船的船底结构，包括内底板、内底边板、实肋板、水密肋板、内外底纵骨、中桁材、旁桁材的尺寸。

11. 某长江客船，其主尺度为 $L \times B \times D \times d = 53.57$ m×9.60 m×3.00 m×2.00 m，该船强力甲板、船底及相应舷侧采用交替肋骨制，每四挡肋位设置强框架，肋距为 0.5 m，试设计该船的舷侧骨架中普通肋骨、强肋骨、舷侧纵桁的尺寸。计算时取普通肋骨的跨距为 1.6 m，强肋骨的跨距为 2.65 m。

二、选择题

1. 船底桁材、甲板纵桁、舱壁扶强材、支柱应尽可能布置在同一纵剖面内，以形成________。

A. 横向框架结构　　B. 纵向框架结构　　C. 水平框架结构

2. 根据长江水系航区划分，A 级航区的半波高 r 取________。

A. 2.5 m　　B. 1.25 m　　C. 0.75 m　　D. 0.25 m

3. 规范对总纵强度的要求，可有下面三种表达方式：$\sigma \leqslant [\sigma]_0$，$M \leqslant M_0$，$W \geqslant W_0$，我国规范采用以________为总纵强度标准。

A. $\sigma \leqslant [\sigma]_0$　　B. $M \leqslant M_0$　　C. $W \geqslant W_0$

4. 根据甲板分类，双甲板船的游步甲板、驾驶甲板以及顶篷甲板应该是________。

A. 强力甲板　　B. 上层建筑甲板　　C. 舷伸甲板　　D. 干舷甲板

E. 计算甲板

5. 横骨架式船底应在每个肋位上设置实肋板，船长小于或等于 30 m 时，可隔一个肋位设置。

这句话的含义是：________。

A. 未设实肋板的肋位上应设置底肋骨

B. 未设实肋板的肋位上应设置肘板

C. 未设实肋板的肋位上应空着

6. 横梁是横骨架式甲板的主要构件，它保持横向连续，与甲板中纵桁相交时，甲板中纵桁开口让其穿过并与甲板中纵桁的腹板焊接，并在横梁的下方设置________。

A. 单面肘板　　B. 防倾肘板　　C. 交叉肘板　　D. 折边肘板

三、判断题（对的打"√"，错的打"×"）

1. 保证船体结构具有足够的强度、刚度和稳定性是设计者应首先考虑的问题。也就是说，构件尺寸选得愈大、愈坚固愈好。（　）

2. 内河中，小型船舶，尤其是船长小于 50 m 的船舶，确定构件尺寸时，工艺因素占相当的比重，总纵强度一般都有较大的裕度，它不是主要矛盾，因此一般应采用横骨架式结构。（　）

3. 构件的计算跨距为构件上两刚性支撑中心点间的距离。（　）

4. 如果采用圆舭，则舭列板向两侧延伸至少超过舭部圆弧以外 100 mm，并应超过实肋板面板表面以上 150 mm。（　）

5. 舷顶列板高出甲板的上缘应平整；且在船中部 0.4L 范围内的舷顶列板的甲板以上部分，可开设流水孔。（　）

6. 甲板半剖面积，包括船体中部甲板中纵剖线一侧，开口线以外的甲板、甲板边板、舷伸甲板、甲板纵骨、甲板纵桁及舯部连续的舱口围板等纵向连续构件的剖面积。（　）

7. 中内龙骨在舱室内保持连续，一般在横舱壁处间断。单底船中内龙骨腹板上是允许开孔的。（　）

8. 对船底和甲板为纵骨架式而舷侧为横骨架式的船舶，舷侧骨架则应采用交替肋骨制。（　）

9. 在横骨架式甲板结构中，如果舷侧是采用交替肋骨制的，则在与强肋骨对应的肋位上必须设置甲板强横梁（强半梁）。（　）

四、船体中横剖面结构设计

船舶结构与强度课程设计任务书

本课程设计内容为长江中下游 1 000 t 机动驳剖面设计，该船航行长江中下游及苏北大运河，主要装载百货、粮食、化肥，同时兼装煤、黄沙等散装货物。该船是双主机型船，机型为 8135ZCB-6 船用柴油机，额定功率 190 hp（1 hp = 745.699 9 W），持续功率 157 hp。

（一）已知条件

1. 主要尺度及主要船型参数

总长	71.2 m
水线长	69 m
型宽	11.5 m

总宽	11.55 m
型深	3.8 m
满载(平均)吃水	2.85 m
排水量	1 560 t
方形系数	0.734
舯剖面系数	0.957
水线面系数	0.87
浮心纵向位置	1.2 m

2. 航区:A 级航区

3. 总布置图(中部货舱口开口宽度取 8.9)

(二)型船资料

参考 800 t 机动驳典型横剖面结构图。

(三)设计要求

(1)确定全船构架形式;

(2)确定中部骨材间距;

(3)确定中部货舱区结构形式及布置各构件,画出横剖面草图;

(4)按《钢制内河船舶建造规范》确定中部货舱区域构件的尺寸;

(5)给出中部货舱区横剖面,如果采用横骨架式交替肋骨制,则须分别给出强肋骨肋位及普通肋骨肋位的剖面图;

(6)进行总纵强度校核。

《船舶结构与强度》课程设计指导书

在着手进行课程设计前,应详细阅读课程设计任务书,阅读有关资料及图纸,并参阅指导教师选择的型体资料,做到对所设计船舶有必要的了解。同时回顾、复习本课程所介绍的理论知识,掌握结构设计的原则及方法。只有这样才能综合分析各方面情况,确定合理的结构形式及构件尺寸。

(一)确定全船构架形式

船体构架有纵骨架式、横骨架式和混合骨架式三种形式。弄清各构架形式的特点及使用场合,结合所设计船舶的具体情况合理选择构架形式。

在确定船体构架形式时要着重考虑以下几个因素:

(1)船舶的主要尺度尤其是船长;

(2)船舶的种类及用途;

(3)全船的布置形式。

一般情况下,船舶的构架形式在很大程度上取决于船舶的长度。长度愈大,所受的总纵弯矩也愈大,对总纵强度要求愈高,这时可考虑纵骨架式或混合骨架式。内河大、中型船舶多数采用混合骨架式结构。内河小型船舶总纵强度不是主要矛盾,应着重考虑局部强度、建造工艺性及经济性,因此多采用横骨架式结构。

对于干货船,货舱口的大小有时也会影响骨架形式的选择。例如有些内河船,为提高装卸效率,设置长大开口货舱,舱口宽与船宽之比大至 0.7~0.8。这将大大削弱船舶的总纵强度,为弥补总纵强度的损失,除将其设计成双底双舷的“双壳”结构外,还常将开口区两侧的甲板布置成纵骨架式结构以利提高总纵强度,而将舷侧及船底布置成横骨架式结构,以弥补横向强度的不足。

所确定的船舶构架形式必须符合有关规范的要求。

参考母型船是确定船舶构架形式的简捷可靠的办法。

(二)确定骨材间距

船体外板板格是外板的基本单位,其支承边界是船体骨架。当外载荷不变时,板格的大小直接影响到板的弯曲应力,而板格的大小是由骨材间距决定的。确定骨材间距的依据是等强原则、最小重量原则和工艺性。经研究,骨材间距一般为 500~600 mm 比较适当。实际应用中,内河小型船肋骨间距一般取 500 mm,大、中型船舶取 550 mm,舯部以外区域对局部强度要求较高的区域取略小一点,纵骨架间距可比肋骨间距大一点。有关规范已对骨材间距的取值范围作了规定,必须遵守执行。骨材间距的具体数值尚应考虑到与既定的总布置方案相协调。

(三)确定中部货舱区结构形式并布置各构件

船体中部是总纵弯矩最大的部位,因此结构设计应从船体中部开始。一般可在船中 0.4L 范围内选择一定数量的具有代表性的剖面进行设计。

在已确定了全船构架形式的基础上,具体确定中部货舱区的结构形式。如舷侧是采用单一的肋骨制还是交替肋骨制;若是交替肋骨制,强肋骨间距取多少;舷侧是否设置纵桁,如何布置;甲板纵桁如何布置;采用何种形式的舱口围板;甲板下是否设置支柱;船底采用双层底结构还是单层底结构;底纵桁如何布置;内底连板采用什么形式。对于甲板船,则还要考虑到纵、横向构架的设置及结构形式。

确定结构形式时必须全面分析已知条件,并参考母型船,确定合理的结构形式。但应注意不要被母型船框死,在有充分理由的情况下要大胆设想、推陈出新,不断改进以取得最佳设计方案。

这一步骤的终结是画出横剖面草图,有时尚须画出反映构件布置情况的中部基本结构草图,为下一步确定构件尺寸提供依据。草图上必须标明有关构件的定位尺寸。

(四)确定设计剖面构件的尺寸

《规范》给出了构件的剖面模数和惯性矩的最小值计算公式。一般可先按满足最小剖面模数要求选定剖面形状和尺寸,以此保证构件有足够的强度和刚度。除此以外,进行构件剖面形状及尺寸的设计时尚须综合考虑构件加工及安装的工艺性、构件的稳定性、最小重量原则及对船舶舱室布置和舱容的影响,使构件剖面形状和尺寸比较合理。

(五)按规范要求校核总纵强度

首先画出设计船舶总纵强度计算剖面图。要注意到规范规定的参与总纵强度的构件,将它们一一画入计算剖面。计算构件的静矩和惯性矩时可以构件的理论线位置为准。在设计舭列板等曲度较大的构件的静矩或惯性矩时,可采用简单的近似计算办法,将曲板分割成若干小块,将其视为平板处理。

求得设计船的剖面模数后与规范要求的值做比较,确定船舶的总纵强度是否足够。

(六)绘出设计剖面的结构图

这是课程设计的最后一步,设计结果将在图中体现出来。必须画出中部货舱普通肋位及强肋位的剖面图。结构图的视向选择以尽可能清晰、简明地表达剖面结构情况为原则。

习图 7-1 为 800 t 机动驳典型横剖面结构图

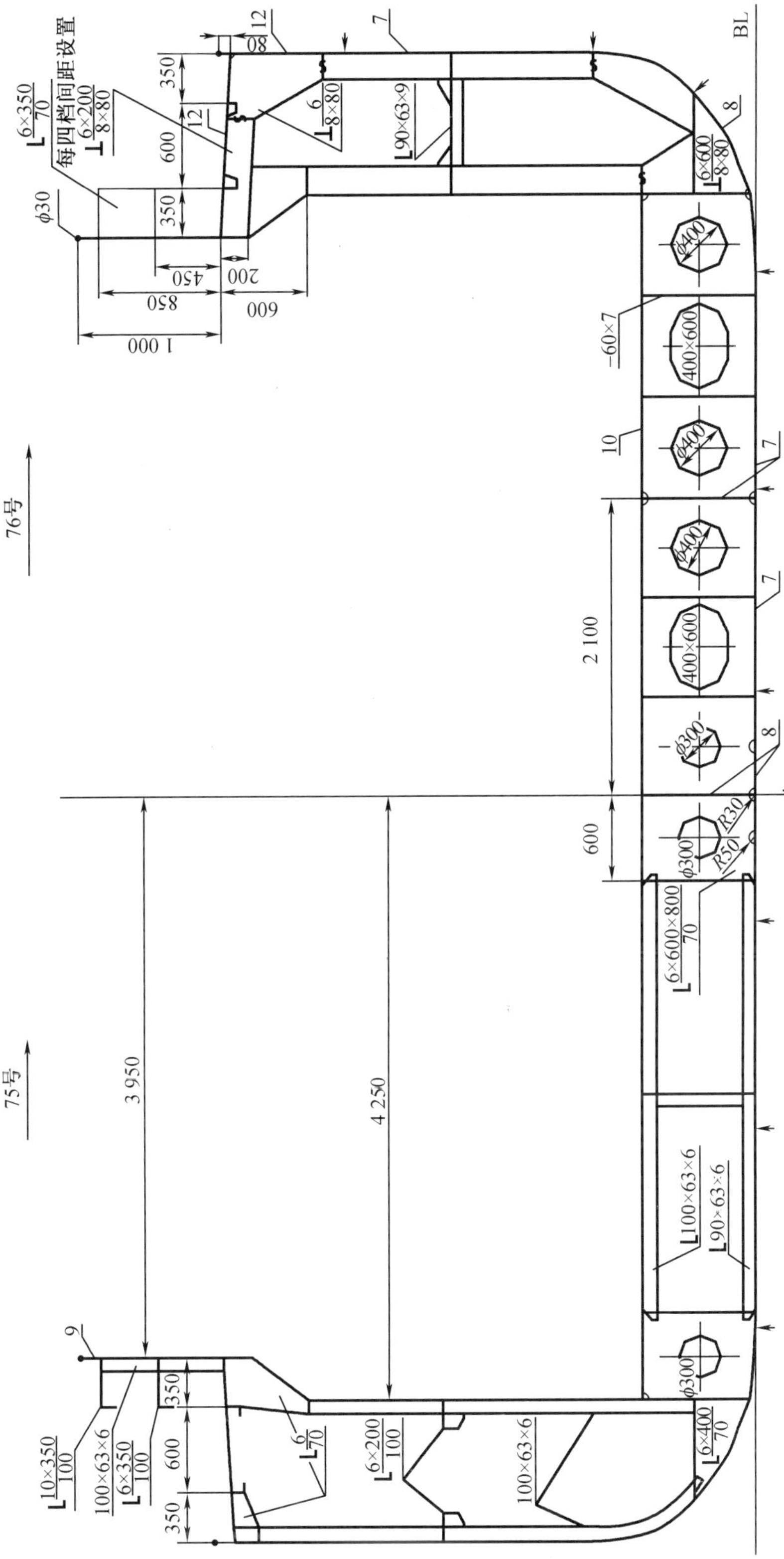

习图7-1 800 t机动驳典型横剖面结构图

第 8 章　舱壁及上层建筑设计

● 学习目标

知识目标

1. 了解舱壁的作用与受力；
2. 了解舱壁设计的一般要求；
3. 了解上层建筑的作用与受力；
4. 了解上层建筑及甲板室的规范设计方法。

能力目标

1. 具备设计船舶舱壁的能力；
2. 具备设计船舶上层建筑及甲板室的能力。

8.1　舱 壁 设 计

8.1.1　舱壁的作用与受力

船上设置有许多纵向或横向舱壁，这些舱壁在船上起着不同的作用。首先，它们将船体内部分隔成若干舱室，供居住，工作，装载货物，安装动力装置与船舶设备、备品、燃油、压载水等用，以适应营运要求；同时它们将船体内部分隔成若干密性区间，当发生海损事故时，不因一舱或几舱进水而危及船舶安全，以满足抗沉性要求。其次，舱壁对船体的强度起着重要作用，横舱壁能够保证船体的横向强度和刚度，较长的纵舱壁能够提高船体的总纵强度。此外，对于客船，舱壁还起着防火分隔作用，使一舱或某区域发生火灾时，不致波及其他舱室；油船或液舱的纵舱壁分隔，可以减少自由液面影响，提高船舶的稳性。

舱壁作为船底、甲板、舷侧等结构的支座使船体各构件之间的作用力互相传递，舱壁结构所受到的力与其布置及作用有关。对于水密舱壁，有舱壁平面内的压缩力（包括甲板载荷和舷外水压力、进坞时受到的墩木反力等）和横向载荷（对于民船，其载荷是量至舱壁甲板的水头高度）；对于油密舱壁，除承受水密舱壁的作用力外，还承受经常性的舱内液体的静压力与液体晃动载荷；对于纵舱壁，除作为液舱舱壁承受舱内的液体压力外，当纵舱壁很长时，如油船的纵舱壁，还参与船体总纵弯曲，承受总纵弯矩与剪力。

舱壁的设置由总体设计确定，水密舱壁的数目和间距与船舶类型有关，根据船长、舱室布置及抗沉性的要求而定,各国船级社对此都有明确的要求。船上最前一道水密横舱壁称为防撞舱壁或艏尖舱壁,它至艏垂线的距离不得小于 $0.05L$(L 为船长),高度至少延伸至干舷甲板或艏升高甲板。防撞舱壁在强度上的要求较其他水密舱壁高,因为它除要能够承受静水压力作用外,还要能够承受动水压力的作用,以确保艏尖舱破损后船舶仍能继续安全航行。在船的尾端也应设置一道水密横舱壁,通常称之为艉尖舱壁,其高度应伸至干舷甲板或艉伸高甲板。

8.1.2　一般要求

(1)船长大于 30 m 的船舶,在船首应设置一道水密舱壁,其位置一般在距艏垂线 $(0.05\sim0.1)L$ 范围内,舱壁的高度应延伸至干舷甲板或艏升高甲板。

船长小于或等于 30 m 的船舶的防撞舱壁距艏垂线的距离应不大于 3.0 m。

在船尾部也应设置一道水密舱壁,其高度应延伸至干舷甲板或艉升高甲板。

(2)船长大于 30 m 的船舶的机舱前、后舱壁以及船长小于或等于 30 m 的船舶的机舱前舱壁应为水密舱壁。

(3)除大舱口船外,强力甲板下横向舱壁的间距应不大于下式计算所得之值:

$$l=K_l D_l \quad (\mathrm{m}) \tag{8-1}$$

式中　K_l——系数,$K_l=5.93-0.94\left(\frac{L}{B}\right)+0.164\left(\frac{L}{B}\right)^2$,当 $K_l>6$ 时,取 $K_l=6$;

D_l——在船长中点处沿舷侧自平板龙骨上表面量至强力甲板下表面的垂直距离,m;

L——船长,m;

B——船宽,m。

若不能满足此项要求,应在两舱壁之间增设符合规范规定的双向横桁架。

客船干舷甲板下相邻水密横舱壁的间距 l 应不大于下式计算所得之值:

$$l=0.75\left(1-\frac{d}{D}\right)L \quad (\mathrm{m})$$

式中　L——船长,m;

D——型深,m;

d——吃水,m。

当 $l>6D$ 时,取 $l=6D$;当 $l<0.15L$ 时,取 $l=0.15L$。

(4)防撞舱壁上禁止开门或人孔。其余水密舱壁上一般不应开门或人孔,如必须开,应经船级社同意,并应保证水密。

A 级、B 级航区客船及 J 级航段的船舶,不应在水密舱壁上开门;若设有双层底或符合规范规定的轴隧,可在机舱后舱壁上开设水密门。

电缆、舵链、车钟链等穿过舱壁时,应沿干舷甲板下表面敷设。

(5)燃油舱与淡水舱、食物舱之间应设隔离舱。压载水舱可以代替隔离舱。深油舱与干货舱相邻的舱壁上不应开孔,有加热设备的与燃油舱和干货舱相邻的舱壁,应在货舱的一侧采取适当的隔热措施。

(6)舱壁扶强材、桁材应尽量与甲板、船底、舷侧等部位的骨材相连接。

(7)客船干舷甲板下的水密横舱壁以及货船为满足破损稳性所设置的水密舱壁,其结构应满足本节对深舱舱壁的要求。

8.1.3 平面水密舱壁板

(1)平面水密舱壁底列板厚度应不小于按下式计算所得之值:

$$t = Ks\sqrt{h} + c \quad (\mathrm{mm}) \tag{8-2}$$

式中 K、c——系数,按表 8-1 选取;

s——扶强材间距,m;

h——由舱壁下缘量至舱壁顶端(深舱舱壁另加 0.5 m)或量至溢流管顶端的垂直距离,m。取大者,但应不小于 2.0 m。

底列板以上各列板的厚度可递减,但顶列板的厚度应不小于底列板厚度的 0.8 倍且不小于 3.0 mm。

表 8-1 K、c 的取值

舱壁种类	防撞舱壁	干货舱壁	深舱舱壁
K	4.0	3.2	4.2
c	0.5	0	1.0

(2)污水沟、污水井处的舱壁板应局部增厚。艉轴通过处的舱壁板应局部增厚 50%。

(3)平面纵舱壁的厚度应符合式(8-2)的规定。

8.1.4 平面舱壁扶强材

(1)平面舱壁扶强材一般应竖向布置。

(2)平面舱壁扶强材的剖面模数 W 应不小于按下式计算所得之值:

$$W = Kshl^2 \quad (\mathrm{cm}^3) \tag{8-3}$$

式中 K——系数,按表 8-2 选取;

s——扶强材间距,m,(防撞舱壁和深舱舱壁扶强材间距应不大于 650 mm,干货舱舱壁扶强材间距应不大于 750 mm);

h——自扶强材跨距中点量至舱壁顶缘(深舱舱壁加 0.5 m)或量至溢流管顶端的垂直距离,取大者,m,但应不小于 2.0 m;

l——扶强材的跨距,m,取包括肘板在内的扶强材长度,若设有与扶强材垂直的桁材取桁材至扶强材端部或桁材之间的距离。

表 8-2　K 的取值

扶强材种类	固定情况	K 值		
		防撞舱壁	干货舱舱壁	深舱舱壁
垂直扶强材	两端有肘板	4.0	3.0	5.0
	一端有肘板	4.8	3.6	6.0
	两端无肘板	5.35	4.0	6.6
水平扶强材		–	3.8	3.8

(3)平面纵舱壁扶强材的剖面模数 W 应符合式(8-3)的规定。

(4)支持甲板纵桁的垂直桁(或扶强材)连同带板(带板宽度取垂直桁最小间距的 0.5 倍)的剖面积应符合规范的规定。

8.1.5　垂直桁和水平桁

(1)平面舱壁应设置垂直桁。横舱壁应在甲板纵桁(或底龙骨)平面内设置垂直桁,纵舱壁应在强肋骨(或强横梁)平面内设置垂直桁。

(2)垂直桁的剖面模数 W 应不小于按下式计算所得之值:

$$W = Kbhl^2 \quad (\mathrm{cm}^3)$$

式中　K——系数,按表 8-3 选取;

b——垂直桁的支撑宽度,m,即垂直桁间距中点之间或垂直桁间距中点与舷边(或纵舱壁)间距中点的距离,如图 8-1 所示;

h——由垂直桁中点量至舱壁顶缘(深舱舱壁加 0.5 m)或量至溢流管顶端的垂直距离,m,取大者,但应不小于 2.0 m;

l——垂直桁跨距,按构件计算跨距的规定确定,m。

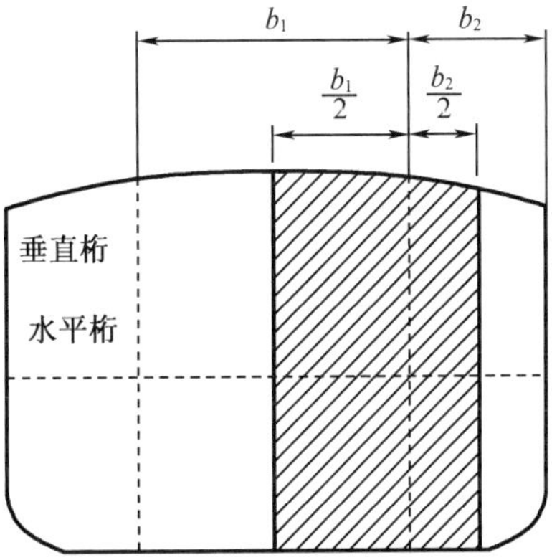

图 8-1　平面舱壁设置垂直桁

表 8-3　K 的取值

舱壁种类	防撞舱壁	干货舱舱壁	深舱舱壁
K	4.6	4.0	5.0

(3)若船舶需要增加水平方向的抗挤压强度,可在平面水密舱壁上设置水平桁。水平桁的剖面尺寸应与垂直桁的剖面尺寸相同。

8.1.6　对称槽形舱壁

(1)允许用对称槽形舱壁代替平面舱壁。

(2)槽形各部尺度的代号如图 8-2 所示。

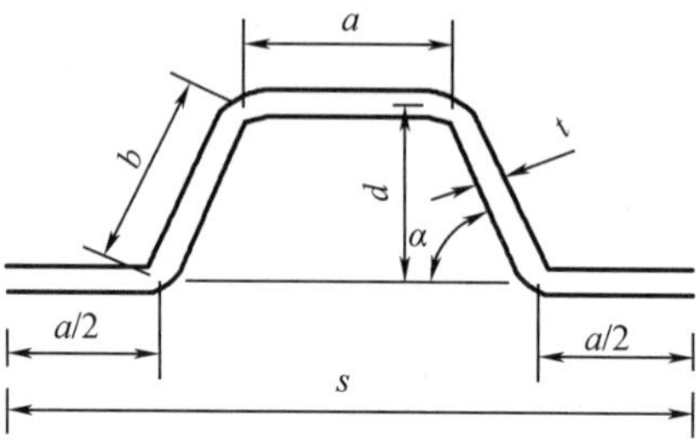

s—槽形全宽,mm;a—槽形平面部分宽度,mm;b—槽形斜面部分宽度,mm;d—槽形深度,mm;α—槽形斜面部分与平面部分的夹角,应不小于 40°;t—舱壁厚度,mm。

图 8-2　对称槽形舱壁

(3)槽形舱壁厚度 t 应不小于按下列两式计算所得之值:

$$t=\frac{Kshl^2}{\left(a+\frac{b}{3}\right)d}\quad(\mathrm{mm})$$

$$t=\frac{a}{85}\quad(\mathrm{mm})$$

式中　a、s、b、t、d——按对称槽形舱壁的规定选取;

K——系数,按表 8-4 选取;

l——槽形跨距,m;

h——若槽形垂直布置由跨距中点(槽形水平布置由槽形中心线)量至舱壁顶端(深舱舱壁加 0.5 m)或量至溢流管顶端的垂直距离,取大者,但应不小于 2.0 m。

表 8-4　K 的取值

舱壁种类	防撞舱壁	干舱舱壁	深舱舱壁
K	4.8	3.6	6.0

(4)槽形舱壁的槽形如垂直布置时应设置一道水平桁,以保证船体的横向挤压强度。

水平桁的剖面模数 W 应不小于按下式计算所得之值：

$$W = Kbhl^2 \quad (\mathrm{cm}^3)$$

式中　b——水平桁支持宽度，m。即水平桁与舱底、舱顶间距中点之间的距离；

h——由水平桁量至干舷甲板上方（深舱舱壁另加 0.5 m）或量至溢流管顶端的垂直距离，m，取大者，但应不小于 2.0 m；

l——水平桁跨距，m，按跨距点的规定确定；

K——系数，按下式计算：

$$K = c\frac{H}{b_1}$$

其中　c——系数，按表 8-5 选取；

H——舱壁深度，m；

b_1——舱壁宽度，m。

表 8-5　c 的取值

舱壁种类	防撞舱壁	干舱舱壁
c	3.33	2.73

（5）槽形舱壁的槽形如水平布置，应在每个强肋骨的平面内设置垂直桁。垂直桁的剖面尺寸应与平面纵舱壁的垂直桁相同。

（6）垂直桁和水平桁的腹板计算高度取其板面与槽形壁间的最小距离。

垂直桁和水平桁腹板的一侧应设有肘板，肘板间距应为槽形的全宽。肘板的一边和桁材面板焊接，另一边的宽度应不小于腹板高度的一半，肘板厚度与桁材腹板厚度相同。

（7）槽形舱壁如不设置桁材应经船级社同意。

（8）允许采用与对称槽形舱壁等强度的其他形式的槽形舱壁。

8.1.7　平面制荡舱壁

（1）制荡舱壁应尽量设计成对其他构件不起有效支持作用，以便减轻制荡舱壁的结构重量。否则应按平面纵舱壁的有关要求设计。

（2）制荡舱壁的厚度应不小于 2.5 mm。

（3）制荡舱壁扶强材的剖面模数应不小于相应平面纵舱壁扶强材剖面模数的 50%。

8.1.8　防撞边舱

（1）防撞边舱是由纵侧壁板、顶板（或干舷甲板）及舷侧外板构成的水密舱，如图 8-3 所示。防撞边舱应尽可能自艏防撞舱壁至艉尖舱舱壁间连续布置。防撞边舱内应设置水密横隔板（或横舱壁），其间距应不大于船长的 0.15 倍。船宽与 1/2 吃水处的水线宽度之差值大于或等于 900 mm 的艉部区域可免设防撞边舱。

（2）防撞边舱的纵侧壁应尽可能与中纵剖面平行，其与顶板的交线距舷侧外板的水平距离应不小于 760 mm,但也不大于船宽的 0.25 倍。

(3)防撞边舱的顶板应尽可能水平布置并盖没舭部,其与纵侧壁的交线距船底板的垂向高度应不小于满载吃水的 0.3 倍或 700 mm 之大者。

(4)防撞边舱纵侧舱壁和顶板的结构应符合本节三、四、五对防撞舱壁的规定。

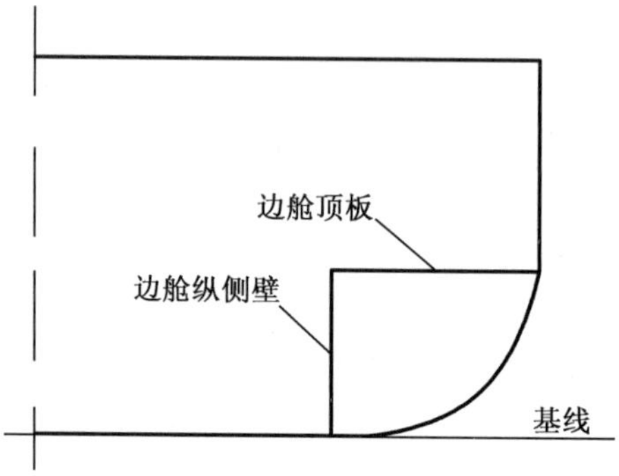

图 8-3　防撞边舱

8.2　上层建筑及甲板室设计

8.2.1　上层建筑的作用与受力

船体强力甲板以上的舱室结构统称为上层建筑。上层建筑包括船楼和甲板室。其中,船楼的两侧伸至船的两舷,或距舷边的距离小于船宽的 4%;不符合上述条件的围蔽建筑即为甲板室。视其所在的位置不同,船楼可分为艏楼、桥楼、艉楼,甲板室可分为舯甲板室、艏甲板室等。

上层建筑大致有以下几个作用:

(1)提供工作、生活及各种舾装设备的舱室;

(2)减小甲板上浪,增加干舷,改善航行性能;

(3)扩大驾驶视野,提高航行安全性;

(4)当上层建筑具有足够长度时,它可以全部或部分地参与主体的总纵弯曲,从而提高总纵强度;

(5)围蔽机舱开口。

上层建筑主要承受如下四种力的作用:

(1)波浪冲击:船舶航行遭遇恶劣的海况时,上层建筑可能受到波浪的冲击,特别是在艏部承受载荷最大;当迎浪航行时,在舯部上层建筑的所有围壁中,又以前端壁承受载荷最大。

(2)局部载荷:人员、装载、舱室设备等;

(3)总纵弯曲:上层建筑一般均程度不同地参加船体总纵弯曲,但与船体梁不同的是其剖面总纵弯曲应力分布规律不一样,多呈非线性变化;

(4)应力集中,船舶主体沿船长方向是连续的,而上层建筑却是间断的,船体在上层建筑端部附近,结构发生突变,当船舶总纵弯曲时,在船中的上层建筑端部将会产生严重的应力集中现象。此外,上层建筑由于舱室及门窗布置上的需要,其开口级结构突变处较多,在这些部位都存在应力集中。

8.2.2 上层建筑不参与总纵弯曲

1. 上层建筑

(1)上层建筑端部甲板下面应设置舱壁、支柱或其他等效强力构件以支持上层建筑。

(2)上层建筑横向构件应和船舶主体横向构件安装在同一平面内。上层建筑围壁扶强材的设置应与甲板横梁或甲板纵骨对齐,围壁扶强材的上端应用肘板与甲板横梁或甲板纵骨连接,下端可削斜或与甲板焊接。

(3)上层建筑或甲板室的外壁板厚度应不小于 2 mm,内壁板厚度可减薄 0.5 mm。

(4)上层建筑的围壁扶强材的剖面模数 W 应不小于按下式计算所得之值:

$$W = 3sl^2 \quad (\mathrm{cm}^3) \tag{8-4}$$

式中 s——扶强材间距,m;

l——扶强材跨距,m。

上层建筑内壁扶强材剖面模数 W 应不小于按上式计算所得之值的 0.8 倍。

(5)最上一层上层建筑的围壁及内壁允许采用如图 8-4 所示的三角形剖面或半圆形剖面的压筋板。压筋板要素按表 8-6、表 8-7 选取。

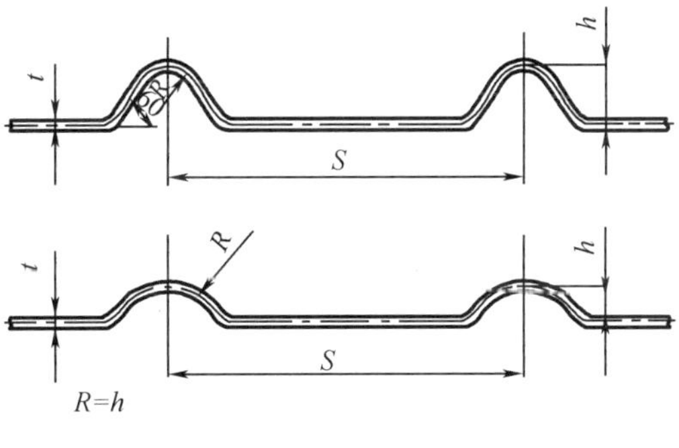

图 8-4 上层建筑的围壁及内壁

表 8-6 三角压筋板剖面要素表

压筋高度 h /mm	压筋轴线间距 s /mm	顶圆半径 R /mm	板厚 t /mm	最大剖面模数 W /cm^3	惯性矩 I /cm^4	惯性半径 R /mm
30	390	15	2	2.11	5.10	0.77
			3	3.18	7.67	
			4	4.22	10.17	

表 8-6(续)

压筋高度 h /mm	压筋轴线间距 s /mm	顶圆半径 R /mm	板厚 t /mm	最大剖面模数 W /cm^3	惯性矩 I /cm^4	惯性半径 R /mm
30	435	15	2	2.13	5.25	0.75
			3	3.21	7.90	
			4	4.26	10.50	
30	470	15	2	2.14	5.34	0.73
			3	3.22	8.02	
			4	4.28	10.65	
40	320	15	2	3.08	9.30	1.12
			3	4.62	13.95	
			4	6.18	18.65	
40	370	15	2	3.12	9.75	1.08
			3	4.68	14.60	
			4	6.26	19.55	
40	400	15	2	3.14	9.90	1.05
			3	4.72	14.90	
			4	6.30	19.90	

表 8-7　半圆压筋板剖面要素表

压筋高度 h /mm	压筋轴线间距 s /mm	顶圆半径 R /mm	板厚 t /mm	最大剖面模数 W /cm^3	惯性矩 I /cm^4	惯性半径 R /mm
15	300	15	2	0.62	0.85	0.37
			2.5	0.77	1.07	
			3	0.92	1.29	

(6)桥楼,艏、艉楼侧壁和端壁板厚度应由舷侧顶列板厚度逐渐减薄,但应不小于 2.5 mm,侧壁和端壁扶强材的剖面模数 W 应符合式(8-5)的规定。

(7)桥楼,艏、艉楼端壁处的侧壁应向艏、艉或舯部延伸至等于桥楼高度的距离,并应弧形过渡。过渡侧壁板的厚度应较侧壁板增厚 1 mm。过渡侧壁板应设置垂直加强筋,其弧形边缘应有面板或型钢。

(8)上层建筑(或甲板室)围壁在甲板强横梁和甲板纵桁处应设置强扶强材。强扶强材的剖面模数应不小于按式(8-4)计算所得之值的 2 倍。

2. 甲板室

(1)甲板室围壁为平壁板时,其结构要求应符合本节上层建筑的规定。

(2)最上一层甲板室的围壁及内壁允许采用压筋板,压筋板应符合本节上层建筑 5 的规定。

(3)机舱棚、货舱棚:

①机舱棚围壁和货舱棚围壁采用平壁板时,平壁板的厚度应不小于 3 mm。

②机舱棚围壁和货舱棚围壁扶强材剖面模数应不小于按下式计算所得之值:

$$W=3.6sl^2 \quad (\mathrm{cm}^3) \tag{8-5}$$

式中 s——扶强材间距,m;

l——扶强材跨距,m。

③围壁扶强材兼作支柱时,应满足规范对支柱的要求。

④甲板室及机舱棚顶板承受载荷时,其横梁和纵桁的剖面模数应满足规范有关规定。

3. 升高甲板

若艏、艉升高甲板是组成阶梯形的强力甲板延续部分,升高甲板及其骨架应符合本章对强力甲板的规定,舱壁应延伸至升高甲板。侧壁应是舷侧外板的延续,并应弧形过渡。升高甲板端壁板厚度与甲板相同,其扶强材尺寸与横梁相同,并应设置过渡性构件,以保证构件的连续性。

8.2.3 上层建筑参与总纵弯曲(客船的补充规定)

1. 围壁

(1)参与总纵弯曲的上层建筑(甲板室)的外壁板厚度 t 应不小于按下式计算所得之值:

$$t=1.6s\sqrt[3]{L} \quad (\mathrm{mm})$$

式中 L——船长,m;

s——扶强材间距,m。

外壁板厚度尚应不小于 3 mm。

(2)内壁板厚度可按上式计算所得厚度减少 1 mm。

(3)上层建筑(或甲板室)围壁应设置符合本节(二)中(4)和(8)规定的扶强材和强扶强材。

2. 甲板及其骨架

(1)上层建筑(或甲板室)甲板的骨架形式可采用横骨架式或纵骨架式。

(2)上层建筑(或甲板室)甲板应设置强横梁。强横梁间距应不大于 4.8 m 且应与主体横向强框架在同一平面内。

(3)上层建筑(或甲板室)甲板应设置甲板纵桁,并尽可能与强力甲板纵桁在同一平面内。当上层建筑(或甲板室)甲板宽度小于 6.0 m 时应至少设置 1 道甲板中纵桁;当上层建筑(或甲板室)甲板宽度大于 6.0 m 且小于 9.0 m 时应至少设置 2 道甲板纵桁;当上层建筑(或甲板室)甲板宽度大于 9.0 m 时应至少设置 3 道甲板纵桁。

(4)甲板横梁、强横梁、甲板纵骨及甲板纵桁等构件尺寸应符合第七节的规定。

(5)参与总纵强度的强力甲板上最下一层上层建筑(或甲板室)甲板应为纵骨架式。甲板强横梁间距应不大于 3.0 m,甲板纵桁间距应不大于 2.5 m。

(6)参与总纵强度的强力甲板上最下一层上层建筑(甲板室)甲板的厚度 t 应不小于按下式计算所得之值:

$$t=0.03L+2.5 \quad (\text{mm}) \tag{8-6}$$

式中　L——船长,m。

航行于 B 级、C 级航区的船舶可按上式计算厚度减少 0.5 mm。

第 9 章　计算机辅助船体强度计算

- **学习目标**

知识目标

1. 掌握有限元法的基本概念；
2. 了解有限元法的基本应用；
3. 了解用有限元分析问题的基本步骤；
4. 了解内河船舶计算系统的组成及适用范围；
5. 了解内河船舶计算系统各模块的功能。

能力目标

1. 掌握用通用有限元软件分析问题的基本步骤；
2. 掌握内河船舶计算系统各模块功能的应用范围。

船舶的结构强度计算可以通过计算机编程进行，目前已经有很多较为成熟的软件，能较好地完成船舶结构强度方面的计算。

9.1　有限元法基础及应用

有限元法起源于20世纪50年代飞机结构的矩阵分析，研究的是平面应力问题，后来这个方法逐步迅速发展，应用于杆系、板、壳等的弯曲问题及稳定性问题，而且随着计算机的发展和自身理论的不断完善，有限元法迅速从结构工程强度分析计算扩展到几乎所有的科学技术领域，成为一种丰富多彩、应用广泛并且实用高效的数值分析方法。

有限元分析

9.1.1　有限元法基本原理

1. 有限元法的基本概念

有限元法是随着电子计算机发展而发展起来的一种较新的和有效的数值方法，它可以方便地解决具有复杂的结构形式、复杂的载荷及复杂的边界条件的结构分析问题，亦能处理非均匀材料及非线性应力-应变状态的结构问题。下面对有限元法的一些基本概念做一个介绍。

(1)结构的离散化

有限元法是将结构离散为有限个单元。对于二维的平面结构就是将它分为有限个平面单元,这种平面单元可以是三角形的或四边形的,或三角形、四边形的均有,单元的顶点称为“节点”(图 9-1)。

(2)单元的位移函数

有限元法也有位移法、力法和混合法(一部分以位移、另一部分以应力作为基本未知量的求解方法)之分,但应用最普遍的是位移法。位移法是以节点位移作为基本未知量的。在平面应力问题中,每一个节点有两个位移分量,每个节点有两个自由度,相应地有两个由节点位移引起的节点力,建立单元节点位移与节点力之间的关系,即求出单元的刚度矩阵,为此就要寻求平面单元的解。首先,对于每一个单元选择一个简单的函数来近似地描述其位移分量的分布规律。所选择的简单函数称为单元的位移函数。有了位移函数之后,再根据能量原理,建立单元节点力与节点位移之间的关系,就可得出单元的刚度矩阵。由于单元的位移函数是选取的,只能近似地描述单元内各点的位移分量的分布规律,所以有限元法是近似法。

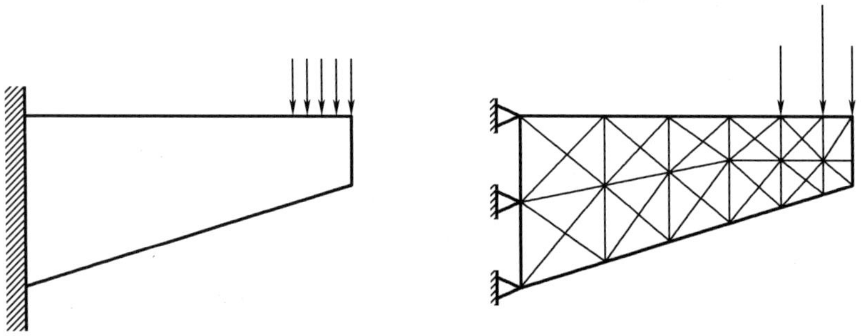

(a)　　(b)

图 9-1　二维的平面结构分为有限个平面单元

(3)分布外力的移置

有限元法是以节点为对象建立平衡方程的,因此若单元上有分布外力(包括边界力与体积力)均需以等效做功的原则将它移置到单元的节点上去,以节点力的形式出现。

除了上述三点外,有限元法的其他做法如刚度矩阵的建立,约束处理等均与矩阵法(采用对节点位移作为基本未知量,进而通过矩阵的形式表达方程式,求出未知量的方法)完全一样,不必在此详述。

2. 有限元法分析问题的基本步骤

对于不同物理性质和数学模型的问题,有限元法的基本步骤是相同的,只是具体公式推导和运算求解不同。现以位移法为例将这些步骤叙述如下。

(1)离散化

将求解区域用点、线或面划分为有限数目的单元。单元形状原则上是任意的。例如,在平面问题中通常采用三角形单元,有时也采用矩形或任意四边形单元。在空间问题中,可以采用四面体、长方体或任意六面体单元。单元划分后,将全部单元和节点按一定顺序编号,每个单元所受的载荷均按静力等效原理移置到节点上,并在位移受约束的节点上根据实际情况设置约束条件。

(2)单元分析

所谓单元分析,就是建立各个单元的节点位移和节点力之间的关系式。现以三角形单元为例说明单元分析的过程。如图 9-2 所示,三角形有三个节点 i、j、m。在平面应力问题中,每个节点有两个位移分量 u、v,三个节点共有六个位移分量。因此,单元节点位移向量 $\{\boldsymbol{\delta}^{(e)}\}$ 以及由它引起的单元节点力向量 $\{\boldsymbol{F}^{(e)}\}$ 可分别表示为

$$\{\boldsymbol{\delta}^{(e)}\}=[\boldsymbol{\delta}_i^{\mathrm{T}}\quad \boldsymbol{\delta}_j^{\mathrm{T}}\quad \boldsymbol{\delta}_{\mathrm{m}}^{\mathrm{T}}]^{\mathrm{T}}=[\boldsymbol{u}_i\quad \boldsymbol{v}_i\quad \boldsymbol{u}_j\quad \boldsymbol{v}_j\quad \boldsymbol{u}_m\quad \boldsymbol{v}_m]^{\mathrm{T}} \tag{9-1}$$

$$\{\boldsymbol{F}^{(e)}\}=[\boldsymbol{F}_i^{\mathrm{T}}\quad \boldsymbol{F}_j^{\mathrm{T}}\quad \boldsymbol{F}_{\mathrm{m}}^{\mathrm{T}}]^{\mathrm{T}}=[\boldsymbol{F}_{xi}\quad \boldsymbol{F}_{yi}\quad \boldsymbol{F}_{xj}\quad \boldsymbol{F}_{yj}\quad \boldsymbol{F}_{xm}\quad \boldsymbol{F}_{ym}]^{\mathrm{T}} \tag{9-2}$$

(3)选取位移函数

对于平面应力问题,单元内任一点的位移分量 $\boldsymbol{u}$、$\boldsymbol{v}$ 是坐标 x、y 的函数。选取的位移函数要使单元内任一点的位移都能由单元的节点位移唯一确定,并且还必须考虑收敛准则。例如,对于三角形单元,选取线性函数作为其位移函数,即

$$\left.\begin{aligned} u(x,y)&=\alpha_1+\alpha_2x+\alpha_3y\\ v(x,y)&=\alpha_4+\alpha_5x+\alpha_6y\end{aligned}\right\} \tag{9-3}$$

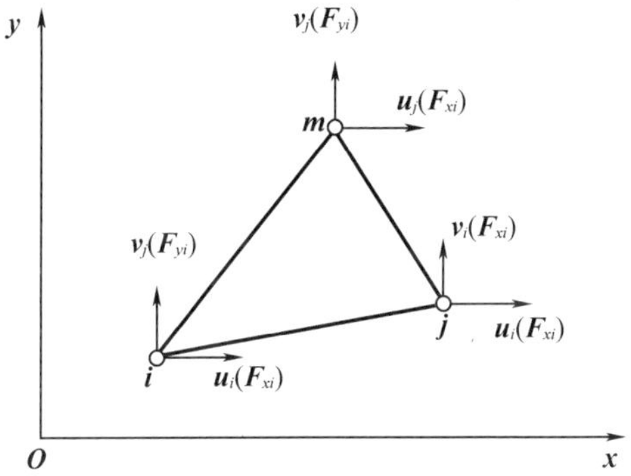

图 9-2　三角形单元

(4)建立单元刚度方程

选定单元的类型和位移函数后,就可以按最小势能原理(在所有几何可能位移中,真实位移使得总势能取最小值)建立单元刚度方程,它实际上是单元各个节点的平衡方程,其系数矩阵称为单元刚度矩阵,即

$$[\boldsymbol{K}]^e[\boldsymbol{\delta}]^e=\{\boldsymbol{F}\}^e \tag{9-4}$$

式中,$[\boldsymbol{K}]^e$ 称为单元的刚度矩阵,它的每一个元素都反映了一定的刚度特性,即产生单位位移所需施加的力。

单元刚度矩阵仅取决于单元形态和材料性质。在一个单元范围内,材料性质必须相同,而不同的单元可以各有不同的材料性质,因此它能方便地处理非均质材料问题,这是有限元法的一个突出的优点。

(5)整体分析

整体分析是对各个单元组成的整体进行分析。它的目的是建立起一个线性方程组,来揭示节点外荷载与节点位移的关系,从而用来求解节点位移。即

$$[\boldsymbol{K}][\boldsymbol{\delta}]=[\boldsymbol{R}] \tag{9-5}$$

式中 $[\boldsymbol{K}]$——总刚度矩阵；

$[\boldsymbol{\delta}]$——总节点位移向量；

$[\boldsymbol{R}]$——总节点载荷向量。

(6)计算单元的应变与应力

解出节点位移后，根据需要，可由弹性力学的几何方程和物理方程来计算应变和应力。

3. 有限元法的特点

有限元法主要具有以下特点。

(1)物理概念清晰，容易掌握

有限元法一开始就从力学角度进行简化，可以通过非常直观的物理途径来学习并掌握这一方法。

(2)具有极大的通用性和灵活性

对于各种复杂的因素，如复杂的几何形状，任意的边界条件，不均匀的材料特性，不同类型构件组合，有限元法都能灵活地加以考虑，而不会发生处理、求解上的困难。

(3)适合计算机的高效计算

由于有限元分析的各个步骤，可以表达成规范化的矩阵形式，因此求解方程可以统一为标准的矩阵代数问题，特别适合计算机的编程和执行。随着计算机软硬件技术的高速发展，以及新的数值计算方法的不断出现，大型复杂问题的有限元分析已成为工程技术领域的常规工作。

总之，有限元法已被公认为应力分析的有效工具而受到普遍的重视并得到广泛的应用。

9.1.2 有限元软件的应用

过去，工程技术人员和科研人员一般都是自己编程来解决各种问题，这对解决个别具体问题可能有利，但通用性不强。近年来，出现了许多大型通用有限元分析软件，如NASTRAN、ANSYS、ABQUS、MARC 等，为有限元法应用带来很多方便。这些软件一经出现，就受到了大家的青睐，现在人们更倾向于使用这些通用软件来解决工程技术问题。我们以ANSYS 为例简要介绍有限元软件的应用。

1. ANSYS 软件简介

ANSYS 软件是美国 ANSYS 公司研制的大型通用有限元分析(FEA)软件，可用于模拟物理系统受到外力负载时出现的响应，如应力、位移、温度等，根据该响应可知道该物理系统受到外力负载后的状态，进而判断是否符合设计要求。

ANSYS 是被世界各地各领域的工程师所广泛使用的有限元软件包，包括：航空航天、汽车工业、生物医学、桥梁、建筑、船舶、水利、电子产品、重型机械、微机电系统、运动器械等。

软件主要包括三个部分：前处理模块、分析计算模块和后处理模块。

前处理模块提供了一个强大的实体建模及网格划分工具，用户可以方便地构造有限元模型；

分析计算模块包括结构分析(可进行线性分析、非线性分析和高度非线性分析)、流体动力学分析、电磁场分析、声场分析、压电分析以及多物理场的耦合分析,可模拟多种物理介质的相互作用,具有灵敏度分析及优化分析能力;

后处理模块可将计算结果以彩色等值线显示、梯度显示、矢量显示、粒子流迹显示、立体切片显示、透明及半透明显示(可看到结构内部)等图形方式显示出来,也可将计算结果以图表、曲线形式显示或输出。

2. ANSYS 有限元分析过程

用户可以使用 ANSYS 软件进行不同类型的分析。从简单的线性、静态分析,到复杂的非线性、瞬态分析、耦合分析,无论什么类型的分析,ANSYS 都有基本固定的分析流程。ANSYS 软件具有多种有限元分析的能力,一个典型的 ANSYS 分析过程可分为以下三个步骤:

(1)创建有限元模型。包括创建或读入几何模型;定义材料属性;划分单元(节点及单元);

(2)施加载荷进行求解。包括施加载荷及边界条件;求解;

(3)查看结果。包括查看分析结果;检验分析是否正确。

3. 算例分析

(1)分析对象

选择加筋板结构为分析对象,加筋板是船舶制造领域中常见的结构件,常用于船舶的各层甲板、船底板、内底板和舱壁等结构中。

现有如图 9-3 所示的加筋板结构,材料的弹性模量为 200 GPa(2×10^5 MPa),泊松比为 0.3,板的四周刚性固定,在未布置加强筋的一侧受到均布载荷 0.05 MPa(50 kN/m^2),求板的应力分布和变形情况。

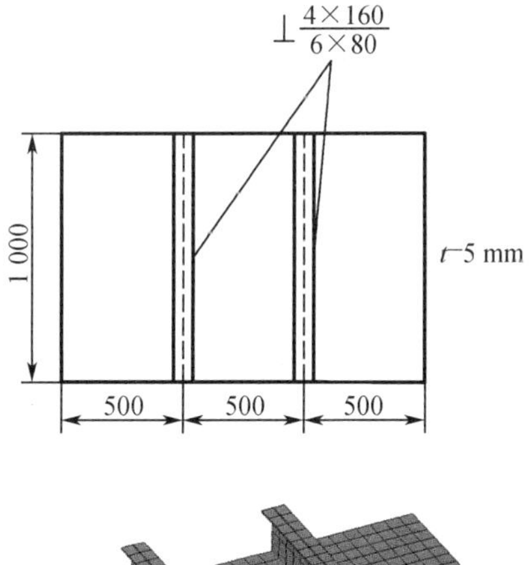

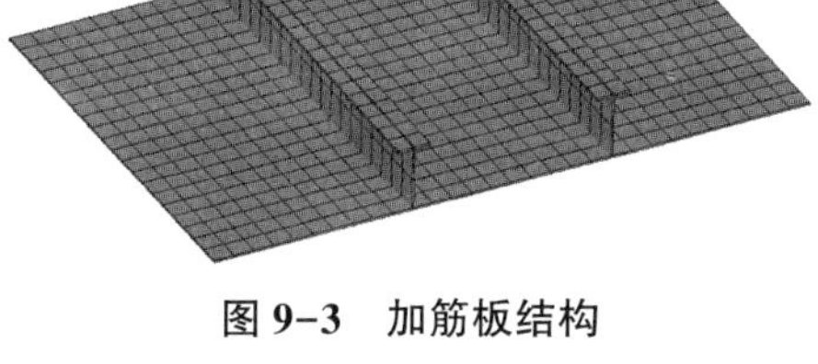

图 9-3 加筋板结构

(2)分析步骤

a. 设置分析标题：

Utility Menu>File>Change Jobname，输入“Stiffened Plate”并按下 OK。如图 9-4 所示。

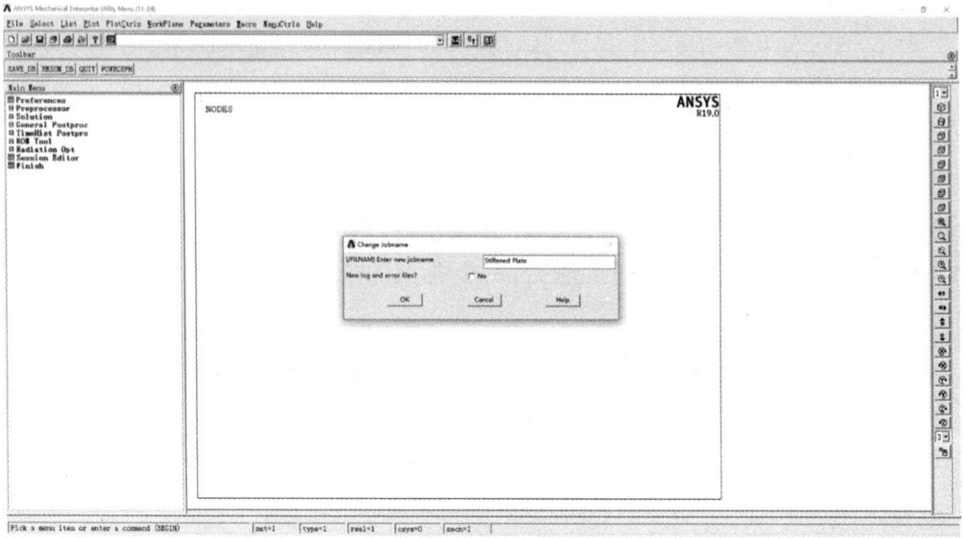

图 9-4　设置分析标题

b. 设置计算类型：

ANSYS Main Menu：Preprocessor>Structural>OK。如图 9-5 所示。

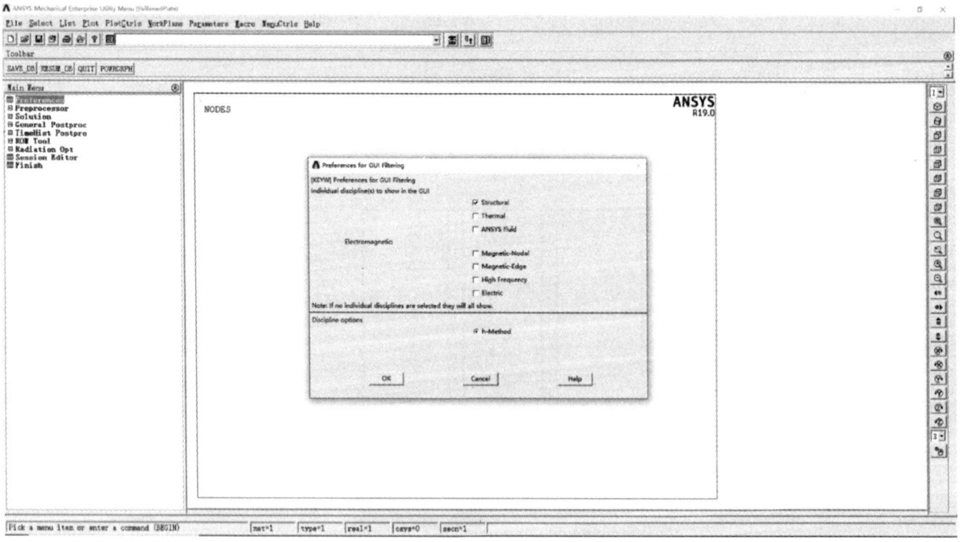

图 9-5　设置计算类型

c. 选择单元类型：

算例中采用 ANSYS 中常用两种单元类型，即梁单元和壳单元，其中钢板采用壳单元，加强筋(型钢)部分采用梁单元。壳体单元采用 Shell 181 单元,Shell 181 单元称为 4 节点有限应变壳单元,适用于模拟薄壳至中等厚度壳结构的线性分析及大转动。梁单元采用 BEAM188 单元,Beam188 单元为 3D 线性有限应变梁元,适合于分析细长到中等细长的梁结构。单元基于铁莫辛柯(Timoshenko)梁理论,包括了剪切变形的影响。

定义单元类型 1(钢板)和 2(加强筋):ANSYS Main Menu:Preprocessor >Element Type>Add/Edit/Delete>在弹出的对话框中选择 Shell 181 单元和 Beam 189 单元>OK。如图 9-6 所示。

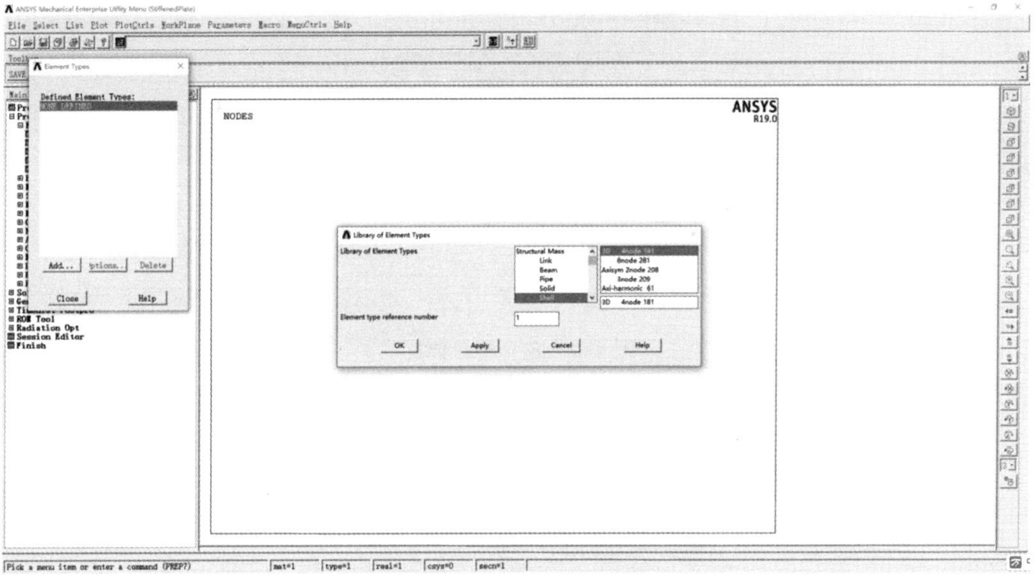

图 9-6　定义单元类型

d. 定义材料参数

ANSYS Main Menu:Preprocessor>Material Props>Material Models>在弹出的对话框中选择左侧的 Materials Model Number 1>然后在右侧窗口中点击 Structural>Linear>Elastic>Isotropic>在弹出的对话框中,在弹性模量 EX 中输入 2E5,泊松比 PRXY 处,输入 0.3>OK。如图 9-7 所示。

e. 定义截面

定义钢板截面,ANSYS Main Menu:Preprocessor>Sections>Shell>Lay-up>Add/Edit>在弹出的对话框中,在 Thickness 中输入 5,在 Material ID 中选择 1,在 Name 中输入 Plate,在 ID 一栏选择 1。如图 9-8 所示。

定义加强筋截面,ANSYS Main Menu:Preprocessor>Sections>Beam>Common Section>在弹出的对话框中,在 ID 一栏中输入 2,在 Name 一栏中输入 Stf,在 Sub-Type 中选择 T 型材,在 W1,W2,t1,t2 中分别输入 80,160,6,4,Offset To 选择 Location,在 Offset-Z 一栏中输入 157。如图 9-9 所示。

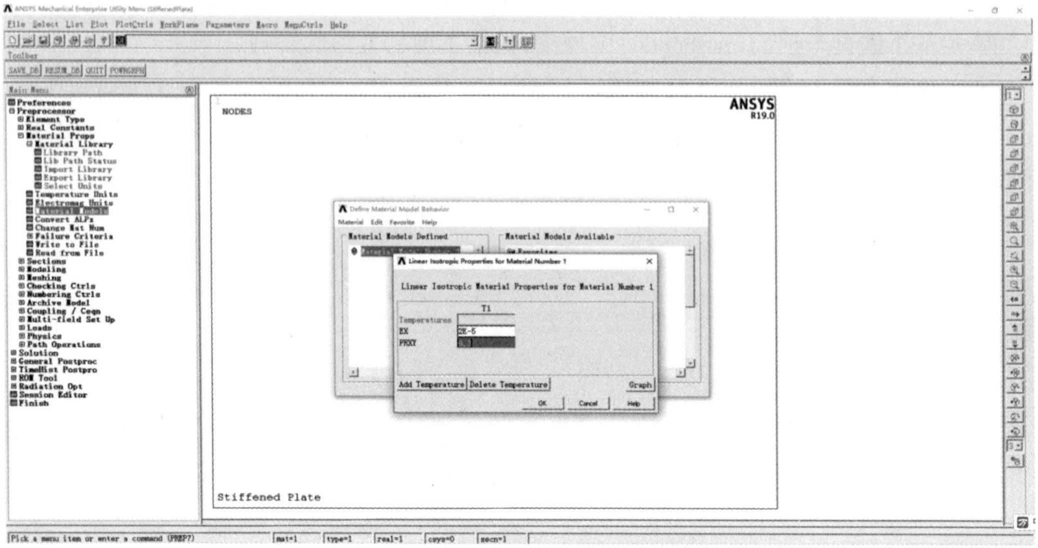

图 9-7　定义材料参数

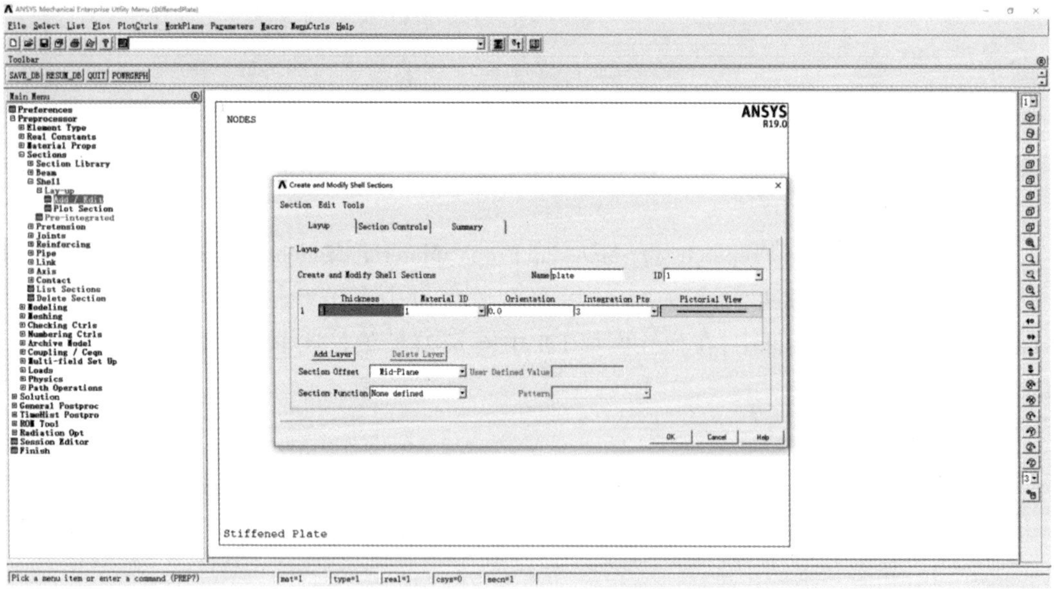

图 9-8　定义钢板截面

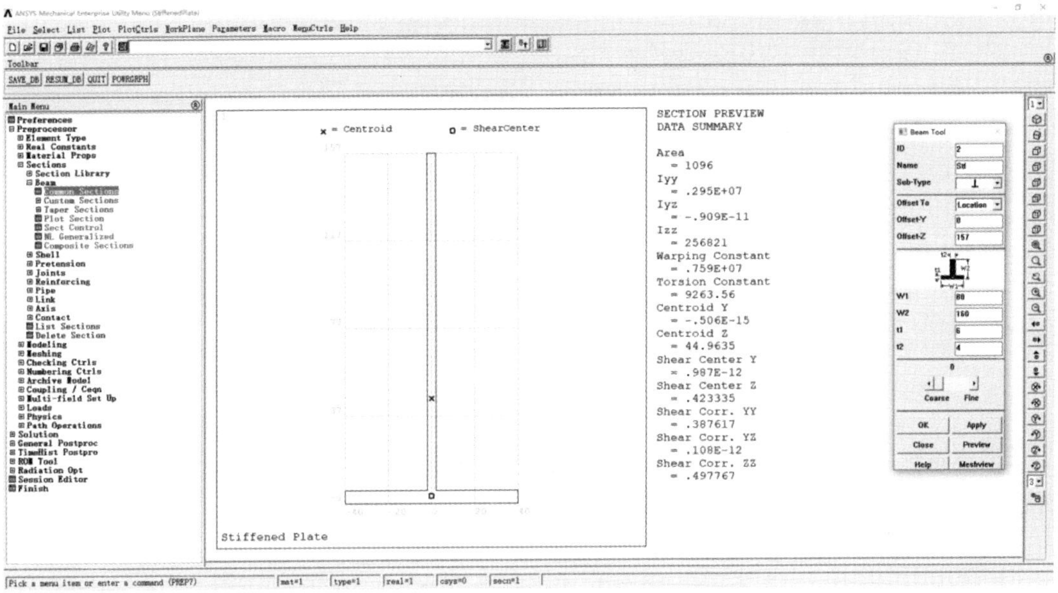

图 9-9　定义加强筋截面

f. 建立几何模型

创建关键点，ANSYS Main Menu：Preprocessor>Modelling>Create>Key points>In Active CS>在弹出的对话框中（如图 9-10）依次建立如下几个关键点：

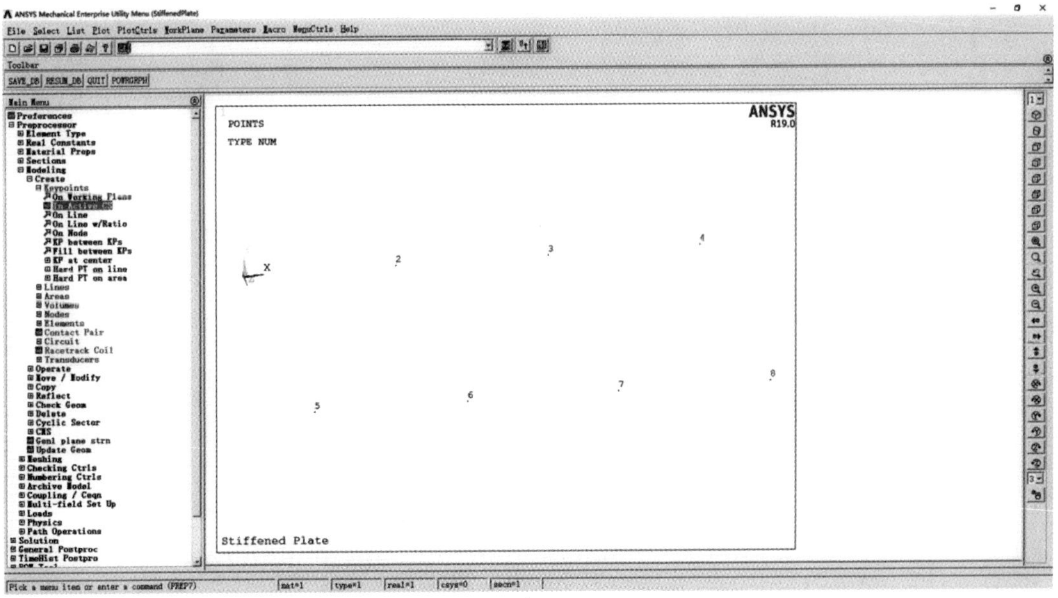

图 9-10　创建关键点

编号	X	Y	Z
1	0	0	0
2	500	0	0
3	1000	0	0
4	1500	0	0
5	0	0	1000
6	500	0	1000
7	1000	0	1000
8	1500	0	1000

创建轮廓线,ANSYS Main Menu:Preprocessor>Modelling>Create>Lines>Straight Line>在弹出的对话框中,根据结构图,将关键点连接成线>OK。如图 9-11 所示。

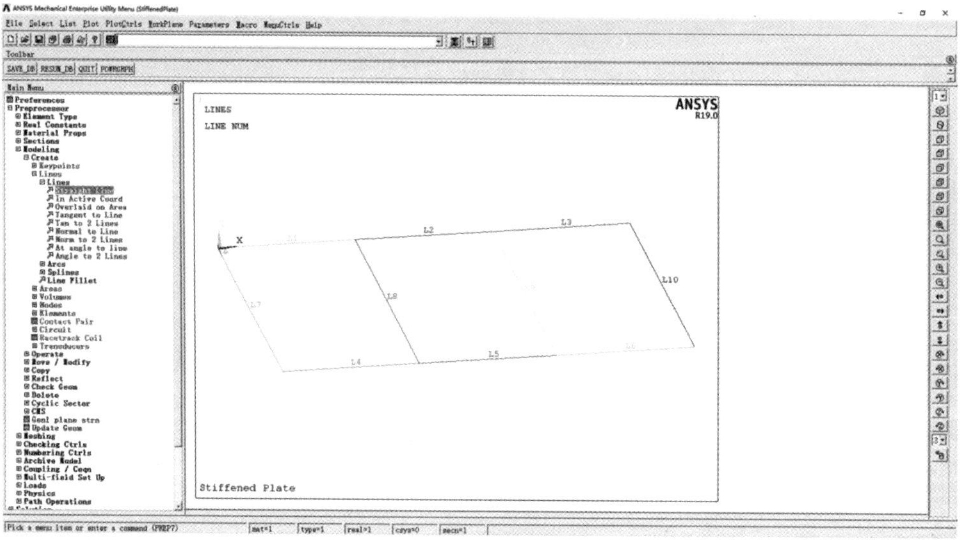

图 9-11　创建轮廓线

创建板面,ANSYS Main Menu:Preprocessor>Modelling>Create>Areas>Arbitrary>By Lines>在弹出的对话框中,根据结构图,将线连接成板面>OK。如图 9-12 所示。

g. 网格划分

定义网格尺寸:ANSYS Main Menu:Preprocessor>Meshing>Meshing Tool>在弹出的对话框中,在 Size Controls 一栏中选择 Lines,点击 Set>Pick ALL>在弹出的对话框中,在 Element edge length 一栏中输入 50>OK。如图 9-13 所示。

划分板单元网格:ANSYS Main Menu:Preprocessor>Meshing>Meshing Tool>在弹出的对话框中,在 Element Attributes 一栏中选择 Areas,点击 Set>Pick All>在弹出的对话框中,Material number 一栏选 1,Element type 一栏选择 1 SHELL181,Element Section 一栏选择 1 plate>OK。如图 9-14 所示。

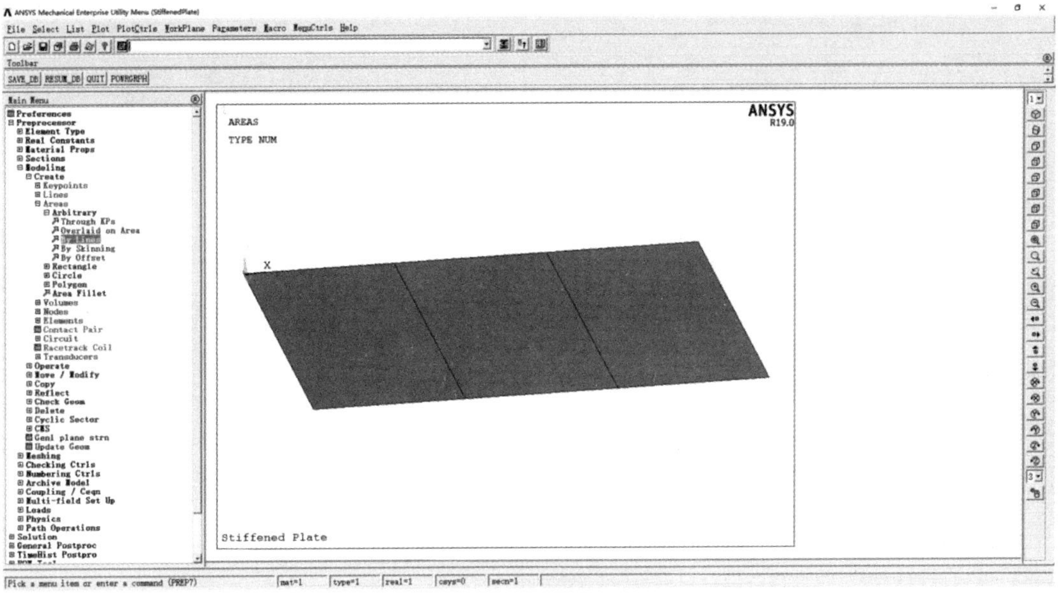

图 9–12　创建板面

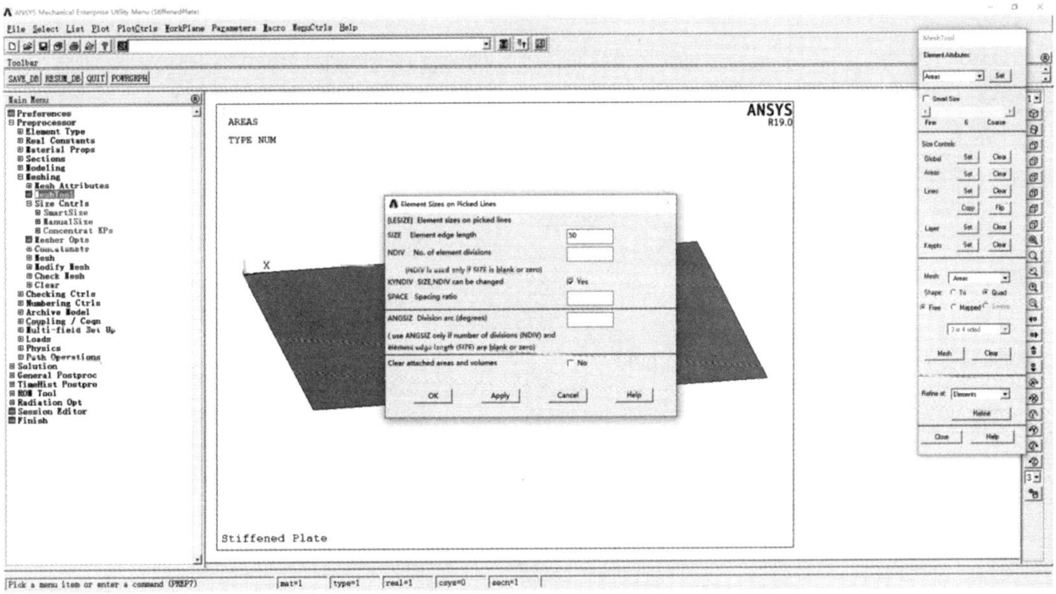

图 9–13　定义网格尺寸

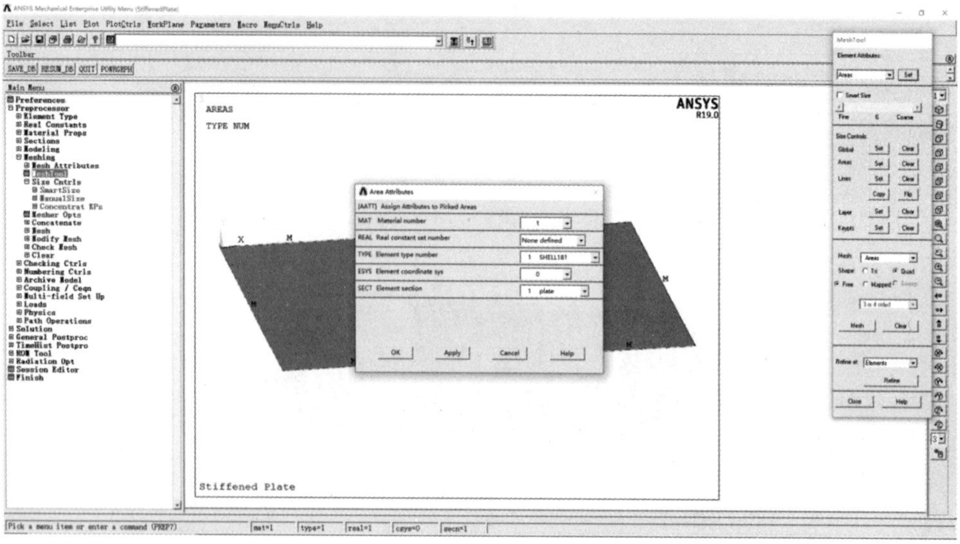

图 9-14　划分板单元网格-1

ANSYS Main Menu:Preprocessor>Meshing>Meshing Tool>在弹出的对话框中,在 Mesh 一栏中选择 Areas,在 Shape 一栏中选中 Quad 和 Mapped,点击 Mesh>Pick All。如图 9-15、9-16 所示。

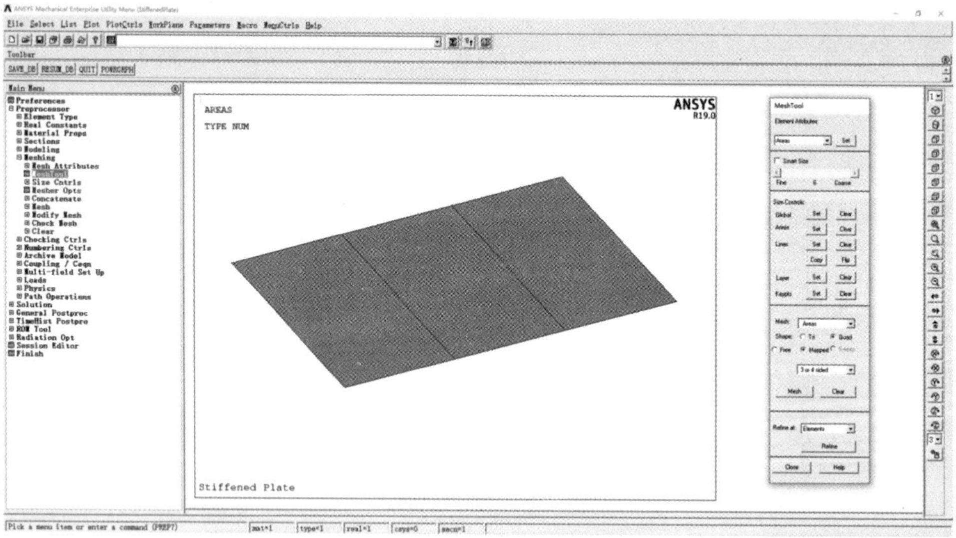

图 9-15　划分板单元网格-2

划分梁单元:建立梁单元型材的朝向点,ANSYS Main Menu:Preprocessor>Modelling>Create>Key points>In Active CS>在弹出的对话框中依次建立如下几个关键点:

编号	X	Y	Z
9	500	-500	1000
10	1000	-500	1000

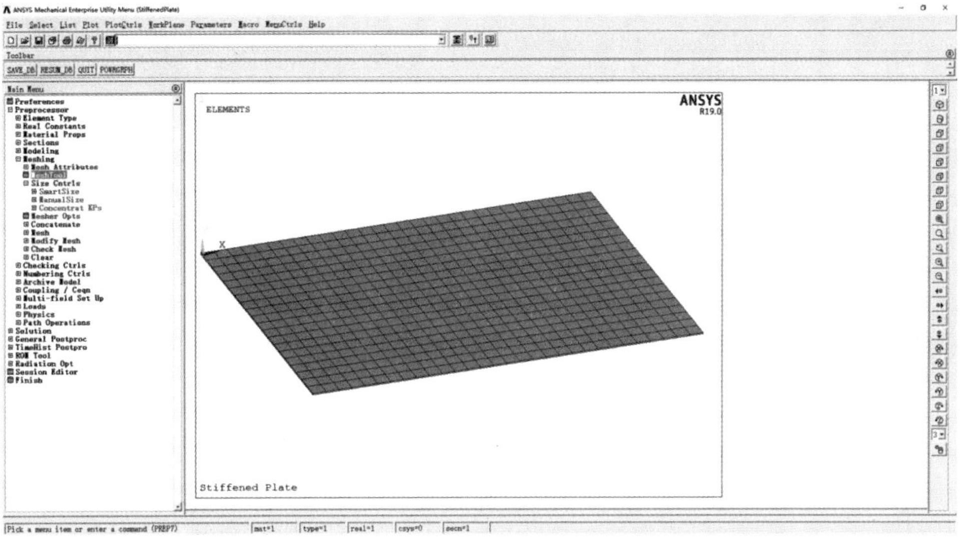

图 9-16　划分板单元网格-3

ANSYS Main Menu:Preprocessor>Meshing>Meshing Tool>在弹出的对话框中,在 Element Attributes 一栏中选择 Lines,点击 Set>选择编号为 L8 的线>OK>在弹出的对话框中,Material number 一栏选 1,Element type 一栏选择 2 Beam 188,Element Section 一栏选择 2 Stf,Pick Orientation Keypoint(s)一栏选择 Yes>OK>在弹出的 Line Attributes 一栏中点击关键点 9。如图 9-17 所示。

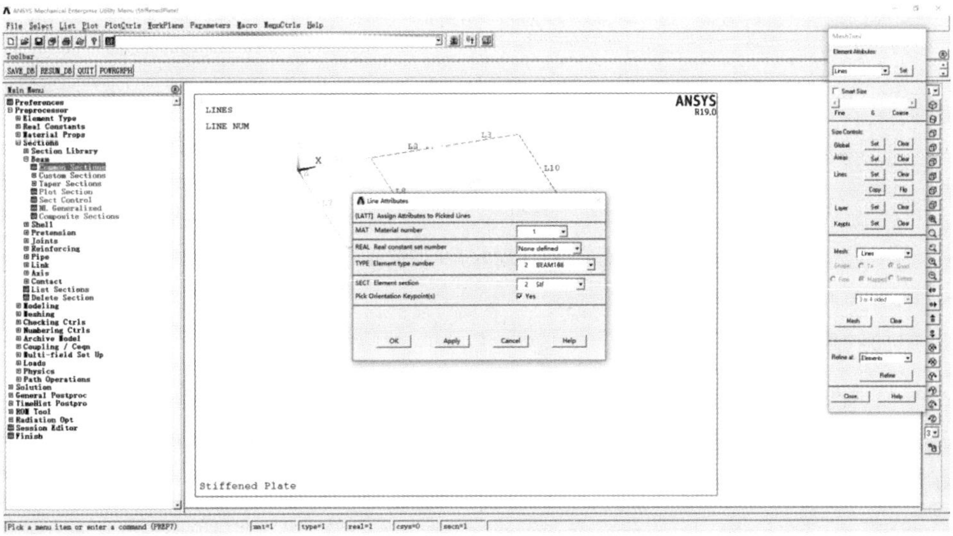

图 9-17　划分 L8 梁单元-1

ANSYS Main Menu:Preprocessor>Meshing>Meshing Tool>在弹出的对话框中,在 Mesh 一栏中选择 Lines,点击 Mesh>在弹出的 Mesh Lines 一栏中,选中线 L8>OK。如图 9-18 所示。

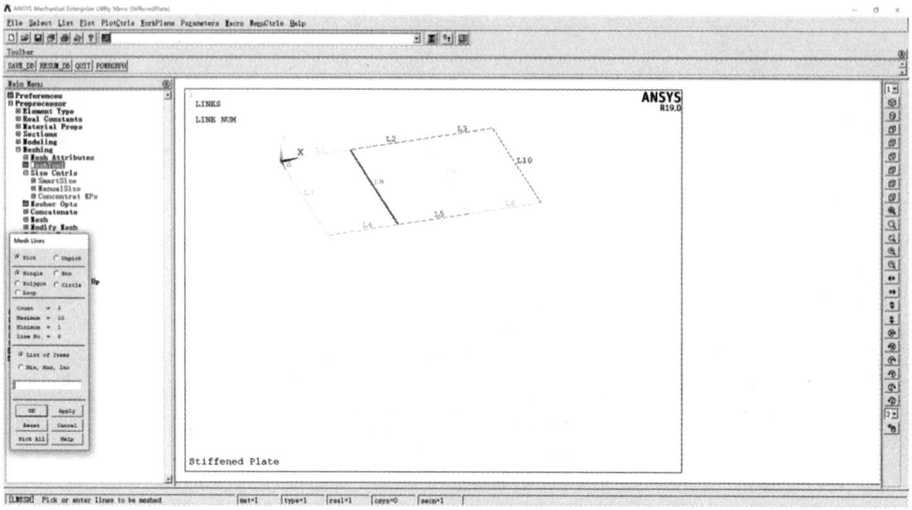

图 9-18　划分 L8 梁单元-2

用同样的方式,划分线 L9 上的梁单元,朝向点选择关键点 10。如图 9-19、9-20 所示。

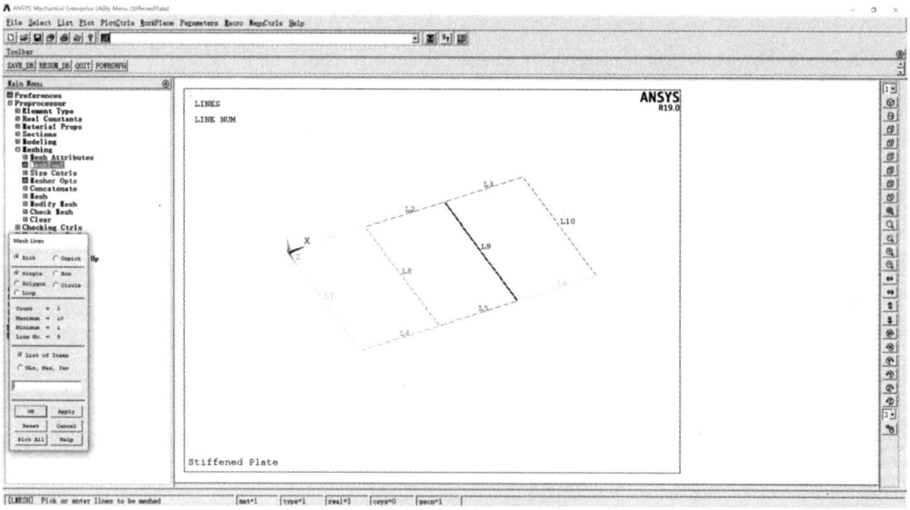

图 9-19　划分 L9 梁单元-1

h. 施加约束

ANSYS Main Menu:Solution>Define Loads>Apply>Displacement>On Lines>在弹出的对话框中选中板四周轮廓线>OK>在弹出的对话框中选择 ALL DOF>OK。如图 9-21、9-22 所示。

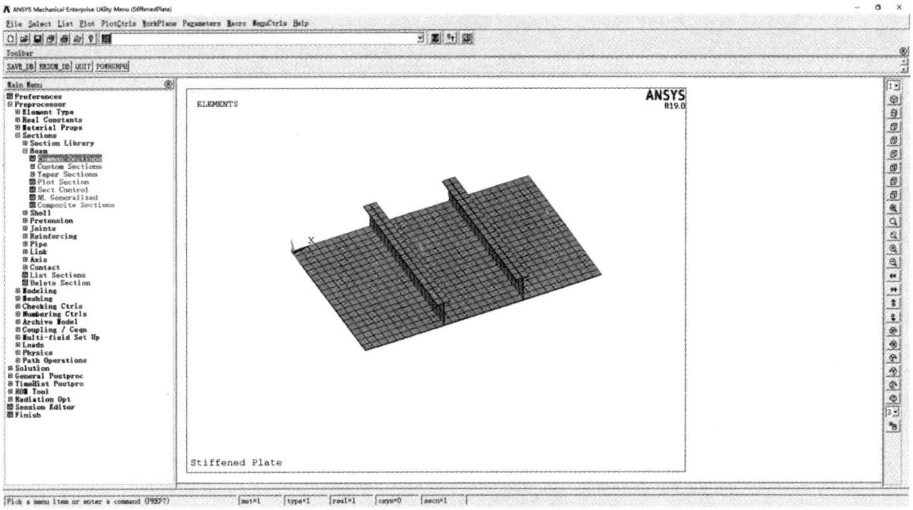

图 9-20　划分 L9 梁单元-2

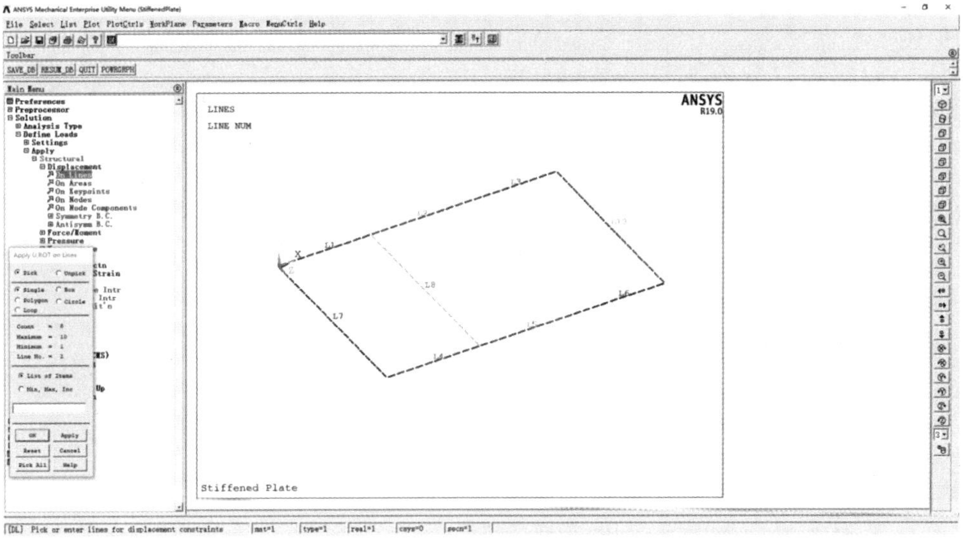

图 9-21　施加约束-1

i. 施加载荷

ANSYS Main Menu：Solution>Define Loads>Apply>Pressure>On Areas>在弹出的对话框中选中 3 块板>OK>在弹出的对话框中，在 Value 一栏输入 0.05>OK。如图 9-23 所示。

j. 求解

Utility Menu>Select>Everything 选择所有模型；ANSYS Main Menu>Solution>Solve-Current LS>OK，执行求解。

k. 执行后处理，查看变形和应力

显示有限元模型的变形：ANSYS Main Menu：General Postproc>Plot Results>Deformed Shape>弹出 Plot Deformed Shape>OK。如图 9-24 所示。

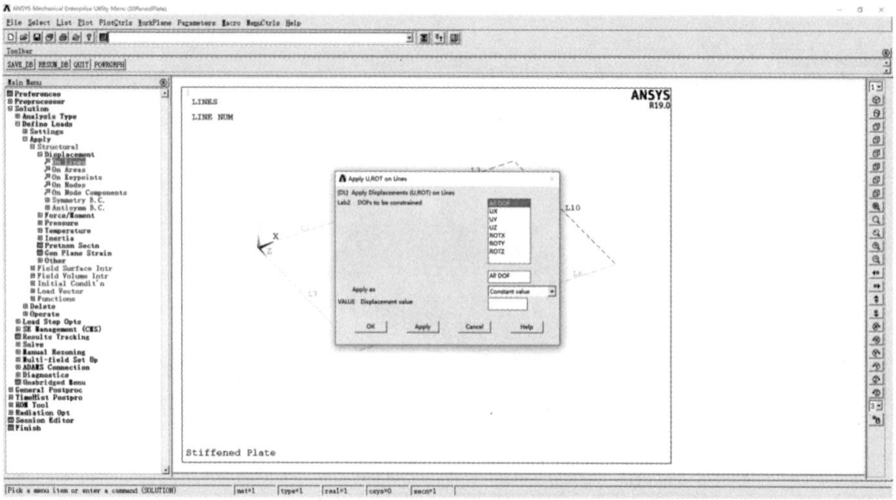

图 9-22　施加约束-2

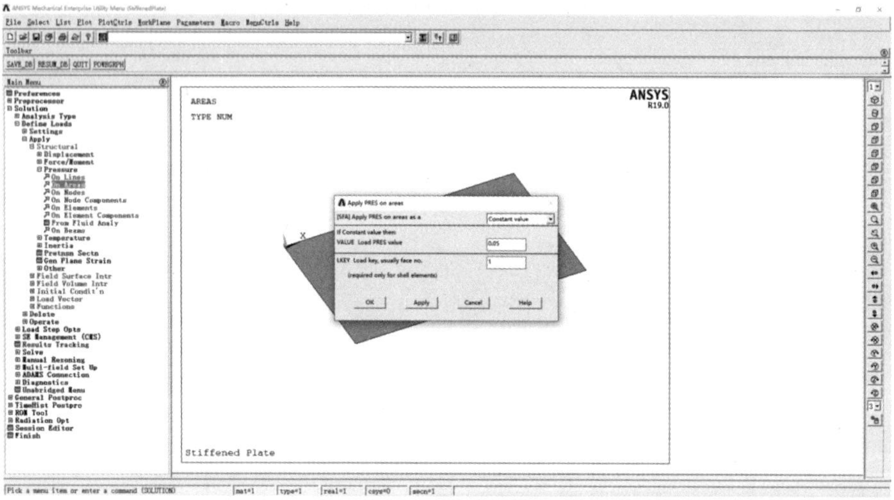

图 9-23　施加载荷

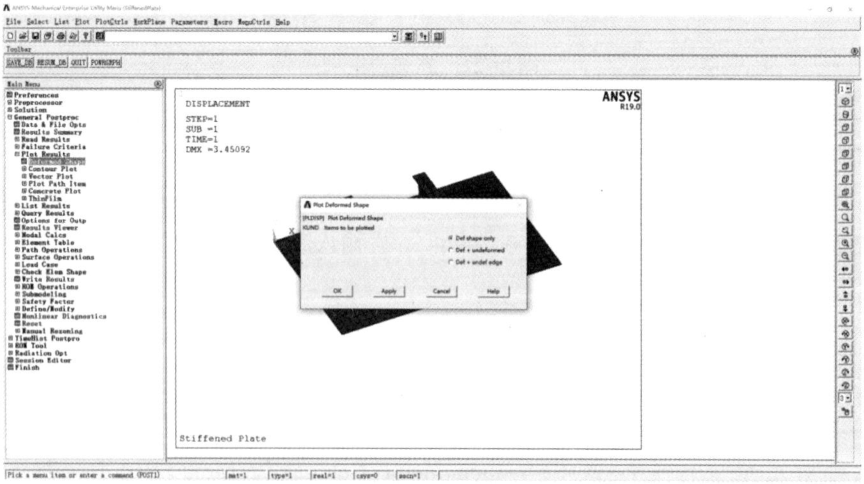

图 9-24　显示有限元模型的变形

也可以 ANSYS Main Menu：General Postproc>Plot Results>Contour Plot>Nodal Solu>在弹出的对话框中选择 X(Y,Z)-Components of displacement 或者 Displacement vector sum 中看到更详细的变形云图。如图 9-25 所示。

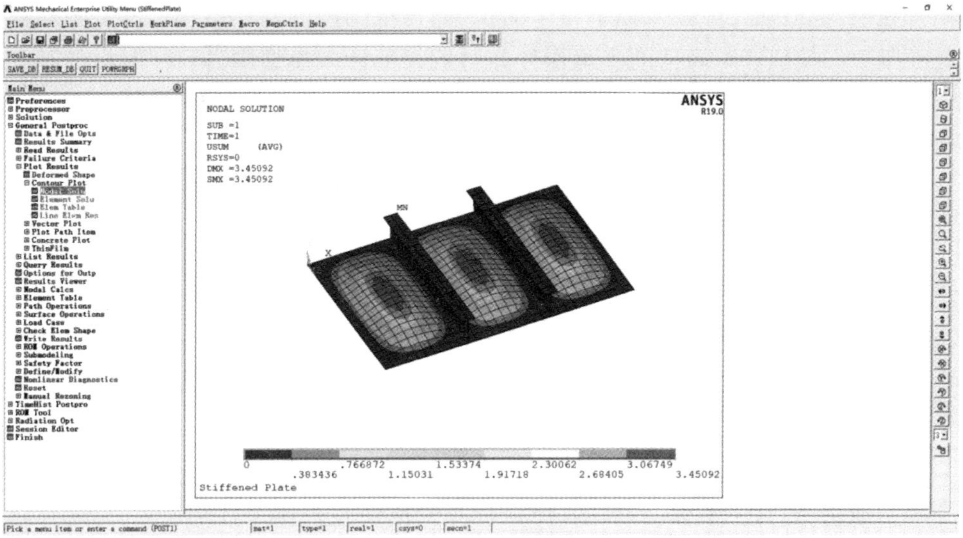

图 9-25　变形云图

显示有限元模型的单元应力：ANSYS Main Menu：General Postproc>Plot Results>Contour Plot>Element Solu>在弹出的对话框中选择 Von Mises Stress>OK。如图 9-26 所示。

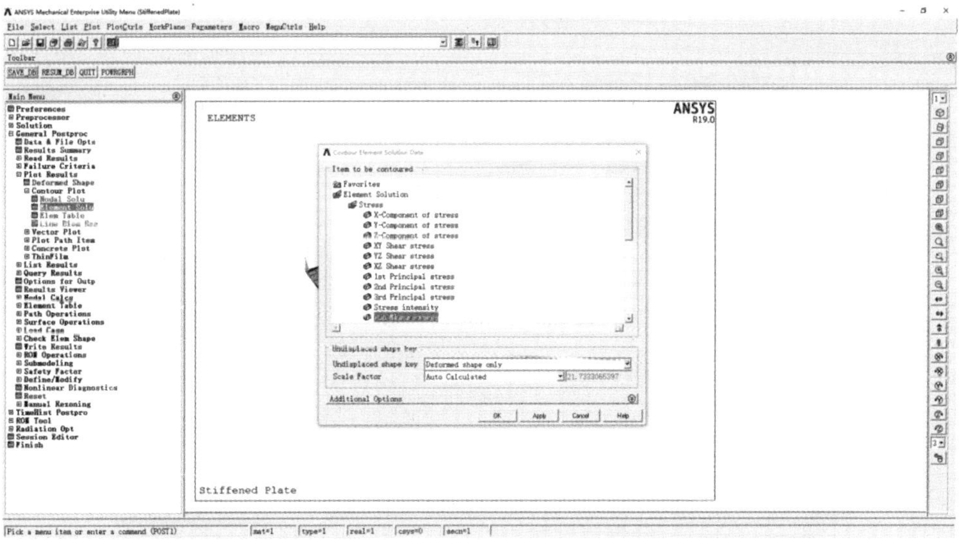

图 9-26　显示有限元模型的单元应力

4. 某散货船总纵弯曲下变形和应力的有限元分析

本船为航行于内河 A 级航区的散货船，主船体为单甲板、双底、双舷的纵骨架式结构。根据《钢质内河船舶建造规范》第一篇船体第一章"通则"及第 8 章"大舱口船船体结构补充规定”中附录Ⅰ“大舱口船结构直接计算”对本船船体结构强度进行直接计算,校核船体的总纵弯曲强度。

利用ANSYS软件对该船建立有限元模型。这里按结构强度计算的有关规定,对整船进行有限元建模,包括强力甲板及以下整个船长、船宽范围内的船体结构。模型中船体构件采用板或梁单元模拟。对局部的支承构件如肘板等不计入模型中,桁材、肘板的开孔忽略不计。

模型中主要采用以下两种单元:

板壳(Shell)单元:模拟甲板、舷侧外板、内壳板、船底板、横舱壁等板壳结构,旁龙骨、实肋板、舷侧纵桁、甲板纵桁、强横梁、主肋骨等强构件的腹板以及较大的肘板。

梁(Beam)单元:模拟各种板结构的横梁、普通肋骨、舱壁加强筋、支柱、桁架等杆件结构,以及纵桁、强框架等强构件的面板和肘板的折边等。

网格采用四边形单元,尽量不使用三角形单元,网格大小以横向骨材和纵骨间距为基准。

以下是该船满载出港中拱工况下的部分计算结果,主要展示了该工况下整船的总纵弯矩应力和剪应力,并对主甲板、外底板、舷侧板及强框架腹板作了分别计算,结果显示该船强度符合要求。(如图9-27至9-37所示。)

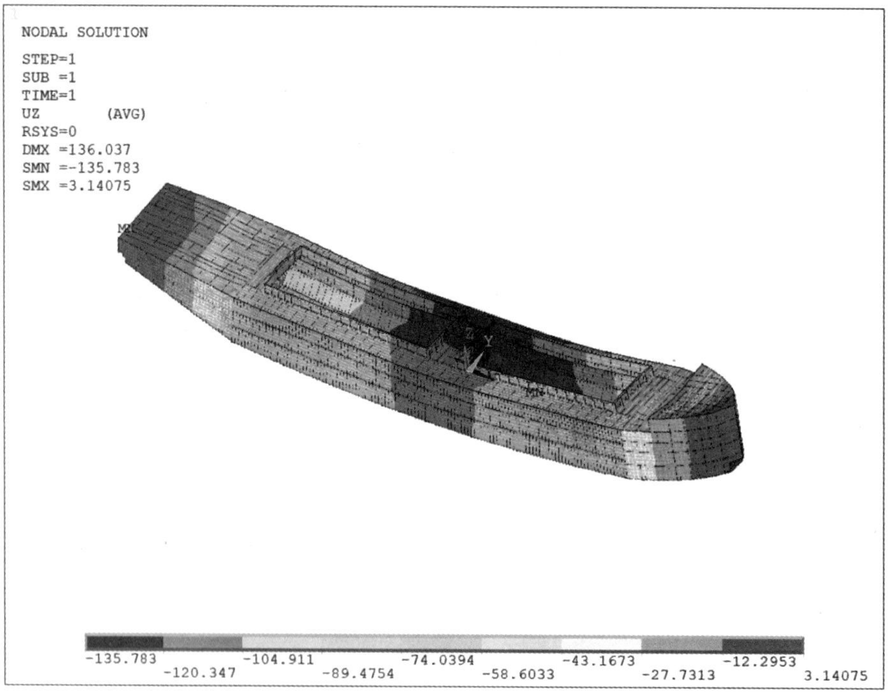

图9-27　满载出港工况下的挠度(中拱)

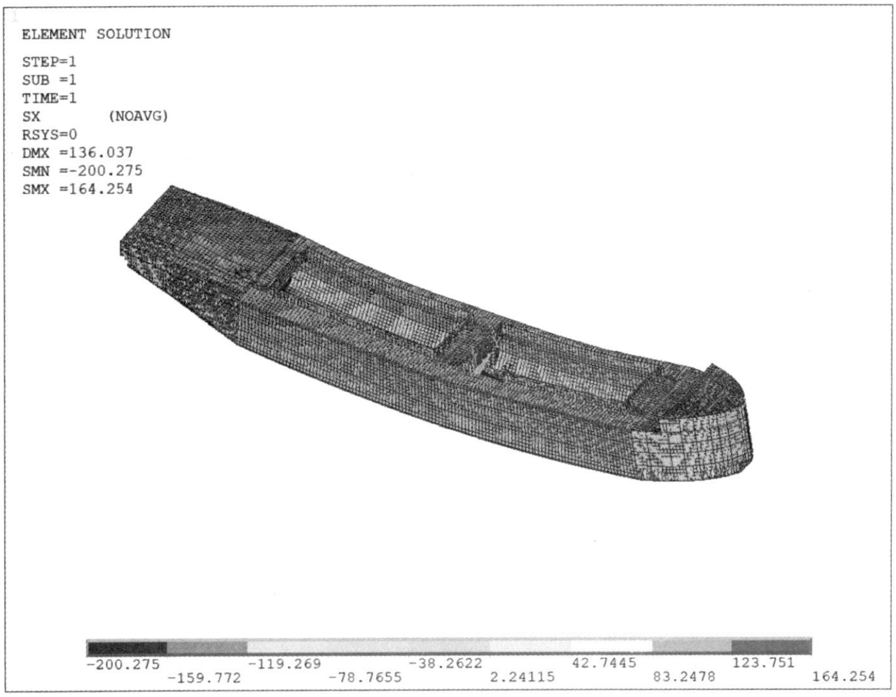

图 9-28 满载出港工况下的纵向应力(中拱)

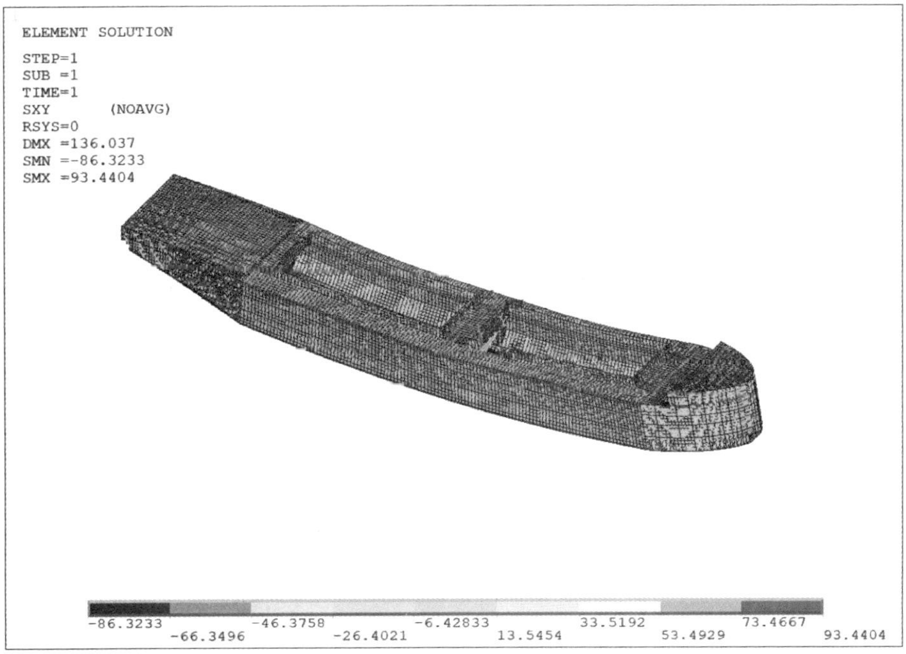

图 9-29 满载出港工况下的剪切应力(中拱)

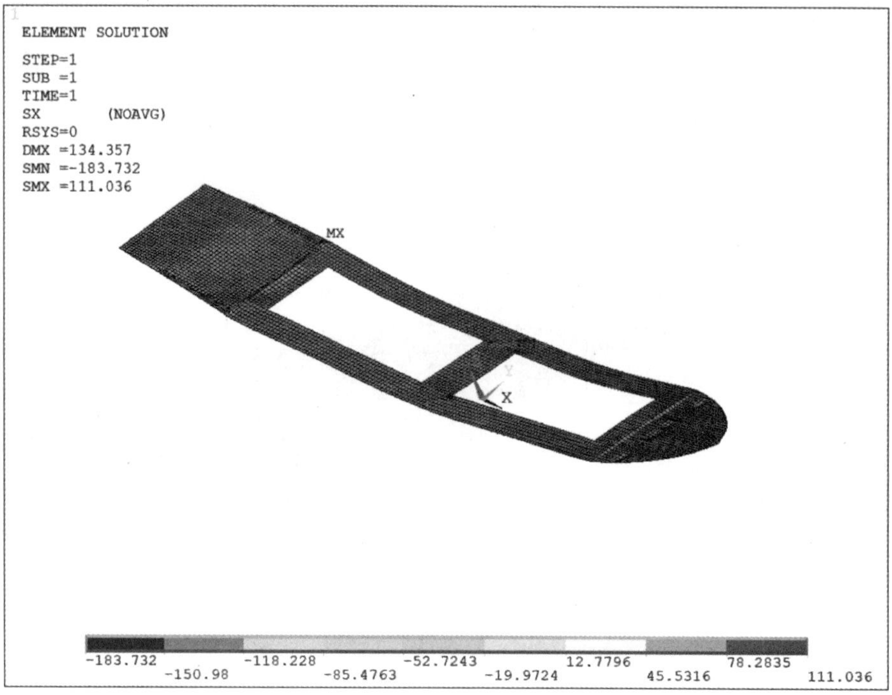

图 9-30　满载出港工况下主甲板的纵向应力(中拱)

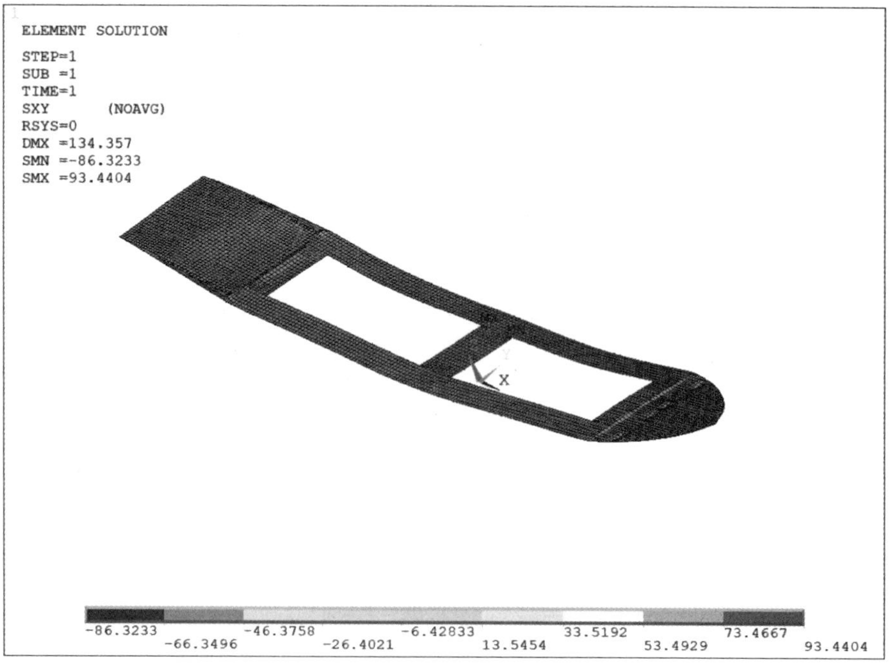

图 9-31　满载出港工况下主甲板的剪切应力(中拱)

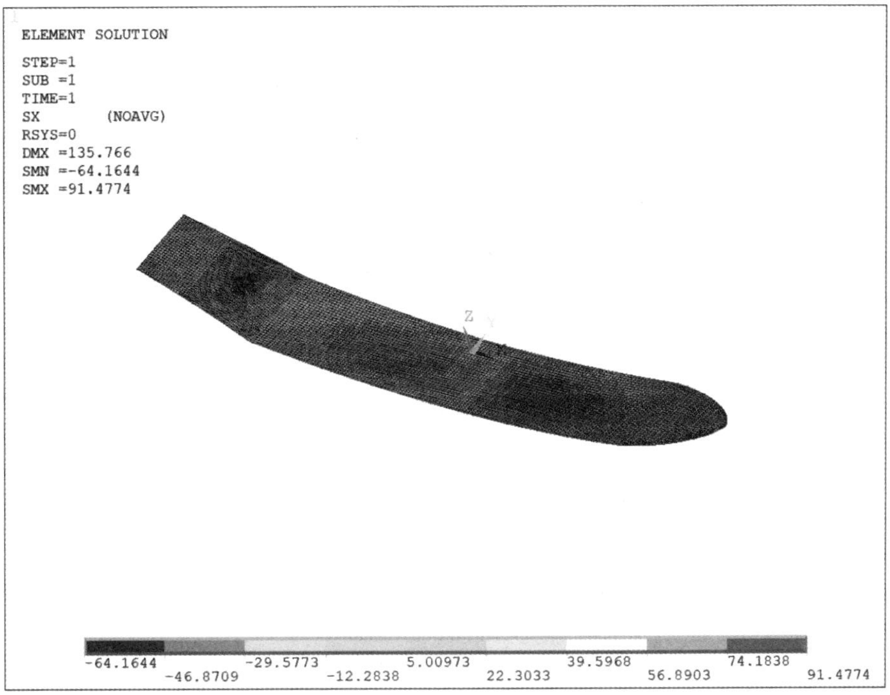

图 9-32 满载出港工况下外底板的纵向应力(中拱)

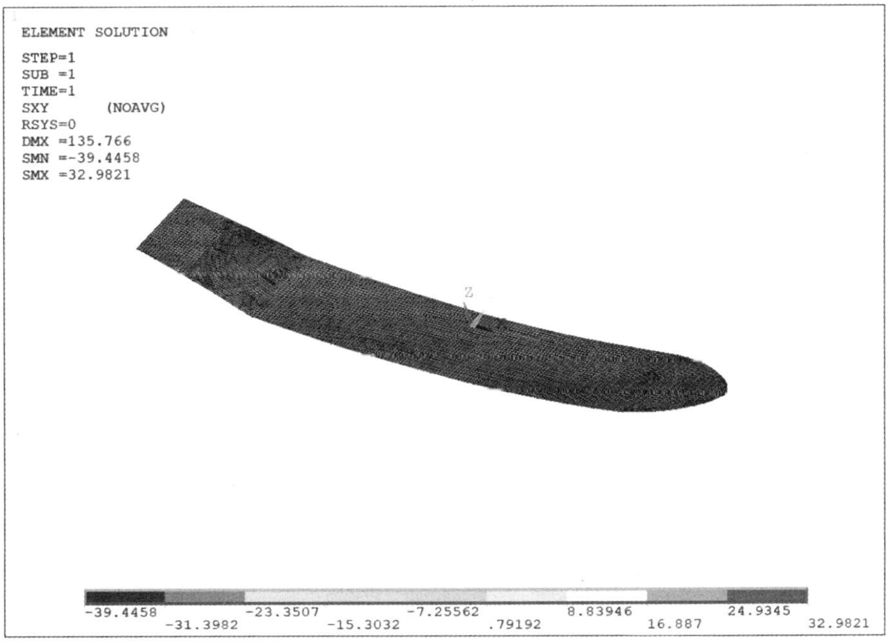

图 9-33 满载出港工况下外底板的剪切应力(中拱)

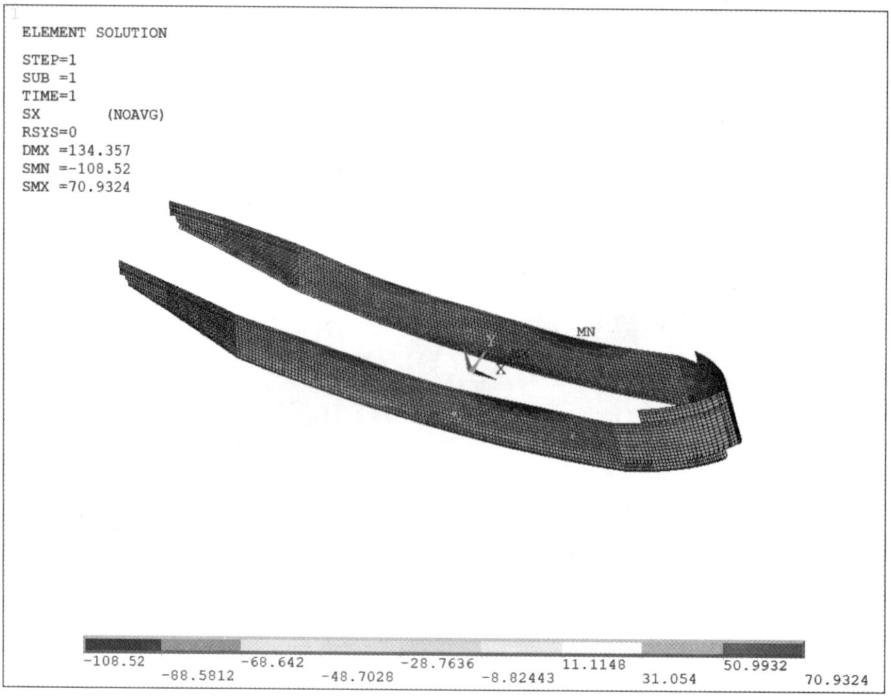

图 9-34　满载出港工况下舷侧板的纵向应力(中拱)

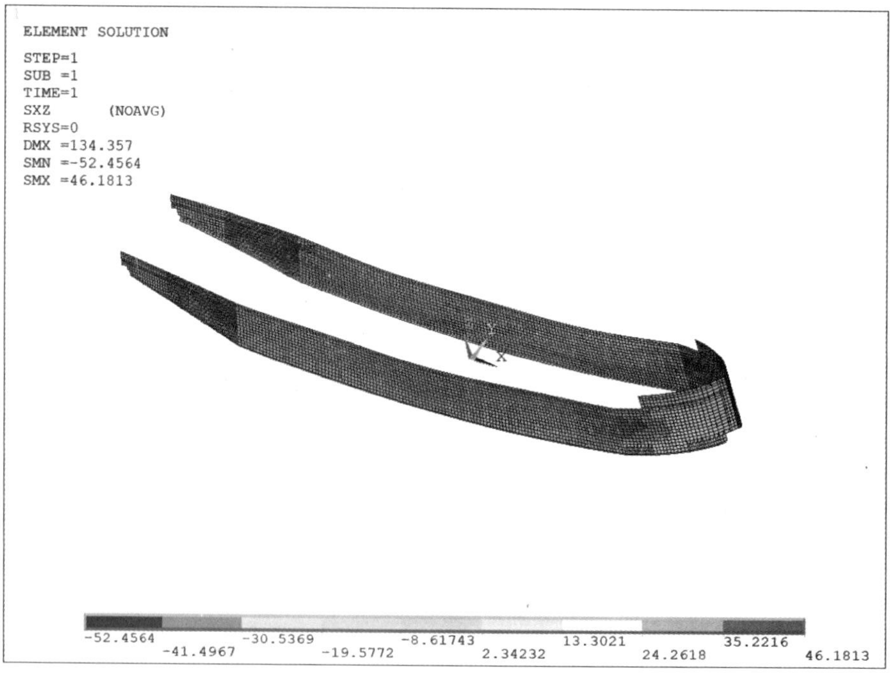

图 9-35　满载出港工况下舷侧板的剪切应力(中拱)

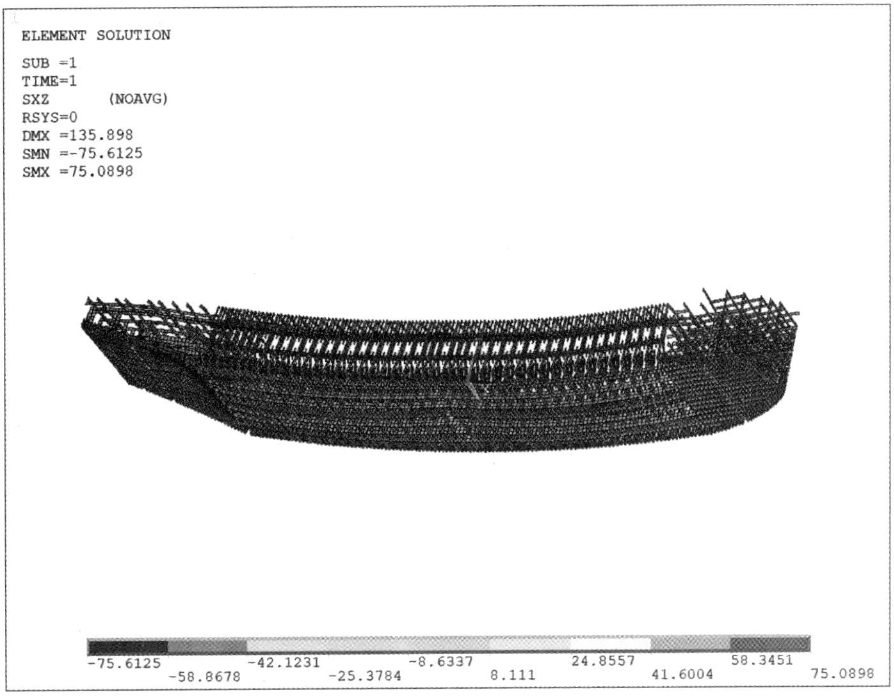

图 9-36　满载出港工况下强框架腹板的剪切应力(中拱)

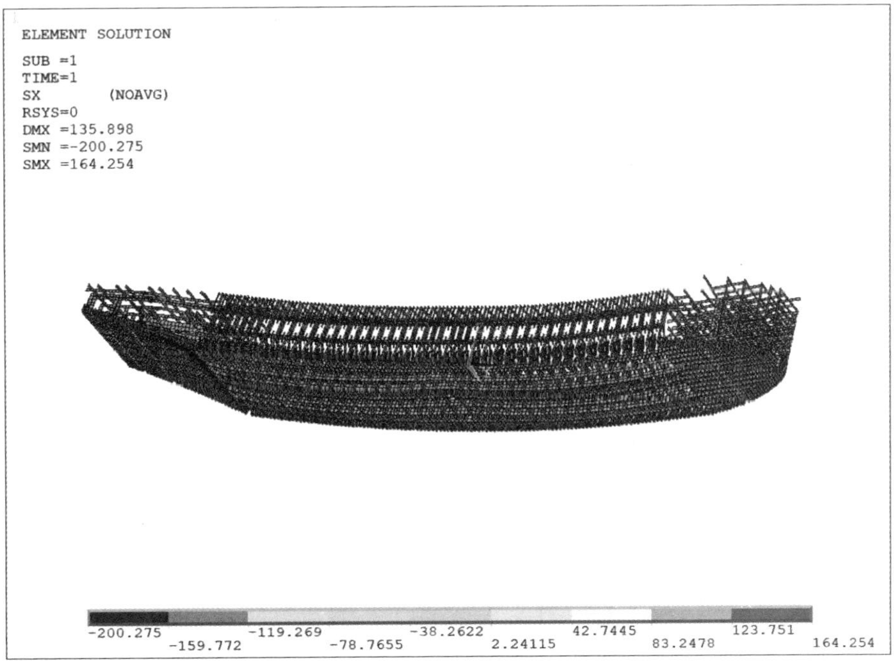

图 9-37　满载出港工况下强框架腹板的纵向应力(中拱)

9.2 内河船舶计算系统

9.2.1 内河船舶计算系统的组成

内河船舶计算系统(COMPASS-IWS),是在整合原有的SCLOS和船舶静力学及稳性衡准程序的基础上,为内河船舶辅助设计和审图而研发的一套专业计算系统,它与当前内河船舶建造规范和法规配套使用,是CCS(China Classification Society,中国船级社)规范体系的一个重要组成部分。目前,其主要包括四个模块:

(1)三维船体型表面与舱室建模;

(2)内河船舶稳性计算衡准;

(3)内河船舶总纵强度校核;

(4)内河小型船舶规范计算。

9.2.2 内河船舶计算系统各模块的功能

1. 三维船体型表面与舱室建模

此模块的主要功能是进行三维船体型表面建模以及三维舱室建模,主要适用于干货船、液货船、客船、集装箱船、自卸砂船、挖泥船、起重船、趸船等各种船型的三维船壳建模,覆盖球艏、双尾等各种线型,如图9-38所示。

该模块可以对船体型表面和舱室自由建模,即由线到面继而围成体或直接建体,以三维体表达,所见即所得,计算结果更准确可靠。

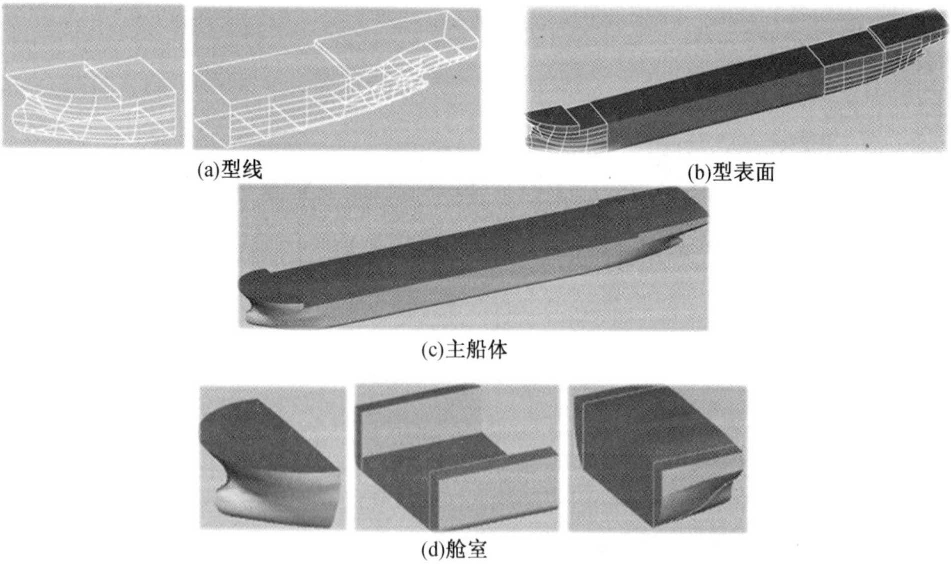

图9-38 三维船体建模

2. 内河船舶稳性计算衡准

此模块的主要功能是进行静水力计算、舱容曲线计算、完整稳性计算、许用重心高度计算、破损稳性计算，主要适用于内河船舶辅助设计和审图，适用于《内河船舶法定检验技术规则》中的干货船、液货船、客船、集装箱船、自卸砂船、挖泥船、起重船、趸船等各种船型的稳性计算衡准，覆盖球艏、双尾等各种线型。目前系统支持 2011、2015 修改通报和 2016 修改通报。图 9-39 为稳性计算界面。

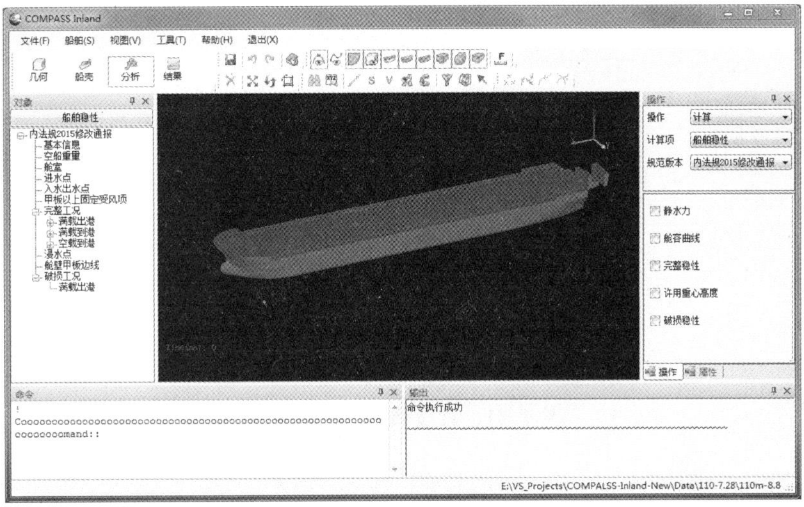

图 9-39　稳性计算界面

3. 内河船舶总纵强度校核

此模块的主要功能是内河船舶的总纵弯曲和弯扭组合强度计算。主要适用于内河船舶的总纵强度计算和校核，适用于《钢质内河船舶建造规范》(2016)中干货船、客船、甲板船、大舱口船等各种船型的总纵强度计算校核(含总纵弯曲与弯扭组合)。大致步骤如下：

总纵强度
计算算例

(1)船舶主参数输入(图 9-40 所示)

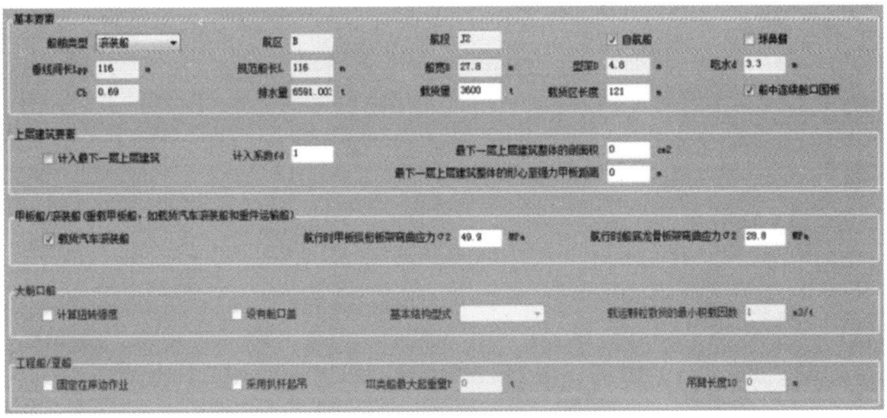

图 9-40　船舶主参数输入

(2)梁段横剖面数据输入(如图 9-41 所示)

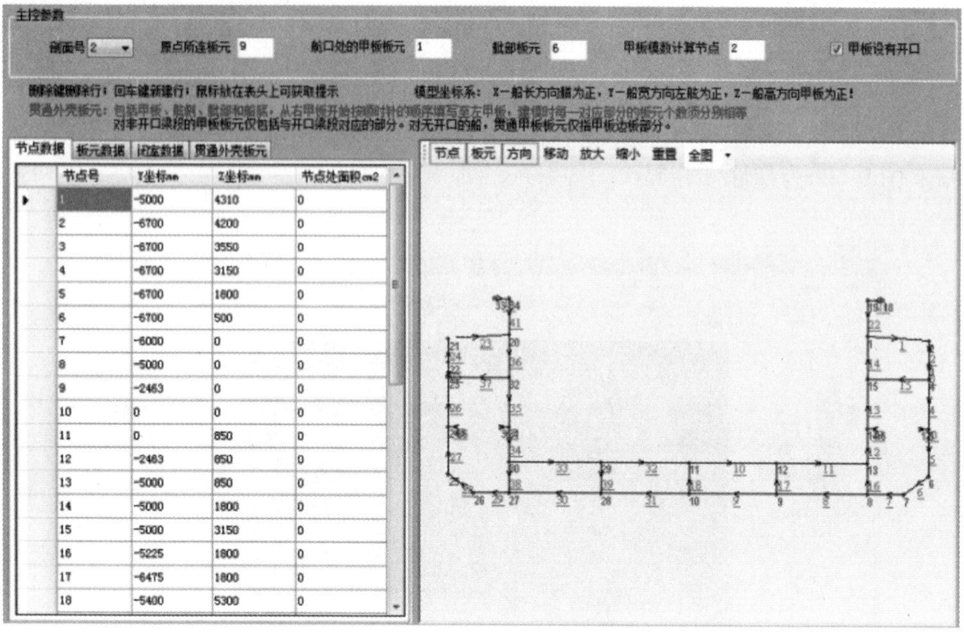

图 9-41 梁段横剖面数据输入

包括主控参数、节点数据、板元数据、闭室数据、贯通外壳板元等。剖面类型总数不超过 200 个;一个剖面上的总节点数、总板元数不超过 999 个;一个剖面内的闭室数不超过 100 个;一个闭室的板元数不超过 200 个。

(3)船体梁外载数据输入(如图 9-42 所示)

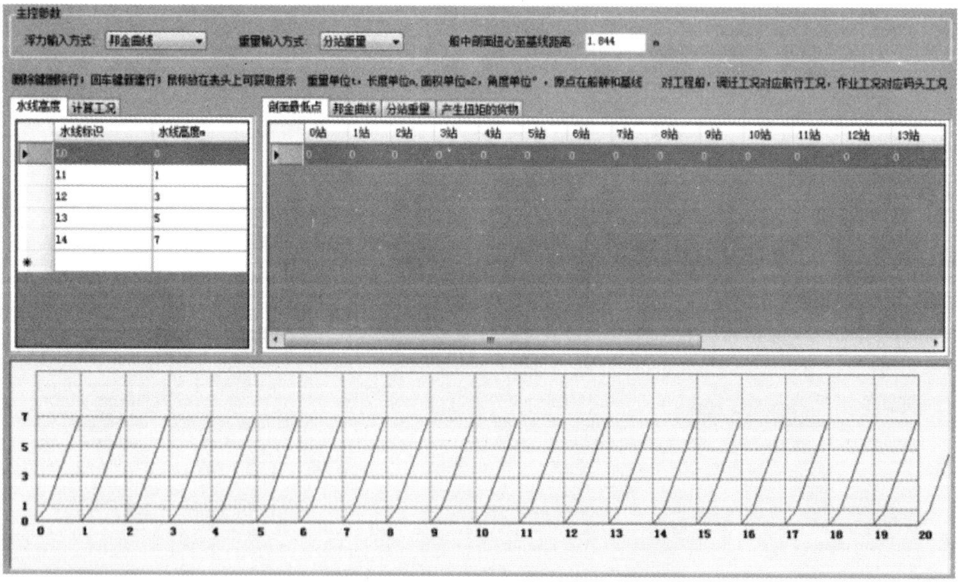

图 9-42 船体梁外载数据输入

包括主控参数,水线高数,计算工况,龙骨距基平面高,邦金曲线(型值半宽),分 项重量(分站重量)等数据。

(4)船体有限梁数据输入(图 9-43 所示)

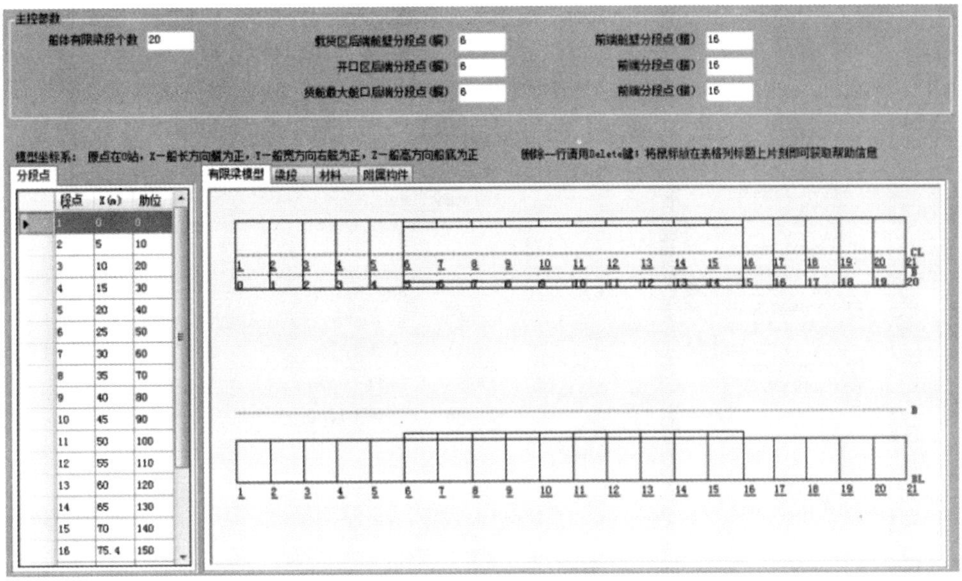

图 9-43　船体有限梁数据输入

包括主控参数,材料,分段点,附属构件,梁段等数据。必须在“梁段横剖面”和“船体梁外载”计算完成后,才能正常执行此计算功能。分段点数最大只能为 41,即最大支持 40 个梁段。

(5)总强度校核(如图 9-44 所示)

图 9-44　总强度校核

包括计算梁段、板格屈曲、纵骨屈曲等数据。

计算梁段:总纵强度所考核的梁段,梁段应涵盖《内规》中规定的计算剖面,对常规船按《内规》2.2.4.1 选取,对大开口船还需在此基础上按 8.2.4.2 选取;

板格屈曲:在选定的计算梁段上,给出需考核的板格参数,一个梁段一般至少应考 核甲板、船底和舷侧板。

(6)报告输出(如图 9-45 所示)

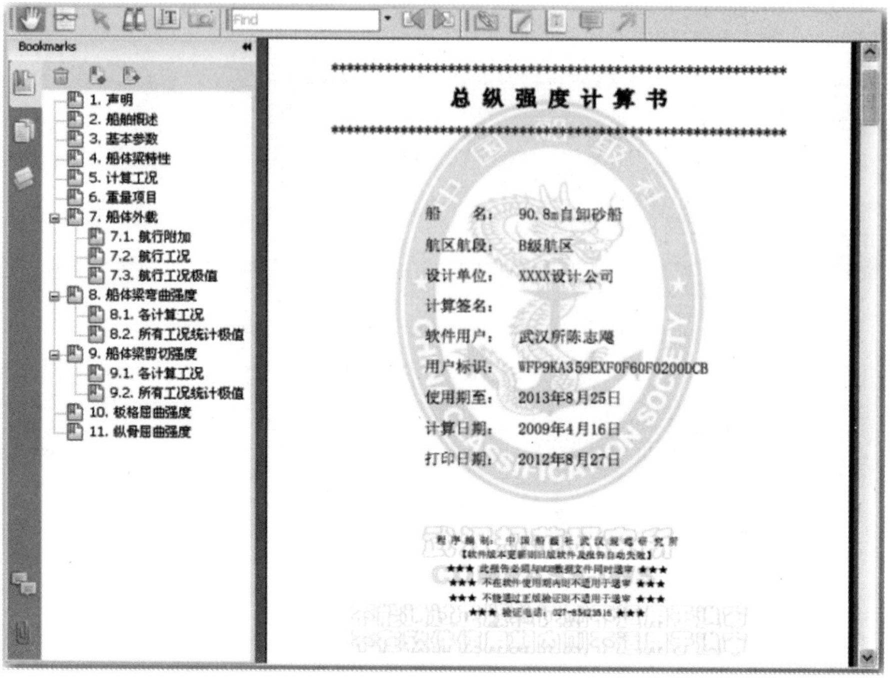

图 9-45 报告输出

在“总强度计算”菜单中选择“报告输出”则以 PDF 或 RTF 文件格式输出计算结果。

4. 内河小型船舶规范计算

此模块的主要功能是进行内河 20 m 以下小型船舶的完整稳性衡准、吨位计算、最小干舷计算、结构规范校核、船体梁剖面特性计算,规范计算内容如图 9-46 所示。主要适用于《内河小型船舶建造规范》(2006)和《内河小型船舶法定检验技术规则》(2007)规定的内河小型船舶的法定和规范计算校核。

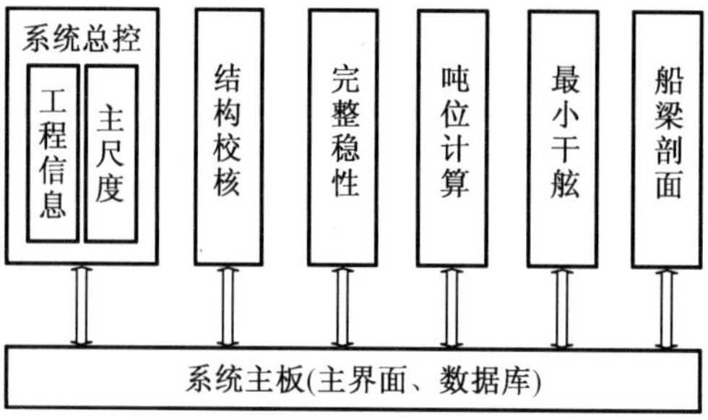

图 9-46 规范计算内容

9.2.3 内河船舶计算系统的特色

1. 方便的数据导入导出接口

系统中各模块的开发都采用数据文件和 ACCESS 数据库文件作为计算载体,有便捷的数据导入导出接口,从而充分保证了在系统集成的同时,在一定程度上兼容已经存在的数据,另一方面也为用户提供了多样化的数据存储方式。

2. 美观可靠的计算输出报告

采用数字化信息领域事实上的工业标准 PDF 格式作为计算报告输出格式;同时采用加密/水印技术对报告进行加密,在方便阅读和打印的同时,防止人为的篡改,对计算报告的真实性和可靠性提供了很好的安全保障。

3. 安全的软件许可证

系统必须进行注册才可以使用,系统各模块能独立进行授权和注册,模块下还能按子模块进行授权,未获得授权的子模块不能正确运行。

4. 数据分层共享机制

系统以数据库方式集中存储数据,强化了数据的一致性,打破了分散管理的不利局面;以总控数据(主尺度等)的形式在各模块之间共享公共数据,保证了同一条船基本尺度数据的一致性;稳性衡准模块中邦金曲线数据到总强度模块的高级数据共享,免除了相同数据信息的重复录入。

5. 统一的辅助设计与审图平台

针对钢质内河船舶的工程计算统一软件平台,解决了内河船舶工程计算软件比较分散的问题;能在设计与审图之间实现无缝接口,有利于推进中国船级社的内河船舶电子化审图。

思考与练习

简答题

1. 说明有限元法的基本概念。
2. 说明有限元法的应用情况。
3. 说明有限元法的特点。
4. 说明用有限元法分析问题的基本步骤。
5. 说明用通用有限元软件分析问题的基本步骤。
6. 内河船舶计算系统有哪些模块?
7. 说明内河船舶计算系统各模块功能。

附录 A　单跨梁的弯曲要素表

说明：

①在弯曲要素表中采用的符号与单跨梁弯曲理论中相同；

②梁的坐标原点在左支座；

③在弯曲要素表的公式中，符号 $\|_c$ 后的项仅用于 $x>c$ 的断面。

表 A-1　悬臂梁的弯曲要素表

序号	载荷形式	挠度曲线方程	梁端挠度	梁端转角
1		$v=\frac{Pl^3}{3EI}\left[\frac{x^2}{l^2}\left(\frac{3}{2}-\frac{x}{2l}\right)\right]$	$\frac{Pl^3}{3EI}$	$\frac{Pl^2}{2EI}$
2	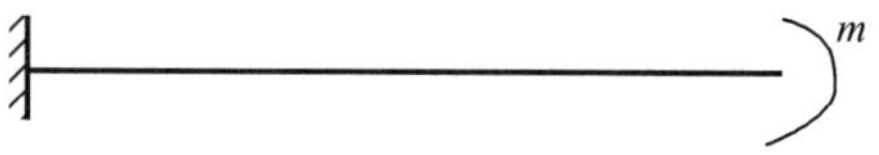	$v=\frac{mx^2}{2EI}$	$\frac{ml^2}{2EI}$	$\frac{ml}{EI}$
3	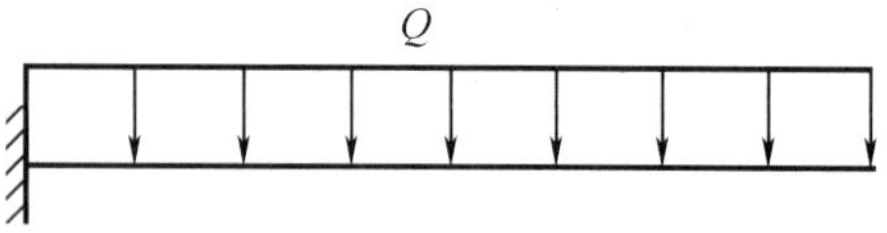	$v=\frac{Ql^3}{24EI}\frac{x^2}{l^2}\left(6-4\frac{x}{l}+\frac{x^2}{l^2}\right)$	$\frac{Ql^3}{8EI}$	$\frac{Ql^2}{6EI}$
4	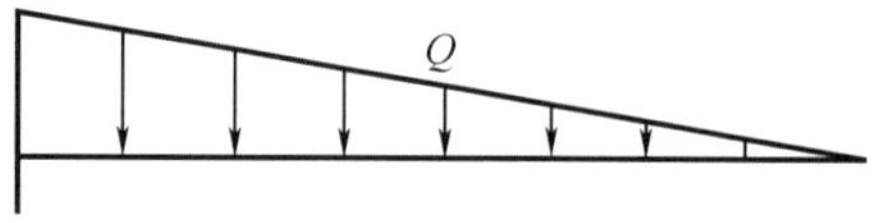	$v=\frac{Ql^3}{60EI}\frac{x^2}{l^2}\left(10-10\frac{x}{l}+5\frac{x^2}{l^2}-\frac{x^3}{l^3}\right)$	$\frac{Ql^3}{15EI}$	$\frac{Ql^2}{12EI}$

表 A-2 两端自由支持梁的弯曲要素表

序号	载荷形式与弯矩、剪力图	挠度曲线方程及挠度	梁端转角	弯矩	支座反力
1	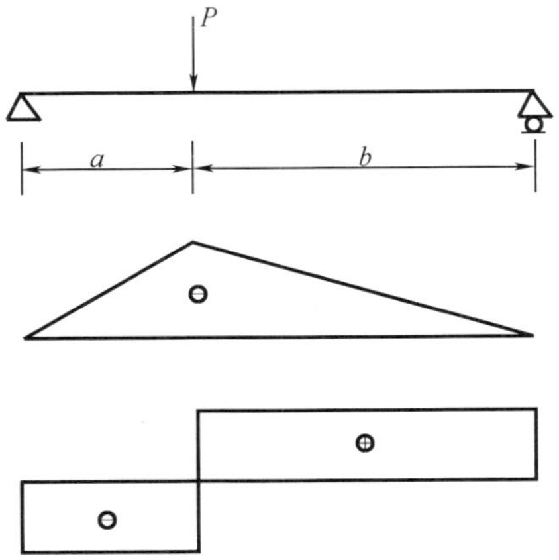	$\nu=\frac{Pl^3}{6EI}\left[\frac{b}{l}\times\frac{x}{l}\left(1-\frac{b^2}{l^2}-\frac{x^2}{l^2}\right)+\right.$ $\left.\Big\|_a\left(\frac{x-a}{l}\right)^3\right]$ $\nu(a)=\frac{Pa^2b^2}{3EIl}$ 当 $a=b=\frac{l}{2}$ 时 $\nu\left(\frac{l}{2}\right)=\frac{Pl^3}{48EI}$	$\theta_1=\frac{Pab}{6EI}\left(1+\frac{b}{l}\right)$ $\theta_2=-\frac{Pab}{6EI}\left(1+\frac{a}{l}\right)$ 当 $a=b=\frac{l}{2}$ 时 $\theta_1=-\theta_2=\frac{Pl^2}{16EI}$	$M(a)=-\frac{Pab}{l}$ 当 $a=b=\frac{l}{2}$ 时 $M\left(\frac{l}{2}\right)=-\frac{Pl}{4}$	$R_1=\frac{Pb}{l}$ $R_2=\frac{Pa}{l}$ 当 $a=b=\frac{l}{2}$ 时 $R_1=R_2=\frac{P}{2}$
2	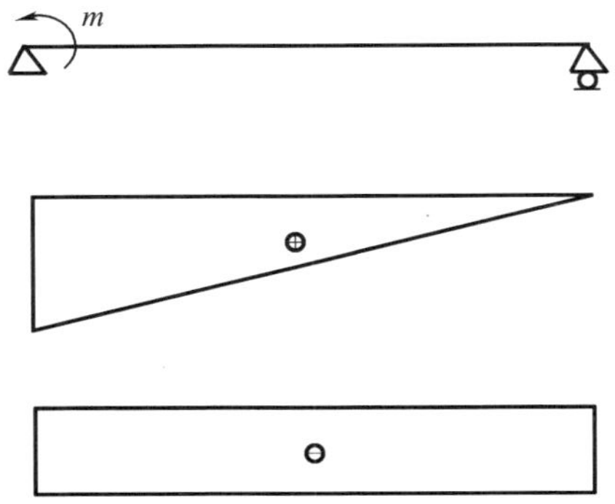	$\nu=-\frac{mlx}{6EI}\left(2-3\frac{x}{l}+\frac{x^2}{l^2}\right)$ $\nu\left(\frac{l}{2}\right)=-\frac{ml^2}{16EI}$	$\theta_1=-\frac{ml}{3EI}$ $\theta_2=\frac{ml}{6EI}$	$M=\frac{m}{l}(l-x)$	$R_1=\frac{m}{l}$ $R_2=-\frac{m}{l}$

表 A-2(续 1)

序号	载荷形式与弯矩、剪力图	挠度曲线方程及挠度	梁端转角	弯矩	支座反力
3	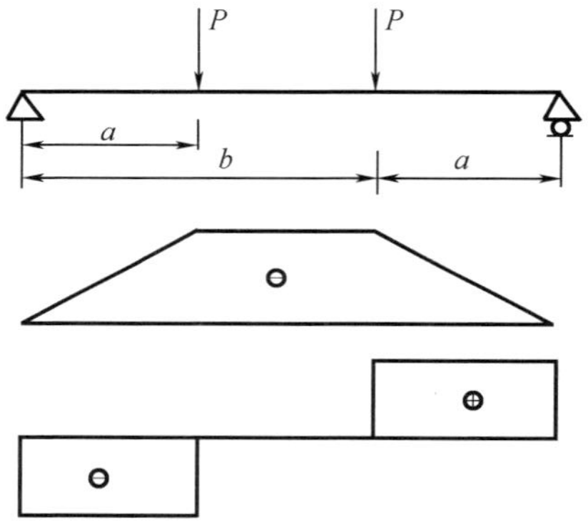	$\nu=\frac{Pl^3}{6EI}\left[\frac{x}{l}\left(3\frac{ab}{l^2}-\frac{x^2}{l^2}\right)+\Big\Vert_a\left(\frac{x-a}{l}\right)^3+\Big\Vert_b\left(\frac{x-b}{l}\right)^3\right]$ $\nu(a)=\frac{Pa^2l}{6EI}\left(3\frac{b}{l}-\frac{a}{l}\right)$ $\nu\left(\frac{l}{2}\right)=\frac{Pal^2}{6EI}\left(\frac{3}{4}-\frac{a^2}{l^2}\right)$	$\theta_1=-\theta_2=\frac{Pab}{2EI}$	当 $a\leqslant x\leqslant b$ 时 $M=-Pa$	$R_1=R_2=P$
4	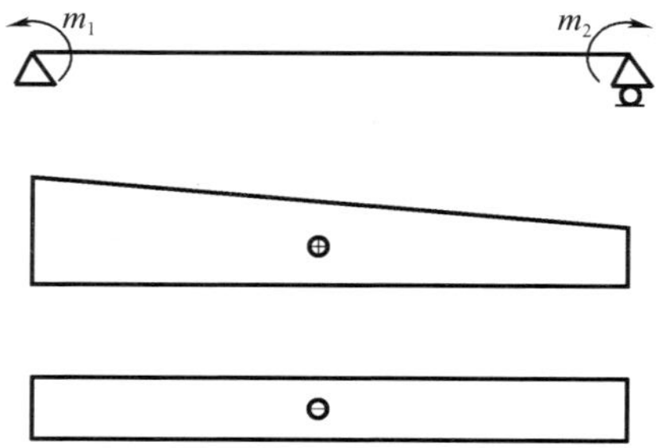	$\nu=-\frac{l^2}{6EI}\frac{x}{l}\left(1-\frac{x}{l}\right)\times\left[m_1\left(2-\frac{x}{l}\right)+m_2\left(1+\frac{x}{l}\right)\right]$	$\theta_1=-\frac{m_1l}{3EI}-\frac{m_2l}{6EI}$ $\theta_2=\frac{m_1l}{6EI}+\frac{m_2l}{3EI}$	$M=m_1\left(1-\frac{x}{l}\right)+m_2\frac{x}{l}$	$R_1=\frac{m_1-m_2}{l}$ $R_2=\frac{m_2-m_1}{l}$

表 A-2(续 2)

序号	载荷形式与弯矩、剪力图	挠度曲线方程及挠度	梁端转角	弯矩	支座反力
5	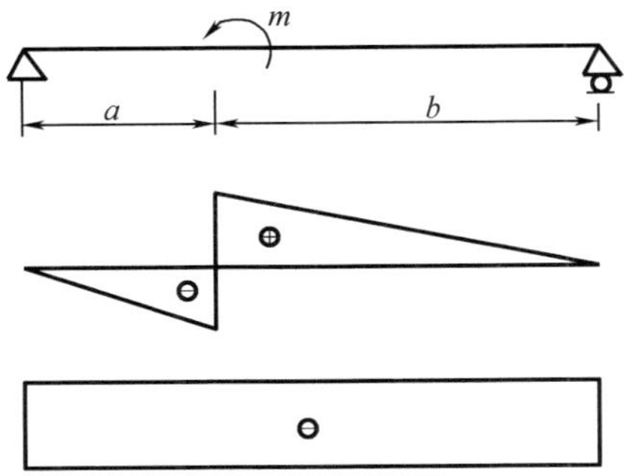	$v=\frac{ml^2}{6EI}\left[\frac{x}{l}\left(1-3\frac{b^2}{l^2}-\frac{x^2}{l^2}\right)+\right.$ $\left.\Big\|_a 3\left(\frac{x-a}{l}\right)\right]$ $v(a)=\frac{mab}{3EI}\left(\frac{a-b}{l}\right)$	$\theta_1=\frac{ml}{6EI}\left(1-\frac{3b^2}{l^2}\right)$ $\theta_2=\frac{ml}{6EI}\left(1-\frac{3a^2}{l^2}\right)$	$M=-m\left(\frac{x}{l}-\Big\|_a 1\right)$	$R_1=\frac{m}{l}$ $R_2=-\frac{m}{l}$
6	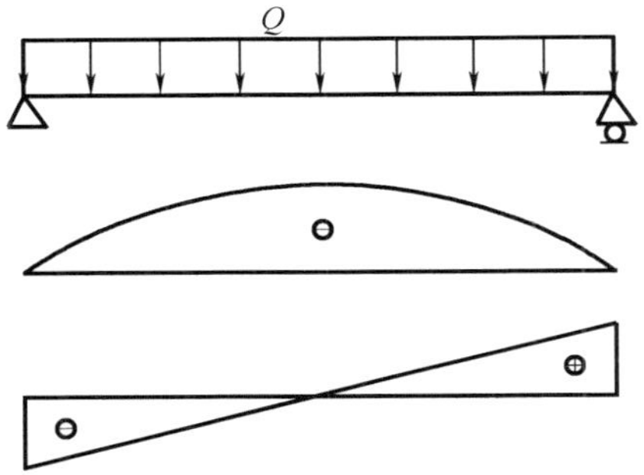	$v=\frac{Ql^3}{24EI}\left(\frac{x}{l}-2\frac{x^3}{l^3}+\frac{x^4}{l^4}\right)$ $v\left(\frac{l}{2}\right)=\frac{5}{384}\frac{Ql^3}{EI}$	$\theta_1=-\theta_2=\frac{Ql^2}{24EI}$	$M\left(\frac{l}{2}\right)=-\frac{Ql}{8}$	$R_1=R_2=\frac{Q}{2}$

表 A−2(续 3)

序号	载荷形式与弯矩、剪力图	挠度曲线方程及挠度	梁端转角	弯矩	支座反力
7	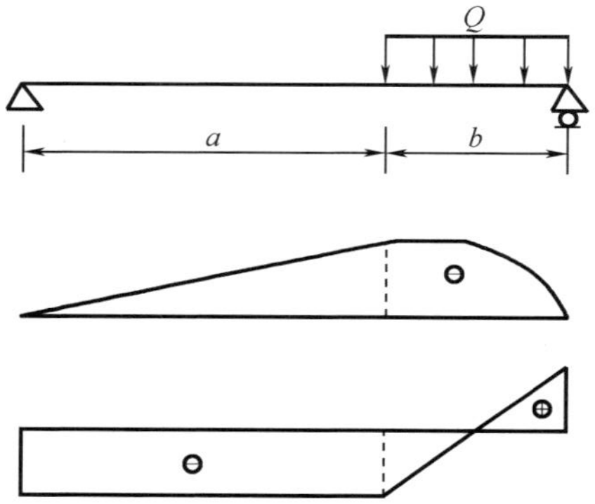	$\nu=\frac{Qbl^2}{24EI}\left[\frac{x}{l}\left(1+\frac{2a}{l}-\frac{a^2}{l^2}-2\frac{x^2}{l^2}\right)+\right.$ $\left.\Big\Vert_a \frac{(x-a)^4}{b^2l^2}\right]$	$\theta_1=\frac{Qbl}{24EI}\left(1+\frac{2a}{l}-\frac{a^2}{l^2}\right)$ $\theta_2=-\frac{Qbl}{24EI}\left(1+\frac{a}{l}\right)^2$	$M_{\max}=-\frac{Ql}{8}\left(1+\frac{a}{l}\right)^2$	$R_1=\frac{Qb}{2l}$ $R_2=Q\left(1-\frac{b}{2l}\right)$
8	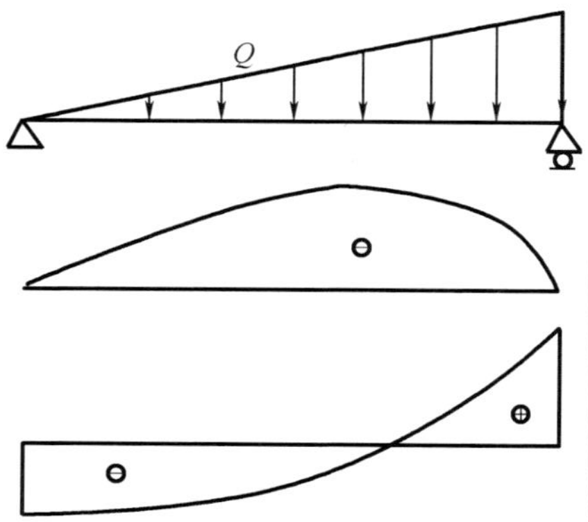	$\nu=\frac{Ql^3}{180EI}\left(7\frac{x}{l}-10\frac{x^3}{l^3}+3\frac{x^5}{l^5}\right)$ 当 $x=0.519\ 3l$ 时 $\nu_{\max}=0.013\ 04\frac{Ql^3}{EI}$	$\theta_1=\frac{7}{180}\frac{Ql^2}{EI}$ $\theta_2=-\frac{2}{45}\frac{Ql^2}{EI}$	当 $x=0.577\ 3l$ 时 $M_{\max}=0.128\ 3Ql$	$R_1=\frac{Q}{3}$ $R_2=\frac{2Q}{3}$

表 A-2(续 4)

序号	载荷形式与弯矩、剪力图	挠度曲线方程及挠度	梁端转角	弯矩	支座反力
9	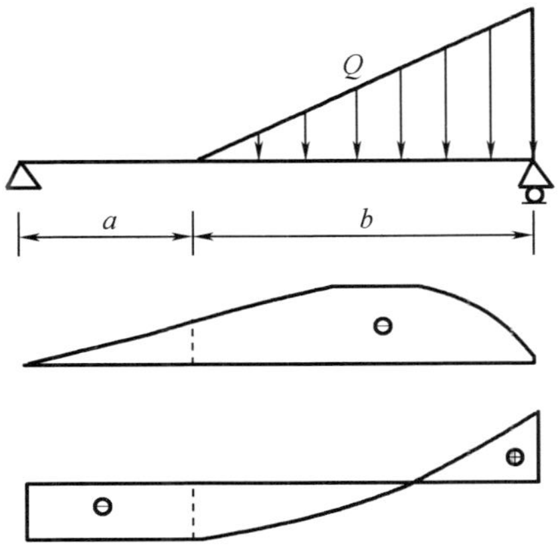	$v=\frac{Ql^3}{180EI}\left[\frac{b}{l}\left(7+6\frac{a}{l}-3\frac{a^2}{l^2}-10\frac{x^2}{l^2}\right)\frac{x}{l}+\Big\Vert_a 3\frac{(x-a)^5}{b^2l^3}\right]$	$\theta_1=\frac{Qbl}{180EI}\left(7+6\frac{a}{l}-3\frac{a^2}{l^2}\right)$ $\theta_2=-\frac{Qbl}{180EI}\left(8+9\frac{a}{l}+3\frac{a^2}{l^2}\right)$	$M=-\frac{Ql}{3}\left[\frac{bx}{l^2}-\Big\Vert_a\frac{(x-a)^3}{b^2l}\right]$	$R_1=\frac{Qb}{3l}$ $R_2=Q\left(1-\frac{b}{3l}\right)$

表 A-3　一端自由支持、一端刚性固定梁的弯曲要素表

序号	载荷形式与弯矩、剪力图	挠度曲线方程及挠度	固定端面弯矩	右支座反力
1	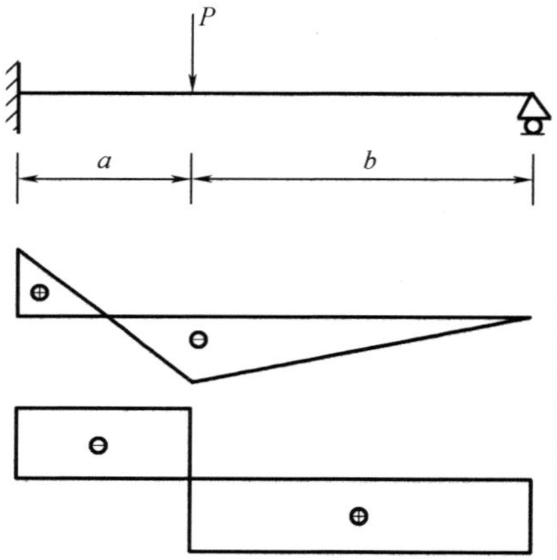	$\nu=\frac{Pl^3}{6EI}\left\{\frac{x^2}{l^2}\left[\frac{3}{2}\frac{ab}{l^2}\left(1+\frac{b}{l}\right)-\left(1-\frac{3a^2}{2l^2}+\frac{a^3}{2l^3}\right)\frac{x}{l}\right]+\right.$ $\left.\Big\Vert_a\left(\frac{x-a}{l}\right)^3\right\}$ 当 $a=b=\frac{l}{2}$ 时　$v\left(\frac{l}{2}\right)=\frac{7Pl^3}{768EI}$	$M_1=\frac{P}{2}\frac{ab}{l}\left(1+\frac{b}{l}\right)$ 当 $a=b=\frac{l}{2}$ 时　$M_1=\frac{3}{16}Pl$	$R_2=\frac{Pa^2}{2l^2}\left(3-\frac{a}{l}\right)$ 当 $a=b=\frac{l}{2}$ 时　$R_2=\frac{5P}{16}$
2	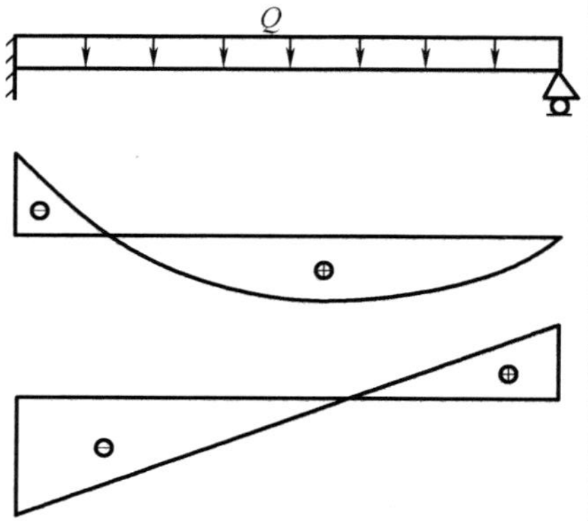	$\nu=\frac{Ql^3}{24EI}\frac{x^2}{l^2}\left(\frac{x^2}{l^2}-\frac{5x}{2l}+\frac{3}{2}\right)$ $v\left(\frac{l}{2}\right)=\frac{Ql^3}{192EI}$ 当 $x=0.579l$ 时　$\nu_{max}=\frac{Ql^3}{185EI}$	$M_1=\frac{Ql}{8}$	$R_2=\frac{3}{8}Q$

表 A-3(续)

序号	载荷形式与弯矩、剪力图	挠度曲线方程及挠度	固定端面弯矩	右支座反力
3	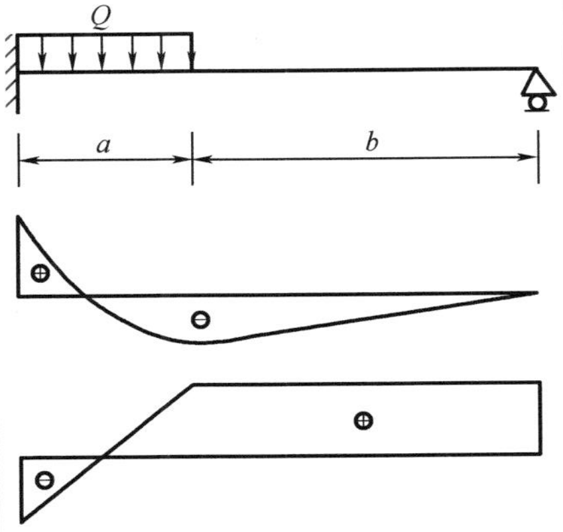	$\nu=\frac{Ql^4}{24EI}\left\{\frac{x^2}{l^2}\left[\frac{a^2}{l^2}\left(6-6\frac{a}{l}+\frac{3a^2}{2l^2}\right)+\frac{x}{l}\left(\frac{x}{l}-\frac{4a}{l}+2\frac{a^3}{l^3}-\frac{a^4}{2l^4}\right)\right]-\Big\|_a\left(\frac{x-a}{l}\right)^4\right\}$	$M_1=\frac{Qa^2}{8}\left(2-\frac{a}{l}\right)^2$	$R_2=\frac{Qa^3}{8l^2}\left(4-\frac{a}{l}\right)$
4	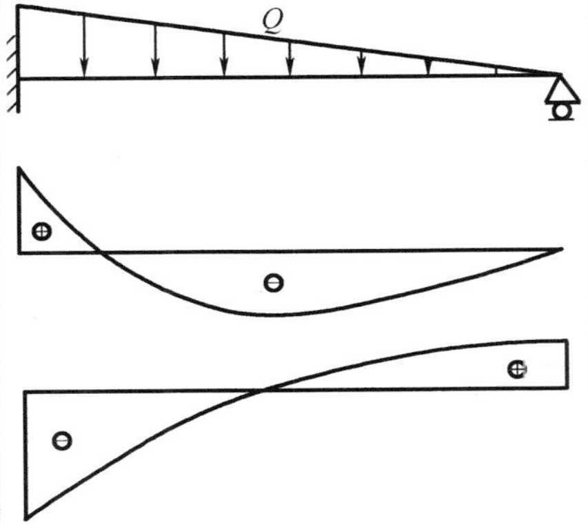	$\nu=\frac{Ql^3}{60EI}\frac{x^2}{l^2}\left(4-8\frac{x}{l}+5\frac{x^2}{l^2}-\frac{x^3}{l^3}\right)$ $\nu\left(\frac{l}{2}\right)=\frac{Ql^3}{213.3EI}$ 当 $x=0.552l$ 时 $\nu_{max}=\frac{Ql^3}{209.3EI}$	$M_1=\frac{Ql}{7.5}$	$R_2=0.2Q$

表 A-4　两端刚性固定梁的弯曲要素表

序号	载荷形式与弯矩、剪力图	挠度曲线方程及挠度	固定端面弯矩	右支座反力
1	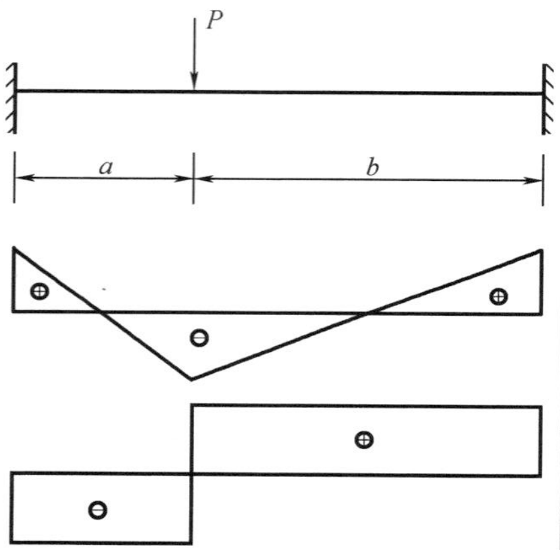	$\nu=\frac{Pl^3}{6EI}\left[\frac{b^2}{l^2}\frac{x^2}{l^2}\left(\frac{3a}{l}-\frac{3a+b}{l}\frac{x}{l}\right)+\Big\|_a\left(\frac{x-a}{l}\right)^3\right]$ $\nu(a)=\frac{Pl^3}{3EI}\frac{a^3b^3}{l^6}$ 当 $a=b=\frac{l}{2}$ 时　$\nu\left(\frac{l}{2}\right)=\frac{Pl^3}{192EI}$	$M_1=\frac{ab^2}{l^2}P$ $M_2=\frac{a^2b}{l^2}P$ 当 $a=b=\frac{l}{2}$ 时 $M_1=M_2=\frac{Pl}{8}$	$R_1=\frac{b^2}{l^3}(3a+b)P$ $R_2=\frac{a^2}{l^3}(3b+a)P$ 当 $a=b=\frac{l}{2}$ 时 $R_1=R_2=\frac{P}{2}$
2	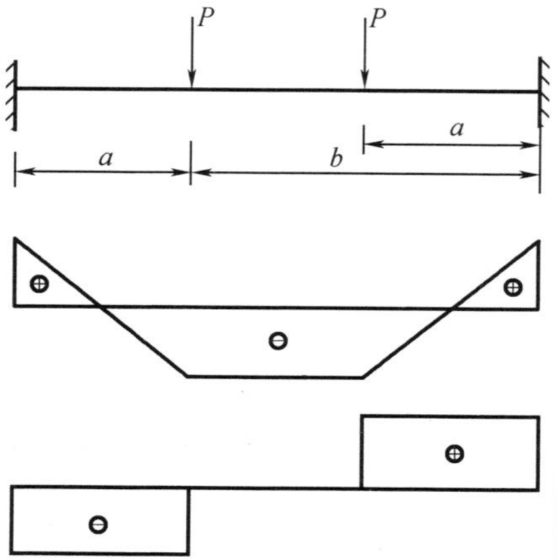	$\nu=\frac{Pl^3}{6EI}\left[\frac{x^2}{l^2}\left(3\frac{ab}{l^2}-\frac{x}{l}\right)+\Big\|_a\left(\frac{x-a}{l}\right)^3+\Big\|_b\left(\frac{x-b}{l}\right)^3\right]$ $\nu(a)=\frac{Pl^3}{6EI}\frac{a^3}{l^3}\frac{2b-a}{l}$	$M_1=M_2=\frac{ab}{l}P$	$R_1=R_2=P$

表 A-4(续 1)

序号	载荷形式与弯矩、剪力图	挠度曲线方程及挠度	固定端面弯矩	右支座反力
3	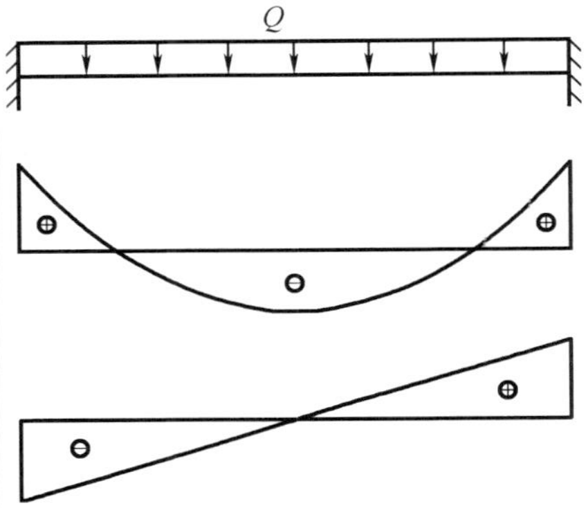	$\nu=\frac{Ql^3}{24EI}\frac{x^2}{l^2}\left(1-2\frac{x}{l}+\frac{x^2}{l^2}\right)$ $\nu\left(\frac{l}{2}\right)=\frac{Ql^3}{384EI}$	$M_1=M_2=\frac{Ql}{12}$	$R_1=R_2=\frac{Q}{2}$
4	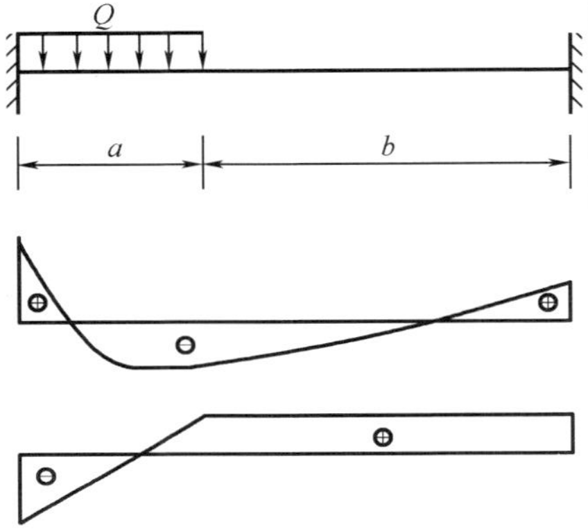	$\nu=\frac{Ql^4}{24EI}\left\{\frac{x^2}{l^2}\left[\frac{x^2}{l}-\frac{2ax}{l}\left(2-2\frac{a^2}{l^2}+\frac{a^3}{l^3}\right)+\right.\right.$ $\left.\left.\frac{a^2}{l}\left(6-8\frac{a}{l}+3\frac{a^2}{l^2}\right)\right]-\Big\|_a\left(\frac{x-a}{l}\right)^4\right\}$	$M_1=\frac{Qa^2}{12}\left(6-8\frac{a}{l}+3\frac{a^2}{l^2}\right)$ $M_2=\frac{Qa^2}{12}\left(4-3\frac{a}{l}\right)\frac{a}{l}$	$R_1=\frac{Qa}{2}\left(2-2\frac{a^2}{l^2}+\frac{a^3}{l^3}\right)$ $R_2=\frac{Qa}{2}\left(2-\frac{a}{l}\right)\frac{a^2}{l^2}$

表 A-4(续 2)

序号	载荷形式与弯矩、剪力图	挠度曲线方程及挠度	固定端面弯矩	右支座反力
5	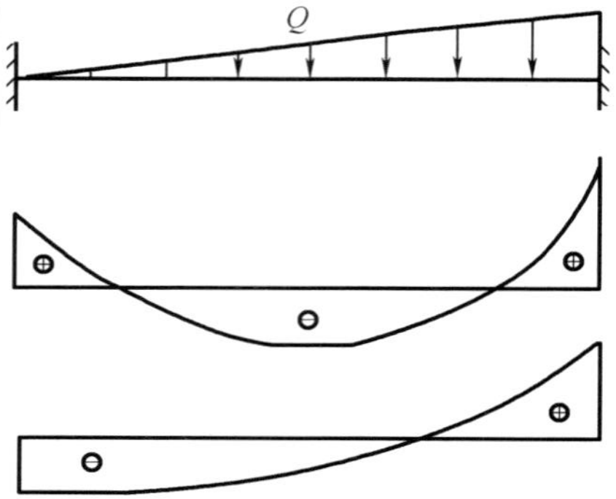	$\nu=\frac{Ql^3}{60EI}\frac{x^2}{l^2}\left(\frac{x^3}{l^3}-3\frac{x}{l}+2\right)$ $\nu\left(\frac{l}{2}\right)=\frac{Ql^3}{384EI}$ 当 $x=0.525l$ 时 $\nu_{\max}=\frac{Ql^3}{382EI}$	$M_1=\frac{Ql}{15}$ $M_2=\frac{Ql}{10}$	$R_1=0.3Q$ $R_2=0.7Q$
6	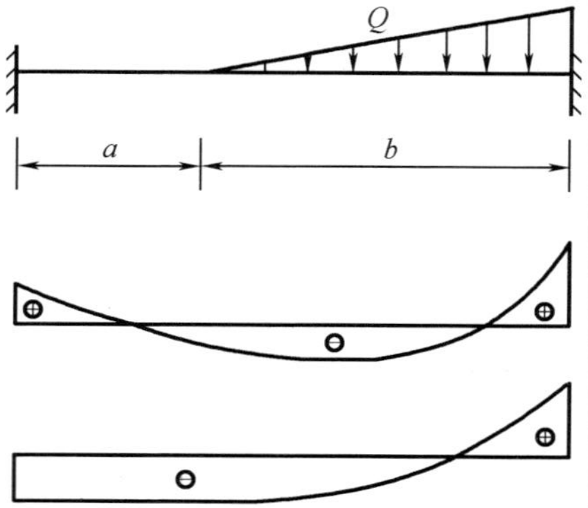	$\nu=\frac{Ql^3}{60EI}\left\{\frac{b}{l}\frac{x^2}{l^2}\left[2+\frac{a}{l}-\frac{3a^2}{l^2}+\frac{x}{l}\left(2\frac{a^2}{l^2}+\frac{a}{l}-3\right)\right]+\right.$ $\left.\Big\|_a\frac{(x-a)^5}{b^2l^3}\right\}$	$M_1=\frac{Q}{30}\frac{b^2}{l^2}(2l+3a)$ $M_2=\frac{Qb}{30}\left(10\frac{a}{l}+3\frac{b^2}{l^2}\right)$	$R_1=\frac{Q}{10}\frac{b^2}{l^2}\left(3+2\frac{a}{l}\right)$ $R_2=\frac{Q}{10}\left(10-\frac{3b^2}{l^2}-\frac{2ab^2}{l^3}\right)$

表 A-5　一端弹性固定、另一端弹性支座梁的固定断面弯矩

说明：

$$\bar{\alpha}=\frac{\alpha EI}{l},\bar{A}=\frac{AEI}{l^3},K_A=\bar{\alpha}+\bar{A}+\frac{1}{3},K_0=3\bar{\alpha}+1$$

式中　α——弹性固定端的柔性系数；

A——弹性支座的柔性系数。

序号	载荷形式	固定断面弯矩($A\neq 0$)	固定断面弯矩($A=0$)
1	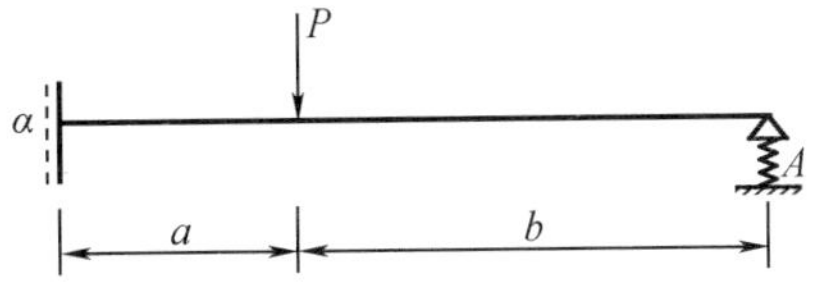	$\frac{Pa}{K_A}\left[\bar{A}+\frac{b}{6l}\times\left(1+\frac{b}{l}\right)\right]$	$\frac{Pab}{2l}\frac{1}{K_0}\times\left(1+\frac{b}{l}\right)$
2	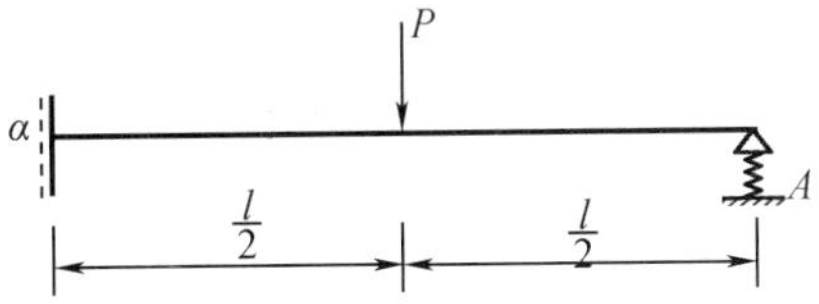	$\frac{Pl}{2}\frac{1}{K_A}\left(\bar{A}+\frac{1}{8}\right)$	$\frac{3Pl}{16}\frac{1}{K_0}$
3	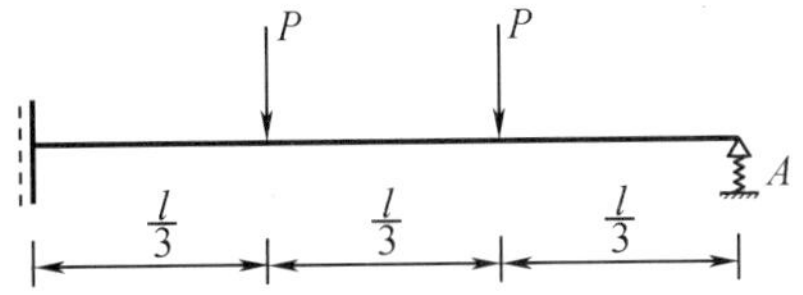	$\frac{Pl}{K_A}\left(\bar{A}+\frac{1}{9}\right)$	$\frac{Pl}{3}\frac{1}{K_0}$
4	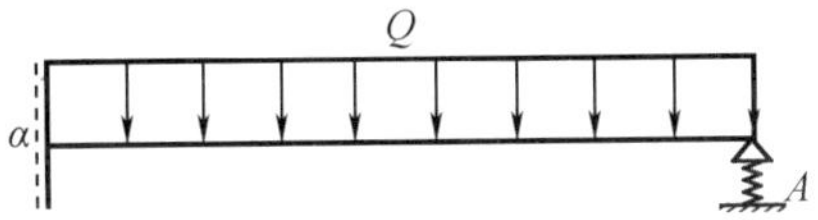	$\frac{Ql}{24}\frac{1}{K_A}(12\bar{A}+1)$	$\frac{Ql}{8}\frac{1}{K_0}$
5	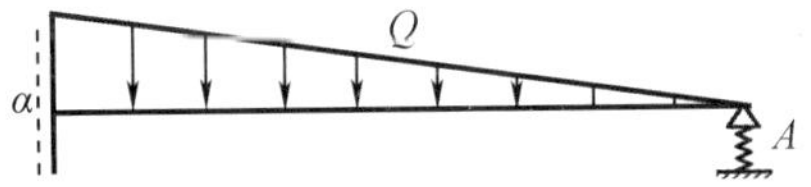	$\frac{Ql}{45}\frac{1}{K_A}(15\bar{A}+2)$	$\frac{Ql}{15}\frac{2}{K_0}$
6	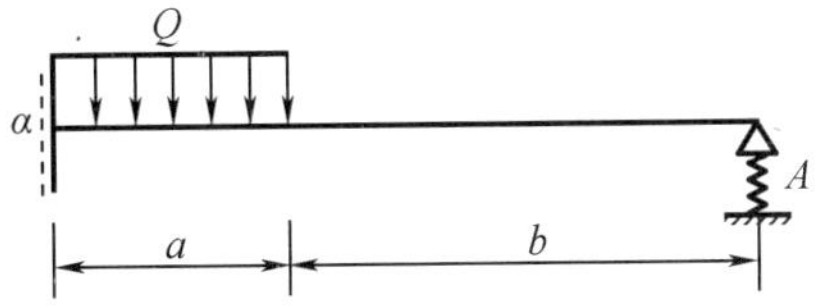	$\frac{Qa}{24}\frac{1}{K_A}\left[12\bar{A}+\left(1+\frac{b}{l}\right)^2\right]$	$\frac{Qa}{8}\frac{1}{K_0}\left(1+\frac{b}{l}\right)^2$

表 A-6　两端弹性固定梁的固定断面弯矩

说明：

$$\overline{\alpha}_1=\frac{\alpha_1 EI}{l},\overline{\alpha}_2=\frac{\alpha_2 EI}{l},K=\left(\overline{\alpha}_1+\frac{1}{3}\right)\left(\overline{\alpha}_2+\frac{1}{3}\right)-\frac{1}{36}$$

式中　α_1——梁左弹性固定端的柔性系数；

　　　α_2——梁右弹性固定端的柔性系数。

序号	载荷形式	左端弯矩 M_1	右端弯矩 M_2
1	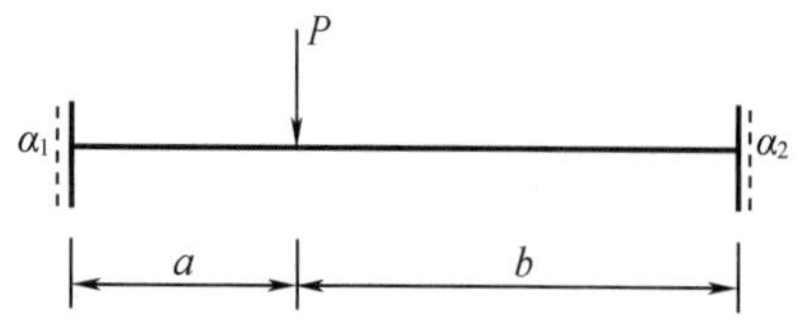	$\frac{Pab}{6l}\frac{1}{K}\left[\left(1+\frac{b}{l}\right)\times\left(\overline{\alpha}_2+\frac{1}{3}\right)-\frac{1}{6}\left(1+\frac{a}{l}\right)\right]$	$\frac{Pab}{6l}\frac{1}{K}\left[\left(1+\frac{a}{l}\right)\times\left(\overline{\alpha}_1+\frac{1}{3}\right)-\frac{1}{6}\left(1+\frac{b}{l}\right)\right]$
2	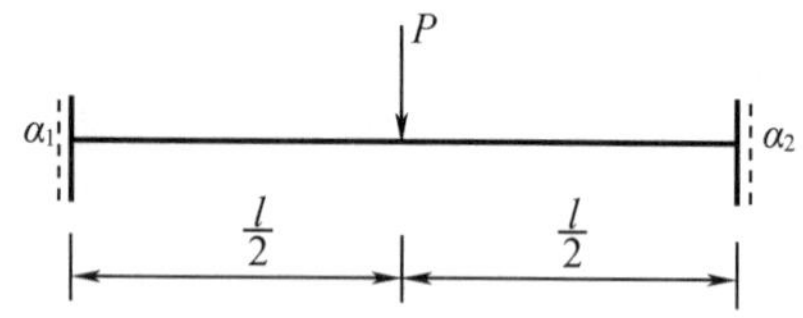	$\frac{Pl}{16}\frac{1}{K}\left(\overline{\alpha}_2+\frac{1}{6}\right)$	$\frac{Pl}{16}\frac{1}{K}\left(\overline{\alpha}_1+\frac{1}{6}\right)$
3	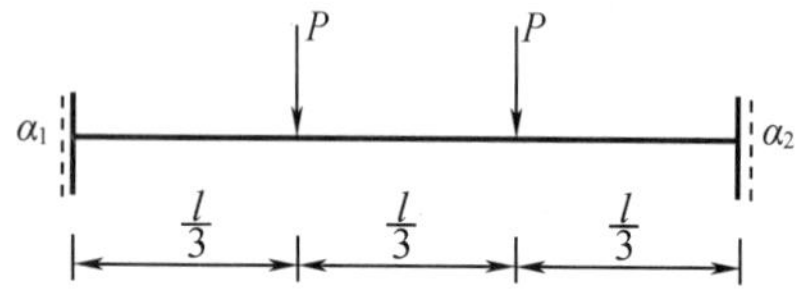	$\frac{Pl}{9}\frac{1}{K}\left(\overline{\alpha}_2+\frac{1}{6}\right)$	$\frac{Pl}{9}\frac{1}{K}\left(\overline{\alpha}_1+\frac{1}{6}\right)$
4	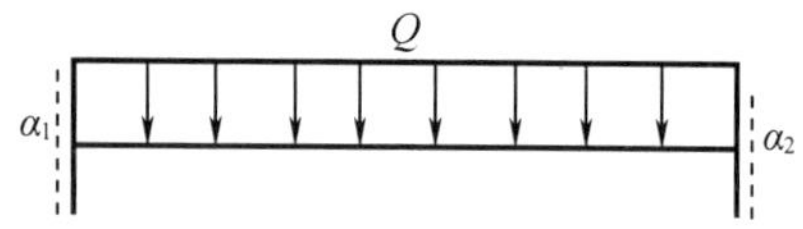	$\frac{Ql}{24}\frac{1}{K}\left(\overline{\alpha}_2+\frac{1}{6}\right)$	$\frac{Ql}{24}\frac{1}{K}\left(\overline{\alpha}_1+\frac{1}{6}\right)$
5	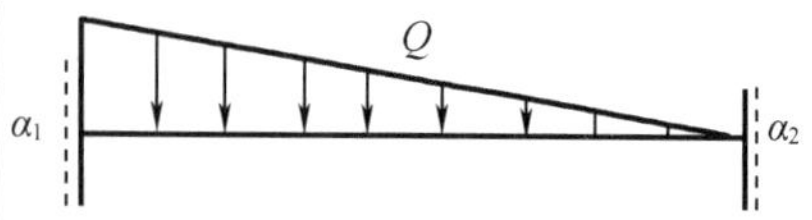	$\frac{2Ql}{45}\frac{1}{K}\left(\overline{\alpha}_2+\frac{3}{16}\right)$	$\frac{7Ql}{180}\frac{1}{K}\left(\overline{\alpha}_1+\frac{1}{7}\right)$
6	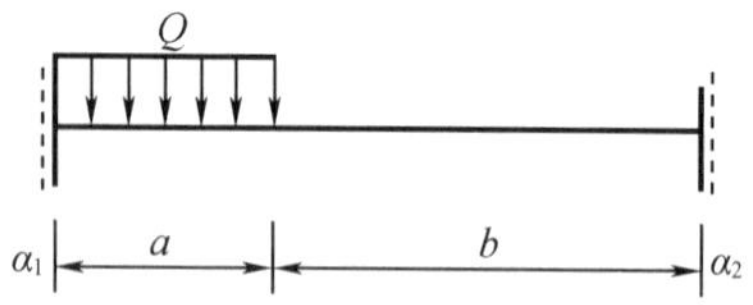	$\frac{Qa}{24}\frac{1}{K}\left[\left(\overline{\alpha}_2+\frac{1}{3}\right)\left(1+\frac{b}{l}\right)^2-\frac{1}{6}\left(1+\frac{2b}{l}-\frac{b^2}{l^2}\right)\right]$	$\frac{Qa}{24}\frac{1}{K}\left[\left(\overline{\alpha}_1+\frac{1}{3}\right)\left(1+\frac{2b}{l}-\frac{b^2}{l^2}\right)-\frac{1}{6}\left(1+\frac{b}{l}\right)^2\right]$

表 A-7 单跨梁复杂弯曲要素表

说明：

1.

$$k=\sqrt{\frac{T}{EI}},\quad k^*=\sqrt{\frac{T^*}{EI}}$$

$$u=\frac{kl}{2},\quad u^*=\sqrt{\frac{k^*l}{2}}$$

式中 T——梁的轴向拉力；

T^*——梁的轴向压力；

2. 梁受到对称于跨度中点的载荷作用时，坐标原点在跨度中点。

3. 本书仅列举书中要用到的载荷形式复杂弯曲的弯曲要素，其他形式可参阅相关船舶结构力学书籍。

序号	载荷形式	弯曲要素
1	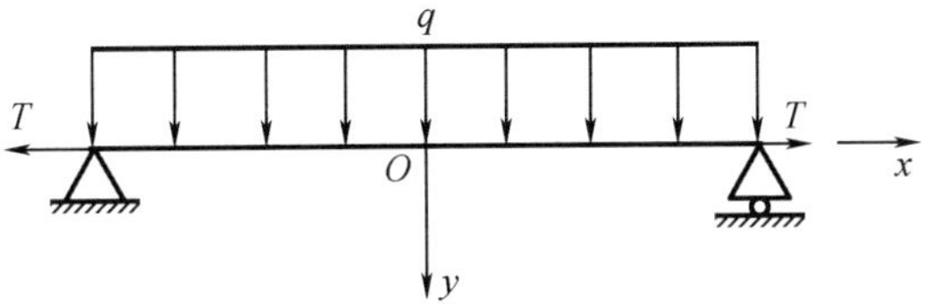	$v=\frac{ql^4}{EI(2u)^4}\left[\frac{\mathrm{ch}\,kx}{\mathrm{ch}\,u}-1+\frac{1}{2}(u^2-k^2x^2)\right]$ $v'_{x=\pm\frac{l}{2}}=\mp\frac{ql^3}{24EI}\psi_0(u)$ $v_{x=0}=\frac{5}{384}\frac{ql^4}{EI}f_0(u)$ $M_{x=0}=-\frac{ql^2}{8}\varphi_0(u)$
2	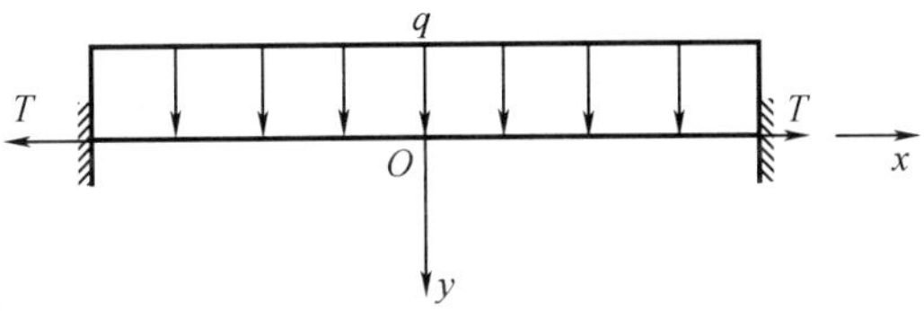	$v=\frac{ql^4}{EI(2u)^4}\left[\frac{u^2-k^2x^2}{2}+\frac{u\,\mathrm{ch}\,kx}{\mathrm{sh}\,u}-\frac{u}{\mathrm{th}\,u}\right]$ $v_{x=0}=\frac{ql^4}{384EI}f_1(u)$ $M_{x=0}=-\frac{ql^2}{24}\varphi_1(u)$ $M_{x=\pm\frac{l}{2}}=\frac{ql^2}{12}\chi(u)$
3	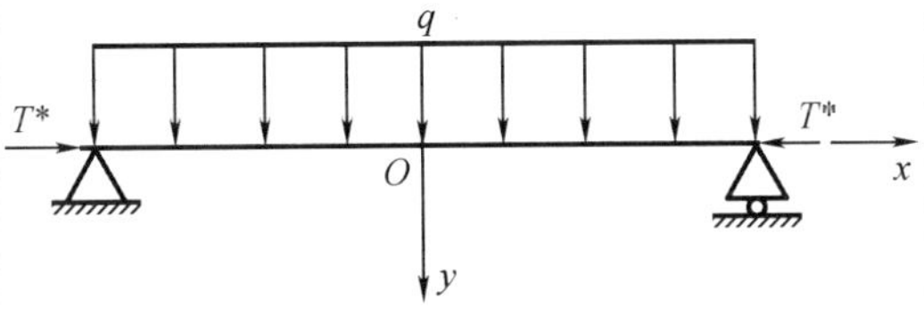	$v=\frac{ql^4}{EI(2u^*)^4}\left[\frac{\cos k^*x}{\cos u^*}-1+\frac{1}{2}(k^{*2}x^2-u^{*2})\right]$ $v_{x=0}=\frac{5}{384}\frac{ql^4}{EI}f_0^*(u^*)$ $v_{x=\pm\frac{l}{2}}=\pm\frac{ql^3}{24EI}\psi_0^*(u^*)$ $M_{x=0}=-\frac{ql^2}{8}\varphi_0^*(u^*)$
4	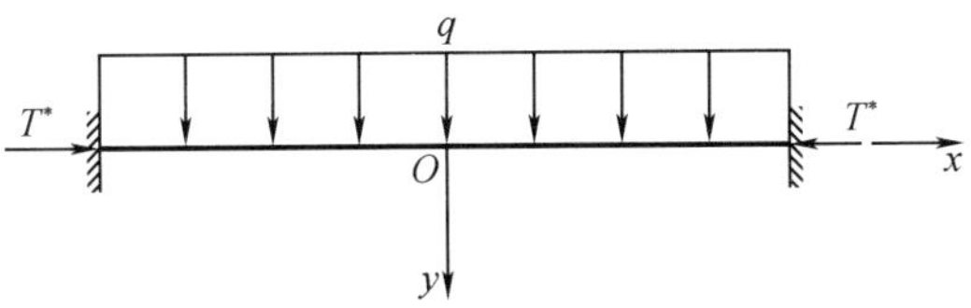	$v=\frac{ql^4}{EI(2u^*)^4}\left[\frac{k^{*2}x^2-u^{*2}}{2}+\frac{u^*\cos k^*x}{\sin u^*}-\frac{u^*}{\tan u^*}\right]$ $v_{x=0}=\frac{1}{384}\frac{ql^4}{EI}f_1^*(u^*)$ $v_{x=\pm\frac{l}{2}}=\pm\frac{ql^3}{24EI}\psi_0^*(u^*)$ $M_{x=\pm\frac{l}{2}}=\frac{ql^2}{12}\chi^*(u^*)$

复杂弯曲的辅助函数公式：

$$f_0(u)=\frac{24}{5u^4}\left(\frac{u^2}{2}+\frac{1}{\text{ch } u}-1\right)$$

$$\varphi_0(u)=\frac{2}{u^2}\left(1-\frac{1}{\text{ch } u}\right)$$

$$\psi_0(u)=f_1(2u)=\frac{3}{u^3}(u-\text{th } u)$$

$$f_1(u)=\frac{24}{u^3}\left(\frac{u}{2}-\text{th }\frac{u}{2}\right)$$

$$\varphi_1(u)=\frac{6}{u^2}\left(1-\frac{u}{\text{sh } u}\right)$$

$$\chi(u)=\frac{3}{u^2}\left(\frac{u}{\text{th } u}-1\right)$$

$$\psi_1(u)=\chi(2u)=\frac{3}{2u}\left(\frac{1}{\text{th } 2u}-\frac{1}{2u}\right)$$

$$\psi_2(u)=\varphi_1(2u)=\frac{3}{u}\left(\frac{1}{2u}-\frac{1}{\text{sh } 2u}\right)$$

$$f_0^*(u^*)=\frac{24}{5u^{*4}}\left(\frac{1}{\cos u^*}-\frac{u^{*2}}{2}-1\right)$$

$$\varphi_0^*(u^*)=\frac{2}{u^{*2}}\left(\frac{1}{\cos u^*}-1\right)$$

$$\varphi_0^*(u^*)=f_1^*(2u^*)=\frac{3}{u^{*3}}(\tan u^*-u^*)$$

$$f_1^*(u^*)=\frac{24}{u^{*3}}\left(\tan\frac{u^*}{2}-\frac{u^*}{2}\right)$$

$$\varphi_1^*(u^*)=\frac{6}{u^{*2}}\left(\frac{u^*}{\sin u^*}-1\right)$$

$$\chi^*(u^*)=\frac{3}{u^{*3}}\left(1-\frac{u^*}{\tan u^*}\right)$$

$$\psi_1^*(u^*)=\chi^*(2u^*)=\frac{3}{2u^{*2}}\left(\frac{1}{2u^*}-\frac{1}{\tan 2u^*}\right)$$

表 A-7 轴向拉力作用辅助函数表

u	$f_0(u)$	$f_1(u)$	$\varphi_0(u)$	$\varphi_1(u)$	$\chi(u)$
0	1.000	1.000	1.000	1.000	1.000
0.5	0.908	0.976	0.905	0.972	0.984
1.0	0.711	0.909	0.704	0.894	0.939
1.5	0.532	0.817	0.511	0.788	0.876
2.0	0.380	0.715	0.367	0.673	0.806
2.5	0.281	0.617	0.268	0.563	0.736
3.0	0.213	0.529	0.200	0.467	0.672
3.5	0.166	0.453	0.153	0.386	0.614
4.0	0.132	0.388	0.120	0.320	0.563
4.5	0.107	0.335	0.097	0.267	0.519
5.0	0.088	0.291	0.079	0.224	0.480
5.5	0.074	0.254	0.066	0.189	0.446
6.0	0.063	0.223	0.055	0.162	0.417
6.5	0.054	0.197	0.047	0.139	0.391
7.0	0.047	0.175	0.041	0.121	0.367
7.5	0.041	0.156	0.036	0.106	0.347
8.0	0.036	0.141	0.031	0.093	0.328
8.5	0.032	0.127	0.028	0.083	0.311
9.0	0.029	0.115	0.025	0.074	0.296
9.5	0.026	0.105	0.022	0.066	0.283
10.0	0.024	0.096	0.020	0.060	0.270
10.5	0.021	0.088	0.018	0.054	0.259
11.0	0.020	0.081	0.017	0.050	0.248
11.5	0.018	0.075	0.015	0.045	0.238
12.0	0.016	0.069	0.014	0.042	0.229

表 A-8 轴向压力作用辅助函数表(1)

u^*	$\varphi_1^*(u^*)$	$\chi^*(u^*)$	$f_1^*(u^*)$	u^*	$\varphi_1^*(u^*)$	$\chi^*(u^*)$	$f_1^*(u^*)$
0.00	1.000 0	1.000 0	1.000 0	2.40	2.659 5	1.885 4	2.382 2
0.50	1.030 0	1.017 1	1.025 6	2.45	2.840 4	1.978 6	2.530 7
1.00	1.130 4	1.073 7	1.111 3	2.50	3.050 2	2.086 4	2.702 7
1.10	1.161 7	1.091 2	1.137 9	2.55	3.296 4	2.212 5	2.904 3
1.20	1.197 9	1.111 4	1.168 3	2.60	3.589 0	2.361 7	3.143 5
1.30	1.239 6	1.134 5	1.203 9	2.65	3.942 2	2.541 5	3.432 0

表 A-8(续)

u^*	$\varphi_1^*(u^*)$	$\chi^*(u^*)$	$f_1^*(u^*)$	u^*	$\varphi_1^*(u^*)$	$\chi^*(u^*)$	$f_1^*(u^*)$
1.40	1.287 8	1.161 0	1.244 5	2.70	4.376 6	2.761 9	3.786 3
1.50	1.343 4	1.191 5	1.291 4	2.75	4.923 3	3.038 6	4.231 7
1.60	1.407 8	1.226 6	1.345 5	2.80	5.631 5	3.396 4	4.808 2
1.70	1.483 0	1.267 3	1.408 5	2.85	6.586 5	3.877 4	5.585 2
1.80	1.571 0	1.314 7	1.482 1	2.90	7.934 3	4.555 0	6.679 8
1.90	1.675 0	1.370 4	1.568 9	2.95	9.991 5	5.587 5	8.350 3
2.00	1.799 3	1.436 5	1.672 2	3.00	13.50 6	7.768 6	11.201
2.10	1.949 4	1.515 7	1.796 7	3.05	20.86 3	11.031	17.168
2.20	2.133 6	1.612 4	1.949 2	3.10	45.92 3	23.566	37.484
2.30	2.364 1	1.732 5	1.139 2	π	∞	∞	∞

注:函数 $\psi_0^*(u^*)$,$\psi_1^*(u^*)$,$\psi_2^*(u^*)$未组成表格,因为 $\psi_0^*(u^*)=f_1^*(2u^*)$,$\psi_1^*(u^*)=\chi^*(2u)$,$\psi_2^*(u^*)=\varphi_1^*(2u)$。

表 A-9 轴向压力作用辅助函数表(2)

u^*	0	0.10	0.20	0.30	0.40	0.50	0.60	0.70	0.80
$\varphi_0^*(u^*)$	1.000	1.004	1.016	1.038	1.073	1.117	1.176	1.255	1.361
$f_0^*(u^*)$	1.000	1.004	1.016	1.037	1.040	1.114	1.173	1.250	1.354
u^*	0.90	1.00	1.10	1.20	1.30	1.40	1.45	1.50	$\frac{\pi}{2}$
$\varphi_0^*(u^*)$	1.504	1.704	1.989	2.441	3.240	4.938	6.940	11.670	∞
$f_0^*(u^*)$	1.494	1.690	1.962	2.400	3.181	4.822	6.790	11.490	∞